Matematikundervisningens sociopolitiska utmaningar

Redigerat av:

Paola Valero, Lisa Björklund Boistrup, Iben Maj Christiansen och Eva Norén

STOCKHOLM UNIVERSITY PRESS

Published by
Stockholm University Press
Stockholm University
SE-106 91 Stockholm
Sweden
www.stockholmuniversitypress.se

Supporting Agency (funding): Department of Teaching and Learning, Stockholm University.

First published 2022
Cover designed by Petter Blomqvist, Stockholm University Press
Photo: Kicki Skog, License: CC BY

Stockholm Studies in Mathematics and Science Education (Online) ISSN: 2004-528X

ISBN (Paperback): 978-91-7635-198-7
ISBN (PDF): 978-91-7635-199-4
ISBN (EPUB): 978-91-7635-200-7
ISBN (Mobi): 978-91-7635-201-4

DOI: https://doi.org/10.16993/bcc

Suggested citation:
Valero, P., Boistrup, L.B., Christiansen, I.M., & Norén, E. (Red.) (2022). *Matematikundervisningens sociopolitiska utmaningar*. Stockholm: Stockholm University Press. DOI: https://doi.org/10.16993/bcc. Licens: CC BY 4.0.

Stockholm Studies in Mathematics and Science Education

Stockholm Studies in Mathematics and Science Education (ISSN: 2004-528X) is a peer-reviewed book series published by Stockholm University Press. The series aims at publishing high-quality, open access research in mathematics and science education in English as well as Scandinavian languages. The editorial board welcome submission of proposals for both monographs and edited collections that address current problems in any of the subfields of mathematics and science education.

The editorial board members are selected for their expertise and they cover different research subfields and theoretical/methodological approaches. The members are recognized researchers in Sweden and the Scandinavian countries. Their role is to secure the academic quality of publications but also comment on their relevance to a broader Scandinavian and international audience. External referees are invited to review manuscripts before publication, and when relevant comment on proposals. The editorial board follows Stockholm University Press peer-review policy.

Editorial Board

- Frode Rønning, Professor at the Department of Mathematical Sciences, Norwegian University of Science and Technology, Trondheim
- Christina Ottander, Professor at the Department of Science and Mathematics Education, Umeå University
- Are Turmo, Researcher at The Norwegian Centre for Science Education, University of Oslo

Title in the series

1. Valero, P., Boistrup, L.B., Christiansen, I.M., & Norén, E. (Red.) (2002). *Matematikundervisningens sociopolitiska utmaningar*. Stockholm University Press. DOI: https://doi.org/10.16993/bcc. Licens: CC BY 4.0.

Riktlinjer för sakkunniggranskning

Böcker som är publicerade med Stockholm University Press är sakkunniggranskade. Varje bokförslag skickas till ett redaktionsråd av experter inom ämnesområdet för en första bedömning. Om redaktionsrådet och förlagskommittén anser att förslaget är av god kvalitet, accepteras detta för vidare hantering. Det fullständiga bokmanuset granskas i sin helhet av minst två oberoende experter.

En utförlig beskrivning av förlagets riktlinjer för sakkunniggranskning finns på webbplatsen: https://www.stockholmuniversitypress.se /site/peer-review-policies/

Redaktionsrådet för *Stockholm Studies in Mathematics and Science Education* tillämpar enkel sakkunniggranskning för manuskript, vilket innebär att granskarna varit anonyma för författarna under granskningsprocessen.

Huvudredaktören för denna antologi, Paola Valero, har inte varit delaktig i några beslut i sin roll som ledamot i Stockholm University Press förlagskommitté för att undvika intressekonflikter under beslutsprocessen.

Tack till granskare

Ett stort tack riktas till granskarna av denna bok:

1. Ann-Sofi Röj-Lindberg, docent i pedagogik med inriktning matematikdidaktik, Fakulteten för pedagogik och välfärdsstudier, Åbo Akademi, Finland
2. Kjellrun Hiis Hauge, professor, Fakultet for lærarutdanning, kultur og idrett, Høgskulen på Vestlandet, Norge

Innehåll

Förord

När människor kommer samman kan många bra idéer kläckas. Ett exempel på en sådan situation är i slutet av en konferens när deltagare promenerar tillsammans och reflekterar över konferensens många presentationer och diskussioner. Ofta sker reflektionerna i relation till utmaningar för vårt arbete som forskare och lärare. Idén till den här boken uppkom i en sådan situation. Den ägde rum under våren 2017 när den internationella gruppen "Mathematics Education and Society" höll sin tionde konferens, denna gång i staden Volos, i Grekland. Stränderna och den varma brisen inspirerade till ett gott initiativ: Vi bör sammanställa en bok på svenska och samla några av de arbeten vi producerar för att göra dessa tillgänglig för en större publik av forskningsintresserade lärare, skolledare, våra egna lärarutbildningsstudenter och, också, varför inte, våra egna forskningskollegor. Ja! var den kollektiva reaktionen. Sedan den kvällen i april 2017 har den här boken varit ett projekt som inte bara har upptagit alla direkt involverade, utan också flera av våra gästforskare och nära kollegor.

Sedan ganska lång tid har matematiklärarutbildningen etablerat sig på svenska universitet. Parallellt med detta har forskningsaktiviteterna ökat, med syftet att ta fram ny kunskap som kan användas i utbildningen av lärare i matematik. Den första forskarskolan med specifikt fokus på matematikutbildning startade i landet i slutet av 1990-talet och sedan dess har forskningen vuxit inom olika områden och traditioner. Några av de forskningslinjer där bidrag från svensk matematikutbildningsforskning erkänns internationellt är: resonemang och problemlösning i matematik, matematiskt språk i läroböcker, studier av lärande i matematik, studier av undervisningspraktiker samt forskning med distinkt fokus på lärarutbildning i matematik. I det internationella forskarsamhället det skett en ökning av systematiska studier av hur möjligheterna till matematikundervisning och lärande korsar olika sociala, ekonomiska och kulturella dimensioner. Sedan en tid börjar sådana studier ta större plats även i Sverige, inte minst i den forskning som bedrivs vid den tidigara Institutionen för matematikämnets och naturvetenskapsämnenas didaktik, MND —från 2022 Institutionen för ämnesdidaktik, IÄD— (Stockholms universitet) och Institutionen för naturvetenskap, matematik och samhälle, NMS (Malmö universitet).

Den här boken är å ena sidan förankrad i forskningen vid IÄD, speciellt i forskargruppen SOCAME (Social and Critical Aspects of Mathematics Education). Å andra sidan samlar den också in ett mångårigt samarbete med kollegor vid universiteten i Göteborg, Malmö och Örebro. Boken var ett sätt att befästa dessa förbindelser och på så sätt stärka en akademisk gemenskap med ett intresse av att föra in ett perspektiv av matematikundervisningens sociopolitiska utmaningar, i forskning, skolor och bland beslutsfattare. Boken innehåller också ett kapitel från en kollega vid Freie universitet i Berlin, en forskningsmiljö inom sociopolitiskt inriktad matematikdidaktisk forskning, som har varit samarbetspartnere under många år. Detta samarbete visas i boken även genom att tre av kapitlen är omarbetningar av kapitel som tidigare funnits med i en bok på engelska publicerad av förslaget Springer i 2017, *The disorder of mathematics education. Challenging the socio-political dimensions of research*, med redaktörerna H. Strahler-Pohl, N. Bohmann och A. Pais. Vi har tillåtelse att översätta och bearbeta dessa kapitel för en svensk publik. Dessa är kapitlen:

Originalkapitel	**Översatta och bearbetade kapitel**
Boistrup, L.B. (2017). Assessment in mathematics education: A gatekeeping dispositive. (s. 209–230).	Sålla agnarna från vetet – Kritiska perspektiv på bedömning i matematik. Översatt och redigerat av Lisa Björklund Boistrup.
Lundin, S. & Christensen, D. (2017). Mathematics education as praying wheel: How adults avoid mathematics by pushing it onto children. (s. 19–34).	Skolmatematiken är en bönesnurra – En ritualteoretisk tolkning av skolmatematikens samhällsfunktion. Översatt och redigerat av Sverker Lunding och Ditte Christensen.
Straehler-Pohl, H. (2017). Delmathematisation and ideology in times of capitalism: Recovering critical distance. (s. 35–52).	Delmatematisering i kapitalismens tidsålder. Översatt och redigerat av Lisa B. Boistrup och Sverker Lundin, i samråd med Hauke Straehler-Pohl.

Boken har varit en lång arbetsprocess, framförallt mellan forskare och forskarstuderande. Arbetet har handlat om att forma idéerna i boken och att arbeta med individuella bidrag. Kapitlen i boken har gått igenom flera omgångar av granskningar, kommentarer och justeringar, dels efter redaktörernas läsningar, dels efter en omgång extern granskning genomförd av andra matematikdidaktiska forskare utanför gruppen av författare. Vi vill tacka för hjälpsamhet och generositet hos alla de kollegor som gav engagerade återkopplingar, vilka hjälpte till att förbättra kvaliteten på varje kapitel:

Peter Frejd
Kjellrun Hiis Hauge
Ola Helenius
Maria Johansson
Yukiko Asami Johansson
Petra Svensson Källberg
Troels Lange
Astrid Pettersson
Johan Prytz
Toril Eskeland Rangnes
Malin Rohlin
Helena Grundén
Ulrika Ryan
Andreas Ryve
Hendrik van Steenbrugge
Carl Winsløw

Vi vill också tacka granskarna av det slutliga manuskriptet, vilka gav kommentarer och insikter för vårt arbete med att finjustera manuskriptet. Vidare vill vi tacka den tidigare institutionen MND för finansieringen av publiceringen av detta arbete. Boken är också den första publikationen i serien ”Stockholm Studies in Mathematics and Science Education”. Vi hoppas få se många böcker i denna serie i framtiden. Slutligen tackar vi för den mycket professionella hjälpen från redaktionen på Stockholm University Press, Anna Silberstein och Christina Lenz, för deras stöd och tålamod.

Efter att den första idén såddes i april 2017, vid Greklands stränder, är boken äntligen klar.

Stockholm i oktober, 2022

Paola Valero
Lisa Björklund Boistrup
Iben Maj Christiansen
Eva Norén

Prolog: Matematiklärarens frälsning

Kicki Skog och Iben Maj Christiansen
Stockholms universitet

Nog vet jag att det förr i världen fanns lärare, som aldrig var rädda för någonting i sitt yrke. Men jag undrar ändå, om det handlar om något annat än gångna tiders mentalt orubbliga vikingaättlingar. Jag menar... den arbetsmiljö de ständigt befann sig i... Nej, sånt går det inte att fundera över när första lektionen startar om 12 minuter. Det är bara att låsa cykeln och springa uppför trappan.

Anna ler snällt när hon går förbi mig, medan jag hänger upp min drypande regnrock. Jag drar handen över min blöta nacke, och fiskar upp det fuktiga arket med dagens uppgift ur ryggsäcken. Tur att ingen väntar vid kopieringsmaskinen. Mindre tur har jag vid kaffebryggaren, där bara en halv kopp besk tjära är kvar. Jag häller i så mycket mjölk jag kan, och sväljer snabbt hälften av den sura sörjan. Så är det dags för 8b. ”Din bästa klass” som Kåre säger, ”för att det är där du kan lära dig mest”.

Uppgiften handlar egentligen enbart om att eleverna ska inse att förhållandet mellan sidornas längd i likformiga trianglar är det samma. Som vanligt har jag ändå jobbat hårt för att hitta en kontext som 8b:s ovanligt kreativa elever kan bli åtminstone lite intresserade av. Vad ger det dem, egentligen, för mening att jag finner ett vardagsexempel när det galler att förstå begreppet likformighet? Nu hoppas jag bara att den nya gruppindelningen inte ger mig problem.

Synd

Efter 25 minuters grupparbete dog ännu ett hopp om att uppnå lektionens syfte. För mitt inre öga sätter jag ner det lilla hoppets kista bredvid alla dess föregångare. 15 min kvar av lektionen. Det blir väl att samla hela klassen för en gemensam uppsamling rörande dagens matematiska

---

Hur du refererar till det här kapitlet:
Skog, K. & Christiansen, I.M. (2022). Prolog: Matematiklärarens frälsning. I P. Valero, L.B. Boistrup, I.M. Christiansen, & E. Norén (Red.), *Matematikundervisningens sociopolitiska utmaningar* (s. xiii–xxii). Stockholm University Press. DOI: https://doi.org/10.16993/bcc.a.

innehåll då, även om där inte är något att... jag blir avbruten av Za som frågar om hen kan dela med sig av vad hen har upptäckt.

- Först så insåg jag att när man dubblar den ena sidan här, då dubblar man den andra sidan också. Och även denna.

Jag håller andan medan hen fortsätter.

- Men jag kunde inte skriva ner det på ett bra sätt, matematiskt, tyckte jag. Så kom jag på att vi ju har jobbat med förhållandet mellan två, alltså mellan två, typ, storleken, och så var det tydligt för mig att det ju bara var det som var, liksom, konstant.

Ett skrynkligt papper flyger i en fin bana tvärs över klassrummet, men jag flyttar inte på mig, och ägnar det inte ens en blick. Det kändes verkligen viktigt att hålla allt fokus på Za, för att kunna ge värdefull återkoppling och stöttning utifrån hens proximala utvecklingszon (ZPD).

- Och så tänkte jag att eftersom förhållandet mellan sidorna i uppgiften med rutschbanan inte var samma som i uppgiften med taket, då var det väl eftersom att, det här, vad heter det... mellan...?
- Vinkeln, nästan viskar jag.
- Ja, vinkeln, alltså den är ju inte samma här, i rutschbanan och i taket, och så måste det väl vara så att om vinkeln är densamma, så är förhållandet, alltså förhållandet mellan sidorna... så är det detsamma. Men om vinkeln är annorlunda, så är förhållandet också annorlunda. Tror jag... Stämmer det?
- Detta är ju grundidén bakom trigonometrin! —utbryter jag, och jag anar att mina armar av sig själva gör en begeistrad rörelse. Det är ju fantastiskt tänkt, Za! Det är inte många elever som abstraherar och generaliserar så fint. Det är jättekul vad du har hittat, Za, och det var faktiskt så att...

Jag glömmer tid och rum. Jag pratar och pratar och pratar och viftar ännu mer med armarna. Om Aryabhata, Hipparchus, avståndet till sol och måne, musik, tidvatten, och lantmäteri. Flera av eleverna ser gapande på mig, andra sitter fortsatt böjda över sina telefoner. Plötsligt är lektionen slut, och 8b packar ihop och beger sig mot matsalen. Innan hen går, frågar Za –Så, var det fel det jag sa? Jag svarar – Inte alls, det var förträffligt, föredömligt! Za nickar och smyger ut ur klassrummet efter de andra.

MATEMATIKUNDERVISNINGENS 10 BUD

1. Du skall inte ha andra perspektiv vid sidan av det ~~konstruktivistiska~~ *socio-kulturella*
2. Du skall inte felrepresentera matematiken, utan indraga de heliga förmågorna
3. Du skall högtidlighålla elevernas och din egen fritid
4. Du ska visa aktning för den matematikämnesdidaktiska forskningen
5. Du ska inte dräpa elevernas självförtroende för matematiken, utan alltid differentiera undervisningen med hänsyn till elevernas bakgrund och intressen
6. Du ska inte ha begär till din kollegas elever eller anställning; du skall inte prata illa om eleverna, kollegor eller skolan
7. Du skall inte stjäla din kollegas lektionsplanering eller uppgifter
8. Du skall inte vittna falskt mot de matematiska begreppen genom bara att använda symboliska representationer, utan länka representationer och använda manipulerbara material
9. Du skall inte undervisa lärarcentrerat
10. Du skall inte stagnera utan fortsätta att utveckla din ämneskunskap och din matematikdidaktiska kunskap

Så slår det mig: Vad har jag gjort? Det känns som om benen består av element 117 när jag släpande kämpar mig tillbaka till lärarrummet. Och vem annars, om inte Kåre, står och häller kaffe i ett filter?

– 8b spränger gränserna, antar jag?, säger han och skrattar åt sin egen humor. Jag måste se jävligt grå ut. Men det är inte Kåre jag ser på, det är affischen på väggen med de 10 budorden.

Bud 9 om att inte undervisa lärarcentrerat står fram som en brinnande buske för mina ögon. Det hjälper mig inte att tänka att det bara var 10 minuter jag stod där och föreläste; det är ju också bud 5 om att inte dräpa elevernas självförtroende som jag har syndat emot. Tänk om Zas klasskompisar nu i ännu högre grad tänker att de inte kan matte, för att jag rosade Za så mycket? Det gör ont att tänka på. Och hur var egentligen kopplingen till deras egna erfarenheter —ganska usel är jag rädd...

Jag måste prata med någon, tänker jag. Lätta mitt hjärta. Få en idé till vad jag kan göra för att sona detta, så 8b inte är förlorade för matten, och därmed för framtiden. Men jag orkar inte ta upp det på fredagens fikamöte i matte-gruppen. Att sitta där och få mitt anseende skrumpnat av kollegor jag måste jobba med i, Gud, ytterligare 26 år.

Jag får en klump i halsen. Nej, jag måste prata med Susanne, det är min enda möjlighet. Jag skriver henne ett kort meddelande och föreslår att vi träffas över ett glas vin efter sista lektionen. Bryter jag nu mot bud nr 3? Nej, vi hinner väl det före kl 17.

Resten av dagen är suddig. Jag kommer inte alls ihåg vad som hände i 9a och 7c. Jag smyger ner min lunchlåda i väskan och säger till Anna att jag har glömt den hemma och måste gå handla. Det regnar inte längre, så jag sätter mig på en bänk på andra sidan av parken, men lunchlådan är fortfarande full då jag går tillbaka till skolan. Anna ser undrande på mig. Jag muttrar något om en förkylning på väg, en lång kö, och att jag måste hämta en bok, och så springer jag iväg till bibblan.

Bikt

Restaurang *Kaggen och Ugglan* är nästan tom när jag kliver in, dyblöt av regnet som åter strilar från himlen. Undrar när det var sol senast... Jag sätter mig vid bordet bakom baren. Jag borde väl skriva formativ återkoppling på elevernas uppgifter, eftersom klockan bara är tio i fyra, men texten förvandlar sig till kryp som liknar träden på Signal Hill i Kapstaden sett långtifrån. Ett kort ögonblick tänker jag tillbaka på semestern i Sydafrika senaste året, med utsikten över det iskalla vattnet där surfare leker i vågorna och och de billiga drinkarna och den vänliga stämningen på restaurangerna på kvällarna. Men då träder Susanne igenom dörren och mina dagdrömmar avbryts, hennes långa röda hår är förvandlat till små floder över hennes kinder. Jag sväljer hårt.

Hon beställer ett torrt och kraftigt rödvin, och jag tar samma. Då ser hon på mig och nickar och ler.

– Du ville prata om något?

Jag ser ner i bordet och andas sedan djupt. Detta måste göras.

– Jag har syndat. Idag. I 8b. ... Emot två bud.

Susanne sitter som en saltstod medan jag berättar om dagens händelse i 8b. Länge efter jag är klar sitter hon och ser ut i luften. Jag känner stolen brinna under mig och helst skulle jag bara vilja försvinna. Så mycket skäms jag. Äntligen ser hon på mig. Sorgset och fyllt av medkänsla.

– Det är ju inte bara det... Det är ju flera bud. I och för sig nr 1... men också 4... Och 7. Detta är mer än vad jag kan hjälpa dig med. Du måste gå och prata med Kim.

Kim är vår Rektor. Med stort R. Kim vet hur en skola ska drivas och vad en lärare måste uppfylla för krav för att vara en duktig lärare. Otaliga är de dagar då vi arbetat gemensamt med de tio buden och vad de betyder för vår verksamhet. Otaliga är de möten vi haft för att sätta dem i relation till varje ämne, till varje årskurs och till varje elev. Otaliga är också de möten vi lärare blir kallade till då vi brister i att följa de tio buden.

Svårast i början av arbetet var nog att förstå innebörden i de olika buden och hur de relaterar till mitt dagliga arbete. Nu är det svåraste att jag ständigt hittar fel och brister i min undervisning som måste rättas till. Även när jag lyckas bra med något, t.ex. bud 8, så sitter alltid bud 10 på mina axlar och viskar i mitt öra ”tänk på att detta kan utvecklas och bli ännu bättre”. Och ibland hinner jag inte med alla förmågorna för att jag istället fokuserar på bud 5 eller 8. Inte bud 2 som är så centralt.

Och nu känns det lite som om jag bryter mot bud 6... Vem är jag egentligen? Kanske bättre att söka ett arbete som inte involverar mänskliga relationer, interaktioner, undervisning, bedömning... Susanne skulle inte riktigt förstå vad jag menar med dessa tankar. Vi är ju mattelärare och vi har ett jätteviktigt uppdrag i vårt arbete, för att stärka kommande generationers kunskaper och förståelse inom matematik. De behöver matematiken för att vara förberedda på att leva och verka i ett demokratiskt samhälle. Just det, hade jag planerat in ränteberäkningar i nästa veckas arbete för 9:orna? Jag vet att det är lite sent och att vi borde hunnit med det redan i 8:an, men det kom så mycket annat emellan, med friluftsdagar och den där skolresan. Där fick vi ju i alla fall in lite av den vardagsmatematik som de kan behöva för att planera resor i framtiden, så helt bortkastad var kanske inte den tiden. Hur skulle det funka om både 8b och 9c arbetar med procentavsnittet och ränta på ränta samtidigt? Kanske kan de samarbeta? Vilket bud är centralt då?

Jag bestämmer mig ändå för att försöka prata med Kim redan nästa dag. Hon skulle på något möte med andra rektorer i kommunen och jag har för mig att det är på eftermiddagen. – Tack för att du kom, säger jag till Susanne och reser mig för att gå. Hon ser oförstående på mig, med en blick som försöker tolka det plötsliga uppbrottet, men förblir tyst. – Det var verkligen bra. Nu vet jag hur jag ska gå vidare.

Jag betalar och lämnar välförtjänt dricks till servitören. I Sverige sägs det att dricks ingår i notan, men jag vill visa min uppskattning och tacka för god service och lägger på 10 %. Tänk att det i andra länder kan vara så att servitörer och barpersonal nästan bara får sina inkomster från dricks. Hur klarar de att planera sina utgifter då? DET borde kunna vara ett ämne för nästa temaarbete i på skolan: ”Arbetsvillkor i andra länder”. Och kanske jämföra med svenska förhållanden. Och integrera med samhällskunskap. Critical mathematics education har jag läst forskning om och det stärker mitt arbete kring fjärde budet. Jag ska försöka ta upp det med Kim imorgon också, så det inte bara blir ett nedslående samtal om min bristande undervisning.

Vid 20-tiden på kvällen, precis när vi ätit middag och jag satt mig framför TV:n för att slötitta på ett naturprogram och samtidigt skriva kommentarer på elevernas senaste matteprov, ringer telefonen. Jag är koncentrerad på att ge formativ feedback och funderar länge på vad jag ska skriva som bäst gör att varje elev förstår vad som behöver utvecklas för att hen ska nå högre betyg. Det tar därför en stund innan jag förstår att samtalet är till mig. Synd att bli avbruten mitt i arbetet, men det kunde ju inte den som ringer veta, såklart.

- Ja, hej, det är Aron, Zas pappa. Za i 8b.
- Hej, så trevligt. Ja, jag vet vem du är. Vad har du på hjärtat?
- Jag vill egentligen inte störa på din fritid, men känner att jag måste ringa för att få klarhet i en situation som Za berättade om som hände på skolan idag. Hur tänkte du när du lät Za få så mycket uppmärksamhet under lektionen? Tänkte du på hur det känns som elev att bli utpekad på det sättet? Tänkte du på hur övriga klassen tänkte om detta?
- Oh, ja, det grämer mig så, men det var så roligt att diskutera detta med Za och det var som om vi tänkte tillsammans...
- Så uppfattade inte Za det. Snarare som om du ville se vad hen kunde och att det skulle vara synligt för alla klasskamrater. Det kan ju påverka de andra elevernas självförtroende negativt. Tänk på det i fortsättningen. God kväll!

God kväll? Nästa morgon kommer jag till skolan vid halv åtta. Kim sitter på sitt rum som vanligt vid den tiden och jag bestämmer mig för att knacka på, trots att jag har undervisning redan kl 8. Jag vill få detta ur världen och Kim brukar alltid vara stöttande och ge väl genomtänkt feedback.

- Hej, välkommen. Du är tidig på jobbet.
- Ja, eller, jag brukar alltid vara på plats i god tid för att se över om det är något som hänt sedan gårdagen, som gör att jag

behöver förändra min plan för lektionerna under dagen. Men nu tänkte jag…

– Kom in, sätt dig, säger Kim och rafsar undan några papper från bordet så jag ska känna att det är vårt samtal som är i fokus. Sen tar hon fram en anteckningsbok och penna.

Jag berättar om gårdagens händelse i 8b och också om samtalet från Zas pappa, men utelämnar mitt besök med Susanne på *Kaggen och Ugglan*. Det känns lite för privat, även om mitt problem berör min profession. Och vi har ju pratat om att vara noga med gränsen mellan att vara personlig och privat och till det privata borde höra när man möts och diskuterar över ett glas vin, trots att det är under arbetstid.

Kim antecknar flitigt i sitt block och när jag tystnar lyfter hon blicken och ser på mig.

– Vi behöver göra en kompetensutvecklingssatsning här, säger hon. Jag ser att det är flera bud du brutit mot och förstår att det känns tungt. Det är tydligt att du behöver få tid att utveckla starkare forskningsanknytning i din profession, för att i stunden kunna göra väl motiverade val av strategier i undervisningen. Du behöver även fördjupa din förmåga att möta varje elev utifrån hens behov, intresse och förmåga och samtidigt fördjupa mer övergripande undervisningsteoretiska perspektiv, så du inte hamnar i liknande situationer igen.
– Så du tror att jag kan komma tillrätta med detta?
– Ja, det kommer lösa sig. Jag anmäler dig till Skolverkets nya lärarlyftskurs ”Fördjupning av ämnesdidaktik, lärandeteori och sociala relationer”. Kom ihåg att du sedan ska redovisa kursens innehåll och ditt eget lärande i ett ämnesdidaktikseminarium för personalgruppen. Kan vi boka in det redan nu?

Jag kände mig uppfylld efter mötet med Kim. Tänk att hon alltid har så kloka lösningar på alla utmaningar vi mattelärare möter i yrket. Jag bokar genast in lärarlyftskursen i min papperskalender —och måste komma ihåg att meddela Olle att jag inte kan leda ungdomsträningen under 5 veckor i höst. Det ska väl gå bra. Det finns ju så många andra föräldrar som inte har bidragit så mycket senaste tiden. Och leda en barngrupp där alla är intresserade är ju ganska lätt…

Sonande

Kurslitteraturen är lätt att få tag på då allt finns tillgängligt digitalt. Jag minns hur det var förr, för sisådär 5 år sedan, då man var tvungen att beställa böcker på bokhandeln och ibland fick vänta i veckor på leverans med posten. Nu behöver jag bara logga in på den lärplattform som används och leta reda på alla texter och uppgifter som ska behandlas i kursen. Det betyder att jag kan läsa in mig på allt innan kursstart och hinna göra uppgifterna under sommarlovet. Vad var lösenordet nu igen...?

Vi är 24 lärare som följer lärarlyftskursen. Allt sker på distans, förutom sista träffen, då vi ska redovisa vårt utvecklingsarbete för varandra. Det är väldigt praktiskt för alla, då vi har möjlighet att fortsätta vårt vardagliga liv i nästan samma utsträckning som innan, trots att vi läser en kurs på kvartsfart. Det blir lite sena nätter och kanske inte den mest vällagade middagen hemma när det är som mest att göra, men väldigt mycket värt att slippa resa en timme till universitetet. Ibland känns det lite konstigt att inte träffa sina kurskamrater på fikaraster och i korridorer. Undrar vilka de är och var de bor? Alla fick till uppgift att spela in en kort videopresentation innan kursstarten så att vi skulle få lite information om vad kurskamraterna arbetar med, men det var inte så mycket mer man fick veta. Å andra sidan behöver jag bara genomföra kursen på ett bra sätt för att få nya insikter om hur jag ska förbättra de brister jag har i min undervisning. Det är ju det som är syftet med fortbildningen.

Jag måste också komma ihåg att boka in tre seminariedagar med mina kollegor. Vi har som princip på skolan att alla som går kurser ska dela med sig av sitt lärande, som Kim nämnde, men i kursen ingår även att jag involverar mina kollegor i processen så det blir ett kollegialt lärande. Det borde inte vara något problem att hitta lämpliga dagar till detta. Alla mattelärare på skolan är ju väldigt intresserade av att utveckla sin undervisning på rätt sätt och vi har alltid givande diskussioner. Det som dock slår mig är att Nassim också går en kurs... Den handlar om flerspråkiga matematikklassrum och det samtalet vill jag inte missa. Kanske får vi ta hjälp av vår ämnesansvariga så det inte blir krockar. Alla vill ju delta i allt, vilket faller sig ganska naturligt, då vi tillsammans kan arbeta för att uppfylla matematikundervisningens tio bud.

Det blir ganska häftiga diskussioner i chatten på kurssajten när bud 4 kommer i fokus. Vad betyder det att visa aktning för den matematikämnesdidaktiska forskningen? Vad grundar vi våra beslut på när vi undervisar matematik i en klass? Eller, hur ställer vi frågor till elever för att de ska bli intresserade och vilja veta mer? Vilka begrepp och teoretiska grundvalar bygger vi vår undervisning kring? En kollega från en mindre stad i mellansverige hävdar att hen går på den magkänsla som byggts upp under de 20 åren i skolan, med olika elevgrupper och åldrar. Magkänsla... hur sätter man ord på den? Goda kollegor som vi är, försöker vi locka och pocka med förslag till vad det kan betyda, men kollegan har egentligen inte något svar.

- Men, funderar jag, var det kanske något i lärarutbildningen som du kan säga att du har tagit med dig in i arbetet med eleverna som kan hjälpa dig att sätta ord på dina handlingar?

Det tar ett tag innan kollegan från småstaden svarar på min fråga (det är också en fördel med att sitta hemma på sin kammare och studera — man kan hämta kaffe eller hänga tvätt precis när man vill— och svaret är kort:

- Nej, allt jag kan har jag lärt mig i praktiskt arbete med eleverna.

När femte budet, det om elevers självförtroende, tas upp i kursen, så berättar jag om samtalet med Zas pappa. Alla förstår mitt dilemma att jag, samtidigt som jag måste värna om elevens intresse för ämnet, blir så engagerad i samtalet att jag glömmer tid, rum och alla andra elever för en stund... Det är en grov synd.

Vid sista tillfället av kursen får vi alla intyg på att vi nu höjt våra nivåer vad gäller forskningsanknytning i undervisningen, samt vår förmåga att agera professionellt och rationellt i matematikundervisningen. Vi kan därmed återgå till vårt spännande arbete med eleverna, mer medvetna än någonsin om hur god matematikundervisning ska bedrivas. Jag känner att jag lever upp till det tionde budet och ser verkligen fram emot att gå in i undervisningen med dessa fördjupade perspektiv och på måndagsmorgonen nästan småspringer jag till jobbet för att få sätta igång. Jag studsar in till kaffeautomaten och där står Kåre igen.

- Du ser riktigt pigg ut, säger han. Inte som den gången du hade haft 8b. Då såg du verkligen grå...

Kåres röst försvinner ur mitt medvetande och jag blir alldeles stel. Hur kan jag ha missat detta? Varför har ingen sagt något? Har jag varit så engagerad under kursen så jag missat ett direktiv från Skolverket? Ett elfte bud:

11. Du skall, i relation till alla ovanstående bud, använda programmering när det är möjligt.

Efterskrift: Governmentality och självets teknologier[1]

Governmentality är ett sätt att se på makt som sätter fokus på styrning av folks handlingar genom positiva medel snarare än genom att regeringsmakten formulerar lagar —här illustrerat med budorden. I motsättning till en disciplinär form för makt, är governmentality generellt associerat med frivilligt deltagande av den som styrs. Som Foucault själv skriver, ska du vara din egen censor och det är kontakten mellan dominansen av andra och dominansen av sig själv som kallas governmentality. Expertis spelar en viktig roll i denna självreglering. Den gör ett anspråk på vetenskaplighet och objektivitet, som ger auktoritet en förankring —det är inte auktoriteten som avgör, utan expertisen, som kan mobiliseras i politiska argument. Detta är nödvändigt i en liberal demokrati för att skapa avstånd mellan självreglering och staten, så styrningen inte blir direkt. Men expertisen bidrar också med en logik för val, genom en transformation av individernas sätt att konstituera sig själva. Detta genom att ”inpränta önskemål om självutveckling som expertis i sig kan vägleda och genom anspråk på att kunna dämpa den oro som genereras när livets verklighet inte lyckas leva upp till sin bild” (Rose, 1999, s. 88, vår översättning)[2]. Som t.ex. när jaget går på gymmet, så involverar det tekniker för ansvarstagande, för hälsa, för normalisering och för självkänsla.

---

1 Källor: https://www.britannica.com/topic/governmentality; https://foucault.info/documents/foucault.technologiesOfSelf.en/; https://en.wikipedia.org/wiki/Governmentality

2 Rose, N. (1999). *Powers of freedom: Reframing political thought.* Cambridge University Press.

1. Sociopolitiska perspektiv i och på matematikdidaktik

Lisa B. Boistrup, Iben M. Christiansen, Eva Norén och Paola Valero*

*Malmö universitet och Stockholm universitet

Sammanfattning

Detta inledande kapitel lyfter fram nya trender inom sociopolitisk forskning i matematikdidaktik. Den matematikundervisning som pågår i klassrum är alltid sammanflätad med olika samhälleliga fenomen, så som social kontext, normer och styrdokument, men också kollegor och media. Centrala problemställningar och forskningslitteratur i de sociopolitiska studierna i matematikdidaktik presenteras. Detta fungerar som en bakgrund för tematiseringen av boken och dess kapitel.

> Effective efforts that aim at basic reforms of our policies and practices in curriculum, teaching, and evaluation are only as strong as their understanding of the relations between school and the larger society. (Apple, 1992, s. 421)

Introduktion

Avsikten med den här boken är att visa hur ett sociopolitiskt perspektiv kan belysa aspekter av matematikundervisningen som inte så ofta uppmärksammas i texter på svenska. En aspekt här är hur handlingar som matematiklärare utför alltid är sammanlänkade med olika företeelser som finns i ett bredare sammanhang, lärarens kontext, som exempelvis kollegor, traditioner, styrande dokument. I bokens prolog, *Matematiklärarens frälsning*, beskrivs, lite skämtsamt, budord som en matematiklärare behöver följa. Trots den skämtsamma tonen menar vi att budord som dessa ska förstås med stort allvar. De är inte tillfälliga

---

Hur du refererar till det här kapitlet:
Boistrup, L.B., Christiansen, I.M., Norén, E., & Valero, P. (2022). Sociopolitiska perspektiv i och på matematikdidaktik. I P. Valero, L.B. Boistrup, I.M. Christiansen, & E. Norén (Red.), *Matematikundervisningens sociopolitiska utmaningar* (s. 1–14). Stockholm University Press. DOI: https://doi.org/10.16993/bcc.b.

påhitt. Snarare är de ofta tydligt uttalade, explicita, som i berättelsen. De kan också visa sig mer indirekt, implicit, i undervisningssituationer.

I planeringen av en kurs, ett kursmoment eller en enskild lektion reflekterar läraren ofta över vad hen vill att eleverna ska lära sig, vilket kan vara kopplat till olika kunskapsaspekter eller förmågor, och på hur hen bäst kan lägga upp undervisningen så lärandemålen nås. Detta görs oavsett om läraren är lärarutbildare, eller lärare i grundskola/gymnasium. Detta görs också oavsett om hen är matematiklärare, svensklärare eller lärare i något annat ämne. En del av detta kan vara att läraren tänker in bildning som mål; t.ex. att historieundervisningen ska bidra till att eleverna intar en moralisk position gentemot slavhandel, eller att matematikundervisningen ska bidra till att se vetenskap som en mänsklig produkt. Samtidigt är det kanske inte så ofta som läraren har tid att fundera över i vilken utsträckning ämnesinnehållet, innehållet i läroplanerna och själva ämnesundervisningen är påverkade av och påverkar den sociala och politiska kontexten. Med denna bok vill vi bidra till reflektioner av detta slag, både i relation till matematikdidaktisk forskning och till matematikundervisning.

Utbildningssociologiska och läroplansteoretiska perspektiv

Frågor om undervisning i relation till den sociala och politiska kontexten är något som behandlas i kurser inom utbildningssociologi eller läroplansteori. Även om läraren läst kurser med detta innehåll, är det inte säkert att hen bär med sig dessa perspektiv in i sitt lärararbete. Ofta måste det till något slags problem eller någon konflikt för att uppmärksamma detta samspel. Den här boken lyfter fram både läroplansteoretiska och utbildningssociologiska aspekter på matematikundervisningen. I Sverige hänger dessa forskningsfält ganska mycket ihop, men i de följande styckena håller vi, för tydlighets skull, isär dem.

Läroplansteori ser på vilket innehåll som skrivs fram som relevant kunskap i läroplaner, på de processer som ligger bakom utformningen av läroplanen, och hur dessa processer påverkas av sociala, politiska, ekonomiska och kulturella strukturer i samhället. Med ett intresse för matematik kan läroplansteoretiska frågor handla om varför euklidisk geometri var med i läroplaner i åratal, men försvann i och med Lgr62. Andra frågor kan handla om varför begreppet förmågor numera är en del av kursplaners och ämnesplaners struktur, trots att det inte alls användes före Lgr11, eller varför ”automatisk räkning” har ersatts av ”procedurförmåga”.

Lärarstudenter möter utbildningssociologi bland annat i kurser i den utbildningsvetenskapliga kärnan. Utbildningssociologi ser på påverkan av utbildning och skola på ett mer omfattande sätt —alltså inte enbart på läroplaner—, speciellt i relation till politiska institutioner, samhällsstrukturer, intresseorganisationer och individer. Utbildningssociologi analyserar också den sociala effekten av utbildning och skola. Detta handlar t.ex. om i vilken utsträckning elever med olika bakgrund har samma möjligheter att lära, men också om de dolda värden som kommuniceras genom utbildning och undervisning samt om varför vi har hemkunskap som skolämne men inte rörmokeri eller juridik. Andra områden för utbildningssociologiska studier är t.ex. effekterna av utbildning för att kvalificera befolkningen och individer, och utbildningars kopplingar till högre mål som social rörlighet, jämlikhet och mer generell demokratisering.

Vanligtvis inom utbildningssociologi görs analyser mer generellt i relation till utbildningssystem och läroplaner, medan vi har ett specifikt intresse i matematik i denna bok. Utifrån utbildningssociologiska perspektiv är det relevant att studera hur och varför just matematik generellt tilldelas en viktig roll i utbildningen och kanske är det ämne som oftast avgör om eller vilken högre utbildning en person kan komma in på. Denna roll, och andra —se nästa del—, som matematik har i samhället gör det därmed rimligt att se specifikt på matematik och matematikundervisning utifrån sociala och politiska perspektiv. I resten av denna text diskuterar vi vad detta kan innebära, och varför det är viktigt.

Sociopolitiska perspektiv på matematikundervisningen

Internationellt har matematikdidaktisk forskning setts som politisk på flera olika sätt. Ett sätt att tänka har varit att eftersom utbildning är politisk är även matematikundervisning politisk. Här menar vi inte politisk i termer av partipolitik. Snarare menar vi politisk i termer av att det vi gör i våra yrken, som lärare och som forskare, påverkas av och påverkar långt bortom de aktiviteter vi engagerar oss i när vi jobbar. Detta gäller självklart alla yrken, men läraryrket har en alldeles särskild politisk roll. Detta blir ännu tydligare om vi går till de etymologiska rötterna av ordet *education* (utbildning). Ordet *education* (engelska), *educación* (spanska) eller *educação* (portugisiska) har sina rötter i latinets *ēducō* som relaterar till att i handling uppfostra och ge näring till en annan människa i en särskild riktning. Just detta har en specifik politisk innebörd, där en yrkesgrupp får ansvaret av samhället att påverka det uppväxande släktet. Något liknande gäller det germanska ordet 'utbildning', där rötterna handlar om att skapa eller forma någon i riktning av en önskad 'bild'. Själva ordets mening leder vår uppmärksamhet mot att närhelst någon försöker ta hand om, fostra eller utbilda någon är handlingens riktning viktig. Det är riktningen av den fostrande handlingen som gör utbildning politiskt, eftersom den baserar sig på val utifrån flera möjliga riktningar. Den valda 'bättre' riktningen knyter an till vad som vid just den tidpunkten och den platsen, i just den kontexten, förhandlats fram som önskvärt.

Det krävs inte mycket för att inse att t.ex. förändringarna i matematikkursplaner under de senaste 60 åren har relaterat till de olika önskade riktningarna i det svenska samhället. När matematikundervisningen blev en del av massiv obligatorisk utbildning, blev riktningen för matematikutbildning kopplad till bildandet av medborgarnas sinne, moral och kropp med avseende på den önskade samhällsbilden som utbildning för alla ska leda befolkningen mot att uppnå. Denna typ av drag illustreras i Lundins (2008) analys av historiskt material, där manualer (läroböcker) för matematikundervisning ingick. Han visar hur skolmatematikens mål kring sekelskiftet 1900 förändrades från att forma sedesamma och bildade kristna, till att forma vetenskapligt tänkande medborgare. Detta illustrerar hur diskursen kring skolmatematikens mål är nära kopplad till den riktning som yngre generationer enligt vid en viss tidpunkt dominerande politiska ståndpunkter bör styras mot. Skolmatematiken är med andra ord politisk och absolut inte neutral. Dess målsättning ligger inte implicit i dess praktiker, utan är något som tillskrivs den utifrån, från det politiska fältet.

Ytterligare en möjlighet att överväga varför matematikutbildning är politisk har att göra med erkännandet av att matematiken i sig är politisk. I samtal, texter och berättelser av olika slag har matematik ofta fått karaktären av att vara ett ämnesområde som består av abstrakta objekt som inte har någon fysisk existens. Dessa objekt uppfattas därmed som separerade från de människor som genom historien har formulerat dem i konkreta tider och sammanhang. Denna separation har politiska effekter, när den inte ifrågasätts, eftersom en förståelse av matematik som abstrakt, långt borta från våra mänskliga handlingar, i sig är utestängande. Detta skulle kunna uttryckas som att det bara är personer som uppskattar abstraktioner som känner sig hemma med den sortens förståelse av matematik. En ensidig uppfattning av matematik av detta slag har på flera sätt problematiserats inom det matematikdidaktiska fältet, vilket följande citat är ett exempel på:

> There is not one single mathematic, absolute and infallible (Davis & Hersh, 1980/1983; Ernest, 1991; Kline, 1980, 1987) but rather a plurality of mathematics which operate on a pragmatic basis, linked to time and place. (FitzSimons, 2002, s. 15).

När matematiken främst placeras i vad som kan beskrivas som Platons 'idé-värld', hamnar den alltså utanför människors praktiska erfarenheter.

Utifrån ovanstående resonemang kopplas matematik till en syn på matematik som både ren och neutral (Straehler-Pohl, 2015). Samtidigt, och exakt på grund av detta, kan sådan matematik-kunskap vara kraftfull. Kraftfullheten här handlar om en kunskap som, när den förvärvas och besitts, kan upplysa och stärka kunskapens intellekt; vägleda förnuftet och också användas för att skapa de underverk som människor har fått fram genom historien. När Williams (2012) argumenterar för att matematiken har användningar som ger den värde kopplar han detta till matematikens värde som kulturell kapital (Bourdieu, 1984) av arbetskraft, och att det är denna kombination som —i alla fall delvis— förklarar varför matematikämnet blir så centralt, vilket också hänger samman med att matematik blivit ett högstatusämne (Apple, 1992). En politisk konsekvens av detta blir att kunskap i matematik också medför en viss position, och får därmed makt att påverka, t.ex. hur ett 'underverk' skapas. En närliggande aspekt här är att ett bra betyg i matematik har ett utbytesvärde (exchange value) vilket innebär att betyget kan 'bytas ut' mot inträde till en högre utbildning.

Förutom att inbegripa makt i sig —vilket är ett sätt på vilket matematik har ansetts vara kraftfullt— ses matematik som en kraftfull kunskap eftersom dess användningsområden och tillämpningar har gjort det möjligt för människor att skapa teknologier som förlänger och vidareutvecklar mänsklig kapacitet. Det vore omöjligt att föreställa sig vår nuvarande värld utan matematikens kraft och andra former av vetenskaplig kunskap —om naturen och samhället— i skapandet av lösningar för många problem och förbättring av mänskligt liv. Det sistnämnda används som argument för att det är viktigt att tillräckligt många elever kan tillräckligt mycket matematik för att upprätthålla den teknologiska utvecklingen. Hur matematik fungerar som en del av kunskapssystem som gör vaccinationer, broar, artificiell intelligens eller till och med ett mycket enkelt hus är exempel på matematikens kraft.

Och när vi har sagt att matematik är kraftfullt för att skapa under, måste vi naturligtvis påminnas om att sådan kraft också är kopplad till konstruktionen av många fasor, där skapandet av atombomben bara är ett exempel.

Matematiken i sig, och hur matematik används, är alltså något politiskt. Detta utvecklas på olika sätt av Skovsmose (t.ex. 1994; 2005), som skriver att om vi inte ser matematik som det neutrala och 'goda' så behöver vi på olika sätt se hur matematik kan medverka till ett demokratiskt samhälle i vid mening. En aspekt här är vikten av att elever inte bara får lära sig ett matematiskt innehåll och hur det kan tillämpas, utan också att kritiskt granska hur matematik används i vårt samhälle, vilket några sydafrikanska studenter i matematik påpekade då de fick mer kritiska perspektiv att arbete med (Christiansen, 2007). En matematikundervisning som också inbegriper ett kritiskt granskande av matematikens användning blir politisk i den meningen att den tar sig an skolans uppdrag att värna om demokratin, men från ett tydligt matematiskt perspektiv.

Det politiska i relation till matematik och matematikundervisning handlar också om att processer som inbegriper undervisning och lärande i matematik i själva verket är politiska. I de frågor som ställs inom de sociala och politiska perspektiven på matematik och matematikundervisning ingår alltså vad som framställs, genom politiska processer, som skolämnet matematik. Här ingår frågor som berör elevers deltagande generellt i matematikundervisningen, men också frågor som berör konfigurationer av elever, vilka ses som mer eller mindre matematikkunniga, med glädje eller skräck för matematik och även som mer eller mindre rationella. En klassisk studie inom matematikämnets didaktik är utbildningssociologen Dowlings analys av två serier av textböcker i England, en som var mer akademiskt orienterad och en som var mer praktiskt orienterad (Dowling, 1998). Han visar på att de två serierna medger olika slags tillträde till det matematiska innehållet. I den ena får eleverna tillgång till förklaringarna bakom beräkningsmetoderna, i den andra får eleverna bara lära sig metoderna. På detta sätt skapas två olika typer av skolmatematik och därmed två olika förväntningar på vad elevernas framtid kan vara och vad de därför behöver lära sig. På så sätt skapas två typer av elever; de som kommer få insikter i hur saker hänger ihop, och de som kan utföra vad andra har hittat på.

Internationella jämförelser som TIMSS och PISA medverkar också till att avgöra vad som räknas som matematikkunskap (t.ex. Kanes, Morgan & Tsatsaroni, 2014). Den version av matematik som fabriceras av dessa undersökningar blir dock problematisk ur flera avseenden. En är att elevernas svar på testernas frågor måste ha hög reliabilitet. Detta innebär att de bedömningar som görs av elevsvar måste vara reliabla så att olika bedömare i olika länder bedömer lika. På grund av detta kan själva frågorna inte vara så särskilt öppna, vilket i sig påverkar den matematikkunskap som avspeglas i testen. I och med att dessa jämförelser har fått stor global spridning och stor betydelse bland politiker och i media så sprids denna snäva bild av matematik globalt. Den snäva bilden förvärras ytterligare av att alla frågeställningar ska fungera i alla de deltagande länderna. Detta får till konsekvens att det sprids en bild av att det finns *en* matematik, oberörd av tid och rum, vilket står i kontrast mot det vi skrev om tidigare i denna del. Här skapas också föreställningen att det är möjligt att skapa en matematikundervisning som kan nå alla elever, varför det ju måste vara något fel på de elever som inte klarar av det ändå, eller på de lärare som inte har klarat att lära eleverna den fina matematiken, vilket i sin tur skapar föreställningen om ett ämne som är relevant för alla.

Forskning som undersöker den sociala, kulturella och politiska basen för, och effekterna av, matematikutbildning har utvecklats internationellt under de senaste 30 åren genom socialt inriktade perspektiv (Lerman, 2006) och också perspektiv som inbegriper politiska aspekter (Gutierrez, 2013; Valero & Zevenbergen, 2004). I Sverige, och i texter på svenska, har dock dessa studier först på senare tid fått större spridning. Detta kan bero på att matematikdidaktisk forskning är en relativt ung forskningsgren i landet (Helenius, Kilhamn & Nyström, 2018). En annan orsak kan vara ökningen av ojämlik tillgång till god matematikutbildning, vilket hänger samman med ett ökande prestationsgap i matematik, vilket kan kopplas samman med socio-ekonomiska faktorer (Skolverket, 2012; Östh, Andersson & Malmberg, 2013). En konsekvens är att yrkeslivet blir mer pressande för lärare, skolledare, politiker och forskare (Cerna, Andersson, Bannon & Borgonovi, 2019).

Sociopolitiska perspektiv omfattar en mängd olika positioner (Jurdak, Vithal, de Freitas, Gates & Kollosche, 2016), vilka problematiserar och utmanar tankesätt om matematikutbildning inklusive de sammanhang i vilka utbildningen sker (Jablonka, Wagner & Walshaw, 2013). I en omfattande översikt över matematikdidaktisk forskning utifrån sociopolitiska perspektiv har Jurdak m.fl. (2016) identifierat fem olika intresseområden inom det internationella forskningsfältet. Det första området är studier som berör en rättvis tillgång till, inklusive aktivt deltagande i, matematikundervisning. Det andra handlar om hur matematik och matematikutbildning har tagits för givet som sanna, i termer av neutrala och politiska, kunskaps- och praktikområden. Dessa förgivettaganden förstås som kulturella regimer. Det tredje området är studiet av hur matematiska identiteter och subjektiviteter bildas, inklusive hur de är kopplade till skapandet av föreställningar om dis/förmåga med avseende på matematik. Det fjärde området inkluderar sociala och ekonomiska faktorer vilka påverkar matematisk prestation, mätt såväl nationellt som internationellt. Slutligen handlar det femte forskningsområdet om en oro för förändringar i de materiella förutsättningarna för matematikutbildning samt hur aktivistiska tillvägagångssätt kan bidra till att förändra matematikundervisning och lärande. Det som är gemensamt för dessa olika områden är ett engagemang i att utforska konkreta metoder för att forska på, och ibland utveckla, undervisning och lärande av matematik i deras sammanhang, inklusive hur de är grundade som en del av en större samhällsdynamik. Något som också är gemensamt är en vilja att påverka det som sker bortom det som händer i klassrummet. Det är också vanligt att vilja förstå hur matematik och matematikundervisning är kopplade till eller påverkar maktrelationer. I den sociopolitiskt inriktade forskningen inom matematikdidaktik intas ett kritiskt förbållningssätt, vilket möjliggör problematiseringar. Därmed undersöks möjliga avsikter bakom det som sker, t.ex. i skolans värld. Vidare ifrågasätts vad som har tagits för givet så att ett utrymme för nytolkningar öppnas, vilka kan peka på andra möjligheter av innehåll, pedagogik, politik och forskning.

Utifrån de perspektiv som beskrivs ovan, utgör de praktiker som påverkar undervisning och lärande i matematik, tillsammans en bred kulturpolitisk aktivitet (Valero, 2018). Detta innebär att matematikutbildning, med tanke på matematikens tilldelade betydelse, är ett område där det pågår en kamp för att definiera vad som räknas som matematik i utbildningen och för bildandet av medborgare. Här ingår varför och vilka önskade sätt att göra matematisk kompetens som bör vara en del av framtida medborgares grundläggande kvalifikationer. Studier utifrån sociologiska perspektiv belyser därmed hur makt fungerar i och genom matematikutbildning, vilket blir ännu mer relevant med tanke på att matematik är en mycket privilegierad kunskapsform i vårt samhälle av idag (Jurdak & Vithal, 2018).

Om denna bok

Denna antologi har det övergripande syftet att introducera de forskningsintressen och strategier som sociopolitiska förhållningssätt har att erbjuda, till en större svensk publik. Boken är organiserad i fem teman, vilka utmanar forskningstraditioner, klassrumspraktiker, läroplanstänkande, bedömningspraxis och antaganden om matematikens inneboende godhet.

Kapitlen presenterar ny[1], och nyskapande, forskning om de sociopolitiska utmaningarna för matematikutbildning i olika sammanhang, såsom grundskola, fritidshem, kursplaner, matematikdidaktisk lärarutbildning samt även för matematikdidaktisk forskning. På detta sätt beskrivs perspektiv på de människor, institutioner och resurser som utgör ett nätverk av matematikutbildningens praxis (Valero, 2010).

Kapitlen innehåller en variation av filosofiska och empiriska studier, baserade på teoretiska verktyg från filosofi, samhällsvetenskap och kulturstudier (t.ex. Norman Fairclough, Michel Foucault, Jürgen Habermas, Robert Pfaller, Slavoj Žižek); kritiska studier av utbildning och läroplan (t.ex. Stephen Ball, Thomas Popkewitz, Daniel Tröhler) och sociokulturellt-politiska studier av matematikutbildning (t.ex. Alan Bishop, Yves Chevallard, Ole Skovsmose). Olika metodologiska och analytiska strategier som text- och diskursanalyser och fallstudier av praktik används. På detta sätt illustreras olika möjligheter att forska i, och om, matematikutbildning ur sociopolitiska perspektiv.

Kapitlen är skrivna på svenska och använder olika skrivstilar. De inbjuder läsaren in i forskningsvärlden och utgör stöd för reflektioner om matematikutbildningens roll i skapandet av det moderna svenska samhället.

Prologen, *Matematiklärarens frälsning*, som föregår detta kapitel, ger inblick i en tänkt svensk matematiklärares oro. Kapitlet illustrerar hur delar av det större samhälleliga och pedagogiska sammanhanget är inflätat i hennes överväganden som lärare, vilket illustrerar det implicita och explicita styrandet av hennes praxis. Som en aptitretare tar denna text oss till realiteten hos lärare, vilken återspeglas på olika sätt i bokens övriga kapitel.

Bokens första tema handlar om utmanande forskningstraditioner. Temat inleds med detta kapitel, *Sociopolitiska perspektiv i och på matematikdidaktik*. Nästa kapitel i temat är Kapitel 2, *Ett tvärsnitt av svensk matematikdidaktisk forskning*, av Christiansen och Skog. Kapitlet presenterar en analys av ett urval av doktorsavhandlingar och

---

1 Med undantag för kapitel 7, 11 och 12. Dessa kapitel har förut varit publicerade på engelska i följande bok: Straehler-Pohl, H., Bohlmann, N., & Pais, A. (Red.), *The disorder of mathematics education. Challenging the sociopolitical dimensions of research*. Springer. Kapitlen är bearbetade till svenska och svenska förhållanden för att passa denna bok och utgivna med Springers tillåtelse.

licentiatuppsatser i matematikutbildning i Sverige. Författarna kartlägger tre typer av vetenskapliga intressen som ligger bakom forskningen. Medan tekniskt-rationella och hermeneutiska intressen till att börja med är dominerande, växer ett kritiskt-emancipatoriskt intresse bara fram under de senaste åren. Kapitlet ställer frågor om hur forskning inom matematikutbildning i Sverige uppfattar sin roll i social och politisk transformation, och uppmanar till att problematisera nuvarande tillvägagångssätt som informeras av kritiskt-emancipatoriska intressen.

Det andra temat utmanar traditioner i svensk matematikundervisning. Kapitel 3, *Tabelltest på tid*, av Pansell problematiserar metoder för att lära sig multiplikationstabeller genom att undersöka hur lärares idéer är en del av ett institutionellt arrangemang i skolan. Med en utvidgning av Chevallards Antropologiska Teori om Didaktik (ATD) visar artikeln hur kulturella och sociala helheter —ekologier— för matematikundervisningspraktiken artikuleras i lärarnas kollektiva arbete. Kapitel 4, *Problem i matematiken – Diskursiva sanningar om problemlösningens varför och hur?* av de Ron undersöker hur problemlösning har dykt upp, ebbat och flödat, i olika läroplaner i svensk skolmatematik under ett sekel. Utifrån en Foucault-inspirerad diskursanalys visar kapitlet hur olika perspektiv kopplar problemlösning till olika skäl och syften för varför det är viktigt samt vilka pedagogiska avsikter som ligger till grund. Med andra ord är meningen med begreppet 'problemlösning' kopplad till diskursiva konfigurationer i svensk skolmatematik, vilka återspeglar större sociopolitiska kontextfrågor.

I förlängning av föregående teman handlar det tredje temat om utmaningar av bedömningspraxis. Kapitel 5, av Bagger, har titeln *Provgivande med flerspråkiga provdeltagare – styrningen av nationella prov i matematik*. Kapitlet tar tillvara de effekter som instruktionerna på de nationella proven har för att skapa ämnespositioner för elever som inte är svensktalande. Problematiseringen av instruktioner till nationella prov sker med hjälp av Popkewitz kritiska utbildningsvetenskapliga studier. Resultaten pekar på hur föreställningar om brister hos flerspråkiga elever kan skapa en bild av en svag grupp, vilket i sin tur ramar in denna elevgrupps matematiska prestanda och deltagande. Kapitel 6, *Sålla agnarna från vetet – Kritiska perspektiv på bedömning i matematik* av Boistrup tar upp ett helhetsperspektiv på bedömning, Denna helhet beskrivs som ett utvärderingsdispositiv, vilket möjliggör olika typer av matematiska diskurser. Dispositivet är inspirerat av Foucault och används för att visa mångfalden av bedömningspraktiker, vilka tar plats i olika matematikklassrum. Dessa erbjuder olika former av subjektivitet för både lärare och studenter vilket reflekterar hur matematikundervisningen medverkar till att ge olika möjligheter till engagemang och lärande i matematik för olika elever.

Inom det fjärde temat utmanar tre kapitel läroplaner och policyer. Kapitel 7, *Att bilda goda matematiska medborgare i Sverige* av Norén och Valero utför en kritisk läroplananalys, baserad på Foucaults idé om styrningsmentalitet (governmentality), av hur den matematiskt kompetenta medborgaren är konstruerad i Lgr69 och Lgr11. Skolmatematikens artikulation, av den önskade medborgarens kognitiva, moraliska och beteendemässiga egenskaper, visar hur läroplaner påverkar makt som sträcker sig långt utöver valet av innehåll. Kapitel 8, *Matematik på Solens fritidshem – Om att göra 'verkstad av' policy-dokument* är skrivet av Wallin, Norén och Valero. I kapitlet undersöks hur den förändrade policyn att inkludera matematik som ett uttryckligt område i läroplanen för fritidshem har skapat spänningar i vad som anses vara matematik. Med inspiration från Balls policy-enactment-teori och Bishops sex kulturella matematiska aktiviteter utforskas ett landskap av olika metoder som används av lärare och pedagoger i fritidshemmet. Fokus ligger på när det 'matematiska' syns i spänningarna mellan det formella och det informella samt mellan elevstyrd eller lärarcentrerad aktivitet. Kapitel 9, *Bilder med makt över matematiklärarutbildningen*, av Österling, fokuserar på de bilder av den goda matematikläraren som framträder i de senaste lärarutbildningsreformerna. Analysen av styrdokumentet för lärarutbildning sker med en Fairclough-inspirerad kritisk diskursanalys. Kapitlet pekar på relationer mellan kunskap, elever och de moraliska och professionella egenskaper som en bra, välutbildad matematiklärare bör förvärva. Bilderna fungerar inte bara som en beskrivning av ambitionerna om en reform, utan som en klassificeringsmekanism för vem man tror blir den optimala matematikläraren.

Det femte temat kompletterar de föregående genom att utmana antaganden om matematikens godhet. Denna tematiska grupp problematiserar aspekter av matematikutbildningens filosofi som är viktiga att tänka på för att förstå de kulturella och politiska funktionerna för matematikutbildning i samtida samhällen. Kapitel 10, av Lundin och Storck-Christensen, heter *Skolmatematiken är en bönesnurra – En ritualteoretisk tolkning av skolmatematikens samhällsfunktion.* Kapitlet erbjuder en kritisk läsning av den betydelse som matematikundervisningen tillmäts i vårt samtida utbildningssystem. Med stöd av den österrikiske filosofen Robert Pfallers kulturteori tolkas skolmatematiken som en symboliskt laddad ritual som bidrar till att introducera barn och unga till det moderna samhällets vetenskapliga världsbild. Kapitel 11, *De|matematisering i kapitalismens tidsålder*, av Straehler-Pohl tar upp en diskussion om hur matematiserings- och dematematiseringsprocesser i nuvarande högteknologiska kapitalistiska samhällen formar hur människor uppfattar och förhåller sig till matematik. Utifrån Žižeks politiska teori diskuteras kritiskt varför och hur matematikundervisning kan vara en del av medborgarnas kritiska bildning idag.

Den sista delen av boken består av två kapitel som kritiskt kommenterar bokens tidigare kapitel. Varje kapitel öppnar perspektiv utifrån författarnas egen forskning och identifierade intresseområden i Sverige. Kapitel 12, *Planera för inkluderande matematikundervisning i ett stormigt landskap*, är skrivet av Grundén och Roos. De presenterar en kritisk läsning av de tidigare kapitlen baserad på befintlig forskning om inkluderande matematikundervisning. Det pekar på de fördelar och fallgropar som de sociopolitiska tillvägagångssätten presenterar för att reflektera över utmaningarna för lärare och studenter. Bokens sista kapitel 13, *'Vi' och 'dom' – sociopolitiska dimensioner av matematikutbildning där olika kulturer och språk möts*, är skrivet av två nyutexaminerade matematiklärare tillsammans med två forskare: Alhadi Alhasani, Svensson Källberg, Ryan och Zaki. Dessa författare undersöker de tidigare kapitlen utifrån forskning om flerspråkighet och matematikundervisning för att peka på hur forskning och utbildning konstruerar skillnader mellan inkludering och utanförskap i skolmatematik.

Referenser

Apple, M.W. (1992). Do the standards go far enough? Power, policy, and practice in mathematics education. *Journal for Research in Mathematics Education, 23*(5), 412–431. https://doi.org/10.2307/749562

Bourdieu, P. (1984). *Distinctions*. Harvard University Press.

Cerna, L., Andersson, H., Bannon, M., & Borgonovi, F. (2019). *Strength through diversity's spotlight report for Sweden*. OECD. https://doi.org/10.1787/059ce467-en

Christiansen, I.M. (2007). Some tensions in mathematics education for democracy. *The Montana Mathematics Enthusiast, 3*(3), 49–62.

Davis, P.J. & Hersh, R. (1980). *The mathematical experience*. Birkhäuser.

Dowling, P. (1998). *The sociology of mathematics education: Mathematical myths, pedagogic texts*. Falmer Press.

Ernest, P. (1991). *The philosophy of mathematics education. Studies in mathematics education.* Falmer Press.

FitzSimons, G.E. (2002). *What counts as mathematics? Technologies of power in adult and vocational education.* Kluwer Academic Publishers.

Gutiérrez, R. (2013). The sociopolitical turn in mathematics education. *Journal for Research in Mathematics Education,* 44(1), 37–68. https://doi.org/10.5951/jresematheduc.44.1.0037

Helenius, O., Kilhamn, C., & Nyström, P. (2018). Mathematics education research in Sweden: National presentation at PME 42. I E. Bergqvist, M. Österholm, C. Granberg, & L. Sumpter (Red.), *Proceedings of the 42nd Conference of the International Group for the Psychology of Mathematics Education* (Vol. 1, s. 273–297). PME. http://www.igpme.org

Jablonka, E., Wagner, D., & Walshaw, M. (2013). Theories for studying social, political and cultural dimensions of mathematics education. I M.A. Clements, A.J. Bishop, C. Keitel, J. Kilpatrick, & F.K.S. Leung (Red.), *Third international handbook of mathematics education* (s. 41–67). Springer. https://doi.org/10.1007/978-1-4614-4684-2_2

Jurdak, M.E., Vithal, R., de Freitas, E., Gates, P., & Kollosche, D. (2016). *Social and political dimensions of mathematics education.* Springer. https://doi.org/10.1007/978-3-319-29655-5

Jurdak, M.E. & Vithal, R. (Red.) (2018). *Sociopolitical dimensions of mathematics education: From the margin to mainstream.* Springer. https://doi.org/10.1007/978-3-319-72610-6

Kanes, C., Morgan, C., & Tsatsaroni, A. (2014). The PISA mathematics regime: Knowledge structures and practices of the self. *Educational Studies in Mathematics,* 87(2), 145–165. https://doi.org/10.1007/s10649-014-9542-6

Kline, M. (1980). *Mathematics: The loss of certainty.* Oxford University Press.

Kline, M. (1987). *Mathematics in Western culture.* Penguin.

Lerman, S. (2006). Cultural psychology, anthropology and sociology: the developing 'strong' social turn. I J. Maasz & W. Schloeglmann (Red.), *New mathematics education research and practice* (s. 171–188). Sense. https://doi.org/10.1163/9789087903510_016

Lundin, S. (2008). *Skolans matematik: en kritisk analys av den svenska skolmatematikens förhistoria, uppkomst och utveckling.* [Doktorsavhandling, Uppsala universitet]. https://www.diva-portal.org/smash/record.jsf?pid=diva2%3A172874

Skolverket. (2012). *Likvärdig utbildning i svensk grundskola? En kvantitativ analys av likvärdighet över tid.* Skolverket Stockholm.

Skovsmose, O. (1994). *Towards a philosophy of critical mathematics education.* Kluwer Academic Publishers.

Skovsmose, O. (2005). *Travelling through education. Uncertainty, mathematics, responsibility.* Sense.

Straehler-Pohl, H. (2015). Devaluing knowledge: School mathematics in a context of segregation. I P. Vitale & B. Exley (Red.), *Pedagogic rights and democratic education: Bernsteinian explorations of curriculum, pedagogy and assessment* (s. 103–117). Taylor and Francis. https://doi.org/10.4324/9781315708768

Valero, P. (2010). Mathematics education as a network of social practices. I V. Durand-Guerrier, S. Soury-Lavergne, & F. Arzarello (Red.), *Proceedings of the Sixth Congress of the European Society for Research in Mathematics Education* (s. LIV–LXXX). Institut National de Récherche Pédagogique. http://ife.ens-lyon.fr/publications/edition-electronique/cerme6/plenary2-valero.pdf

Valero, P. (2018). Human capitals: School mathematics and the making of the homus oeconomicus. *Journal of Urban Mathematics Education, 11*(1–2), 103–117. https://eric.ed.gov/?id=EJ1199795

Valero, P. & Zevenbergen, R. (2004). *Researching the socio-political dimensions of mathematics education: Issues of power in theory and methodology.* Kluwer Academic Publishers.

Williams, J. (2012). Use and exchange value in mathematics education: Contemporary CHAT meets Bourdieu's sociology. *Educational Studies in Mathematics, 80*(1–2), 57–72. https://doi.org/10.1007/s10649-011-9362-x

2. Ett tvärsnitt av svensk matematikdidaktisk forskning

Iben M. Christiansen och Kicki Skog
Stockholms universitet

Sammanfattning

I detta kapitel tittar vi närmare på 38 (20%) av de svenska licentiatuppsatser och doktorsavhandlingar som publicerats mellan 1919 och 2017 och samlat ihop forskningsresultat. Först ger vi en idé om vad som tas upp i uppsatserna, och sedan kategoriserar vi dem utifrån vår tolkning av Habermas kunskapsintressen. Denna analys visar att studierna har olika ändamål och att dessa förekommer med olika frekvens. Studier som vill föreskriva innehåll eller undervisningsmetod —det teknisk-rationella intresset— är väl representerade, och det gäller också studier som vill förstå sammanhang —det historisk-hermeneutiska intresset. Däremot är studier som siktar mot att avtäcka det förgivettagna —det emancipatoriska intresset— inte lika vanliga. Detta resultat ger en indikation om vilka idéer om skola, matematik och undervisning som styr, eller åtminstone avspeglas i, forskningen. Vi diskuterar avslutningsvis hur viktigt det är att förhålla sig till vilka intressen och antaganden som styr ett forskningsresultat, om man ska relatera det till skolans praktik.

Introduktion

Matematikundervisningen är full av svåra val och balansgångar. Läraren behöver bland annat ta hänsyn till den enskilda eleven, till klassen och till ämnet. Detta utgör ett spänningsfält. Olika nivåer i utbildningssystemet konkurrerar med varandra om att få inflytande på undervisningen; dels utifrån det nära syftet att eleverna måste klara proven, att det är bra om de blir nyfikna och intresserade, men också utifrån det mer övergripande syftet om att skolan ska bidra till att eleverna tar sin plats i ett demokratiskt samhälle och utvecklas som hela människor.

Hur du refererar till det här kapitlet:
Christiansen, I.M. & Skog, K. (2022). Ett tvärsnitt av svensk matematikdidaktisk forskning. I P. Valero, L.B. Boistrup, I.M. Christiansen, & E. Norén (Red.), *Matematikundervisningens sociopolitiska utmaningar* (s. 15–42). Stockholm University Press. DOI: https://doi.org/10.16993/bcc.c.

Angeläget för alla inblandade aktörer är att vara medveten om skolans roll som både utvecklande och skapande, och samtidigt reaktionär i sin reproduktion av samhället.

Dessa tankar blir inte mindre centrala av att arbeta med lärarutbildning. Tankarna ackomanjeras av pressen på att basera undervisningen på forskning och beprövad erfarenhet parallellt med att stödja de framtida lärarna att göra detsamma, vilket ligger där som en viskning, en oro.

> Skolans vetenskapliga bas och forskningsanknytning bör stärkas och ge evidensbaserade underlag för att utveckla undervisningen. Staten bör dock inte marknadsföra någon viss pedagogik eller metodik. Vad staten däremot bör söka åstadkomma är att skapa och stimulera en nationellt gemensam systematik för successiv utveckling av lärarnas kompetens.

Så står det i Statens Offentliga Utredningars (SOU) *Samling för skolan* (SOU, 2017, s. 108). Det handlar alltså inte om att hitta den 'bästa' undervisningsmetoden, utan om att undervisningen utvecklas löpande genom forskningsanknytning. För utveckling av undervisning grundad i forskning krävs också att forskningen är tillgänglig och öppen för verksamma lärares kritisk granskning. Detta kapitel syftar till att bidra till detta, precis som om vi hade fått frågan i vår inkorg, till Matematiklärartidningens frågespalt, om just denna forskning och hur man som lärare kan förhålla sig till den i sin undervisning.
I detta kapitel gör vi alltså en rundresa genom ett urval av forskning inom svensk matematikdidaktik, och diskuterar tendenserna, men vi tar också steget till att se på underliggande värden och antaganden som avspeglas i publikationerna. Vi tror att ett kritiskt perspektiv på forskningen måste ta hänsyn till de intressen som styr forskningen, och till den tidsperiod och kontext inom vilken forskningen bedrivs. Det blir väldigt olika vad man som lärare eller lärarutbildare gör med forskning som är riktad mot att ge implementerbara lösningar inom en existerande praktik; forskning som är riktad mot att förstå hur lärande och undervisning sker; eller forskning som är riktad mot att avtäcka det vi tar för givet.

Vi börjar med att kort introducera avhandlingarna nedan och vilka delar av skolsystemet som har studerats. Därefter ser vi på avhandlingarna utifrån två perspektiv. Först försöker vi kategorisera avhandlingarna utifrån deras fokus: handlar det om vad innehållet i undervisningen ska vara, handlar det om elevers lärande, eller handlar det om hur undervisningen kan organiseras? Och sedan ser vi på de kunskapsintressen som styr forskningen. Det gör vi genom att använda några kategorier från filosofen Jürgen Habermas.

MATEMATIKLÄRARTIDNINGEN

Nyheter ▾ Uppgifter ▾ Programmering ▾ Arkiv ▾ Fråga Kicki & Iben ▾

Av Iben Christiansen & Kicki Skog | askibenochkicki@mattelareren.com | Stockholm
5:e maj 2022

Kära Kicki och Iben: Jag har läst i SOU att vi ska använda undervisningsmetoder som är vetenskapligt utprovade. Men vad säger forskningen egentligen om detta? Jag känner mig plötsligt väldigt okunnig!
Mvh Den (o)dugliga läraren

Kära (o)dugliga läraren: Din känsla är vår. Kanske forskningen inte bara ska bidra med förslag till undervisningsmetoder? För att få en ide om vad forskningen säger och vilken syn på undervisning den avspeglar, har vi tittat närmare på ett urval av Sveriges matematikdidaktiska doktorander och licentiaters arbete över tid. Det är så, att eftersom Nationellt Centrum för Matematikutbildning (NCM) har en lista över avhandlingar vid svenska lärosäten, så har vi en redan existerande lista att utgå ifrån. Vi valde ut var femte av dessa publikationer med början år 1875 för att försöka se tendenser över tid utan att inkludera allt som var publicerat. Det hände någon enstaka gång att det var en avhandling som inte direkt handlade om undervisning och lärande och då tog vi för enkelhetens skull nästa på listan. Vi har sedan gjort en så kallad innehållsanalys och kategoriserat innehållet på flera olika sätt.
Hoppas du får ut något av att läsa vår sammanfattning.
Iben och Kicki

Vilka är avhandlingarna?

Vi har valt att se på de avhandlingar inom matematikämnets didaktik som är skrivna vid svenska lärosäten. Detta är dels ett pragmatiskt val, eftersom en lista över dessa redan finns publicerad på Nationellt Centrum för Matematikutbildnings (NCM) hemsida[1]. Dels är det utifrån en idé om att avhandlingar på doktorand- och licentiatnivå avspeglar vad som är i fokus både inom skolan och inom forskningen under den aktuella tidsperioden. I detta avsnitt ger vi en första överblick över materialet.

1 Se http://ncm.gu.se

År 1875 kom den första publikationen, enligt NCM:s lista. Det var *Bidrag till de matematiska vetenskapernas historia i Sverige före 1679* av Ernst Mauritz Dahlin. Detta var alltså en matematikhistorisk undersökning, inte en didaktisk. Den första avhandling som var didaktisk skrevs av K.G. Jonsson år 1919, med titel *Undersökningar rörande problemräkningens förutsättningar och förlopp* och handlar om problemlösning. Den första text på listan skriven av en kvinna kom 54 år senare med en rapport om ett större interventionsprojekt; Larssons *Individualized mathematics teaching – results from the IMU project in Sweden.*

Antalet avhandlingar tredubblades från 1980- till 1990-talet. Decenniet inleddes med A. Petterssons avhandling, *Att utvecklas i matematik: en studie av elever med olika prestationsutveckling* (1990), som tar elevernas lösningar av uppgifter som utgångspunkt och därmed satte elevens tänkande i fokus på ett annat sätt än tidigare avhandlingar. Intressant är att denna inriktning på matematikdidaktisk forskning kommer till Sverige 20 år senare än de första internationella publikationerna som t.ex. Erlwangers studie *Benny's conception of rules and answers in IPI mathematics* (1973) och Freudenthals bok *Mathematics as an educational task* (1973).

Därefter kom ständigt fler avhandlingar. Utvecklingen i antal framgår av Figur 1. Cirka två tredjedelar av publikationerna är alltså skrivna efter år 2000.

Figur 1. Antal svenska matematikdidaktiska avhandlingar över tid (mörk) och i vårt urval (ljus).

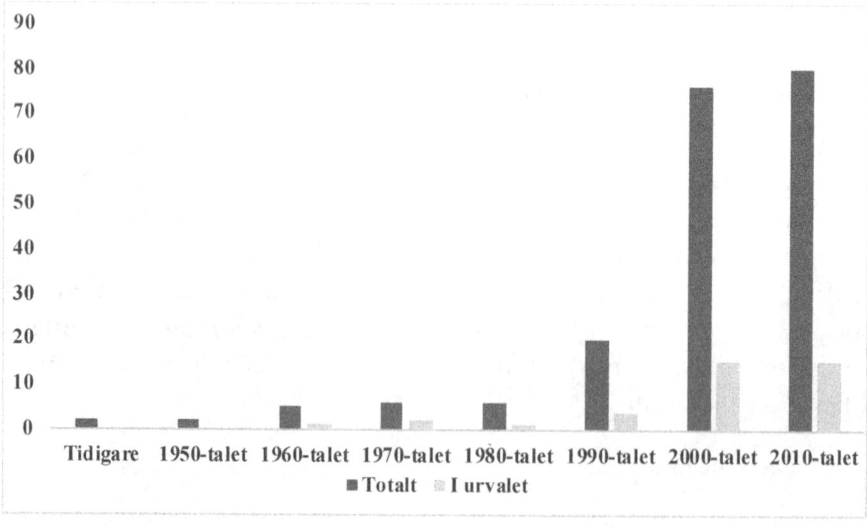

Vi valde ut var 5:e uppsats på NCM:s lista. Urvalet av avhandlingar och rapporter blev till slut 38. Den första är från 1960, den andra från 1973 och den sista är från 2017. För att få en idé om fokus i de olika publikationerna, undersökte vi vilken skolnivå som studerades och om fokus var på innehåll, lärande eller undervisning. Detta gav en första idé om bredden i forskningen, samt en grund för att se på vilket kunskapsintresse som avhandlingarna speglar.

Studiernas vad och vem – nivå i skolsystemet

Figur 2 visar fördelningen av publikationerna efter deltagarna i studien och/eller utbildningsnivå. Några är medräknade flera gånger, eftersom de behandlade fler än en nivå.

Det är kanske inte överraskande att de första studierna fokuserar på **årskurs 1–9**, och att detta fokus fortsätter över tid. Totalt studerar 18 av de 38 uppsatserna fokus på grundskolan. En del av dessa fokuserar lärande av specifikt matematiskt innehåll, såsom bråk, som Engström (1997) skriver om; aritmetik, som var Hedenborgs (1999) fokus; problemlösning i matematik som Möllehed (2001) och Taflin (2007) studerar (se också de Ron, 2022); och elevers resonemang inom sannolikhet, som Nilsson (2006) presenterar en avhandling om. Det fanns en del studier av lärares och elevers uppfattningar, t.ex. elevers motivation och självskattning i relation till TIMSS-provet (Eklöf, 2006), vilka uppgifter eleverna upplever som intressanta (Nyman, 2017), och elevers uppfattningar av tal (Ekeblad, 1996). Jämförande studier var inte vanliga, men Hedenborg (1999) studerar barns och vuxnas beräkningar i enkla additions- och subtraktionsuppgifter.

Figur 2. Antal avhandlingar i vårt urval fördelat på deltagare och nivå.

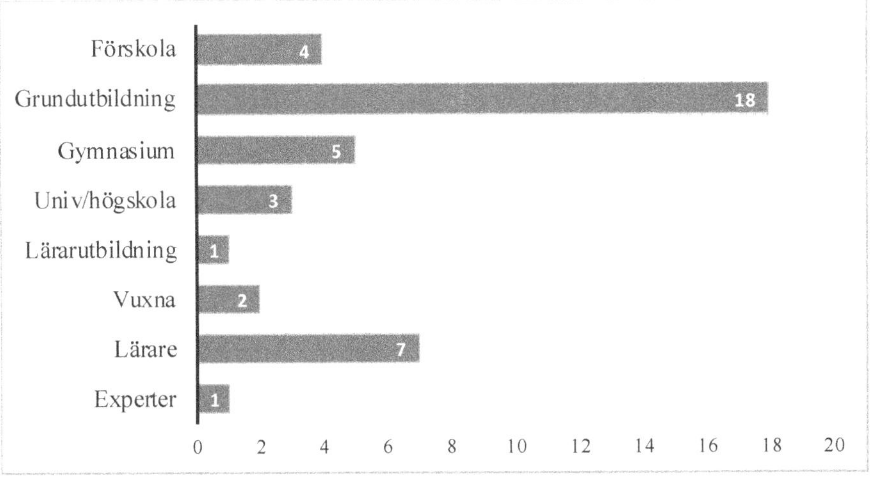

Förskolan kommer under lupp i och med Neumans studie från 1987 av barn som precis har börjat i skolan. Detta visar på förskolebarns utveckling av talbegreppet med och utan lärares påverkan. Det är intressant att jämföra denna studie med Wallin, Norén och Valero (2022), som visar på spänningarna i att göra matematiken mer explicit i grundskolans fritidshem. Neumans studie är den första i vårt urval som i titeln tillkännager en forskningsansats eller teori —i detta fall fenomenografin. Neumans handledare var Marton, och det var han som sex år tidigare hade introducerat fenomenografin i en artikel i tidskriften *Instructional Science*. Här var doktoranden alltså i framkant.

I vårt urval är det först år 2006 som **gymnasieskolan** kommer i fokus, med Jakobsson-Åhls studie om algebra i gymnasieläroböcker. Efter detta kommer flera studier med fokus på gymnasiet, totalt fem avhandlingar i vårt urval. Sumpters studie (2009) är om matematiska resonemang, känslor och kön. Persson (2007) visar på fem avgörande faktorer för lärande av algebra: förkunskaper, begreppsutveckling, undervisning, tid för lärande, samt intresse, attityder och känslor. En lärandemiljö med dynamiska matematikprogram i kombination med utforskande uppgifter tas upp i Brunströms (2015) studie. Han fann att dessa uppgifter kan stimulera till matematiskt resonemang där ”hypoteser formuleras, undersöks och förfinas i en cyklisk process” (s. 51). En av de mer sällan fokuserade förmågorna tas upp i Frejds (2014) studie om modellering.

Lärare är med i knappt en femtedel av uppsatserna i vårt urval, men inte alltid i fokus. Två studier, en av Bentley (2003) och den andra av Palmberg (2014), behandlar relationen mellan styrdokument och undervisning, respektive lärares syn på syftet med undervisningen, medan Becevic (2011) har studerat lärares bedömning och syn på densamma. Han kom fram till ”åtta typer av bedömningsstrategier: den intuitiva, den inväntande, den kontinuerliga, den likvärdiga, den målinriktade, den provinriktade, den undervisningskopplade samt självbedömningsstrategin” (s. v). Det vore intressant att jämföra dessa strategier med det mer kritiska perspektivet i Boistrup (2022), som behandlar bedömningsdiskurser utifrån vilka subjektiviteter elever och lärare erbjuds; vi gissar på att det är annan subjektivitet som framstår i en diskurs som är kopplad till en självbedömningsstrategi än i en diskurs kopplad till en provinriktad strategi.

Jannok-Nutti (2010), som har arbetat utifrån ett lärarperspektiv med transformeringen av undervisningen, tar ett samiskt perspektiv som utgångspunkt, medan lärares och elevers erfarenheter om och uppfattningar av utomhusundervisning tas upp av Fägerstam (2012).

Fyra studier har sett på **universitetsutbildningar.** Ryve (2003) studerar "matematiskt produktiva diskurser" hos ingenjörsstudenter inom linjär algebra och fann att begreppskartor kan främja den matematiska kommunikationen; K. Pettersson (2004) studerar universitetsstudenters resonemang under arbetet med en uppgift som berör funktioner, derivator och induktionsbevis; Hansson (2006) fokuserar på lärarstudenters förståelse för funktionsbegreppet, alltså mer matematisk än didaktisk kunskap, och Viirman (2014) studerar universitetslärares undervisning i funktioner och observerade två olika diskurser —en matematisk och en matematikundervisningsdiskurs.

Detta har gett en första idé om hur studierna fördelar sig över tid, vilka nivåer av skolsystemet som studeras och vad som tas upp i forskningen. I nästa avsnitt presenteras studierna tematiskt utifrån i vilken utsträckning de fokuserar på det matematiska innehållet, på elevers lärande, eller på undervisningen.

Perspektiv I: Ämne, elever eller lärare

I detta avsnitt har vi kategoriserat avhandlingarna utifrån om de lade fokus på undervisningsinnehållet, elevernas lärande, eller lärarnas undervisning. När det gäller behandling av undervisnings*innehållet* i de undersökta avhandlingarna görs detta i relation till både det akademiska ämnet matematik och i relation till kurs- och ämnesplanerna. Studier av *elevers lärande* belyser både hur elever lär sig beroende av hur undervisning organiseras och genomförs samt hur de lär sig matematik utan undervisning. Studierna kring *undervisning* tar upp i stort sett alla aspekter av undervisning, såsom urval och anpassning av innehåll, undervisningsformer, och bedömning. Studier om lärares planering av undervisning saknas. Dock har detta behandlats i en nyligen presenterad avhandling (Grundén, 2020). Nedan hanterar vi dessa ingångar var för sig, även om det finns stora överlappningar.

Fokus på innehållet i undervisningen

Det är bara fem av avhandlingarna i vårt urval som har ett direkt innehållsfokus. År 1960 presenterar Dahllöf en studie om vad innehållet i matematik ska vara, utifrån vad gymnasiet och tio olika yrken behöver. Intressant, utifrån dagens perspektiv, är enigheten om att eleverna inte behöver lära sig att använda varken räknesticka eller miniräknare och samtidigt är det trist att 'sången' om elevernas bristande förkunskaper känns igen.

Kristianssons (1979) jämförelse av elevers lärande i relation till de två läroplanerna från 1962 och 1969 visar på skillnader, men drar slutsatsen att det är undervisningen, inte kurs- eller ämnesplanerna, som är avgörande för vad eleverna lär sig. Detta nyanseras 35 år senare av Palmberg (2014) som konstaterade att styrdokument och nationella prov påverkar lärarnas undervisning i liten grad.

Ett mer kritiskt perspektiv på innehållet, och en tydlig markering av hur skolmatematiken inte är en direkt avspegling av det akademiska ämnet matematik, kom med Jakobsson-Åhls (2006) studie av textböcker. Hon visar att perspektivet på algebra i läromedel har ändrat sig över tid, från fokus på manipulation av algebraiska uttryck över abstrakt algebra till mer användarorienterad algebra. På ett sätt kan man se detta som ändringar i föreställningarna om vad den kompetenta medborgaren måste kunna och vem hen måste vara (se Norén & Valero, 2022). Även om Jakobsson-Åhl skriver att studien kan utgöra en bakgrund för lärares planering, så är syftet med studien inte att förbättra undervisning eller läroplaner, utan att belysa förändringar.

När undervisningsämnet är olikt forskningsämnet, måste ämnet anpassas för att göra det tillgängligt för lärande, det måste undergå en *didaktisk transposition*. Detta omfattar väldigt olika sätt att välja ut, sekvensera, och organisera innehåll, på olika nivåer (se Figur 3).

Figur 3. Den didaktiska transpositionsprocessen enligt Bosch och Gascón (2006, s. 56, vår översättning).

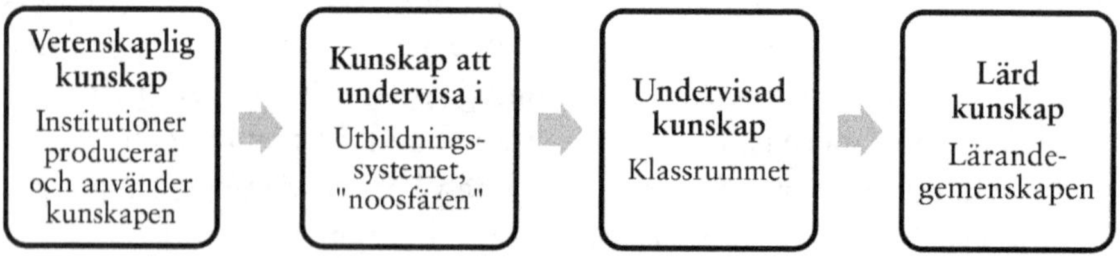

Denna transposition av det akademiska ämnet tas också upp Liu (2013), som föreslår ett sätt att göra denna transposition — studien har alltså ett praktiskt ändamål. Men transpositionen är naturligtvis inte enbart en praktisk fråga. Ett exempel här är Wallin m.fl. (2022) som visar hur ett mer explicit krav om matematik i grundskolans fritidshem påverkar vad lärarna tänker på som matematik, och som Pansell (2022) påpekar så påverkar flera faktorer i och omkring utbildningssystemet inte bara vad som prioriteras i undervisningen men också hur.

Didaktisk transposition är centralt i Frejds (2014) studie av modellering utanför och inom skolan. Elever, lärare och modelleringsexperter har olika uppfattningar om modellering. Vidare är hur de arbetar med modellering olika med hänsyn till mål, användning av teknologi, m.m. Transpositionen måste då ses som en simulering av verklig modellering. Vidare föreslår Frejd att de problem som behandlas ska röra ekonomiska eller miljömässiga beslut, för att förbereda eleverna på att vara kritiska inför användningen av matematik, inte minst när det rör beslut i samhället. Det socio-politiska perspektivet kommer således in i de rekommendationer han ger.

Ser man på studierna med fokus på undervisningsinnehåll över tid, är det inte specifikation av innehåll som står centralt, utan en ökad uppmärksamhet på processen att välja ut och anpassa innehåll, med möjligheten att vara mera kritisk över vad som influerar denna process. Idéen om att vara kritisk står kanske bakom uppfattningen att textböcker bör användas mindre i undervisningen, men vad forskningen pekar på är 'endast' att det är viktigt för lärare att uppmärksamma processen och principerna bakom urvalet, sekvenseringen, och presentationen av innehållet. Här synliggörs alltså ett ansvar och en möjlighet för läraren att använda sitt ämnesdidaktiska kunnande.

Ser vi på tvärs över hela urvalet avhandlingar, avspeglar de flesta en nästan obetingad trofasthet mot den existerande skolmatematiken och de gällande styrdokumenten. T.ex. skrev Palmberg denna rekommendation:

> [...] när styrdokument kommunicerar ett nytt och icke-trivialt budskap med avsikten att påverka lärare, är det viktigt att budskapet kommuniceras tydligt. Sådan klarhet gör det svårare för en lärare att tolka budskapet ytligt som att det redan är i överensstämmelse med lärarens tidigare uppfattningar och att det därmed inte föreligger något behov av förändring. (2014, s. iv, vår översättning)

Möjligheten att lärarna medvetet väljer att inte implementera en reform kommer inte upp, och syftet bakom att vilja påverka lärarna behandlas okritiskt i studierna. Man tänker utifrån lydiga lärare —inte helt olikt hur man i nationella rapporter tänker om matematiklärare och deras utbildning (se Österling, 2022). Och häri ligger naturligtvis en motivation för att ta en mer kritisk position, som denna bok försöker att göra.

Fokus på elevers lärande

Elevers lärande står i starkare fokus i avhandlingarna från början av detta millennium, något som också avspeglas i den internationella forskningen. Samtidigt ses trender i användning av teorier delvis utvecklade i Sverige —fenomenografi och variationsteori. Spår av den nederländska ”realistisk matematikundervisning” anas i Engströms referens till matematisering, och Ekeblad ser redan år 1996 olika syn hos eleverna som kan jämföras med Dwecks (2006) senare begrepp om ”growth mindset” kontra ”fixed mindset”. Det diskursiva perspektivet på matematik och undervisning kommer in i Bergvalls studie av diskurserna i TIMSS 2016, där hon drar slutsatsen att det matematiska ämnesspråket varierade beroende på matematiskt område, med ämnesspråk mer framträdande i algebra och geometri och mer vardagligt språk mer framträdande i statistik och aritmetik. Färre elever klarade av uppgifter i algebra och geometri när de var formulerade på ämnesspråk.

En del av studierna i vårt urval visar hur elever utvecklar begrepp de behöver för att lösa problem, utan formell undervisning. Trots det går alla dessa studier vidare med att säga något om hur detta kan användas i undervisningen, t.ex. att elevernas begrepp med fördel kan användas som utgångspunkt för undervisning (Neuman, 1987), eller att läraren måste organisera matematikaktiviteter kring elevernas upplevda verklighet (Engström, 1997). Eriksson (2005) presenterar hypotetiska modeller över barns begreppsutveckling och argumenterar för att de fem uppräkningsscheman hon identifierade i studien kan användas som utgångspunkt för didaktiska beslut kring bedömning och påverkan av elevers tidiga aritmetiska lärande. Ett ovanligt men intressant perspektiv tas, 2011, av Lindström som använde eye-tracking för att studera vad eleverna fokuserar på i en uppgift. Det visar sig att detta hänger ihop med hur eleverna förstår uppgiften och den skicklighet med vilken de löser uppgiften. I en viss utsträckning tar dessa studier utgångspunkt i kognitiva teorier om lärande, vilket man som lärare/lärarutbildare måste förhålla sig till, när man funderar över resultatens användbarhet.

Elevcentreringen i dessa studier avspeglar sig i idén om ansvar för eget lärande. Kling Sackerud (2009) konstaterar att skolan genomgick tydliga förändringar mot mera individuella arbetsformer. I styrdokumenten har tyngdpunkten ”förskjutits från ett omfattande innehållsperspektiv till ett pragmatiskt, vardagsanknutet och samhällstillvänt perspektiv” (s. 143). Det har skett på bekostnad av [...] det sociokulturella lärandet (s. 144). Vi kan tolka denna utveckling som att det är ett resultat av en ändrad syn på lärande. Men vi skulle snarare se det som en fokusering på att utveckla individer som tar ansvar för sin egen anpassning, inte kritiska medborgare (se också Norén & Valero, 2022).

Två avhandlingar tar upp samspel mellan lärande, undervisning, och attityder och känslor (Persson, 2010; Sumpter, 2009). Som tidigare nämnts, kommer Persson fram till att fem faktorer är avgörande för lärande av algebra. Hans studie mynnar ut i förslag om att införa algebra tidigare i grundskolan, och att använda teknologiska verktyg för att stärka elevernas begreppsbilder. Sumpters studie avspeglar en process. Först visar hon att för elever som arbetar utan lärare eller hjälpmedel dominerar algoritmiskt tänkande. När hon närmare studerar elevernas formulerade orsaker till sina strategier står trygghet, förväntningar och motivation centralt. Elever och lärare tillskriver pojkar mer självförtroende än flickor generellt, något som inte överensstämmer med elevernas personliga syn på sig själva. Sumpter argumenterar för undervisningsmiljöer som i högre grad stödjer eleverna i att utveckla förväntningar och motivation som främjar matematiskt resonemang.

Om små barns (9 månader – 3 år) lärande uppmärksammar Björklund (2007) att matematik är en nödvändig del av barns vardagliga liv, både i användning och för att "upprätthålla sociala regler". Hon ser "kritiska villkor för att lärande av matematik skall ske: variation, samtidighet, rimlighet och hållpunkt" (sammanfattning). Reis (2011) visar att små barn skiljer ut och behandlar en variationsdimension åt gången. T.ex. har ett ringtorn ett skaft, sex ringar och en knopp. Ringarna har olika storlek och färg —detta är alltså två dimensioner som kan variera med sex olika värden för storlek och detsamma för färg. Små barn behandlar således antingen färg eller storlek för sig.

Några få studier i vårt urval har undersökt faktorer som påverkar elevers problemlösning och prestationer. Möllehed (2001) tar i början av 2000-talet ett kognitivt perspektiv i sin forskning på misstag som begås av åk 4–9 elever då de arbetat med 25 matematiska problem:

> Av alla fel, som gjorts av eleverna i alla faktorerna, har de kognitiva faktorerna bidragit med cirka 60%, de matematiska med 25% och den individuella faktorn med 15%. Detta gäller i alla årskurserna. (2001, sammanfattning)

Detta är intressant i ljuset av nyare forskning som tenderar att inte tillägna kognitiva faktorer så mycket vikt (t.ex. Eklöf, 2006; Sumpter, 2009). Samspelet mellan kognitiva, sociala och emotionella dimensioner av lärande behandlas också av Fägerstam (2012) i relation till utomhusundervisning, som hon konstaterar ger likvärdiga eller mer utvecklade kunskaper.

Övergripande ser det ut som om den svenska forskningen först och främst har haft ett kognitivt perspektiv på elevers lärande i matematik, men också att den i någon utsträckning har omfattat emotionella aspekter, medan de sociala och kulturella perspektiven inte verkar ha fått samma uppmärksamhet. Gemensamt för dessa studier är att uppmärksamhet riktas mot hur elever lär sig som utgångspunkt för lärarens informerade didaktiska val. Andra studier fokuserar direkt på undervisningen och det är dessa vi behandlar i nästa avsnitt.

Fokus på undervisningen

Alla studier som tar upp undervisning pekar på just undervisning som en viktig faktor för elevers lärande. Några saker som studierna kommer fram till som avgörande är hur kurs- respektive ämnesplaner realiseras, vilka misstag eleverna gör, hur förskolebarns experimenterande och teckenskapande aktivitet kan stödjas, hur matematiska begrepp bildas, samt undervisning som kan stärka elevernas engagemang.

Flera studier i vårt urval handlar, som redan nämnts, om den didaktiska transformationen av innehållet. Det är aldrig möjligt att helt efterhärma matematikernas matematik eller praktiska användningar av matematik i undervisningen, och därför är det nödvändigt att ta ställning till vad denna transformation prioriterar och med vilka syften.

När det kommer till uppgifter och aktiviteter, så visar både Palm (2002) och Brunström (2015) att utforskande uppgifter tillsammans med dynamiska matematikprogram kan stimulera elever till resonemang där hypoteser formuleras, undersöks och förfinas men ofta utan matematiskt grundade förklaringar. Det ger anledning till flera frågor om hur man designar uppgifter för att främja ett mer matematiskt grundat resonemang. Palm visar också på ett samband mellan autenticiteten av problemlösningsuppgifter och elevernas lösningar. 2015 ser Harvard Maare specifikt på aktiviteter som elever kunde använda på egen hand på fritidshemmet och vad som krävdes för att eleverna skulle engagera sig i aktiviteterna och samtidigt lära sig något, medan Nyman (2017) undersöker vilka uppgifter eleverna fann intressanta. Löthman (1992) jämför uppfattningar om undervisning och lärande hos elever på högstadiet och deras lärare, samt hos vuxna i kommunal vuxenutbildning (Komvux) och deras lärare. Löthman sammanfattar att eleverna upplevde att undervisningen är procedurorienterad, medan deras lärare menade den är riktad mot förståelse. Vidare menade eleverna på Komvux att undervisningen är riktad mot förståelse, medan deras lärare menade att den är riktad mot procedurer. Skulle vi få samma resultat idag?

Få studier i vårt urval studerar resultatet av interventioner, men exempel på det är att gemensam konstruktion av begreppskartor kan stötta ingenjörsstudenter i att använda en matematiskt produktiv diskurs (Ryve, 2003). I ett annat exempel som fokuserar användning av rika problem i undervisningen konkluderar Taflin (2007) att det är lärarens sätt att introducera problem och att avsluta lektioner som är betydelsefullt.

Det finns också studier i vårt urval som ser mer övergripande på olika sätt att förbättra undervisningen, som Perssons (2012) studie av algebralärande. Han avslutar med att föreslå lärare tillvägagångssätt för lokala utvecklingsarbeten, dvs. här kommer idén om läraren som producent av didaktisk kunskap i spel. Aktionsforskning är ett sätt att göra detta på, och det användes av Jannok Nutti (2010) i ett projekt om samisk matematikundervisning, som dock visar på att "Genomförandet innebar en rekontextualisering av samisk kultur för utbildning i matematik som synliggjorde en distans mellan samiska traditionella kunskaper och skolkunskap" (2010, sammanfattning).

Trender i studiernas fokus

Utan att generalisera mot bakgrund av ett begränsat urval ser vi några 'trender' som växer fram över tid bland publikationerna. Från 1960 fram till 1979, är fokus på övergripande 'riktlinjer' för ämnesinnehåll samt organisation och utveckling av undervisning. Författarna under denna tidsperiod verkar vilja presentera en modell för undervisning i matematik som fungerar och göra klart vilket matematiskt innehåll som bör behandlas. Känslan i denna läsning är att det finns undervisningsmetoder och matematikinnehåll som bör kunna fungera i alla klassrum.

Det verkar som om senare doktorander har önskat utmana denna övergripande syn på matematikundervisning. Vi ser nämligen att avhandlingarna fram till 1996 har ett starkare individperspektiv. Det handlar nu mer om elevers lärande i, uppfattningar om och upplevelser av matematikämnet. Inom detta perspektiv beforskar doktoranderna tidigt hur elever lär sig matematik, vilket vi ser hos både Löthman (1992) och Ekeblad (1996). En förändring i individperspektivet sker därefter, med en vilja att undersöka elevers tänkande och strategier för att lösa uppgifter i matematik. Det kognitiva perspektivet får här en tydlig koppling till ett specifikt matematikinnehåll, såsom bråk, aritmetik eller problemlösning. Förutom en strävan att förstå elevers tänkande syns även i denna tidsperiod en vilja att förstå elevers lärande i relation till uppgiften. Ämnesdidaktiken får således en allt större plats.

Efter 2002 kan vi inte längre betrakta elevfokus som en trend, utan en självklar del i de uppsatser vi har studerat. Vad vi däremot kan se är att det finns ett tydligt matematikdidaktiskt fokus i alla studier och att ögonen nu vänds mot lärare för att de ska utveckla sin undervisning. Här kommer också bedömning in, lite smygande, då läraren måste förstå vad en elev behöver för stöd för att kunna gå vidare i sitt lärande. En av uppsatserna, skriven av Eriksson (2005), tar exempelvis fram en modell för barns begreppsutveckling inom aritmetik. Den är tydligt adresserad till läraren för att kunna fatta didaktiska beslut, bedöma och påverka elevens tidiga lärande i aritmetik.

De åtta uppsatser som publicerades under perioden 2006 till 2008 lyfter fram matematiken i relation till eleven tydligare. Som exempel på detta kan nämnas Taflin (2007) som presenterar en studie om hur rika matematiska problem skapade möjligheter till lärande i matematik och vilka matematiska idéer som lärare och elever använder sig av i problemlösningsarbetet. Intressant för denna tidsperiod är författarnas fokus på elevers resonemang och attityder till matematiken de ska lära sig. Det betyder att undervisningen i matematik nu inte enbart presenteras som fungerande modeller för undervisning eller beskrivningar av elevers matematiska utveckling. Istället betonas att undervisningens upplägg och innehåll ska ge goda möjligheter till lärande genom matematiska samtal mellan lärare och elever, men också att elevers känslor inför matematiken spelar stor roll för lärandet. Vad som dock blir tydligt under denna period —och som fortsätter i de kommande avhandlingarna fram till 2017— är att klassrummet har blivit en arena för forskningsstudier i matematikdidaktik genom exempelvis lesson- och learning studies.

Skall vi säga något övergripande utifrån dessa studier, så är det att det finns många sätt för läraren att arbeta didaktiskt, men det är i relationen mellan elever, lärare, innehåll, uppgifter, material och undervisningens specifika syften som både möjligheter och begränsningar för lärande skapas. Det är inte möjligt att dra slutsatser om vad den bästa undervisningen är, utan dessa studier pekar på vikten av att fatta didaktiska val. För att sådana val kan vara välgrundade, måste de baseras på principer från didaktisk och pedagogisk kunskap, som kan användas både till att identifiera ett problem och att lösa detta. Forskningen ger dock inga enkla lösningar på hur olika hänsyn bör balanseras i olika didaktiska val.

Denna genomgång av avhandlingarna utifrån olika perspektiv har också förtydligat hur studierna har olika syften, från att vilja föreskriva innehåll eller undervisningsmetod, över idén att vilja förstå sammanhang och därmed bättre ingå i dialog om dem, till att vilja avtäcka det förgivettagna. Vi ser i detta en parallell till Habermas (1968/1987) idé om kopplingen mellan intressen och kunskap. Detta använder vi i den följande analysen av avhandlingarna.

Perspektiv II: Kunskapsintressen

Ju mer vi läser om idéerna från filosofen och sociologen Habermas, desto mer kan vi känna igen deras inflytande på vårt tänkande. Under större delen av sitt liv var han upptagen av frågor om demokrati, förståelse genom kommunikation, och relationen mellan kunskap och mänskliga intressen. Det är den sista av dessa frågor vi kommer att ta upp här, baserat på *Erkenntnis und Interesse* i engelsk översättning (1968/1987). Även om vi bara berör idéerna övergripande, och inte kan gå in på kritik eller senare utveckling av dem, så kan vi ana kopplingar till visionen om en deliberativ eller diskursiv demokrati där processen att förstå varandra ges stor vikt. Vi kan också se kopplingar till den universella pragmatismen som behandlar hur vi uppnår en gemensam förståelse genom kommunikation; och till idén om att kommunikation är ett handlande, med insikter och effekter som inbegriper innehållet i det sagda.

Habermas kritiserar naturvetenskap och teknik för den ideologiska funktion dessa får, när frågor om det goda livet reduceras till tekniska problem (Stanford EoP, 2014). Det döljer värden som ligger bakom politiska beslut, och gör expertis till ideologi. Exempelvis kan man tänka på ideen om att den globala uppvärmningen och dess konsekvenser kan begränsas med hjälp av tekniska lösningar —att det handlar om att skapa elektriska flygplan och bygga atomkraftverk eller vindkraftsparker utan att behöva ändra beteende. Den ideologiska funktionen av naturvetenskap och teknik är dock inte kopplad till något bestämt politiskt eller ekonomiskt system, menar Habermas (Stanford EoP, 2014). Vidare framför han att även annan kunskap och vetenskap är knuten till intressen. Habermas jämför med rationalisering på individnivå, där vi tillskriver våra handlingar motiverande bevekelsegrunder i stället för de verkliga (t.ex. när jag stickar en mössa till min fru med argumenten att det behöver hon verkligen, för att jag inte förmår att sticka strumporna hon har önskat sig). ”Det som kallas rationalisering på denna nivå kallas ideologi på nivån för kollektivt handlande” (1968/1987, appendix, del VI, vår översättning).

Det fundamentala påståendet är alltså att det finns en koppling mellan kunskap och intressen —inte individens intressen, utan universella mänskliga intressen eller förhållningssätt. Habermas kommer fram till att det är tre sådana universella intressen, som tar utgångspunkt i att människor säkrar sin existens genom arbete, kommunicerar med hjälp av språk, och ingår i ett samspel mellan individ och grupp:

> De specifika förhållningssätt från vilka vi, med transcendental nödvändighet, uppfattar verkligheten, omfattar tre kategorier av möjlig kunskap: information som utökar vår makt över teknisk kontroll; tolkningar som möjliggör anpassning av handlingar inom gemensamma traditioner; och analyser som friar medvetandet från sitt beroende av makt som representeras som verklig. Dessa förhållningssätt härstammar i intressestrukturen för en art som i sina rötter är knuten till etablerade former för social organisation: arbete, språk och makt. (Habermas, 1968/1987, appendix, del VI, vår översättning)

Grundat i olika aspekter av vår sociala existens —arbete, interaktion och makt— ser Habermas sålunda tre kategorier av intressen, som konstituerar vad vi ser som kunskap. Dessa intressen bestämmer hur vi kommer fram till kunskap och om påståenden kan underbyggas och accepteras. Naturvetenskaperna gör vardagens instrumentella handlingar till den experimentella metoden, och de övriga vetenskaperna utsätter vardaglig interaktion för motsvarande metodologisk disciplinering (Stanford EoP, 2014). De framstår därmed som opartiska, men Habermas insisterar att det är intressen som konstituerar forskningens möjliga objekt. Vi behandlar nu dessa tre kunskapsintressen mer ingående.

Det första intresset —ibland kallat det instrumentella intresset— ses ofta som grund för naturvetenskaperna med sin tekniska rationalitet och intresse i att kunna beskriva förhållanden tillräckligt bra för att förutse och styra situationer. Det avgörande blir i vilken utsträckning kunskapen bidrar till kontroll av verkligheten (MacIssac, 1996); det är grunden för instrumentella handlingar som hjälper oss i vårt *arbete*. Därför menar vi att det instrumentella intresset också kan visa sig inom didaktisk och pedagogisk forskning om denna fokuserar på effektivitet och produktion av påståenden om hur observerbara händelser samvarierar, för att göra någon grad av profetia möjlig och därmed styra mot någon form av 'optimalt' lärande och 'den mest effektiva' undervisningen; en syn som också är tydlig i nationella rapporter om lärarutbildning (Österling, 2022).

Det historiskt-hermeneutiska eller praktiska kunskapsintresset i att förstå sammanhang ses oftast som karakteristiskt för humanvetenskaperna och är kopplat till interaktion och *kommunikation*. Sociala normer är konsensusriktade, och dessa normer styr vad som accepteras som relevant kunskap. Om en handling är lämplig avgörs av om betingelserna för kommunikation och intersubjektivitet —ömsesidig förståelse— är klarlagda eller förtydligade. Didaktisk forskning som fokuserar på att tydliggöra betingelserna för interaktion i matematikundervisningssammanhang anser vi därför som tillhörande detta intresse.

Slutligen handlar det emancipatoriska kunskapsintresset om att rikta uppmärksamhet på oförutsägbarheten och föränderligheten av den sociala världen och därmed sociala alternativ och ändringar av *maktrelationer*, något som oftast associeras mer med socialvetenskaperna. Det innebär en kunskap om ens egen historia, ens positionering, förväntningar i ens sociala sfär, och att förstå djupare eller bakomliggande orsaker. Didaktisk och pedagogisk forskning inom detta intresse får ofta en mer sociologisk orientering, exempelvis med fokus på maktrelationer som avspeglar sig i och reproduceras genom matematikundervisningen och den historia som ligger bakom att dessa relationer får fäste. Detta fördjupas senare. Vi refererar till de andra kapitlen i denna bok för exempel på både maktrelationerna och historien bakom dessa (t.ex. Lundin & Storck-Christensen, 2022; Österling, 2022).

I de tidigare delarna i kapitlet började vi att ana att några studier är mera kritiska än andra i sin ansats. Vi kan nu använda dessa tre kunskapsintressen som ett ytterligare sätt att kategorisera studierna. Här är det på sin plats, tycker vi, att poängtera att vi inte ser kunskapsintressen som placerade i en hierarki, men att det är av relevans att urskilja vilka intressen som ligger bakom en studie för att kunna förhålla sig till hur denna relaterar till praktiken.

Kunskapsintressen i uppsatserna

Didaktisk forskning som riktar sig mot att hitta den bästa möjliga undervisningen, den bästa möjliga kommunikationen av styrdokument till lärare, den optimala lärarkunskapen, etc., ser vi avspeglar det första av Habermas kunskapsintressen. 24 av de 38 avhandlingar vi studerade hade detta som helt eller delvis, tydligt eller underliggande syfte. Även syftet i en så poetiskt betitlad uppsats som Ungas (2013) —*Det är en spricka i allt, det är så ljuset kommer in...: Matematik och förskolebarns experimenterande och potentialitet*— kan uppfattas på detta sätt, vilket avspeglas i följande citat:

> att experimentera och utforska hur barns engagemang och kreativitet kan tas tillvara, *samtidigt* med att barnen kan utveckla sina kunskaper kring matematikens värld med dess procedurer och regler (2013, s. 74)

Detta handlar om att ta vara på något som inte så lätt styrs och kontrolleras, samtidigt som barnen lär sig, men syftet är att förstå hur något kan göras, så att det kan realiseras i praktiken. Detsamma kan sägas om Harvard Maares (2015) avhandling om design för kamratlärande, även om studien har ett jämlikhetsperspektiv som motiv för undersökningen och om Nymans (2017) studie om elevers intresse och engagemang i matematikundervisningen.

Ett hermeneutiskt kunskapsintresse såg vi avspeglat i nästan lika många avhandlingar. Ett exempel är Bergvalls (2016) studie av ämnesspråk i TIMSS, som beskriver de olika ämnesspråken och hur tillgängliga de är för eleverna. Ekeblads (1996) studie av variationen i hur årskurs 1-elever upplever aritmetisk lärande respektive tal ser vi också som ett nyckelexempel på en förståelseinriktad studie.

Däremot har vi bara hittat sju studier med ett helt eller delvis emancipatoriskt kunskapsintresse, även om detta naturligtvis kan vara ett resultat av urvalsprocessen. Eftersom det är detta intresse som bidrar till att se både undervisning och forskning i ett sociopolitiskt perspektiv, vilket är temat för denna bok, vill vi ändå diskutera dessa mer ingående. Som framgår, är detta studier som publicerats efter 2005. Internationellt beskrivs en sociopolitisk vändning (Valero, 2004), men givet att det kritiska perspektivet har varit väl representerat i Skandinavien länge (Christiansen, 1996; Mellin-Olsen, 1987; Niss, 1984; Skovsmose, 1984), är detta resultat anmärkningsvärt.

Den första studien i vårt urval som uppvisar aspekter av ett emancipatoriskt kunskapsintresse anser vi vara Jakobsson-Åhls (2006) studie av algebra i textböcker. Denna studie visar tydligt hur det inte är givet vad matematikundervisningens innehåll ska vara. Det är alltså inte ämnet i sig själv som avgör matematikundervisningsinnehållet, utan något som förhandlas och är under politiskt inflytande.

Vi har också tidigare nämnt Kling Sackeruds studie från 2009 om elevers möjlighet att ta ansvar för sitt eget lärande. Hon dissekerar hur mål för grundskolan i styrdokument beskriver elevers förmågor och möjligheter att ta ett sådant ansvar, att vara aktivt involverade och influera sitt eget lärande, men också de sociala omständigheter som påverkar elevernas möjligheter till lärande. På ett sätt utmanar detta föreställningen om att alla elever ska ta samma ansvar, eller undervisas på samma sätt (Se också Hansson, 2012).

Frejd (2014) såg på modellering i undervisningen, men inte bara på den didaktiska transpositionen från 'riktig' modellering till skolans version av densamma, utan också på hur valet av modelleringsproblem kan förbereda eleverna för aktivt deltagande som kritiska samhällsmedborgare; något som också problematiseras i Straehler-Pohl (2022). Detta är alltså en studie som undersöker både vad som händer i processen att ta in något nytt i undervisningen och hur innehållet kan kopplas till ett emancipatoriskt kunskapsintresse.

Ett emancipatoriskt perspektiv anas också i Bergvalls studie från 2016 av de olika ämnesspråken i TIMSS, eftersom det visar på att tillgängligheten till innehållet är olika för olika elever beroende på hur hemma de känner sig i ämnesdiskursen.

Ett par av studierna i vårt urval har ett mer eller mindre tydligt jämlikhetsperspektiv. Det gäller t.ex. Sumpters (2009) studie som ser på affekt i relation till kön och problemlösning, och —med ett än tydligare emancipatoriskt fokus— Jannok-Nuttis (2010) studie som fokuserar transformation av matematikinnehållet mot en samisk utgångspunkt för matematikundervisningen.

Centralt placerad inom detta kunskapsintresse —eftersom författaren själv positionerar sig som kritisk, och eftersom relevansen av matematik i skolan bestrids— står Lundins avhandling från 2008 med sin "analys av den svenska skolmatematikens förhistoria, uppkomst och utveckling" (Avhandlingens titel). I avhandlingen argumenterar han för att skolmatematiken är något helt annat än den elementära aritmetik som han anser borde vara en del av gemensam kunskap. Skolmatematiken

> [...] är alldeles ideologiskt och spelar en central roll i samhället, främst genom att få de sociala effekterna av matematikutbildningen – att hålla barnen borta från produktionen samtidigt som de sorteras – till att framstå som något annat, nämligen som oftast misslyckade försök att ge barnen en nödvändig matematisk kunskap. (2008, sammanfattning, vår översättning)

Lundin utmanar syftet med matematikundervisningen, och det har han fortsatt med i kapitlet i denna bok tillsammans med Storck-Christensen (2022). Relevansen av innehållet —utöver den elementära aritmetiken— ifrågasätts. Undervisningen och även forskningen är enligt Lundin med i skapandet av myten om att matematik är användbart (se också Dowling, 1998). Lundin hävdar även att vanliga undervisningspraktiker inte har sitt ursprung i vad som främjar lärande. Som ett exempel kopplar Lundin tyst räkning till att flera barn kom i skola och skulle styras.

Forskning som Lundins (2008) pekar på att reproduktionen av samhället —och därmed också ojämlikheten— inte enbart sker genom strukturella, institutionaliserade, historiska krafter, utan genom interaktioner på alla nivåer. Det blir nödvändigt att undersöka hur detta sker, helt konkret, om något hopp om frigörelse ska existera, som i studier som beskriver hur försök att inkludera också kan exkludera (se Källberg, 2018; Bagger, 2022) eller hur diskriminering sker omedvetet (Hinnerich, Höglin & Johannesson, 2015).

Vad betyder då detta? Är det fram med kvasten och städa ut matematiken grundligt och för gott ur skolan, som gäller? Säger vi *'neeej!!!'* bara för att vi är matematiklärare och lärarutbildare som inte vill stå utan jobb? Är det enda alternativet för utbildningsforskningen att välja mellan svart och vitt, som Young beskriver det nedan?

> Vid den tidpunkten i Storbritannien, efter mer än ett årtionde av Thatcherpolitiken, verkade det enda alternativet för utbildningsforskning antingen vara att acceptera en ständigt ökad marknadsföring av alla aspekter av utbildningen eller de alltmer sällsynta formerna av poststrukturalistisk kritik. Det sistnämnda har nyligen kännetecknats av Lena Felski (2015), som erbjudande lite mer än en "misstänklighetens semantik", som anser att allt som verkar gott måste exponeras som (i verkligheten) dåligt och ännu ett uttryck för nyliberal kapitalism. (Young, 2018, s. 252, vår översättning)

Eller kan detta nyanseras utan att förlora det emancipatoriska kunskapsintresset? Kanske det är mer nyanserat och komplicerat än att man så skarpt måste välja sida inom både forskning och undervisning. Skolan är inte bara myter, sortering och bevarande. Den är också utbildning, uppfostran och stödjande —när den fungerar. Kunskap är inte bara legitimering av en existerande samhällsorganisation. Den är legitimerad på andra sätt —även om dessa naturligtvis kan utmanas och alltid är kopplade till kunskapsintressen, om vi ska tro Habermas. Uppmärksamheten på dessa intressen och relaterade ideologier är i sig själv en del av det emancipatoriska intresset.

Även om skolan har som en av flera funktioner att ge elever tillgång till generell och kontextoberoende kunskap, så är det dock inte en neutral uppgift —som man ibland kan få intryck av när man läser en del av avhandlingarna. För det första är det fortfarande val av vad som räknas som kunskap både i akademin och i skolan. För det andra är det inte alla som ges samma möjlighet att anamma denna kunskap. Och för det tredje är organiseringen av innehåll och form avgörande för vilka elever som lär vilka aspekter av kunskapen —speciellt vem som blir konsument och vem som blir utvecklare av kunskap. Det är sådana saker som tas upp i t.ex. det afrocentriska paradigmet (Mkabela, 2005), och av Foucault och Bernstein (Se gärna Gellert, Barbé & Espinoza, 2013).

Avrundning

Vad ska vi svara den (o)dugliga läraren på frågan om undervisningsmetoder som är vetenskapligt utprovade och vad forskning säger hur de ska användas? De avhandlingar vi tittat närmare på utgör endast ett begränsat urval och vi kan inte hävda att de trender vi identifierat skulle representeras på samma sätt om urvalet var större eller annorlunda fördelat över tid. De slutsatser vi drar i denna framställning och våra svar till läraren är alltså relaterade till urvalet av forskningsstudier. Ändå tycker vi oss ha sett några intressanta saker i det aktuella materialet.

Visst kan forskningen erbjuda vissa förslag på hur undervisningen kan bedrivas, men mycket av den forskning vi studerat håller sig inom ett trofasthetsperspektiv, dvs forskning som inte ifrågasätter utbildningens utformning i grunden, utan syftar till att undersöka hur justeringar i redan befintlig struktur kan leda till utveckling av undervisning och lärande i matematik. Sådana förslag måste alltid ses i relation till vad man ser som det övergripande syftet med undervisningen — dvs. de hänger ihop med olika kunskapssyn, utbildningsideal och medborgarideal.

När Skolverket tolkar att ”arbetet i skolan ska präglas av ett vetenskapligt förhållningssätt och kunskaper som grundar sig på relevant forskning och beprövad erfarenhet” som att

> detta innebär en medveten och systematisk strävan att utifrån bästa möjliga vetenskapliga grund utforma utbildningens innehåll, välja undervisningsmetoder och stödinsatser utifrån hur väl de fungerar och hur effektiva de är för att elevernas kunskapsresultat ska främjas (Skolverket, 2013a, s. 172 i SOU 2017:35)

så ser vi det som avspeglande av ett tekniskt-rationellt kunskapsintresse, som inte stämmer med SOUs egen tolkning —jämför med citatet i början av detta kapitel. Detta i sig borde ge anledning till eftertanke hos forskare och lärare.

Ibland bidrar forskningen mer med en förståelse för hur undervisning och lärande pågår, som det då är upp till läraren att förhålla sig till. Där finns inga svar som ger anledning till att besluta varken vilken beprövad erfarenhet läraren vill basera sin undervisning på, eller på vilket sätt detta kan omsättas till praktiken.

Slutligen tar forskningen rollen att utmana och peka på det vi inte ser och kanske inte alltid vill se, nämligen hur läraryrket alltid befinner sig inom ramarna för en kompromiss mellan olika idéer om vad skolan bör reproducera och vad den bör förnya. Forskningen säger således inte något om vad som är bäst att göra i en given situation, men den utmanar —ibland— till att tänka djupare och reflektera över effekterna av handlingar.

Vi kan alltså inte ge den (o)dugliga läraren ett entydigt svar på hur hen ska använda forskningen. Istället vill vi peka på att forskningen i sig själv inte är neutral och avspeglar olika kunskapsintressen, som därför måste övervägas när man interagerar med forskningsresultat. Att göra sådana överväganden kan kännas väldigt krävande, och det är ett stort ansvar för varje lärare att göra sådana överväganden som bakgrund för medvetna beslut i sin praktik. Samtidigt är det den andra sidan av den frihet som den professionella läraren måste kräva. Och även om det inte alltid känns bra eller enkelt, är det kanske inte så illa?

Referenser

Bagger, A. (2022). Provgivande med flerspråkiga provdeltagare – Styrningen av nationella prov i matematik. I P. Valero, L.B. Boistrup, I.M. Christiansen, & E. Norén (Red.), *Matematikundervisningens sociopolitiska utmaningar* (s. 101–128). Stockholm University Press. https://doi.org/10.16993/bcc.f

Becevic, S. (2011). *Klassrumsbedömning i matematik på gymnasieskolans nivå.* [Licentiatuppsats, Linköpings universitet]. https://www.diva-portal.org/smash/record.jsf?pid=diva2%3A439814

Bentley, P.-O. (2003). *Mathematics teachers and their teaching.* [Avhandling, Göteborgs universitet].

Bergvall, I. (2016). *Bokstavligt, bildligt och symboliskt i skolans matematik: – en studie om ämnesspråk i TIMSS.* [Doktorsavhandling, Uppsala universitet]. https://www.diva-portal.org/smash/record.jsf?pid=diva2%3A919791

Björklund, C. (2007). *Hållpunkter för lärande: småbarns möten.* Åbo Akademis förlag.

Boistrup, L.B. (2022). Sålla agnarna från vetet – Kritiska perspektiv på bedömning i matematik. I P. Valero, L.B. Boistrup, I.M. Christiansen, & E. Norén (Red.), *Matematikundervisningens sociopolitiska utmaningar* (s. 129–155). Stockholm University Press. https://doi.org/10.16993/bcc.g

Bosch, M. & Gascón, J. (2006). Twenty-five years of the didactic transposition. *ICMI Bulletin, 58*, 51–65.

Brunström, M. (2015). *Matematiska resonemang i en lärandemiljö med dynamiska matematikprogram.* [Doktorsavhandling, Karlstads universitet]. https://www.diva-portal.org/smash/record.jsf?pid=diva2%3A784065

Christiansen, I.M. (1996). *Mathematical modelling in high school: From idea to practice.* [Doktorsavhandling, Aalborg universitet].

Dahllöf, U. (1960). *1957 års skolberedning. Kursplaneundersökningar i matematik och modersmålet empiriska studier över kursinnehållet i den grundläggande skolan* (Statens offentliga utredningar, 1960:15). Stockholms högskola.

de Ron, A. (2022). Problem i matematiken – Diskursiva sanningar om matematikundervisningens varför och hur? I P. Valero, L.B. Boistrup, I.M. Christiansen, & E. Norén (Red.), *Matematikundervisningens sociopolitiska utmaningar* (s. 69–99). Stockholm University Press. https://doi.org/10.16993/bcc.e

Dowling, P. (1998). *The sociology of mathematics education: Mathematical myths/pedagogic texts.* Falmer Press.

Dweck, C.S. (2006). *Mindset: The new psychology of success.* Ballantine Books.

Ekeblad, E. (1996). *Children – learning – numbers. A phenomenographic excursion into first-grade children's arithmetic.* [Avhandling, Göteborgs universitet].

Eklöf, H. (2006). *Motivational beliefs in the TIMSS 2003 context: Theory, measurement and relation to test performance.* [Doktorsavhandling, Umeå universitet]. https://www.diva-portal.org/smash/record.jsf?pid=diva2%3A144535

Engström, A. (1997). *Reflective thinking in mathematics. About students' constructions of fractions.* [Doktorsavhandling, Lunds universitet].

Eriksson, G. (2005). *Tidig aritmetisk kunskapsbildning: Ett radikal-konstruktivistiskt perspektiv.* [Doktorsavhandling, Stockholms universitet]. https://www.diva-portal.org/smash/record.jsf?pid=diva2%3A192591

Erlwanger, S.H. (1973). Benny's conception of rules and answers in IPI mathematics. *Journal of Children's Mathematical Behavior, 1*(2), 7–26

Frejd, P. (2014). *Modes of mathematical modelling: An analysis of how modelling is used and interpreted in and out of school settings.* [Doktorsavhandling, Linköpings universitet]. https://www.diva-portal.org/smash/record.jsf?pid=diva2%3A690259

Fägerstam, E. (2012). *Space and place: Perspectives on outdoor teaching and learning.* [Doktorsavhandling, Linköpings universitet]. https://www.diva-portal.org/smash/record.jsf?pid=diva2%3A551531

Gellert, U., Barbé, J., & Espinoza, L. (2013). Towards a local integration of theories: Codes and praxeologies in the case of computer-based instruction. *Educational Studies in Mathematics, 82*, 303–321. https://doi.org/10.1007/s10649-012-9427-5

Grundén, H. (2020). *Mathematics teaching through the lens of planning – actors, structures, and power*. [Doktorsavhandling, Linnéuniversitetet]. https://www.diva-portal.org/smash/record.jsf?pid=diva2%3A1461050

Habermas, J. (1968/1987). *Knowledge and human interests* (J.J. Shapiro, översättare). Beacon Press.

Hansson, Å. (2012). *Ansvar för matematiklärande. Effekter av undervisningsansvar i det flerspråkiga klassrummet*. [Doktorsavhandling, Göteborgs universitet].

Hansson, Ö. (2006). *Studying the views of preservice teachers on the concept of function*. [Doktorsavhandling, Luleå tekniska universitet]. https://www.diva-portal.org/smash/record.jsf?pid=diva2%3A319554

Harvard Maare, Å. (2015). *Designing for peer learning: Mathematics, games, and peer groups in leisure-time centers*. [Doktorsavhandling, Lunds universitet]. https://www.diva-portal.org/smash/record.jsf?pid=diva2%3A1404350

Hedenborg, M.L. (1999). *Cognitive strategies in simple addition and subtraction: Process models based on analyses of response latencies and retrospective verbal reports*. [Doktorsavhandling, Stockholms universitet]. https://www.diva-portal.org/smash/record.jsf?pid=diva2%3A454376

Hinnerich, B.T., Höglin, E., & Johannesson, M. (2015). Discrimination against students with foreign backgrounds: Evidence from grading in Swedish public high schools. *Education Economics, 23*(6), 660–676. https://doi.org/10.1080/09645292.2014.899562

Jakobsson-Åhl, T. (2006). *Algebra in upper secondary mathematics: a study of a selection of textbooks used in the years 1960–2000 in Sweden*. [Licentiatuppsats, Luleå tekniska universitet]. https://www.diva-portal.org/smash/record.jsf?pid=diva2%3A991357

Jannok-Nutti, Y. (2010). *Ripsteg mot spetskunskap i samisk matematik: lärares perspektiv på transformeringsaktiviteter i samisk förskola och sameskola*. [Doktorsavhandling, Luleå tekniska universitet]. https://www.diva-portal.org/smash/record.jsf?pid=diva2%3A991714

Jonsson, K.G. (1919). *Undersökningar rörande problemräkningens förutsättningar och förlopp*. [Avhandling, Uppsala universitet].

Kling Sackerud, L. (2009). *Elevers möjlighet att ta ansvar för sitt lärande i matematik: En skolstudie i postmodern tid*. [Doktorsavhandling, Umeå universitet]. https://www.diva-portal.org/smash/record.jsf?pid=diva2%3A272715

Kristiansson, M. (1979). *Matematikkunskaper Lgr62, Lgr69/Knowledge of mathematics curriculum 62, curriculum 69*. [Doktorsavhandling, Göteborgs universitet].

Källberg, P.S. (2018). *Immigrant students' opportunities to learn mathematics: In(ex)clusion in mathematics education*. [Doktorsavhandling, Stockholms universitet]. http://www.diva-portal.org/smash/record.jsf?pid=diva2%3A1177002

Larsson, I. (1973). *Individualized Mathematics Teaching. Results from the IMU Project in Sweden*. [Doktorsavhandling, Lund Universitet].

Lindström, P. (2011). *Understanding as experiencing a pattern*. [Avhandling, Lunds universitet].

Liu, Y. (2013). *Syllogistic analysis and cunning of reason in mathematics education*. [Doktorsavhandling, Karlstads universitet]. https://www.diva-portal.org/smash/record.jsf?pid=diva2%3A619832

Lundin, S. (2008). *Skolans matematik: en kritisk analys av den svenska skolmatematikens förhistoria, uppkomst och utveckling*. [Doktorsavhandling, Uppsala universitet]. https://www.diva-portal.org/smash/record.jsf?pid=diva2%3A172874

Lundin, S. & Storck-Christensen, D. (2022). Skolmatematiken är en bönesnurra – En ritualteoretisk tolkning av skolmatematikens samhällsfunktion. I P. Valero, L.B. Boistrup, I.M. Christiansen, & E. Norén (Red.), *Matematikundervisningens sociopolitiska utmaningar* (s. 235–256). Stockholm University Press. https://doi.org/10.16993/bcc.k

Löthman, A. (1992). *Om matematikundervisning – innehåll, innebörd och tillämpning: en explorativ studie av matematikundervisning inom kommunal vuxenutbildning och på grundskolans högstadium belyst ur elev- och lärarperspektiv*. [Doktorsavhandling, Uppsala Universitet].

MacIsaac, D. (1996). *The critical theory of Jurgen Habermas*. http://physicsed.buffalostate.edu/danowner/habcritthy.html

Marton, F. (1981). Phenomenography—describing conceptions of the world around us. *Instructional science, 10*(2), 177–200. https://doi.org/10.1007/BF00132516

Mellin-Olsen, S. (1987). *The politics of mathematics education*. Kluwer Academic Publishers.

Mkabela, Q. (2005). Using the afrocentric method in researching indigenous African culture. *The qualitative report, 10*(1), 178–189.

Möllehed, E. (2001). *Problemlösning i matematik: en studie av påverkansfaktorer i årskurserna 4–9*. [Doktorsavhandling, Malmös lärarhögskolan].

Neuman, D. (1987). *The origin of arithmetic skills: A phenomenographic approach*. [Avhandling, Göteborgs universitet].

Nilsson, P. (2006). *Exploring probabilistic reasoning: a study of how students contextualise compound chance encounters in explorative settings*. [Doktorsavhandling, Växjö universitet]. https://www.diva-portal.org/smash/record.jsf?pid=diva2%3A794478

Niss, M. (1984). Kritisk matematikundervisning – nødvendig men vanskelig. *Unge Pædagoger* (4), 21–29.

Norén, E. & Valero, P. (2022). Att bilda goda, matematiska medborgare i Sverige. I P. Valero, L.B. Boistrup, I.M. Christiansen, & E. Norén (Red.), *Matematikundervisningens sociopolitiska utmaningar* (s. 157–180). Stockholm University Press. https://doi.org/10.16993/bcc.h

Nyman, R. (2017). *Interest and engagement: perspectives on mathematics in the classroom*. [Doktorsavhandling, Göteborgs universitet]. http://hdl.handle.net/2077/51917

Palm, T. (2002). *The realism of mathematical school tasks: Features and consequences*. [Doktorsavhandling. Umeå universitet]. https://www.diva-portal.org/smash/record.jsf?pid=diva2%3A369760

Palmberg, B. (2014). *The influence of national curricula and national assessments on teachers' beliefs about the goals of school mathematics*. [Doktorsavhandling, Umeå universitet]. https://www.diva-portal.org/smash/record.jsf?pid=diva2%3A713421

Pansell, A. (2022). Tabelltest på tid. I P. Valero, L.B. Boistrup, I.M. Christiansen, & E. Norén (Red.), *Matematikundervisningens sociopolitiska utmaningar* (s. 43–68). Stockholm University Press. https://doi.org/10.16993/bcc.d

Persson, P.E. (2010). *Räkna med bokstäver! En longitudinell studie av vägar till en förbättrad algebraundervisning på gymnasienivå*. [Doktorsavhandling, Luleå tekniska universitet]. https://www.diva-portal.org/smash/record.jsf?pid=diva2%3A1404494

Pettersson, A. (1990). *Att utvecklas i matematik: en studie av elever med olika prestationsutveckling*. [Doktorsavhandling, Stockholms universitet]. https://www.diva-portal.org/smash/record.jsf?pid=diva2%3A582164

Pettersson, K. (2004). *Samspel mellan intuitiva idéer och formella bevis. En fallstudie av universitetsstudenters arbete med en analysuppgift*. [Licentiatuppsats, Göteborgs universitet]. https://www.diva-portal.org/smash/record.jsf?pid=diva2%3A31840

Reis, M. (2011). *Att ordna, från ordning till ordning. Yngre förskolebarns matematiserande*. [Doktorsavhandling, Göteborgs universitet]. https://www.diva-portal.org/smash/record.jsf?pid=diva2%3A876987

Ryve, A. (2003). *Collaborative concept mapping in linear algebra.* [Licentiatuppsats, Mälardalens högskola]. https://www.diva-portal.org/smash/record.jsf?pid=diva2%3A120737

Sfard, A. (2008). *Thinking as communicating: Human development, the growth of discourses, and mathematizing.* Cambridge University Press.

Skovsmose, O. (1984). *Kritik, undervisning og matematik.* Lærerforeningens materialeudvalg.

SOU. (2017:35). *Samling för skolan. Nationell strategi för kunskap och likvärdighet.* Elanders Sverige AB. Från https://www.regeringen.se/498092/contentassets/e94a1c61289142bfbcfdf54a44377507/samling-for-skolan---nationell-strategi-for-kunskap-och-likvardighet-sou-201735.pdf.

Stanford Encyclopedia of Philosophy. (2014). *Jürgen Habermas.* Från https://plato.stanford.edu/entries/habermas/

Straehler-Pohl, H. (2022). Delmatematisering i kapitalismens tidsålder – Att återerövra den kritiska distansen. I P. Valero, L.B. Boistrup, I.M. Christiansen, & E. Norén (Red.), *Matematikundervisningens sociopolitiska utmaningar* (s. 257–279). Stockholm University Press. https://doi.org/10.16993/bcc.l

Sumpter, L. (2009). *On aspects of mathematical reasoning: Affect and gender.* [Doktorsavhandling, Umeå universitet]. https://www.diva-portal.org/smash/record.jsf?pid=diva2%3A740702

Taflin, E. (2007). *Matematikproblem i skolan – för att skapa tillfällen till lärande.* [Doktorsavhandling, Umeå universitet]. https://www.diva-portal.org/smash/record.jsf?pid=diva2%3A523376

Unga, J. (2013). *Det är en spricka i allt, det är så ljuset kommer in…: Matematik och förskolebarns experimenterande och potentialitet.* [Licentiatuppsats, Stockholms universitet]. https://www.diva-portal.org/smash/record.jsf?pid=diva2%3A613707

Valero, P. (2004). Socio-political perspectives on mathematics education. I P. Valero & R. Zevenbergen (Red.), *Researching the socio-political dimensions of mathematics education* (s. 5–23). Springer. https://doi.org/10.1007/1-4020-7914-1_2

Viirman, O. (2014). *The function concept and university mathematics teaching.* [Doktorsavhandling, Karlstads universitet]. https://www.diva-portal.org/smash/record.jsf?pid=diva2%3A693890

Wallin, A., Norén, E., & Valero, P. (2022). Matematik på Solens fritidshem – Om att 'göra verkstad' av policy-dokument. I P. Valero, L.B. Boistrup, I.M. Christiansen, & E. Norén (Red.), *Matematikundervisningens sociopolitiska utmaningar* (s. 181–206). Stockholm University Press. https://doi.org/10.16993/bcc.i

Young, M. (2018). The challenge of bringing different worlds together. I S. Allais & Y. Shalem (Red.), *Knowledge, curriculum and preparation for work* (s. 249–260). Brill/Sense. https://doi.org/10.1163/9789004365407_014

Österling, L. (2022). Bilder med makt över matematiklärarutbildningen. I P. Valero, L.B. Boistrup, I.M. Christiansen, & E. Norén (Red.), *Matematikundervisningens sociopolitiska utmaningar* (s. 207–233). Stockholm University Press. https://doi.org/10.16993/bcc.j

3. Tabelltest på tid

Anna Pansell
Stockholms universitet

Sammanfattning

I kapitlet studeras lärarnas kunskap om hur man bedömer elevers automatiserade kunskaper, inte som lärarnas individuella kunskaper utan den kollektiva kunskap som uttrycks i ett möte. En institutionell teori används, där flera olika sammanhang som t.ex. lärargruppen, läroplanen eller allmän debatt i media bidrar till att påverka vad som blir möjligt att undervisa i klassrummet. Lärarnas didaktiska kunskaper om hur man bedömer elevers automatiserade kunskaper studeras alltså i relation till andra sammanhang. Analysen av lärarnas diskussion visar att de argumenterar utifrån två olika principer, den ena där tester förordas och den andra som förordar inkludering av alla elever. För att fånga andra sammanhang har därför det mediala och det vetenskapliga samtalet om tester och inkludering beskrivits eftersom de utgör två olika sammanhang som samverkar med lärarnas. Resultaten visar att lärarna har argument för de tabelltest som är en del av deras tradition, de har också argument för att inte göra dessa tester men de saknar en alternativ metod. Resultaten visar också att argumenten inte förankras i de teoretiska principer som främst går att hämta i det vetenskapliga sammanhanget. Det vetenskapliga sammanhanget spretar också i både motstridiga slutsatser och i att metoder och ideologiska principer inte förenas. Lärarna skulle kunna tjäna på att få större tillgång till det vetenskapliga sammanhanget men hela skolsystemet inklusive forskningen behöver också förena frågor som rör metoder med de ideologiska och teoretiska principer som ligger till grund för dem.

Hur du refererar till det här kapitlet:
Pansell, A. (2022). Tabelltest på tid. I P. Valero, L.B. Boistrup, I.M. Christiansen, & E. Norén (Red.), *Matematikundervisningens sociopolitiska utmaningar* (s. 43–68). Stockholm University Press. DOI: https://doi.org/10.16993/bcc.d.

Introduktion

I ett lärarmöte diskuterar Mary och hennes kollegor hur man bedömer automatiserade tabellkunskaper. I diskussionen presenteras metoder och problem för detta och i kapitlet kommer jag att föra ett resonemang om vad som ligger till grund för de argument för och emot tabelltest på tid som lärarna för fram.

Tabelltest på tid är en etablerad tradition i svensk skola. Många är de elever som kommer ihåg tabelltestet i slutet av veckan: 100 uppgifter på fem minuter, sen byter man med varandra och rättar bänkkompisens svar. Några kommer ihåg detta som roligt och sporrande, andra kommer ihåg det med en rysning, som det tidsbegränsade testet som varje fredag slog fast att man inte kunde matematik, som till slut gjorde att man valde att inte studera mer matematik än nödvändigt. Tabelltesterna är kanske inte den enda aktivitet som skapar ångest men det är en av dem (Boaler, 2014) och om man frågar eleverna så är matematikängslan den främsta orsaken till att de inte presterar tillfredsställande i matematik (Karlsson, 2019). En tradition i svensk skola riskerar alltså att utestänga eleverna från att prestera i matematik och i förlängningen från att studera matematik. En rimlig fråga att ställa sig blir då varför lärare följer traditionen och ger dessa tidsbegränsade tabelltester. I svensk skola har lärare frihet att undervisa som de vill, åtminstone på pappret. Svensk skola, precis som alla andra skolor, är dock en del av ett samhälle med traditioner, politiska strömningar och en mängd olika sammanhang som påverkar skolan ända ner i det enskilda klassrummet. Jag börjar därför mitt kapitel där, i lärarens möjligheter att påverka sin matematikundervisning.

Lärares frihet att välja undervisningsmetoder

Lärare har inte full frihet att själva bestämma hur de ska undervisa, trots att svenskt utbildningssystem bygger på att styrdokument uttrycker mål och lämnar beslut om undervisningen till lärarna själva. Det hade också kunnat vara så om inte lärare vore omgivna av en mängd olika sammanhang som t.ex. kollegor, läromedel, skoldebatten i media och många fler. Dessa sammanhang som lärarna finns i påverkar varandra och vad som helst blir inte möjligt att göra (Chevallard, 2002). Läraren och de sammanhang som omger henne kallar jag för en undervisningsekologi, där olika sammanhang samspelar för att tillsammans avgöra vad som blir möjligt att undervisa. Exempel på dessa sammanhang förutom klassrummet skulle kunna vara lärarkollegiet på skolan, läroplanen, lärarutbildningen och andra sammanhang som samverkar till att avgöra vad som undervisas i klassrummet. Valero (2010) beskriver detta som ett nätverk av sociala praktiker som behöver förstås tillsammans och inte bara en och en. Ett exempel på sammanhang som påverkar lärare kan vara det historiska sammanhang som lärarna är en del av. Sverige har en långtgående tradition av att ha räkning som det viktigaste i matematik. Mycket tyder på att räkning fortfarande har en priviligierad plats i matematikundervisningen (Pansell, 2018). Problemlösning hade kunnat vara ett fokus då det varit centralt i diskussionerna om undervisning och lärande i matematik länge (t.ex. Pansell & Andrews, 2017; de Ron, 2022) även om traditionen av att räkna på matematiklektionerna pågått betydligt längre (Lundin, 2008). Från det att allmän skolgång började erbjudas till mitten av 1900-talet hette ämnet räkning och det finns formuleringar i tidiga läroplaner där noggrannhet och snabbhet står som viktiga färdigheter för räkning (Lundin, 2008; Prytz, 2013).

Ett annat exempel är den aktuella läroplanen som lärare måste förhålla sig till. Man kan se lärargruppen och läraren som två olika sammanhang som båda är en del av samma undervisningstradition och utbildningssystem. Två sammanhang som lärare relaterar till är den allmänna debatt som t.ex. förs i media och de aktuella vetenskapliga sammanhang som påverkar både den mediala debatten och politisk policy. I detta kapitel studeras en matematiklärare och de kollegor med vilka hon diskuterar sin undervisning som delar av ett sådant nätverk av sociala praktiker. Lärarna diskuterar hur man ska bedöma automatiserade matematikkunskaper. I kapitlet för jag också ett resonemang om vilken didaktisk kunskap om bedömning av automatiserade multiplikationskunskaper som kan tolkas ur ett lärarmöte där tabelltest på tid diskuteras. Det vill säga på vilken grund metoden att bedöma automatiserade multiplikationskunskaper med tidsbegränsade tester vilar. Eftersom kunskap inte existerar i ett vacuum så beskrivs denna didaktiska kunskap i relation till omgivande sammanhang och hur de kan tänkas påverka vad som blir möjligt för lärarna att göra i klassrummet.

Lärarna i lärarmötet är lärare i en tid när svensk skola är styrd av marknaden. Eleverna, med föräldrar, kan välja skola och med varje elev kommer pengar till skolan. Lärarnas arbete styrs av en läroplan som uttrycker de prestationer som eleverna ska kunna utföra i olika ämnen genom ett antal kunskapskrav som ska stödja lärarna i bedömningen av elevernas arbete. Från 1990-talet har svensk skola varit decentraliserad så till vida att staten inte är ansvarig för skolan. Ansvaret för skolan vilar på kommunerna och ansvaret för hur undervisningen går till är rektors och varje enskild lärares. Detta har också beskrivits som att läraren tvingas att bli självständig vilket innebär att läraren ensam utgör länken mellan matematik/skolmatematik och klassrummet (Skott, 2004). Tar man med omgivande kontexter och hur de påverkar lärare i beräkningen så beskrivs denna självständighet som en illusion (Winsløw, 2012) eftersom olika kontexter i utbildningssystemet har motstridiga krav på lärare och undervisning (Skott, 2004).

Parallellt med decentraliseringen av svensk skola pågår också en professionalisering av lärarkåren, vilket beskrivs som parallella processer (Carlgren, 2004; Lundgren, 2006). Svenska lärare är legitimerade och det har inrättats karriärtjänster för att stärka lärarprofessionen. Den professionella lärarkåren begränsas dock av olika former av kontroll. I Sverige har de senaste åren präglats av ökade kontroller med nationella prov i fler ämnen och fler årskurser. I media diskuteras återkommande landets PISA-resultat och många skolreformer genomförs på grund av PISA. Sjunkande resultat i PISA har beskrivits som en PISA-chock och sägs ha bidragit till myndigheternas ökade kontroll av svensk skola (Wermke & Forsberg, 2017). En annan förändring som kan tolkas som en del av en ökad kontroll är införandet av statens skolinspektion, som bildades samtidigt som myndigheten för skolutveckling stängdes. Man bytte alltså skolutveckling mot skolinspektion.

Decentraliseringen tillsammans med den ökande kontrollen har beskrivits som att frigöra lärare utan att ge dem möjlighet att styra sin verksamhet själva (Wermke & Forsberg, 2017). Att öka kontrollen av lärares arbete genom stora mätningar, som nationella prov och PISA, har beskrivits som direkt kontraproduktivt för professionaliseringen av lärare (Hargreaves, 2000; Klette, 2002), med konsekvenser för både undervisningen och för lärares möjlighet att vara professionella (Ball, 2003). Lärare ska alltså navigera sitt historiska sammanhang, politiska strömningar, mätningar och framför allt eleverna i klassrummet. Gutiérrez (2013) beskriver lärares behov av en politisk kunskap för att kunna stå emot de strömningar som inte gynnar deras elever. Lärare är alltså fria att välja sina undervisningsmetoder vilket inkluderar bedömningsmetoder men det finns anledning att studera vad som påverkar dessa val och i vilka riktningar de påverkas. Sannolikt slits lärare mellan vad Skott (2004) beskriver som motstridiga krav och ju mer vi kan bli medvetna om dessa krav desto större frihet kan lärare få att välja undervisningsmetoder som passar deras elever och undervisningssituation. I denna studie är underlaget för analysen en diskussion där just metoder för bedömning diskuteras av en lärargrupp. Detta samtal analyseras med tanke på vad lärarna själva ger uttryck för, men också på några sammanhang som omger mötet som ställer just motstridiga krav på lärarna.

Antropologisk didaktisk teori

Antropologisk didaktisk teori, ATD, används för att studera didaktisk kunskap i olika sociala praktiker där undervisning sker (Chevallard & Sensevy, 2014). ATD beskriver en undervisningsekologi som en samling av samverkande nivåer som påverkar varandra (Chevallard, 2006). För att förstå didaktisk kunskap i olika sammanhang eller kontexter, t.ex. klassrum och läroplan, har jag i denna studie använt några olika verktyg som ATD erbjuder. I detta avsnitt kommer jag att beskriva det teoretiska ramverk jag använt.

Praxeologi

I ATD beskrivs kunskap som tvådelat med en praxis-del (görande) och en logos-del (vetande). Praxis är i sin tur uppdelad i två delar, uppgift och teknik, alltså en typ av uppgift som kan lösas med en eller flera tekniker. Logos är uppdelad i teknologi och teori. Teknologin förklarar varför uppgiftstypen ska lösas med just den tekniken och teorin är grundläggande principer och idéer som ligger till grund för teknologin. Tillsammans kallas detta för en praxeologi (Chevallard, 2006), se Tabell 1. En didaktisk praxeologi beskriver didaktisk kunskap, där uppgiften är att göra matematisk kunskap tillgänglig för andra, alltså att undervisa ett specifikt matematiskt innehåll. Den didaktiska tekniken blir då hur man ska göra för att tillgängliggöra denna matematiska praxeologi, alltså hur man ska göra den matematiska kunskapen tillgänglig för elever. I detta exempel skulle det kunna vara att demonstrera hur enheter som cm och dm upprepar sig på en linjal. Den didaktiska teknologin utgörs av motiveringar och argument för dessa undervisningsmetoder, i exemplet med att mäta sträckor skulle det kunna vara de sex begrepp som Clements och Stephan (2004), beskriver som tillsammans utgör en förståelse för mätning. Dessa sex begrepp innebär argument för olika metoder för att undervisa om hur man mäter sträckor med linjal. Teorin består av teoretiska principer och idéer om både lärande, undervisning och matematik som ligger till grund för teknologin, det kan vara matematiska definitioner och satser, grundläggande idéer om vad matematik är, teorier om lärande eller någon annan idé som kan ligga till grund för undervisning om mätandet av sträckor (Barbé, Bosch, Espinoza & Gascón, 2005), se Tabell 1.

Tabell 1. Didaktisk praxeologi.

Praxis, know-how för lärare	
Uppgift	**Teknik**
Att undervisa hur man mäter en sträcka med linjal för att vi behöver mäta med standardiserade metoder och enheter så att vi kan jämföra resultat.	Demonstrera praktiskt hur man mäter med linjal, och förklara hur enheterna cm och dm upprepar sig på linjalen.
Logos, know-why för lärare	
Teknologi	**Teori**
Clements och Stephens sex begrepp för hur barn förstår mätning.	Matematiska definitioner av t.ex. sträcka. Matematik är att kunna uttrycka objekt som kvantiteter. Teorier om lärande, här Piaget.

Den didaktiska praxeologin rymmer en matematisk praxeologi som är det matematiska innehåll läraren har i uppgift att göra tillgängligt för andra. Den didaktiska praxeologin är alltså mycket komplex, inte minst då de teoretiska idéer som utgör den didaktiska teorin kan hämtas ifrån många olika discipliner. Det kan vara teori kopplat till innehållet, i exemplet matematik kan detta vara matematiska satser, axiom, definitioner eller teorier om vad matematik är. Det kan också vara teorier om lärande eller om vad kunskap är. Den didaktiska teorin består av de teoretiska utgångspunkter som ligger till grund för den didaktiska teknologin, tekniken och uppgiften. En praxeologi är alltid en tolkning av kunskapen som uttryckts i en viss situation. De är inte kompletta beskrivningar av vilken kunskap som deltagarna besitter.

Samverkande nivåer

Didaktiska praxeologier beskriver didaktisk kunskap, men en central idé i ATD är att kunskap alltid produceras och kommuniceras inom och mellan olika institutioner. Ett sätt att beskriva detta är att beskriva hur olika delar av ett stort sammanhang, påverkar varandra. I ATD antas matematiska och didaktiska praxeologier inte bara vara påverkade av varandra utan också av olika nivåer som samverkar till att avgöra vad matematikundervisning utgörs av (Chevallard, 2002; Winsløw, Barquero, De Vleeschouwer & Hardy, 2014), vilket brukar beskrivas som en hierarki av nivåer som i Figur 1.

Figur 1. Samverkande nivåer i relation till denna studie, inspirerad av Chevallard (2002) och Rasmussen och Winsløw (2013).

Nivå	
9. Civilisation - Kultur	Svensk kultur
8. Samhälle	Staten – läroplanen
7. Skola	Undervisningsinstitutioner
6. Pedagogik	Undervisningsprinciper – lärobok och lärargrupp
5. Disciplin	Matematik
4. Domän	Matematikinnehållet
3. Sektor	Teoretiska principer för Matematikundervisning
2. Tema	Argument för matematikundervisning
1. Skolämne	Matematikundervisningsaktiviteter

Det är dessa nivåer som tillsammans kan kallas en undervisningsekologi (Chevallard, 2002), dessa nivåer innehåller möjligheter och hinder för den praxeologi som görs tillgänglig i ett klassrum (Rasmussen & Winsløw, 2013). Detta gör att orsaken till vilken praxeologi som görs tillgänglig i klassrummet kan finnas i en kontext nära lärarens praktik som t.ex. i läroboken. Man kan också hitta orsaker i kontexter långt ifrån klassrummet som i mediedebatten eller i andra kulturella kontexter. I denna studie har jag, undersökt en kontext som läraren själv deltar i, lärarmötet där matematikundervisningen diskuteras men också de mediala och vetenskapliga samtal som har innehållslig och tidsmässig koppling till lärarmötet. Där finns både läraren som argumenterar för sin syn på matematikundervisningen, de kollegor som hon förhandlar matematikundervisning med och delar av några omgivande kontexter. För att fånga ett större sammanhang än det enskilda klassrummet har jag inkluderat det mediala samtalet som en del av en samhällelig nivå. Jag har också inkluderat exempel från det vetenskapliga samtalet som skulle kunna erbjuda teoretiska principer för den matematikundervisning som diskuteras i mötet. Detta vetenskapliga perspektiv tjänar som exempel från disciplinära nivån. Jag har dock svårt att se dessa nivåer som helt och hållet hierarkiska, disciplinen matematik är t.ex. här placerad under staten som producerar läroplanen. Så är det nog ofta men inte alltid. Ingen kunskap existerar av sig själv, matematik är t.ex. en del av samhället, men hur ordningen på dessa samverkande nivåer ska se ut i ett visst sammanhang bör kunna variera. Jag ser dessa kontexter som samverkande men utan den hierarkiska ordningen, mer likt Valeros (2010) beskrivning av nätverkande sociala praktiker. De samverkande nivåerna är naturligtvis förenklingar av ett mycket komplext system. Det är relationerna mellan de olika kontexterna som innebär att de samverkar och som jag ser det kan det finnas relationer mellan många olika kontexter samtidigt. Detta innebär att jag förhåller mig till idén i ATD, att kunskap produceras i flera olika kontexter och att dessa påverkar varandra men utan att fokusera på hierarkin mellan dessa kontexter.

Metodologi

I denna fallstudie av ett lärarmöte analyseras några av de samverkande nivåerna, lärargruppen (pedagogy), det mediala samtalet (society) och det vetenskapliga samtalet (discipline). En nivå är inte en enhetlig grupp. I nivån pedagogy finns t.ex. en mängd olika kontexter där undervisningsprinciper beskrivs och som enskilda lärare på olika sätt behöver förhålla sig till. En lärargrupp som här är ett exempel, läromedel är ett annat. Var och en av dessa kontexter ger uttryck för både matematiska och didaktiska praxeologier, alltså de ger uttryck för kunskap både i matematik och i matematikdidaktik. Var och en av dessa kontexter påverkar andra kontexter på olika samverkande nivåer med sina uttryck för både matematiska och didaktiska praxeologier. Det blir därför viktigt att studera vilka uttryck för matematisk och matematikdidaktisk kunskap som uttrycks av många olika kontexter på många olika nivåer. I denna studie analyseras lärarmötet och detta sätts sedan i samband med enklare beskrivningar av det mediala och vetenskapliga samtal som utgör delar av det större sammanhang som lärarmötet är en del av.

Deltagarna i lärarmötet är fyra matematiklärare. Tre är utbildade matematiklärare och en är civilingenjör. Alla fyra undervisar i matematik i årskurs fem och de träffas varannan vecka för att diskutera sin matematikundervisning. Från en ljudinspelning har samtalet i lärarmötet transkriberats först ordagrant för att sedan skrivas ned som en berättelse som återger både situationen och den faktiska kommunikationen. Datamaterialet gör det alltså bara möjligt att analysera en av de samverkande nivåerna. Genom att studera mediala inslag för tiden runt studien och forskning som på olika sätt rapporterar eller har rapporterats i anslutning till svensk skola vid samma tid kan några kontexter ur den undervisningsekologi lärarna verkar inom beskrivas. Detta kan sättas i relation till de tolkade didaktiska praxeologierna. Det blir också möjligt att diskutera hur detta samtal kan påverka lärarnas klassrumspraktik.

För att tolka den matematikdidaktiska kunskap som lärarna ger uttryck för i mötet har jag analyserat vilka uppgifter, tekniker, teknologier och teorier som uttrycks av lärarna. Från detta har jag konstruerat didaktiska praxeologier. Den matematik som lärarna uttryckte att eleverna behövde lära sig tolkade jag som den didaktiska uppgiften. Den didaktiska tekniken tolkades från de metoder lärarna pratade om att använda, i detta fall en bedömningsmetod. Från lärarnas argument för och emot bedömningsmetoden tolkade jag didaktiska teknologier. Från dessa didaktiska teknologier tolkades några grundläggande principer som didaktiska teorier. Det är utifrån dessa tolkade teorier som jag sedan har sökt mediala och vetenskapliga artiklar.

Det samtal som förs i samhället om skolan, i media, blir en samtidsbild av vad som kännetecknar en bra skola. När t.ex. media upprepade gånger rapporterar om ordningsproblem i skolan och de lösningar som föreslås återkommande är hårda tag mot oordning i skolan blir hårda tag samhällets berättelse om vad skolan förväntas göra för att skapa ordning och reda. Samtidigt är det möjligt att den vetenskapliga miljön presenterar andra lösningar för att skapa ordning i skolan men för att få tillgång till den berättelsen behöver man aktivt söka upp forskning. För att beskriva ett nätverk av kontexter som är så nära det svenska klassrummet som möjligt har jag beskrivit den forskning som skulle kunna erbjuda de teoretiska principerna för de didaktiska praxeologierna och som rapporterats i media. Det innebär att denna forskning varit en del av lärarnas undervisningsekologi eftersom de varit en del av samhällets eller disciplinens samtal om dessa principer.

Resultat

Från skolgården hörs glada rop från de många barn som är på väg hem från skolan. På Parkskolan har dagens sista lektion just slutat och lärarna ska snart köa framför kaffeautomaten. Kaffekoppen är välbehövlig, en eftermiddag av möten ska snart börja. På måndagar träffas man för att diskutera de ämnen man undervisar i, det kan lätt bli körigt eftersom de flesta undervisar i många ämnen i flera olika konstellationer.

Ändå är detta en uppskattad stund på veckan, ett möte man gärna går på. Peter är först på plats, det är mattelärarna i årskurs fem som ska träffas. Sofia och Mary kommer in i ett virrvarr av kaffekoppar, väskor och pappersbuntar. De sätter sig och ordnar sina tillhörigheter. Sist in kommer Tomas, han stänger dörren och slår sig ner.

Sofia suckar djupt samtidigt som hon bläddrar i sin pappersbunt. Peter tittar roat på Sofia och undrar vad hon suckar över. Sofia berättar om dagens tabelltest och om det katastrofala resultatet, 20–30 rätt för vissa elever. Oj! Utbrister de andra tre i munnen på varandra, det var verkligen inte bra. Peter vill veta hur många uppgifter Sofia hade i sitt test. Sofia svarar 120 samtidigt som Peter säger 100, de skrattar till över sitt i princip gemensamma svar på frågan. Tomas vill veta hur lång tid som eleverna fått på sig, Sofia berättar att de fått hålla på i fem minuter.

Mary skruvar på sig och frågar försiktigt om det är rimligt eller om det är mycket. Hon undrar om man verkligen får med sig alla eleverna. Jodå! Utbrister Sofia och berättar med stor entusiasm hur hennes erfarenhet är att eleverna brukar bli så engagerade i att få bättre resultat att några klarar dessa 120 uppgifter på tre-fyra minuter till slut. Hon ler när hon beskriver elevernas glädje över att se sin egen framgång. Det är ju så otroligt viktigt att de kan sina tabeller säger Tomas, allt annat vilar ju på det. Det är synd om dem när de ska räkna sen i femman och sexan när de måste sitta och traggla med enkla beräkningar som borde sitta i ryggmärgen. De andra lärarna nickar instämmande.

De fyra lärarna fortsätter att prata om helt andra saker men efter en stund börjar de prata om några elever som har svårt med matten. En elev verkar fånga lärarnas medkänsla extra mycket och då kommer tabelltesten tillbaka när Tomas beskriver hur denna elev fått en ångestattack och gråtit när han senast gjorde ett tabelltest. Usch säger Mary med stor medkänsla. – Ska det verkligen vara så där många uppgifter då? frågar hon. – Nej, håller Tomas med man kanske skulle ta färre uppgifter eller kanske längre tid för vissa elever. – Missar man inte något då? undrar Sofia Jag menar det är ju automatiseringen vi testar, och då är väl tiden viktig, eller? Ja, håller Tomas och Peter med. Mary ser fortfarande inte helt övertygad ut.

Praxeologier i mötet

Berättelsen är ett samtal mellan lärarna som har ägt rum. De uttalanden som finns återberättade är ordagrant vad som sades.

Berättelsen runt uttalandena är nära det möte som ägde rum men det innehåller naturligtvis tolkningar t.ex. när jag skriver att någon inte ser helt övertygad ut. Den analys som jag här ska beskriva grundas enbart på vad lärarna faktiskt sa. Baserat på lärarnas kommunikation i samtalet har jag konstruerat två didaktiska praxeologier. Jag ser det som två bilder av kunskap som går att se i lärarnas diskussion. Det är två praxeologier eftersom lärarna diskuterar tabelltesten med två olika utgångspunkter.

I den första didaktiska praxeologin är den didaktiska uppgiften att undervisa multiplikationstabellerna så att eleverna kan dem utantill vilket man kan se i lärarnas samtal när de t.ex. kommenterar att det är automatiseringen som ska testas vilket kräver att testet är på tid. I den matematiska praxeologi som lärarna pratar om att iscensätta finns det inte så stort utrymme för argument och förklaringar, utan det handlar mest om att eleverna ska kunna multiplikationstabellerna utantill, alltså en matematisk praxeologi med en mycket stark övervikt på praxis. Den didaktiska tekniken som diskuteras i mötet är att använda ett tabelltest med 100–120 uppgifter som ska lösas på ett antal minuter.

De argument som förs fram för tabelltest på tid handlar om vikten av automatiserade talfakta. Lärarna uttrycker att ”det är så viktigt att de kan sina tabeller” och att de behöver ha automatiserat tabellerna så att det ska vara lättare att räkna svårare uppgifter. Att ha automatiserat talfakta anses alltså vara en nödvändig förkunskap för goda räknefärdigheter. Ett annat argument som Sara för fram är att tabelltest på tid kan sporra eleverna att engagera sig i tabellerna eftersom de vill förbättra sina resultat. Dessa tre argument har jag tolkat som den teknologi som är lärarnas grund för att göra tabelltestet på tid. Bakom detta ligger teoretiska antaganden, som lärarna inte uttrycker men som går att tolka från dessa argument. Ett sådant antagande är att talfakta är grundläggande i matematik. Lärarna beskriver hur dessa talfakta fungerar som grundläggande för elevernas kommande matematikarbete. Ett annat antagande som jag tolkar från lärarnas argument är att färdigheter är något man lär sig separat för att sedan sätta ihop. Lärarna beskriver hur automatiserade tabellkunskaper senare används för att bygga upp en räknefärdighet. Detta går att tolka som ett uttryck för en kunskapssyn som säger att lärande sker stegvis som t.ex. Piaget (1964) beskriver. I Tabell 2 presenteras denna tolkning som en didaktisk praxeologi där logos stöder metoden att bedöma tabellkunskaper med ett tidsbegränsat test, hädanefter kallad testpraxeologin.

Tabell 2. Testpraxeologin.

Praxis, know-how för lärare	
Uppgift	**Teknik**
Att undervisa multiplikationstabellerna så att eleverna kan dem utantill.	Gör tabelltest med 100–120 uppgifter från multiplikationstabellerna att lösa på fem minuter.
Logos, know-why för lärare	
Teknologi	**Teori**
Automatiserade färdigheter bedöms på tid eftersom eleverna inte ska behöva tänka på hur de löser uppgifterna, de ska kunna multiplikationstabellerna utantill. Automatiserade talfakta är en nödvändig förkunskap för goda räknefärdigheter. Att bedöma på tid skapar ett engagemang hos elever så att de vill förbättra sina resultat.	Talfakta är grundläggande i matematik. Färdigheter lär man sig separat innan de används tillsammans. Lärande sker stegvis enligt t.ex. Piaget.

I mötet ifrågasätter Mary tekniken att ge eleverna 100 uppgifter att lösa på fem minuter. Hon är inte ensam om att vara bekymrad över att några elever verkar fara illa av testet. Här tolkar jag det som att uppgiften är densamma som tidigare men att tekniken efterfrågas, den lyser med sin frånvaro under samtalet. Jag bygger därför en praxeologi på de argument som lärarna ger uttryck för som kan anses stödja denna alternativa teknik, som de inte ger exempel på.

Argumentet att automatiserad talfakta är nödvändigt för att utveckla goda räknefärdigheter är lärarna överens om. Ett annat argument som skulle kunna stödja en alternativ bedömningsmetod är att det finns elever som kan få ångest av tidsbegränsade prov. Jag tolkar från dessa argument en liknande teoretisk princip som i den tidigare didaktiska praxeologin, att talfakta är viktig kunskap i matematik. Jag tolkar också invändningen å elevernas vägnar som en annan teoretisk princip, inkludering, vilken innebär att alla elever ska ha samma tillgång till matematikundervisningen. Man ska alltså inte exkludera elever med bedömningsmetoder som riskerar att ge några elever ångest. I Tabell 3 presenteras därför dessa tolkningar som en annan didaktisk praxeologi. Här stöder argumenten en annan metod, även om den inte är känd. Argumenten utgår ifrån en idé om inkludering i matematikundervisningen. Denna praxeologi kallas hädanefter inkluderingspraxeologin.

Tabell 3. Inkluderingspraxeologin.

Praxis, know-how för lärare	
Uppgift	**Teknik**
Att undervisa multiplikationstabellerna så att eleverna kan dem utantill.	–
Logos, know-why för lärare	
Teknologi	**Teori**
Automatiserade talfakta är viktig kunskap för goda räknefärdigheter.	Talfakta är viktig kunskap i matematik.
Att bedöma på tid kan vara svårt för några elever och ge ångest.	Alla elever ska vara inkluderade i matematikundervisningen.

Följer man lärarnas samtal så rör de sig mellan dessa två praxeologier. Å ena sidan behöver man praktisera tekniken med tabelltest på tid. Å andra sidan måste det finnas något annat sätt eftersom eleverna inte mår bra. Lärarna i undersökningen kommer dock aldrig fram till detta andra sätt, tekniken i inkluderingspraxeologin förblir tom och den överges till förmån för testpraxeologin där lärarna har en teknik att använda.

Samhället – media

För att fånga något av de samverkande nivåer som omger de praxeologier som uttrycks i lärarmötet beskrivs här samtalet om tidsbegränsade tester och inkludering medialt som exempel på en samhällelig nivå. I media diskuteras sällan detaljer som tabelltester. Jag har då inkluderat inslag från media som kan argumentera för eller emot tidsbegränsade tester. Lärarna i studien har också diskuterat och refererat till inslag som dessa i de informella samtal vi haft under tiden för studien.

Tidsbegränsade tabelltester i media

Medium där tabelltester beskrivs specifikt är sociala medier, både allmänna och specifika lärarplattformar. I t.ex. facebookgrupper för matematiklärare diskuteras ofta den enorma vikten av att eleverna ska kunna multiplikationstabellerna och när metoder för att bedöma detta ska beskrivas så är det ett visst antal uppgifter på en viss tid som är den dominerande metoden. I en sökning på 'tabelltest' på en populär plattform för lärare att dela undervisningsmaterial är denna typ av tester i övervägande majoritet. Det finnas alltså en mycket tydlig tradition för hur automatiserade tabellkunskaper bedöms.

I nyhetsprogram och tidningar beskrivs inte tabelltester, däremot diskuteras annat som har direkta kopplingar till denna praktik. I ett nyhetsinslag beskrevs återkommande tester som en effektiv metod för att lära. Där argumenterades också för att det är neurovetenskap snarare än pedagogik som kan erbjuda sådana lösningar (Nyhetsmorgon, 2019, februari 12). Återkommande tester beskrivs alltså som ett exempel på hur matematikundervisning kan grundas i neurovetenskap.

Mätningar debatteras också livligt, särskilt i samband med att PISA resultat publiceras (t.ex. Olsson, 2016, december 6). Skolverkets revidering av kursplanerna 2022 föregicks av en livlig debatt av behovet av faktakunskaper (t.ex. Hedin, 2019, augusti 20). I denna och liknande artiklar beskrivs en starkare betoning på faktakunskaper —tabellkunskaper kan här ses som en typ av faktakunskap i matematik, så kallad talfakta— som lösningen för att lösa sviktande resultat i skolan. De debattartiklar som problematiserar detta påstår inte att faktakunskaper är oviktiga men de påstår att kunskapsbegreppet och lärande är mer komplext än att enbart en betoning på mer fakta och att enbart kunskaper om hjärnans och minnets funktion skulle innebära en lösning (t.ex. Widqvist, 2019, september 30). Med denna debatt som grund presenteras längre fram, under rubriken Discipliner – vetenskapliga kontexter, några vetenskapliga beskrivningar av tidsbegränsade tester och tester i undervisningen i allmänhet.

Inkludering i media

I svensk media beskrivs inkluderingsrelaterade frågor ofta i termer av 'En skola för alla', ett begrepp som används på många olika sätt. Vanliga inlägg i tidningarnas debattsidor handlar t.ex. om det fria skolvalet och hur det påverkar skolornas ekonomi och i förlängningen möjligheten till en likvärdig utbildning (t.ex. Fjelkner, 2011, januari 18). De kan också handla om tillgång till specialskolor eller andra särskilda inlärningsmiljöer för elever med funktionshinder (t.ex. Köjs, 2010, januari 20). Dessa inlägg handlar på olika sätt om inkludering av elever som behöver särskilt stöd för sitt lärande med ett fokus på var dessa elever ska gå i skolan.

En livlig mediedebatt handlar om elever som av olika anledningar upplevs som bråkiga i skolan. Å ena sidan anförs argument för hårdare tag i skolan så att eleverna lär sig att lyda, å andra sidan beskrivs bråkiga elever som ett symptom på att något inte fungerar i skolan vilket gör att man måste åtgärda det i stället för att bara kontrollera eleverna (t.ex. Wallin, 2019, oktober 29). Att möta elever som bråkar med ett lugn och skapa en skolsituation som är begriplig beskrivs som ett sätt att inkludera alla elever i skolan (Heljskov Elvén, 2019, mars 8). Här diskuteras metoder för att hantera elever med problematiska beteenden. Trots att det går att urskilja skilda grundläggande idéer bakom metoderna diskuteras inte dessa, det är metodernas vara eller icke vara som står i centrum för debatten.

Det finns enstaka exempel på artiklar där grunderna för inkludering diskuteras. En sådan artikel beskriver hur hela skolans personal behöver ha en gemensam grundläggande idé om vad inkludering är för att lyckas inkludera alla elever (Fowelin, 2018, mars 2). I media diskuteras alltså stora övergripande frågor som fria skolval och specialskolor eller så diskuteras metoder för enstaka elevgrupper, t.ex. bråkiga elever och om de ska hanteras med disciplin eller med andra metoder. De grundläggande idéer som gör att skollagen säger att ”alla barn och ungdomar skall, oberoende av kön, geografiskt hemvist samt sociala och ekonomiska förhållanden, ha lika tillgång till utbildning” (Utbildningsdepartementet, 2010, 2§) debatteras inte i media i någon större utsträckning.

Discipliner – vetenskapliga kontexter

Här återkommer praxeologiernas fokus, Tabelltest på tid respektive Inkludering, men i relation till vetenskapliga kontexter.

Vetenskapligt sammanhang för tabelltester på tid i Sverige

Att ha tidsbegränsade tester beskrivs ge sämre resultat än för tester utan tidsgräns (t.ex. Seaman & Onwuegbuzie, 1995; Tsui & Mazzocco, 2006). Tidsbegränsningen i sig begränsar alltså den kunskap eleven får möjlighet att visa. En orsak till detta skulle kunna vara att tidsbegränsade tester har visat sig öka matematikångest, det vill säga negativa känslor förknippade med matematik, hos eleverna (Geist, 2010). Man har t.ex. kunnat se att elever som upplever matteångest har en ökad aktivitet i amygdala, den del av hjärnan som processar negativa känslor (Young, Wu & Menon, 2012). Denna koppling mellan tidsbegränsade tester och matteångest har gjort att Boaler (2013) kallar tidsbegränsade tester för det skadligaste som skolan gör med eleverna. Matteångest påverkar elever bland annat genom att blockera arbetsminnet, särskilt för elever med potential att bli högpresterande (Ramirez, Gunderson,

Levine & Beilock, 2013). Att bedöma elevers kunskaper med tidsbegränsade tester riskerar alltså att blockera arbetsminnet, skapa negativa känslor i relation till matematik och i förlängningen göra så att eleverna undviker att studera matematik. Eftersom elever har visat sig prestera sämre under tidspress än utan så får man inte heller veta vad de kan, bara vad de kan under tidspress.

Tester beskrivs å andra sidan vara en framgångsfaktor för lärande. Det finns t.ex. neurovetenskapska studier som förordar upprepade tester. Testbaserat lärande, som diskuterades i Nyhetsmorgon (2019), är en undervisningsmetod där eleverna får små, tätt återkommande, tester på det innehåll de ska lära sig. Detta beskrivs fungera mycket väl i matematikdidaktisk och neurovetenskapsk forskning av bland andra Wiklund-Hörnqvist, Jonsson och Nyberg (2014) både för att lära sig faktakunskaper och begrepp men också för att överföra kunskap från ett område till ett annat (Butler, 2010). Det står inget i dessa beskrivningar om att testerna ska vara tidsbegränsade. Det står inte heller hur sådana tester ska se ut men som exempel för att förklara vad det kan vara används just tabelltest och glosor vilka traditionellt är mer eller mindre tidsbegränsade. Att ha återkommande tester beskrivs vara bättre än andra undervisningsmetoder och för både hög- och lågpresterande elever. Vilka dessa andra metoder är beskrivs dock inte. Det är framför allt minnesfunktioner som ska förbättras genom att de kunskaper man fått höra eller läsa om måste tas fram ur minnet när man gör testet (Wiklund-Hörnqvist & Nyberg, 2015). Det kan vara så att testbaserat lärande är ett missvisande namn eftersom det inte alls handlar om att bedöma och utvärdera elevernas kunskaper: Testbaserat lärande är istället ett verktyg att använda i undervisningen för att aktivera elevernas minne. I beskrivningen av sammanhanget för lärardiskussionen blir dock ordvalet viktigt. Ett test i skolan är ett sätt att utvärdera kunskap så den lärare som hör och läser om detta löper risk att likställa återkommande tester med t.ex. tabelltester och glosförhör.

Det finns studier som hävdar att tidsbegränsade tester är skadliga för arbetsminnet (Ramirez m.fl., 2013) och hur dessa tester gör att elever aktiverar känslocentrum i hjärnan snarare än de delar som hanterar abstrakta resonemang (Young m.fl., 2012). Samtidigt finns studier som visar att upprepade tester —kanske tidsbegränsade— är bra för arbetsminnet (Wiklund-Hörnqvist & Nyberg, 2015). I andra studier där matematikdidaktisk och neurovetenskaplig forskning möts har man också sett hur elever som får träna på en given modell för att lösa en uppgift aktiverar andra delar av hjärnan än de elever som får skapa sina egna modeller. De elever som få skapa sina egna modeller kommer ihåg vad de lärt sig i längden jämfört med de elever som lär sig modeller och imiterar dem (Jonsson, Norqvist, Liljekvist & Lithner, 2014). Det finns alltså vetenskaplig grund för olika åsikter om tidsbegränsade tester. Utbildning ska vila på vetenskaplig grund och beprövad erfarenhet och det blir viktigt att studera på vilket sätt en vetenskaplig grund får ta plats i lärares undervisningsekologi.

I detta kapitel för jag ett teoretiskt resonemang där jag tolkar diskussionerna i ett lärarmöte. Jag beskriver den didaktiska kunskap jag ser i mötet. Detta diskuteras till sist i relation till det vetenskapliga sammanhanget för tidsbegränsade tester och i relation till det sammanhang som omger lärarna i mötet.

Vetenskapligt sammanhang för inkludering i Sverige

Inkludering är inte enhetligt beskrivet i forskning. Det finns en rad olika definitioner. Kort beskrivet så presenteras en individorienterad definition där den enskilda individens situation avgör graden av inkludering, en placeringsorienterad definition där eleven är inkluderad om den går i en 'vanlig' klass och en gemenskapsorienterad definition där alla elever ska känna sig delaktiga i en lärandegemenskap men också i en social gemenskap (Nilholm & Göransson, 2013). Det finns ingen tydlig riktning för hur olika definitioner av inkludering används i skolan, vare sig i praktiken eller i forskningen (Nilholm & Göransson, 2013; Roos, 2019a) vilket skapar en otydlighet i vad inkludering är. Detta kan bero på att begreppet använts för att beskriva inkluderingen av elever i undervisningen först på 90-talet (Farrell, 2004). Inkludering är alltså ett förhållandevis nytt begrepp med en otydlig definition.

Forskning om inkludering i matematikundervisning beskriver antingen inkluderande metoder eller ideologiska grunder för inkludering (Roos, 2019b). Det finns alltså en forskningsgren som beskriver didaktiska teorier för inkludering medan annan forskning beskriver didaktiska tekniker om man ska översätta till praxeologier. Det är alltså inte bara definitionerna som spretar, det är inte heller tydligt hur inkludering behandlas i forskning. Det är också ovanligt att eleven fokuseras i forskningen vilket gör att vi vet ganska lite om hur eleverna upplever olika metoder, det är vanligare att metoderna utvärderas i relation till eleverans prestationer (Roos, 2019b). När eleven får vara i centrum beskrivs t.ex. hur en testdiskurs (assessment discourse) placerar eleverna känslomässigt som någon som kan eller inte kan matematik. Matematik blir ett ämne starkt påverkat av den formella skriftliga bedömningen vilket i många fall begränsar eleverna (Roos, 2018). När bedömningen påverkar eleverna negativt riskerar de att sållas bort (Boistrup, 2022). En skola som aktivt tar avstamp i idéer om inkludering och förändrar sin praktik från att vara dominerad av individuella tester till att bygga på samarbete och idén om att alla kan lyckas bidrar till att eleverna får ett självförtroende som lärande. Det blir då inte bara tillåtet utan viktigt och självklart att hjälpa varandra (Allan & Persson, 2016). In en praktik där elevernas individuella resultat bedöms skriftligt beskrivs eleverna alltså som bra eller dåliga på matematik men i en praktik som utgår ifrån inkludering beskrivs eleverna som lärande på väg mot kunskaper, där det är viktigt att ta hjälp av lärare och elever för att lära sig mer.

Diskussion

Från diskussionerna i lärarmötet tolkade jag två olika beskrivningar av didaktisk kunskap där den avgörande skillnaden är de grundläggande antaganden som praktiken att ge eleverna tabelltest på tid vilar på. Man lär sig matematik stegvis, och talfakta är ett grundläggande steg (testpraxeologin) å ena sidan och att alla elever ska ha tillgång till matematikundervisning, där talfakta är en viktig kunskap (inkluderingspraxeologin) å andra sidan. Att talfakta är viktigt för att eleverna ska ha en god räkneförmåga används som argument i båda praxeologierna. Som argument i testpraxeologin används också en förklaring om att automatiserad kunskap behöver bedömas på tid och att tävlingen mot klockan skapar ett engagemang hos eleverna. Som motargument anges att elever kan få ångest av tidsbegränsade tester, något som har stöd i neurovetenskapliga studier (t.ex. Geist, 2010). En viktig skillnad mellan de två praxeologierna finns i metoden. Testpraxeologin har en metod, tidsbegränsade tabelltester. Inkluderingspraxeologin saknar metod, det finns alltså argument och grundantaganden till stöd för att inte ha tidsbegränsade tester men det finns inga alternativa metoder i lärarnas samtal. Detta kan förklaras av den starka tradition som också går att se i facebookgrupper och på lärarplattformar. Någon sådan stark tradition som skulle kunna stödja inkluderingspraxeologin går inte att se. Dels diskuteras inkludering på en mer övergripande nivå och dels diskuteras inkludering i relation till specifika elevgrupper. I lärarmötet handlar önskan att alla ska må bra av bedömningen, inte om elever med en specifik diagnos eller svårighet utan mer generellt att alla elever ska kunna ha det bra i undervisningen.

Detta möte är ett exempel på hur det sammanhang som omger lärare påverkar vad som blir möjligt att göra i klassrummet. Efter en sådan diskussion krävs det mod av en lärare att välja bort tabelltest på tid i det egna klassrummet. Orsakerna till lärarnas slutsatser måste sökas bortom lärarmötet. Svensk skola har en stark och långvarig tradition av räkning i matematikklassrummet (Lundin, 2008; Prytz, 2013). Det skulle kunna vara så att räkningens dominans i lärarnas historiska sammanhang gör att det blir svårt att utmana praxeologin som förordar testet eftersom hela argumentet för tidsbegränsade tester baseras på att räkningen är viktig. Att utmana den skulle i så fall vara att gå emot hela den grundläggande idén om att räkning är central i matematik och i förlängningen en dominerande tradition i svensk matematikundervisning. Att skolan ska vara en skola för alla är i sin tur inte en lika stark tradition. Den går att spåra till grundskoleförordningen och beskrivs som en självklarhet i det mediala samtalet. Det verkar inte ha blivit en så självklar del av lärarnas praktik att en metod som får några elever att må dåligt förkastas.

I lärarnas samtal kan man följa en rörelse mellan de två praxeologierna. Följer vi bara gruppens kommunikation så uttrycker de för det mesta testpraxeologin. De uttrycker inkluderingspraxeologin ibland men argument som att tabellkunskaper är viktiga för räkningen är starkare och det blir konsensus i gruppen. Följer vi i stället Marys kommunikation så utgår hon ifrån inkluderingspraxeologin när hon ifrågasätter metoden med tidsbegränsade test. Argumentationen slutar med att Mary accepterar argumenten för tidsbegränsade tester och fogar sig i konsensus. Det skulle kunna bli samma resultat om vi följde någon av de andra lärarnas kommunikation. Tomas uttrycker t.ex. hur en av eleverna fått ångestattacker som något problematiskt. Det är alltså en grupp där individerna var och en delvis argumenterar för en praxeologi med en uppsättning grundantaganden men där konsensus i gruppen blir en annan, med andra grundantaganden. Argumenten för och emot de två praxeologierna går att tolka i relation till det vetenskapliga sammanhanget men det är inget som uttrycks explicit. Argumenten mot testpraxeologin förankras t.ex. inte i att skolan ska vara för alla eller varför det ska vara så. Argument med uttryckligt stöd i en definition av inkludering eller i någon grundläggande idé av varför skolan ska vara inkluderande hade förmodligen ändrat rörelsen mellan de två praxeologierna till förmån för inkluderingspraxeologin.

I en skola där mätning är ständigt närvarande både i mediedebatt, i rapportering till kommunen och i nationella prov på skolan kan det vara viktigt för lärarna att göra många egna mätningar för att vara trygga i sin uppfattning av elevernas kunskaper. Om det är så att ökad kontroll begränsar lärares utrymme (Hargreaves, 2000; Klette, 2002) så blir det kanske inte så konstigt att lärarna landar i sin tradition, det finns inte utrymme för att söka kunskap någon annanstans. Inkluderingsfrågor är inte på samma sätt närvarande i det allmänna samtalet, och när det förekommer är det ofta i stora generella sammanhang. Det hjälper inte lärarna att utmana den starka traditionen av räkning. En professionell lärare som själv ska styra sin verksamhet bör få möjlighet att studera de problem som uppstår, i detta fall skulle det vara om det finns ett samband mellan tabelltest på tid och matematikängslan. I detta samtal hade det kunnat hjälpa lärarna att gå emot den ökade kontrollen för elevernas skull vilket i detta fall skulle ha gynnat de elever som far illa av stressen vid ett tidsbegränsat prov. Forskning om tidsbegränsade tester ger gott stöd för den praxeologi där tidsbegränsade tester ifrågasätts. Eleverna verkar inte få möjlighet att visa sin kunskap när det finns en tidsbegränsning (Seaman & Onwuegbuzie, 1995; Tsui & Mazzocco, 2006) och testerna riskerar att orsaka matematikångest (Geist, 2010). Forskning om inkludering visar dessutom att bedömningen är viktig när det gäller hur eleverna får tillgång till matematikundervisning (Roos, 2018). Det innebär alltså att alla elever inte får samma tillgång till matematikundervisningen om de ska göra ett tidsbegränsat test som några elever inte mår bra av. Lärarna i mötet har inte tillgång till denna forskning men studierna visar på samma problem som lärarna ger uttryck för. Det innebär att lärarna hade kunnat få stöd av forskningen i sina diskussioner om tidsbegränsade tester. Detta betyder inte att talfakta inte är grundläggande för räknefärdigheter också men lärarna frågar inte efter något vetenskapligt stöd alls i samtalet. En sökning på 'timed tests' på Google Scholar hade gett en träfflista som visar att ångest studeras i relation till tabelltest på tid. Att göra sådana sökningar verkar dock inte vara en del av lärargruppens praktik. Om lärarna hade läst ett par av de studier som jag hänvisar till i detta stycke hade de haft en annan grund för sin diskussion och de hade kanske kunnat föreställa sig metoder där talfakta får vara viktiga men utan att utsätta alla eleverna för ett tävlingsmoment stressar några av dem.

Om lärare fick möjlighet att låta vetenskapliga studier bli en naturlig del av sitt gemensamma samtal skulle de få möjlighet att fatta mer välgrundade beslut, att vara mer professionella (Hargreaves, 2000). Här söker inte lärarna kunskap någon annanstans och det blir i stället konsensus som får råda, trots att ett par individer uttrycker tydligt motstånd. Konsensus ligger nära traditionen vilket gör att traditionen, trots motståndet, bevaras. Lärarna behöver få vara så trygga i sina beslut så att de kan gå emot trender som riskerar att skada eleverna, något som Gutiérrez (2013) beskriver som en viktig lärarförmåga. Här finns en stark tradition och en pågående mediedebatt som stödjer en bedömningsmetod som riskerar att vara skadlig för eleverna. Då blir det avgörande att lärarna får det utrymme de behöver för att söka svar på sina problem utanför sin tradition. I detta fall hade lärarna hittat stöd för sina funderingar, sökt eller skapat alternativa metoder och i förlängningen inkluderat fler elever i matematikundervisningen. Den forskning som visserligen inte ger entydiga principer är en del av lärarnas undervisningsekologi eftersom den är en del av akademin som en av de samverkande kontexter som producerar kunskap om hur man ska bedöma elevers automatiserade kunskap. Trots detta förankras inte lärarnas argument i någon av de studier som är samtida som mötet. Av någon anledning så är det inte de vetenskapliga resultaten och de principer som de ger uttryck för som kommer igenom alla de olika kontexter som påverkar undervisningen i en undervisningsekologi.

Det är i stöden för argumenten, i de teoretiska principerna som det ligger en outnyttjad kraft. På samma sätt som inkluderingsforskningen inte har förenat studierna av metoder med de mer ideologiska studierna om inkludering (Roos, 2019b) så är det inte självklart för lärarna att vända sig till teoretiska principer bakom de metoder som diskuteras. Frågan är alltså inte hur vi ska få lärarna att förstå fler teoretiska principer. Det vore kanske välkommet för lärarna men det räcker inte. Lärarna är bara en kontext av alla de kontexter som samverkar till att avgöra vad som blir möjligt att undervisa. Frågan är snarare hur vi i hela skolsystemet, inklusive forskningen om skolan, ska kunna förena de metoder vi använder med de teoretiska eller ideologiska principer som ligger bakom.

Referenser

Allan, J. & Persson, E. (2016). Students' perspectives on raising achievement through inclusion in Essunga, Sweden. *Educational Review, 68*(1), 82–95. https://doi.org/10.1080/00131911.2015.1058752

Ball, S.J. (2003). The teacher's soul and the terrors of performativity. *Journal of Education Policy, 18*(2), 215–228. https://doi.org/10.1080/02680930 22000043065

Barbé, J., Bosch, M., Espinoza, L., & Gascón, J. (2005). Didactic restrictions on the teachers' practice: The case of limits of functions in Spanish high schools. *Educational Studies in Mathematics*, 59(1–3), 235–268. https://doi.org/10.1007/s10649-005-5889-z

Boaler, J. (2013). Ability and mathematics: The mindset revolution that is reshaping education. *FORUM*, 55(1), 143. https://doi.org/10.2304/forum.2013.55.1.143

Boaler, J. (2014). Research suggests that timed tests cause math anxiety. *Teaching Children Mathematics*, 20(8), 469–474. https://doi.org/10.5951/teacchilmath.20.8.0469

Boistrup, L.B. (2022). Sålla agnarna från vetet – Kritiska perspektiv på bedömning i matematik. I P. Valero, L.B. Boistrup, I.M. Christiansen, & E. Norén (Red.), *Matematikundervisningens sociopolitiska utmaningar* (s. 129–155). Stockholm University Press. https://doi.org/10.16993/bcc.g

Butler, A.C. (2010). Repeated testing produces superior transfer of learning relative to repeated studying. *Journal of Experimental Psychology: Learning, Memory, and Cognition*, 36(5), 1118–1133. http://dx.doi.org.ezp.sub.su.se/10.1037/a0019902

Carlgren, I. (2004). Professionalism som reflektion i lärares arbete. I *Lärarprofessionalism—Om professionella lärare* (s. 14–20). Lärarförbundet.

Chevallard, Y. (2002). Organiser l'étude. 3. Écologie & règulation. Actes de la recherche en sciences sociales, 2002(11), 41–56. http://yves.chevallard.free.fr/spip/spip/IMG/pdf/Organiser_l_etude_3.pdf

Chevallard, Y. (2006). Steps towards a new epistemology in mathematics education. I M. Bosch (Red.), *Proceedings of the 4th Conference of the European Society for Research in Mathematics Education* (Vol. 1, s. 21–30). http://www.mathematik.tu-dortmund.de/~erme/CERME4/CERME4_2_Plenaries.pdf#page=3

Chevallard, Y. & Sensevy, G. (2014). Anthropological approaches in mathematics education, French Perspectives. I S. Lerman (Red.), *Encyclopedia of mathematics education* (s. 38–43). Springer Netherlands. https://doi.org/10.1007/978-94-007-4978-8_9

Clements, D.H. & Stephan, M. (2004). Measurement in pre-K to grade 2 mathematics. I D.H. Clements & J. Sarama (Red.), *Engaging young children in mathematics: Standardsf for early childhood mathematics education* (s. 299–317). Lawrence Erlbaum.

de Ron, A. (2022). Problem i matematiken – Diskursiva sanningar om matematik-undervisningens varför och hur? I P. Valero, L.B. Boistrup, I.M. Christiansen, & E. Norén (Red.), *Matematikundervisningens sociopolitiska utmaningar* (s. 69–99). Stockholm University Press. https://doi.org/10.16993/bcc.e

Farrell, P. (2004). School psychologists: Making inclusion a reality for all. *School Psychology International, 25*(1), 5–19. https://doi.org/10.1177/0143034304041500

Fjelkner, M. (2011, januari 18). Valfriheten i skolan har säkt kvaliteten. *Värmlands folkblad*, 23. https://www.vf.se/asikter/debatt/valfriheten-i-skolan-har-sankt-kvaliteten/

Fowelin, P. (2018, mars 2). Etisk kompass krävs för lyckad inkludering. *Chef & Ledarskap*, 46–47. https://www.lararen.se/chefochledarskap/litteratur/etisk-kompass-kravs-for-lyckad-inkludering

Geist, E. (2010). The anti-anxiety curriculum: Combating math anxiety in the classroom. *Journal of Instructional Psychology, 37*(1), 24–31.

Gutiérrez, R. (2013). The sociopolitical turn in mathematics education. *Journal for Research in Mathematics Education, 44*(1), 37–68. https://doi.org/10.5951/jresematheduc.44.1.0037

Hargreaves, A. (2000). Four ages of professionalism and professional learning. *Teachers and Teaching, 6*(2), 151–182. https://doi.org/10.1080/713698714

Hedin, E. (2019, augusti 20). Delseger mot flumskolan. *Mariestads-Tidningen*. https://www.mariestadstidningen.se/2019/08/20/delseger-mot-flumskolan/

Heljskov Elvén, B. (2019, mars 8). Skolan måste klara av stökiga elever. *Svenska dagbladet*, 6.

Jonsson, B., Norqvist, M., Liljekvist, Y., & Lithner, J. (2014). Learning mathematics through algorithmic and creative reasoning. *The Journal of Mathematical Behavior, 36*, 20–32. https://doi.org/10.1016/j.jmathb.2014.08.003

Karlsson, I. (2019). *Elever i matematiksvårigheter*. [Doktorsavhandling, Lunds universitet]. https://lup.lub.lu.se/search/ws/files/66260850/Ingemar_Karlsson_komplett_1_.pdf

Klette, K. (2002). Reform policy and teacher professionalism in four Nordic countries. *Journal of Educational Change, 3*(3), 265. http:// link.springer.com/article/10.1023/A:1021234030580

Köjs, A. (2010, januari 20). Elever drabbas av nedläggning. *Norrbottens-kuriren*, 4. https://kuriren.nu/nyheter/artikel.aspx?articleid=5227833

Lundgren, U.P. (2006). Political governing and curriculum change—from active to reactive curriculum reforms. The neeed for a reorientation of curriculum theory. In E. Ropo & T. Autio (Red.), *International conversations on curriculum studies* (s. 109–122). Sense Publishers. https://brill.com/view/book/edcoll/9789087909482/BP000007.xml

Lundin, S. (2008). *Skolans matematik: en kritisk analys av den svenska skolmatematikens förhistoria, uppkomst och utveckling*. [Doktorsavhandling, Uppsala universitet]. https://www.diva-portal.org/smash/record.jsf?pid=diva2%3A172874

Nilholm, C. & Göransson, K. (2013). *Inkluderande undervisning: Vad kan man lära av forskningen*. Specialpedagogiska skolmyndigheten. https://kvutis.se/wp-content/uploads/2014/05/00458_tillganglig.pdf

Nyhetsmorgon. (2019, februari 12). Så kan skolan anpassas till elevers hjärnor. I *Nyhetsmorgon*. TV4. https://www.tv4play.se/program/nyhetsmorgon/11964365

Olsson, E. (2016, december 6). Äntligen uppåt för svenska skolan. *Skolvärlden*. https://skolvarlden.se/artiklar/pisa

Pansell, A. (2018). *The ecology of Mary's mathematics teaching: Tracing co-determination within school mathematics practices* [Doktorsavhandling, Stockholms universitet]. http://www.diva-portal.se/smash/get/diva2:1252585/FULLTEXT02.pdf

Pansell, A. & Andrews, P. (2017). The teaching of mathematical problem-solving in Swedish classrooms: A case study of one grade five teacher's practice. *Nordic Studies in Mathematics Education*, 22(1), 65–84. http://urn.kb.se/resolve?urn=urn%3Anbn%3Ase%3Asu%3Adiva-160693

Prytz, J. (2013). Swedish mathematics curricula, 1850–2014. An overview. I B. Kristín, F. Fulvia, P. Johan, & S. Gert (Red.), *'Dig where you stand' 3: Proceedings of the Third International Conference on the History of Mathematics Education* (Vol. 3, s. 309–325). Uppsala University. https://www.diva-portal.org/smash/get/diva2:794222/FULLTEXT03.pdf#page=311

Ramirez, G., Gunderson, E.A., Levine, S.C., & Beilock, S.L. (2013). Math anxiety, working memory, and math achievement in early elementary school. *Journal of Cognition and Development*, 14(2), 187–202. https://doi.org/10.1080/15248372.2012.664593

Rasmussen, K. & Winsløw, C. (2013). Didactic codetermination in the creation of an integrated math and science teacher education: The case of mathematics and geography. I B. Ubuz, Ç. Haser, & M.A. Mariotti (Red.), *Proceedings of the Eighth Congress of the European Society for Research in Mathematics Education* (s. 3206–3216). Middle East Technical University. http://www.mathematik.tu-dortmund.de/~erme/doc/CERME8/CERME8_2013_Proceedings.pdf

Roos, H. (2018). The influence of assessment on students' experiences of mathematics. I H. Palmér & J. Skott (Red.), *Students' and teachers' values, attitudes, feelings and beliefs in mathematics classrooms: Selected papers from the 22nd MAVI Conference* (s. 101–111). Springer International Publishing. https://doi.org/10.1007/978-3-319-70244-5_10

Roos, H. (2019a). *The meaning(s) of inclusion in mathematics in student talk: Inclusion as a topic when students talk about learning and teaching in mathematics* [Doktorsavhandling, Linnée universitet]. http://lnu.diva-portal.org/smash/record.jsf?pid=diva2%3A1313227

Roos, H. (2019b). Inclusion in mathematics education: An ideology, a way of teaching, or both? *Educational Studies in Mathematics, 100*(1), 25–41. https://doi.org/10.1007/s10649-018-9854-z

Seaman, M.A. & Onwuegbuzie, A.J. (1995). The effect of time constraints and statistics test anxiety on test performance in a statistics course. *The Journal of Experimental Education, 63*(2), 115–124. https://doi.org/10.1080/00220973.1995.9943816

Skott, J. (2004). The forced autonomy of mathematics teachers. *Educational Studies in Mathematics, 55*(1–3), 227–257.

Tsui, J.M. & Mazzocco, M.M. (2006). Effects of math anxiety and perfectionism on timed versus untimed math testing in mathematically gifted sixth graders. *Roeper Review, 29*(2), 132–139. https://doi.org/10.1080/02783190709554397

Utbildningsdepartementet. (2010). *Skollag. SFS 2010:800.*

Valero, P. (2010). Mathematics education as a network of social practices. I V. Durand-Guerrier, S. Soury-Lavergne, & F. Arzarello (Red.), *Proceedings of the Sixth Congress of the European Society for Research in Mathematics Education* (s. LIV–LXXX). Institut National de Récherche Pédagogique. http://ife.ens-lyon.fr/publications/edition-electronique/cerme6/plenary2-valero.pdf

Wallin, F. (2019, oktober 29). Ordbråk efter profilernas debatt om lågaffektivt bemötande. *Skolvärlden.* https://skolvarlden.se/artiklar/storbrak-efter-profilernas-debatt-om-lagaffektivt-bemotande

Wermke, W. & Forsberg, E. (2017). The changing nature of autonomy: Transformations of the late Swedish teaching profession. *Scandinavian Journal of Educational Research, 61*(2), 155–168. https://doi.org/10.1080/00313831.2015.1119727

Widqvist, S.S. (2019, september 30). (S)kolpolitiken vilar på lösan sand. *Värmlands Folkblad.* https://www.vf.se/2019/09/30/skolpolitiken-vilar-pa-losan-sand/

Wiklund-Hörnqvist, C., Jonsson, B., & Nyberg, L. (2014). Strengthening concept learning by repeated testing. *Scandinavian Journal of Psychology, 55*(1), 10–16. https://doi.org/10.1111/sjop.12093

Wiklund-Hörnqvist, C. & Nyberg, L. (2015). Testbaserat lärande. I M. Bergstrand (Red.), *Vägen ut ur skolkrisen*. Eddy.se AB.

Winsløw, C. (2012). Matematiklærerprofessionen i et institutionelt perspektiv. *MONA-Matematik-og Naturfagsdidaktik, 4*. https://tidsskrift.dk/mona/article/view/36002

Young, C.B., Wu, S.S., & Menon, V. (2012). The neurodevelopmental basis of math anxiety. *Psychological Science, 23*(5), 492–501. https://doi.org/10.1177/0956797611429134

4. Problem i matematiken – Diskursiva sanningar om matematikundervisningens varför och hur?

Anette de Ron
Stockholms universitet

Sammanfattning

I detta kapitel undersöker jag spänningsfält mellan matematikundervisningens och problemlösningens varför och hur. Mer specifikt undersöks diskurser om problems användning i matematikundervisningen i sammanvävningen mellan matematik och problemlösning. Det övergripande syftet med studien är att synliggöra hur denna sammanvävning iscensätts och legitimeras i vår tid genom att se tillbaka i historien och studera texter från 1840-talet och framåt. Genom diskursanalys ses texterna som uttryck för vad som ger mening i ett specifikt sammanhang och en specifik tid gällande problemlösning och matematikundervisning. I resultatet framträder diskursiva sanningar om matematikundervisningens varför och hur, där matematikundervisningens syfte och utformning av undervisningen diskuteras. Vidare diskuteras att spänningsfältet mellan de diskursiva sanningarna om matematikundervisning och problemlösning hela tiden gör sig gällande, samt hur resultatet relateras till olika positioneringar av elever.

Introduktion

Att goda matematikkunskaper är nödvändiga för livet i ett modernt samhälle påstås ofta, exempelvis i styrdokument för skolan och i PISAs[1] ramverk. Skolmatematikens uppgift är att skapa en matematiskt kompetent elev som kan fungera väl som medborgare i samhället (se också

[1] Organisationen för ekonomiskt samarbete och utvecklings (OECD) Programme for International Student Assessment (PISA) utvärderar utfallet av medlemsländernas skolsystem. I samband med detta tas ramverk fram, vilket beskriver de kompetenser som utvärderas.

Hur du refererar till det här kapitlet:
de Ron, A. (2022). Problem i matematiken – Diskursiva sanningar om matematikundervisningens varför och hur? I P. Valero, L.B. Boistrup, I.M. Christiansen, & E. Norén (Red.), *Matematikundervisningens sociopolitiska utmaningar* (s. 69–99). Stockholm University Press. DOI: https://doi.org/10.16993/bcc.e.

Norén & Valero, 2022). Men frågan om vilka kunskaper och förmågor medborgare behöver, har förändrats genom historien och olika mål och argument för matematikundervisning har betonats vid olika tidpunkter. Idag beskrivs ofta kunskaper i matematik i termer av att kunna lösa problem där matematik och problemlösning är nära förbundna med varandra. Ett exempel på detta kan ses i Matematikdelegationens betänkande, med syfte att förändra matematikundervisningen i Sverige, *Att lyfta matematiken* (SOU, 2004:97). Matematikdelegationen framhåller att "Ett modernt matematikkunnande [innebär att] behärska konsten att hantera problem" (s. 86). Problemlösning beskrivs, i matematikdidaktisk forskning, som hjärtat i matematiken (t.ex. Schoenfeld, 2013) och matematikundervisning och problemlösning som sammanvävda med varandra så att det ibland inte går att säga var det ena börjar och det andra slutar.

Men har det alltid varit så? I diskussioner från 1840-talet om matematikundervisning i Sverige finner man att ord som 'matematiska problem' eller 'problemlösning' förekommer. Trots det skriver forskningstexter från slutet av 1900-talet fram problemlösning som ett nytt innehåll med nya betydelser (t.ex. Stanic & Kilpatrick, 1988). Idén om problemlösning som central i förändring och förbättring av matematikundervisning lyfts fram (t.ex. Stein, Boaler & Silver, 2003) och problemlösande arbetssätt eller reformorienterad undervisning ställs ofta i motsatsförhållande till traditionell undervisning (t.ex. Boaler, 2002).

Problemlösning i matematikundervisning är en högst aktuell fråga i stora delar av världen idag men är för den skull inte särskilt ny. Tvärtom har frågan, som vi sett ovan, funnits med under lång tid. Exempelvis visar Wyndhamn, Riesbeck och Schoultz (2000) att tyngdpunkten i problemlösning i svenska styrdokument har förskjutits över tid. Ett sätt att synliggöra vår nutida förståelse av problemlösning i matematikundervisning är att se tillbaka. Att exempelvis se på dokument som publicerats över tid kan vara ett sätt att synliggöra vilka argument som verkar komma tillbaka igen och igen; att studera hur och om undervisning har ändrats, eller om gamla idéer kanske bara har fått nya, mer moderna, namn (Furinghetti & Karp, 2017; Popkewitz, 2018). Problem och problemlösning har varit kopplat till matematikundervisning i mer än 170 år. Därför går det att undersöka vilka betydelser begreppen tillskrivits vid olika tidpunkter och hur man har tänkt att de tillsammans bidrar till medborgarnas kunskap och kompetens. Detta är dock inte tillräckligt för att få en nyanserad bild av problemlösning i matematikundervisning. Istället är intresset i denna studie fokuserat på hur relationen mellan problemlösning och matematikundervisning har uttryckts i olika texter över tid. Genom detta försök att veckla ut och ge ny insikt om problemlösning kan det bli möjligt att ompröva de komplexiteter som är ”mer pratat om än förutsagt, kontrollerat eller förstått” (Kilpatrick, 1969, s. 523).

Skillnader och likheter i antaganden om problemlösning och matematik kan synliggöras genom att se på skrifter från olika tidsperioder med ambitionen att synliggöra antaganden som har varit dolda för oss, genom att göra explicit sådant som har varit implicit eller så självklart att vi knappt ens tänker på det (Keller & Grontkowski, 2003). Då kan nutida argument för problemlösning i matematikundervisning omprövas och vi kan få syn på hur dessa explicit och implicit bygger på — eller inte— tidigare idéer om matematikundervisning. På så sätt kan vi förstå hur matematikundervisning och problemlösning konstruerats på olika sätt i olika tider och kontexter och få syn på sådant som vi tar för givet (Ball, 2017).

Relationen mellan matematik och problemlösning i matematikundervisning är fokus för den undersökning som presenteras här. Mer precist analyseras de diskurser som kommer fram i diskussionen om problems användning i matematikundervisningen och spänningsfälten mellan dessa diskurser.

Teoretiska utgångspunkter: Diskurs, sanningar och makt

Undervisning konstrueras genom *diskurser*, vilka får konsekvenser för hur lärare och elever kommer att förstå och förhålla sig till undervisning. När en lärare möter eller deltar i diskussioner om matematikundervisning, så påverkar detta lärarens tankar både om sin egen undervisning och om vad ’god’ undervisning kan vara. Regelbundenheter i sådana idéer kan beskrivas som diskurser (Foucault, 2002). Med andra ord är diskurser uttalanden (t.ex. språkliga) som ger mening i ett specifikt sammanhang och tid.

Diskurserna kan också beskrivas som en form av *sanningar*, accepterade sätt att tänka och kommunicera om företeelser under en viss tid och i vissa sammanhang (Foucault, 2002; 2003). Sanningarna skapas i sociala, kulturella och politiska kontexter, där vad som kan sägas och inte sägas, vem som kan tala och med vilken auktoritet ses som diskursivt, vilket ”innebär att man inte kan tala om vad som helst när som helst” (Foucault, 2002, s. 62). Diskurser är därmed styrande i den mening att de påverkar vad som kan sägas och tänkas, vad som är ’sant’ eller inte (Foucault, 2002). En viktig aspekt är således att diskurser får konsekvenser för vad som kan ses som sant och möjligt att uttrycka, exempelvis i klassrummet, men också vad som är osant och omöjligt. *Diskursiva sanningar* verkar genom de ord, konventioner och kategorier vi använder för att beskriva världen (Dahlberg, Moss & Pence, 2014). Därigenom känner vi igen det vi ser som sant eller falskt, normalt eller onormalt, rätt eller fel. Så blir ord och uttryck som vi använder för att beskriva matematik och problemlösning en del av diskursiva sanningar om matematik och problemlösning, det mer accepterade sättet att tänka och kommunicera om detta, under en viss tid och i ett visst sammanhang.

Diskursiva sanningar utövar makt över vårt tänkande och handlande genom att rikta vår blick mot och styra det som vi uppfattar som sanningen (Dahlberg m.fl., 2014). I texter skrivna för lärare skapas diskursiva sanningar om matematikundervisning och problemlösning vilka konstrueras genom den praktik som beskrivs. Lärare kan reproducera diskurser eller göra motstånd mot den och därmed också positionera sig i relation till diskurser, vilket också öppnar upp för en möjlig förändring (Bacchi, 2000). I och med detta synsätt handlar matematikundervisning inte bara om lärandet av matematikkunskap utan också om att skapa en individ, med särskilda förmågor och kunskaper. Skovsmose (1994) konstaterar att matematik har en formerande makt och 'gör någonting' med individen och samhället. Detta förstärks ytterligare av Popkewitz (2018), som hävdar att skolämnen, i ett historiskt perspektiv, inte har så mycket med lärande av olika ämnen att göra, utan kan ses som modeller för att skapa en särskild sorts människa. Ämnet matematik kopplas t.ex. ofta ihop med rationalitet och förnuft, vilket bygger på ett antagande om att människor drivs av rationella och förnuftiga tankegångar. Genom att få tillgång till skolmatematiken kan elever lösa problem och fatta förnuftiga och rationella beslut grundade på resonemang och fakta. Detta är en del av den styrning av matematikundervisning som påverkar vår syn på eleven, lärandet och läraren, samt de förmågor och kunskaper som eleven ska utveckla för att bli en god/medveten/duglig medborgare (Popkewitz, 2004; 2018). I en kritisk granskning av policydokument för skolor i USA ser Popkewitz (2004) att problemlösning spelar en central roll i hur den moderna problemlösande eleven skrivs fram och där diskursiva sanningar om undervisning, läraren och eleven målas upp. Ett annat sätt att säga detta är att de diskursiva sanningarna och spänningsfälten mellan dem påverkar undervisning och positionerar eleven på olika sätt. Just denna positionering av eleven blir en viktig del i analysen, som ett diskursivt fenomen, genom vilket individer tillskrivs attribut eller egenskaper (t.ex. Davies & Harré, 1990), här i texter om problemlösning i skolmatematiken.

För att förstå de villkor som matematikundervisning bedrivs under, och innehållet i det som definieras som skolmatematik, behöver detta förstås som sammanflätningar av olika delar, exempelvis syn på matematik, kunskap, elever och skolsystem. Matematikundervisning kan inte 'bara' förstås som att det handlar om att hitta det bästa sättet att styra lärare, elever och innehåll för att få bästa möjliga lärande (Valero, 2018). Istället kan matematikundervisning förstås som att den har kulturell och politisk betydelse för skapandet av medborgare genom att vi befinner oss i en ständigt pågående förhandling av vilka värderingar och sätt att förstå världen som ska ses som giltiga och vilka delar som ska lyftas fram eller nedprioriteras. Varken vad som räknas som matematik eller matematikundervisning är definierade en gång för alla utan befinner sig i en ständig omförhandling (Valero, 2018). Inte heller problemlösning kan ses som 'fixt och färdigt' där det betyder samma sak i alla sammanhang och i alla tider utan omförhandlas ständigt. Att undersöka fenomen över tid, handlar då inte i första hand om att undersöka ett fenomens ursprung eller linjära utveckling (Foucault, 2002). Istället handlar det om att försöka få syn på komplexitet och ibland motsägande beskrivningar, beskrivet av Barad (2010) som att nutiden är sammanvävt med både dåtiden och framtiden i ett samexisterande. Genom att synliggöra spänningsfält, motsättningar och avbrott i och mellan diskurser (Foucault, 2002) kan andra sätt att tänka och agera komma fram. Det handlar då om att göra det icke bekanta bekant och visa att det förflutna inte är så annorlunda från nutiden (Ball, 2017) och att rikta uppmärksamhet åt att tankar, handlingar och samtal inte har ett enda ursprung eller utvecklas på ett enda sätt (Popkewitz, 2018).

Sammanfattningsvis gör analys av diskursiva sanningar det möjligt att synliggöra diskurser och spänningsfält mellan diskurser, vilka framträder i sammanvävningen av problemlösning och matematikundervisning. Det övergripande syftet med denna studie är att synliggöra och undersöka hur denna sammanvävning iscensätts och legitimeras i vår tid genom att se bakåt i tid samt de effekter det får på undervisningen och synen på eleven. Ett mer precist syfte är att studera de diskursiva sanningar som produceras i texter om matematikundervisning och problemlösning samt spänningsfälten mellan dessa samt de positioneringar som detta gör synligt.

Metodologiska utgångspunkter

I denna studie undersöks produktionen av diskursiva sanningar samt spänningsfält mellan dessa, mönster och regelbundenheter i det som sägs om problemlösning och matematikundervisning, i olika texter från olika tidsperioder. I en diskursanalys ses inte enbart författaren till texten som den som står bakom diskursens ursprung (Valero & Knijnik, 2015) och analysen av texterna är inte en utvärdering av författarna bakom dessa. Istället visar analysen exempel på vad som kan sägas och skrivas om problemlösning i matematikundervisning i en viss kontext och under en viss tid.

Bakgrunden till att det undersökta tidsspannet börjar i 1840-talet är att folkskolestadgan 1842 innebar att skolgång blev obligatorisk, utbyggnad av en breddad folkbildning, folkskolan, och att skolan blev en angelägenhet för alla barn, oavsett samhällsklass i och med detta. Texter från två olika kontexter undersöks, dels artiklar och liknande om undervisning (se Bilaga, Tabell 1–2), och dels handledningar och styrdokument för skolan (se Bilaga, Tabell 3–4). När det gäller styrdokument för skolan, från Normalplanen för folkskolan 1878[2] till Läroplan för grundskolan, förskoleklassen och fritidshemmet 2011 består data av 10 styrdokumenten och tillhörande handledningar. Data i den första kontexten är hämtade från skolmatematikskt arkiv (SMA)[3] innehållande drygt 700 dokument från 1800-talet och framåt. SMA innehåller dokument framtagna under Sverker Lundins avhandlingsarbete och omfattar således ett urval av texter av praktiska, såväl som andra, skäl. Denna studies syfte är dock inte att ge en fullständig förteckning över texter som producerats om problemlösning över tid, då hade ett annat sätt att förvärva texter använts. Istället är ambitionen att synliggöra diskurser och spänningsfält mellan diskurser. Urvalet bestämdes av sökordet *problem*, vilket gav totalt 21 texter och består av artiklar, läroböcker och andra böcker samt styrdokument och handledningar utgivna av staten (se Bilaga). Författarna till texterna är företrädesvis verksamma lärare, oftast lektorer i matematik vid läroverk. Detta kan jämföras med resultat från en studie där Johan Prytz (2017) konstaterar att fram till mitten av 1900-talet drevs förändringar i undervisning främst av läroboksförfattare och inte av styrdokument för skolan.

---

[2] Det första styrdokumentet efter folkskolestadgan 1842, Normalplan för undervisning i folkskolan, kom 1878.

[3] Se http://gupea.ub.gu.se/handle/2077/25482.

Diskursanalys, med utgångspunkt i Foucaults teoribildning, har använts för att få syn på regelbundenheter i hur arbete med problem i matematikundervisning beskrivs över tid i datamaterialet. Den analytiska uppmärksamheten riktas både mot produktionen av diskurser och spänningsfält mellan dessa och mot den verklighet som samtidigt konstrueras (Willing, 2013). Analysen har således inriktats, inte bara mot en beskrivning av texterna i datamaterialet, utan också den logik som uttrycks i texterna, det som är outtalat i texterna, iscensättningar och legitimeringar, med avsikt att få syn på den verklighet som konstrueras gällande undervisning och synen på eleven. En diskursanalys inspirerad av Foucault kan genomföras på olika sätt och inbegriper ofta olika steg (Willig, 2013). I denna studie har således analysen av materialet utgått från flera steg, även om processen också har präglats av cykliska förlopp och växelvisa förflyttningar mellan stegen.

I det första steget identifierades det diskursiva objektet, problem. Detta steg innebar också inläsning av texterna. Dessa lästes igenom flera gånger i syfte att lära känna texterna och, inte minst, det ålderdomliga språket i de äldre texterna. I nästa steg söktes efter formuleringar och beskrivningar som synliggjorde olika sätt att beskriva matematiska problem i matematikundervisning. I detta steg valdes också alla textavsnitt med någon form av beskrivning av problem och matematikundervisning ut vilket avgränsade materialet. Här lästes textavsnitten i syfte att få syn på regelbundenheter och motsättningar i diskussionen om problemlösning och matematikundervisning. Följande frågor guidade läsningen; Vad sägs i texterna om problemlösning? Hur skrivs relationen till matematikundervisning fram? Vilket är fokus för undervisningen som beskrivs? Vilken typ av matematikproblem beskrivs? Därefter sorterades och grupperades textavsnitten efter samstämmighet och motsättningar i regelbundenheterna. Analysen blev här mer närgången, ord som användes ofta noterades och textavsnitt valdes ut för att exemplifiera grupperingarna. Fortsättningsvis analyserades hur textavsnitten gav uttryck för olika diskurser inom och mellan samstämmigheterna och motsättningarna i regelbundenheten, hur de förhöll sig till varandra. Slutligen gjordes en avslutande analys av diskursiva sanningar och spänningsfälten mellan dessa och betydelsen för undervisningen och synen på eleven utifrån olika positioneringar.

Nedan presenteras en analys av diskursiva sanningar och spänningsfält mellan dessa som framträder i de texter som analyserats. Därefter presenteras de positioneringar av eleven som kommit fram i analysen. Till sist fokuserar analysen på hur positioneringar av eleven pekar på spänningsfältens betydelse för undervisning i matematik och dess påverkan på eleverna.

Spänningsfält mellan problemlösningens och matematikundervisningens varför och hur

I följande presenteras resultatet av analysen av diskursiva sanningar samt spänningsfält mellan dessa vilka framträder i datamaterialet, hur dessa iscensätts och legitimeras. Diskurserna framträder olika starkt under olika tider men spänningsfälten mellan dem gör sig ändå hela tiden gällande. Även om en diskurs är mindre framträdande under en period påverkar den ändå spänningsfältet. Med andra ord är det just spänningsfälten mellan diskurserna som utgör resultatet och inte i första hand hur framträdande eller inte diskurserna har varit under en specifik period. Nedan presenteras sammanvävningen av problemlösning och matematikundervisning samt spänningsfältet mellan diskursiva sanningar om problemlösningens och matematikundervisningens *varför* och *hur*. När det gäller *varför*, befinner sig problemlösning och matematikundervisning i spänningsfältet mellan diskursiva sanningar som beskriver skolmatematik för utveckling av matematisk kompetens eller förmågor i sig själv (*Matematik som ett värde i sig själv*), och skolmatematik för utveckling av kunskaper att tillämpa matematik i verkliga situationer (*Matematik som nytta*). När det gäller *hur* detta ska gå till, de matematiska aktiviteter som leder till lärande, diskuteras problemlösning och matematikundervisning i spänningsfältet mellan diskursiva sanningar som beskriver kreativa utforskande och öppna aktiviteter *(Kreativ aktivitet)*, och rutiner, regler och färdighetsträning (*Räkning/Rutiner*).

Varför problemlösning i matematikundervisning?

Varför elever ska lära sig matematik i skolan är nära besläktad med vilken matematik som lyfts fram och varför vi ska kunna matematik över huvud taget, vilket har diskuterats i matematikdidaktisk forskning under lång tid (t.ex. Ernest, 2005). I Sverige har exempelvis olika syn på matematikämnets karaktär präglat de olika styrdokumenten (Wyndhamn m.fl., 2000). Där matematikens pragmatiska karaktär har fokus på matematiken som nytta medan processinriktning fokuserar på elevers tänkande. Detta stämmer väl överens med distinktionen mellan *matematiken som ett värde i sig själv*, där det abstrakta rationella tänkandet ses som någonting större än människan och tillämpad matematik, att använda matematik som ett verktyg för att lösa problem, *matematik som nytta*. I följande avsnitt kommer diskursiva sanningar om *varför* elever ska lära sig matematik i skolan presenteras. De diskursiva sanningarna visualiseras (se Figur 1–2) genom några nedslag i tid. Bilderna är schematiska i den mening att de inte återspeglar de exakta proportionerna utan istället ungefärligt visar diskurserna samt de ord som kommer till utryck i texterna.

Matematik som ett värde i sig själv – Lära sig att lösa problem för att utveckla tänkande.

Matematik som tänkande, rationalitet och logik kommer fram i datamaterialet, exempelvis genom en diskussion från senare delen av 1800-talet. Elowson, docent i matematik vid Uppsala universitet, lektor vid läroverk, riksdagsman, och läroboksförfattare är en av de som argumenterar för att syftet med skolmatematik borde forskjutas från praktiskt handlande till tänkande.

> Undervisningen i aritmetik har så länge bedrifvits med nästan uteslutande afseende på den praktiska nyttan, att det nu kan vara på tiden att fästa hufvudsaklig vigt vid det förståndsodlande element, som aritmetiken i så hög grad eger. (Elowson, 1868, s. 41)

Elowson och andra som argumenterar för att målet är att träna tänkande, rationalitet och logik använder ord som *förståndsodling*, *tankens skolning*, *bildning* och *logik* för att beskriva detta.

I och med folkskolans införande 1842 hade inte bara högre samhällsklasser tillgång till undervisning. Vad som skulle läras var dock olika i läroverk och folkskolor, där läroverk var mer inriktade på tankeutvecklande och folkskolan på tillämpning av kunskaper. Syftet med undervisning i matematik beskrivs olika för läroverk och folkskolor vilket syns i följande exempel.

> I skolor [folkskolor], der undervisningen är afsedd för vissa speciela yrken, kan man tillåta sig att utan afseende på tankeförmågans utveckling inlära aritmetiska manipulationer. I sådana fall betraktar man naturligtvis yrkesskickligheten såsom vigtigare än den aritmetiska bildningen. (Elowson, 1868, s. 41)

Att matematiken har speciella egenskaper, som gör den lämplig för utvecklande av tänkandet, kommer tydligt fram i datamaterialet. Exempelvis i dåtidens styrdokument för skolan (Normalplaner för undervisning 1878, 1889 och 1900)[4] när ändamålet med undervisning i matematik är att "ordna deras [elevernas] föreställningar" (1878, s. 10) och "vinna klarare föreställningar" (s. 11). Trots att det skiljer nästan 60 år mellan Elowsons och Wigforss uttalanden nedan, syns samstämmighet i synen på skolmatematik. Orden de använder —*tankeutvecklande*, *tankeverksamhet*, *tankeliv*, *tanke*, *reda*, *klarhet*— är exempel på ord som förekommer i datamaterialet.

> De öfriga undervisningsämnena såsom historia och geografi äro icke lämpliga undervisningsmaterial för något tankeutvecklande "hvarföre". Men aritmetiken är inom folkskolan just ett lämpligt material för tankeverksamhet. (Elowsson, 1868, s. 43)

> Matematikundervisningens möjligheter att påverka elevernas tanke- och viljeliv måste anses betydande. Knappast något av skolans andra ämnen torde så bra kunna befordra tankens reda och klarhet. Det måste därför betraktas som en väsentlig uppgift för matematikundervisningen att verka bildande på eleverna i logiskt avseende. (Wigforss, 1925, s. 5)

Senare syns diskursen nästan inte alls. Vid den här tiden —och långt in på 1900-talet— var det vanligt att en lärare undervisade en stor mängd elever[5]. Läroböckerna hade viktig del i undervisningen och fylldes med ett stort antal övningsuppgifter. Att räkna tyst i boken blev ett sätt för läraren att skapa ordning och strukturera undervisningen. Kanske är detta en bidragande orsak till att matematikundervisning med syftet är att utveckla tänkandet, rationalitet och logik, i stort sett, inte längre syns i datamaterialet.

Diskursen syns, om än sparsamt, i texter från 1920–1950-talet. I ett exempel slår dock Wigforss och Roman fast att "tankens skolning är en huvuduppgift för undervisningen i matematik" (1952, s. 5). De menar också att procedurlärande tar för mycket tid i anspråk som istället borde användas till problemlösning, vilket kan ses som att problemlösning är den 'verkliga' matematiken och som en väg till 'tankens skolning'.

Dock får detta betraktas som undantag. Diskursen framträder sparsamt från mitten på 1900-talet till slutet på 1900-talet, som i kursplanen 1980 då elever i särskild kurs som förbereds för "förståelse för senare matematiska sammanhang" (s. 22). I styrdokument från 1994

---

[4] Normalplanerna för undervisning 1878, 1889 och 1900 är i stort sett identiska gällande beskrivningen av matematikundervisning.

[5] Vilket berodde på att elevantalet ökade när folkskolans infördes 1842.

syns dock beskrivningar av utveckling av elevernas tänkande igen (se också Wyndhamn m.fl., 2000). Uttryck som ”tilltro till sitt tänkande” och ”argumentera för sitt tänkande” (Skolverket, 1998, s. 33)[6] är exempel på detta. Till skillnad från äldre skrivningar såsom tankeliv och tankeutvecklande, vilka mer tycks vara en enskild angelägenhet, är syftet här mer inriktat på att eleven ska kommunicera sitt tänkande med andra. Ord som *argumentation*, *resonemang* och *tänkande* används i styrdokumenten från 1994 i en annan utsträckning än texter från ca 1915-, där det istället är andra argument som kommer fram vilket diskuteras nedan.

Figur 1. Matematik som ett värde i sig själv – Några nedslag över tid.

1800-talet	Början 1900-talet	Slutet 1900-talet
Förståndsodling	Tankereda	Tänkande
Tankeförmåga		Argumentera
Tankeutveckling		Resonemang

Matematik som nytta – Lära sig att lösa problem för att det behövs i livet

Att matematiken ska vara till nytta framträder exempelvis i citatet nedan. Ord som används är ord som kopplas ihop med ’det verkliga livet’ —t.ex. *dagliga-*, *arbets-* och *praktiska livet* men också ord som *användbarhet* och *verktyg*. Wahlgren framför i en artikel, i *Pedagogiska tidskrift*, kritik mot att skolmatematiken innehåller för många räknegåtor istället för att sätta praktiska problem främst. Med detta menar han problem som har koppling till

6 Läroplanen för det obligatoriska skolväsendet 1994 reviderades 1998.

vardagsliv eller yrkesliv där matematiken kan användas som ett verktyg för att lösa problemen.

> Jag vågar ej framställa den fordran, att hvarje dylikt opraktiskt problem skall uteslutas. Erfarna lärare påstå t.o.m. att det är dessa meningslösa räknegåtor, som intressera eleverna mest (?). Men att problemens öfvervägande flertal utgöras af dylika räknegåtor, det måste anses oriktigt. (Wahlgren, 1905, s. 71)

Jämfört med matematik som ett värde i sig själv där det finns olika ståndpunkter i datamaterialet, framträder matematik som nytta mer samstämmigt. Matematikproblemen i undervisningen bör utgå från realistiska kontexter där matematik kan användas som en uppsättning verktyg. Detta stämmer väl överens med internationella rörelser, t.ex. the "Perry movement" under samma tid i Storbritannien där John Perry argumenterade för att elever i första hand skulle tillämpa matematik (Furinghetti, Matos & Menghini, 2013; Mock, 1963). Detta hängde i sin tur ihop med målen för utbildningen av underklassens och överklassens barn, där målet för underklassens barn var att göra dem till dugliga arbetare som kunde tillämpa matematik i olika praktiska situationer. Författarsignaturen A.F.W. i Svensk Läraretidning (1918), framför exempelvis kritik mot räkneundervisningen som ger kunskap "mera för skolan än för livet" (s. 833). Syftet borde istället tydligare kopplas till dagliga livet och därmed till nytta för eleverna. Nästan 50 år senare, i studieplanerna från 1952 betonas också användbarhet i vardagslivet. Man hävdar till och med att

> en uppgift försvarar sin plats vid undervisningen, om den innehåller en beräkning, som sannolikt kommer att möta i livet efter skolans slut. (Wigforss, 1952, s. 11)

Björling, lektor i matematik vid läroverket och läroboksförfattare, menar att eftersom matematiken är till nytta för eleverna "slår den an" hos eleverna, som då uppfattar problemen som engagerande och stimulerande. Detta betonas också drygt 80 år senare i studieplanerna från 1952 där man föreslår att undervisningen ska utgå från vardagliga situationer tex "Leka affär", "Vi ska göra en utflykt" och "Vad kostar julgranen?" (Wigforss & Roman, 1952, s. 23) och i studieplanerna från 1963 (Hultman, 1963), vilka strävar efter att knyta matematiken, och särskilt problemlösningen till det vardagliga livet. Kunskaper behövs för att möta de medborgerliga plikterna och ord som *praktisk*, *hemmet*, *arbetslivet* och *dagliga livet* används i stor utsträckning. Användande av matematik i vardagliga situationer nämns en mängd gånger och kopplas i stor grad till problemlösning både i styrdokumenten från 1980 (Skolöverstyrelsen, 1980) och 1963 där innehållet ”rensats på stoff som inte används i vardagslivet” (Hultman, 1963, s. 14). Särskilt viktigt är detta för elever i allmän kurs, vilket också kommer fram i Skolöverstyrelsens skrift *Basfärdigheter i matematik* från 1973.

> De lågpresterande eleverna har stort behov av att arbeta praktiskt och konkret. Det bästa sättet för dem att lära sig tillämpad räkning [...] och i synnerhet lösning av praktiska vardagsproblem är att öva praktiska uppgifter. (Skolöverstyrelsen, 1973, s. 80)

Det kan synas något förvånande att det i denna studie finns mycket få röster som talar för en annan typ av problem, som inte utgår från realistiska situationer där eleverna ska tillämpa matematikkunskaper. En av de något kritiska rösterna framförs av Wigforss (1925) som menar att det inte räcker att utgå från vardagliga problem.

> Vid valet av uppgifter har man naturligtvis att tänka på matematikundervisningens mål. Vore detta endast att sätta barnen i stånd att lösa sådana enkla räkneuppgifter, som kunna möta dem i det praktiska livet, skulle man ju ej behöva giva någon annan sorts uppgifter [...] Men målet är ju ej blott att bibringa denna praktiska kunskap utan ock att giva åtskilliga andra värdefulla kunskaper och att i god riktning påverka barnens tanke- och viljeliv. (s. 10)

Det verkar med andra ord som om diskursiva sanningar om matematiken som nytta har framträtt relativt konstant, då man sedan 1800-talet har argumenterat för skolmatematiken som ett användbart verktyg i vardagens problem. Detta stämmer väl överens med studien av Wyndhamn m.fl. (2000), där tillämpningsaspekten betonades i styrdokumenten från 1962, 1969, 1980 och 1994. Även diskussionen om hur realistiska problemuppgifter ska vara, känns igen från diskussionen om problemlösning i nutid. Orden som relaterar till detta, exempelvis *vardag*, *arbetsliv* och *tillämpning*, är också relativt samstämmiga över tid. I detta sammanhang blir det också intressant att titta på vilka elever som ansetts behöva möta vardagsproblem. Som synes i citatet från Skolöverstyrelsen (1973) ovan skulle i synnerhet lågpresterande elever eller elever i allmän kurs möta vardagsproblem. Det kan antas att det då, liksom nu, fanns överrepresentation av elever från lägre socioekonomisk bakgrund bland lågpresterande, vilket stämmer skrämmande väl överens med 1800-talets tankar om folkskolans respektive läroverkets elever.

Figur 2. Matematik som nytta– Några nedslag över tid.

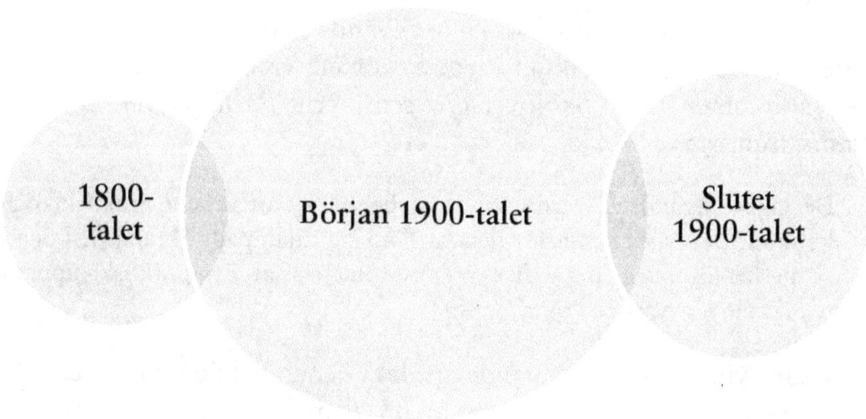

Praktiska livet	Praktiska livet	Använda
Arbetslivet	Arbetslivet	Hem
Användbarhet	Användbarhet	Vardagsliv

Hur problemlösning i matematikundervisning?

Frågan om *hur* matematikundervisning och problemlösning i matematikundervisning bör genomföras är relaterad till *varför* eftersom uppfattningar om vad som är viktig kunskap är aktuell också här. Men här är utgångspunkten hur lärande av denna kunskap ska gå till, med andra ord *hur* matematikundervisning ska utformas.

I matematikdidaktisk forskning finner man ofta beskrivningar där arbete med att lösa problem som en kreativ och öppen aktivitet står i ett motsatsförhållande till aktiviteter med fokus på rutiner, procedurer, regler och färdighetsträning. Där finns ett spänningsfält som dels handlar om synen på vilken kunskap som är viktigast[7] och dels om hur mycket undervisningstid som läggs på det ena eller andra. Ska matematikundervisning vara lärande av *rutiner, procedurer och regler* eller *kreativa, utforskande och öppna* aktiviteter?

De diskursiva sanningarna visualiseras (se Figur 3–4) genom några nedslag i tid. Bilderna är schematiska i den mening att de inte återspeglar de exakta proportionerna utan istället ungefärligt visar diskurserna samt de ord som kommer till utryck i texterna.

---

[7] Jämför med diskussionen i relation till diskursiva sanningar om *Varför*.

Matematikundervisning – Kreativa, utforskande och öppna aktiviteter

I jämförelse med hur starkt diskursen *varför* matematikundervisning kommer fram är det relativt sparsamt med utförliga beskrivningar om *hur* denna ska genomföras, särskilt i de tidiga texterna. Detta blir tydligt eftersom frågan om vad som kännetecknar en kreativ, utforskande och öppen undervisning skilt sig åt över tid. Ofta beskrivs diskursen dock i motsats till annan undervisning, mer inriktad på procedurer och mekanisering, vilket presenteras nedan. Ett exempel på detta kan ses när Elowson (1868) kritiserar undervisning där eleverna tröttas med för många, inte tillräckligt utmanande och stimulerande, övningsuppgifter. Istället vill Elowson se undervisning som, med vår tids ord, skulle kunna beskrivas som kreativ och utforskande, där problem analyseras, i motsats till att enbart lösas.

> En i pedagogiskt hänseende riktig och för tids vinnande ändamålsenlig metod för problemlösning såväl inom aritmetiken som algebran synes mig vara att låta lärjungarne en i sender vid "svarta taflan" under lärarens ledning analysera uppgifterna, under det att de andra höra på. (Elowson, 1868, s. 56)

Under senare delen av 1800-talet kommer kreativa, utforskande och öppna aktiviteter inriktade på elevernas tänkande och förståelse fram med ord och uttryck som *aktivt tänkande* och *analysera*. När 1900-talet börjar skrivs i stället en annan undervisning fram, vilket diskuteras nedan, och få röster från datamaterialet förespråkar någonting som kan ses som kreativt och utforskande.

Under 1920–1950-talet börjar begreppet problemlösning användas som ett sätt att undervisa ofta konstrasterat mot underfvisning inriktad på proceduerr och regler. Detta kan exempelvis ses i exempelt nedan där Wigforss och Roman (1952) i studieplanen för matematik menar att undervisningstid borde läggas på problemlösning istället för på procedurer. Liknande argumentation syns i följande citat: "när man är inställd på problemlösning, så bör inte tiden för de enskilda exemplen alltför mycket tas i anspråk för mekanisk räkning" (Bergsten, 1939, s. 69). Problemlösning lyfts av Wigforss (1925) fram som det som undervisningen ska fokusera:

> Ett annat område, där man måste vara på sin vakt mot mekaniseringen, är problemlösningen. Om även denna mekaniseras, blir det inte mycket utrymme för den tankeövning som borde vara huvuduppgift. (s. 7)

I styrdokumenten för matematik 1962 (Skolöverstyrelsen, 1962) förekommer ordet problemlösning för första gången i styrdokument. Detta består i styrdokumenten från 1980 (Skolöverstyrelsen, 1980) där, som vi har sett ovan, matematik som nytta kommer fram tydligt. Likaså betonas i båda styrdokumenten att undervisningen ska utgå från vardagslivet och elevernas erfarenheter och intressen. Skillnaden ligger i att styrdokument från 1962 betonar undervisning där eleverna löser problem genom att tillämpa matematik medan styrdokument från 1980 beskriver problemlösning med fokus på att lösa problem men också att analysera och dra slutsatser av resultatet; någonting som kan ha anats i tidigare styrdokument men som här för första gången skrivs ut explicit. Matematikundervisningen beskrivs också på ett delvis nytt sätt där den

> måste omfatta övningar i att diskutera och ta ställning till såväl problemets natur som lösningens rimlighet och får inte bli ett ensidigt övande av i förväg givna beräkningar. Att tala matematik är ett viktigt led i undervisningen. (Skolöverstyrelsen, 1980, s. 100)

Nu används ord som *nyfikenhet*, *fantasi* och *glädje*, exempelvis i följande citat: "Matematikundervisningen skall ta tillvara elevernas nyfikenhet och fantasi samt utveckla deras logiska tänkande" (Skolöverstyrelsen, 1980, s. 99). Detta sätt att beskriva matematikundervisning förstärks ytterligare i styrdokument från 1994 där eleverna ska få möjlighet att uppleva matematik som "en levande mänsklig konstruktion och en kreativ och undersökande aktivitet som omfattar skapande, utforskande verksamhet och intuition" (Skolverket, 1998, s. 34). Här används dock inte längre ord som glädje och fantasi. Istället används andra ord, som *förståelse*, *insikt*, *tilltro till sitt tänkande* och *kritiskt granska*.

Sammanfattningsvis kan sägas att diskursiva sanningar om *kreativa, utforskande och öppna* aktiviteter, med undantag av tidigt 1900-tal, kommer fram relativt konstant över tid, men vad som kännetecknar aktiviteterna har sett olika ut. Aktiviteter med fokus på tankearbete syns i de tidigare texterna men i stort sett inte alls under början på 1900-talet, för att sedan återkomma i texter från mitten av 1900-talet. Från och med då ihopkopplat med *problemlösning*. Under senare delen av 1900-talet används ord som *nyfikenhet*, *kreativitet*, *fantasi*, *undersökande* och *utforskande* för att beskriva matematikundervisning, något som delvis har kunnat anas under andra halvan av 1800-talet men nu skrivs explicit.

Figur 3. Kreativitet, utforskande och öppenhet– Några nedslag över tid.

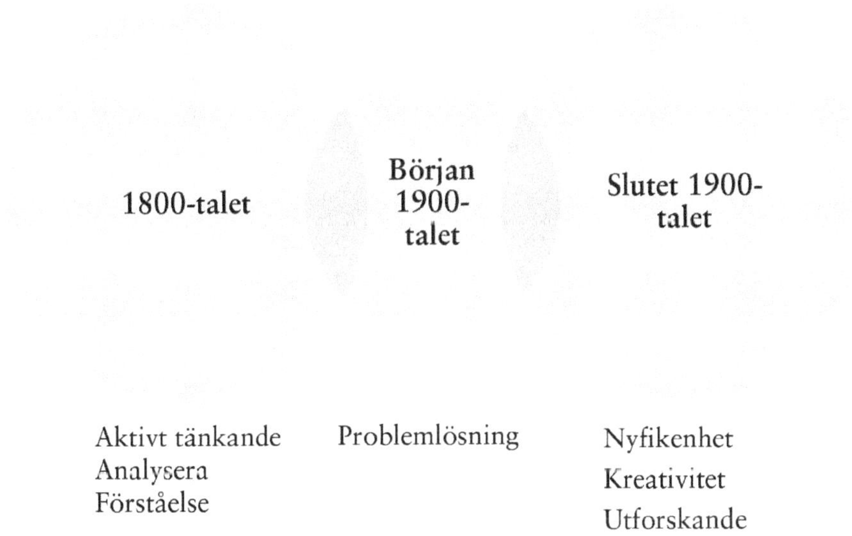

Matematikundervisning – Rutiner, procedurer, regler och färdighetsträning

Färdighetsträning är kanske det ord som oftast används idag när det handlar om att befästa matematikens rutiner, procedurer och färdighetsträning. I de tidiga texterna används dock mekanisk räkning. Färdighetsträning har varit en central del av matematikundervisningen under hela den undersökta perioden. Dock kan två olika aspekter skönjas: vad innehållet ska vara och hur detta ska gå till. Hur matematikundervisning ska bedrivas är huvudsakligt fokus här. Ord som använts, förutom *färdighetsträning* och *mekanisk räkning*, är exempelvis *rutinövningar*, *procedurer* eller *regelstyrd undervisning*. Jonsson (1919) använder ordet *drill* i avhandlingen *Problemräkningens förutsättningar och förlopp*[8] då han konstaterar att;

> »Drill» har befunnits vara utomordentligt värdefull för utvecklandet av färdighet på området. Korta »drill»-perioder äro ändamålsenligare än längre med samma totalsumma tid. Den permanenta effekten av »drillen» har visat sig vara större, än man förmodat. (s. 13)

Vad som ska läras, exempelvis procedurer kommer fram tydligt vilket ses i följande citat, där Otterström ger ett inlägg i debatten mellan

---

[8] Den första avhandlingen i Sverige om matematikundervisning. Se också Christiansen och Skog (2022).

tankeutveckling och räknande. Att det visserligen är lovvärt med tankeutveckling, men i praktiken allt för svårt eller kanske omöjligt, verkar vara andemeningen i det Otterström vill säga.

> Att så enkelt och utan all »konst», så snabbt, så säkert och varaktigt leda barnens förståndsutveckling till förmågan af aritmetikens praktiska användning, [...], förmår ej en snällaste räknekonstnär. (Otterström, 1880, s. 4)

Av vikt för att diskursen kommer fram så tydligt under slutet av 1800- och början av 1900-talet är att en lärare undervisade en stor mängd elever. Undervisningen försköts mot färdighetsträning där eleverna räknade tyst i boken, som ett sätt att skapa ordning. I undervisningsplanen för folkskolorna från 1919 finns ett kapitel om tysta övningar och matematikens lämplighet för detta framhålls.

Under senare delen av 1900-talet börjar procedurer, rutiner och färdighetsträning ställas i motsats till problemlösning. I kommentarmaterialet till styrdokument från 1980 kan exempelvis skönjas att elever kan arbeta med problemlösning efter färdighetsträning.

> De elever som redan har de nödvändiga kunskaperna i grundläggande aritmetik kan använda tiden till ytterligare träning av huvud- och överslagsräkning samt till att träna problemlösning. (Skolöverstyrelsen, 1982, s. 9)

I de tidigare texterna används uttryck som *drill* och *mekanisk räkning* men under senare delen av 1900-talet försvinner dessa uttryck från datamaterialet. I styrdokumenten från 1969 (Skolöverstyrelsen, 1969) förekommer mekanisk räkning enbart i samband med en diskussion om allt för svåra uppgifter som inte anpassas till elevernas förutsättningar vilka endast kan ge mekanisk färdighet och dessutom leda till ängslighet och olustkänslor. I Skolöverstyrelsens skrift *Basfärdigheter i matematik* (1973) används mekanisk räkning för att beskriva ett oönskat arbetssätt. Istället förordas en ny metodik:

> Om man accepterar tanken att en inlärning grundad på förståelse ger större behållning än en mekanisk inlärning, har man accepterat att matematikundervisningen bör syfta till förståelse av begrepp och operationer. För att skapa förståelse behövs en annan metodik i undervisningen än vi hade tidigare. (s. 4)

I styrdokumenten från 1980 nämns rutiner, procedurer och regler sällan och i 1994 i stort sett aldrig. När det förekommer är det för att exemplifiera undervisning som inte förespråkas. I citatet nedan beskrivs delar av de förändringar som gjordes 1994 jämfört med tidigare styrdokument:

- Från regelstyrda räknefärdigheter och regelstyrd problemlösning till utveckling av elevers tänkande och resonerande i matematik, för att upptäcka, utforska och befästa i meningsfulla sammanhang.

- Från matematik som formellt, kontrollerande verktyg till matematik för reflektion, kommunikation och problemlösning i ett demokratiskt samhälle. (Skolverket, 1997, s. 41)

Sammanfattningsvis kan sägas att både kreativa aktiviteter och rutiner och procedurer har beskrivits i förhållande —oftast i motsats— till varandra. Olika ord och uttryck har använts för att beskriva elevers färdighetsträning där mekanisk räkning användes flitigast fram till mitten på 1900-talet. Idag kan detta uttryck vara närmast omöjligt att använda då det är laddat med, företrädesvis, negativ betydelse. Så var dock inte fallet innan mitten på 1900-talet då mekanisk räkning t.o.m. finns med som innehåll i gällande styrdokument.

Figur 4. Rutiner, procedurer och räkning– Några nedslag över tid.

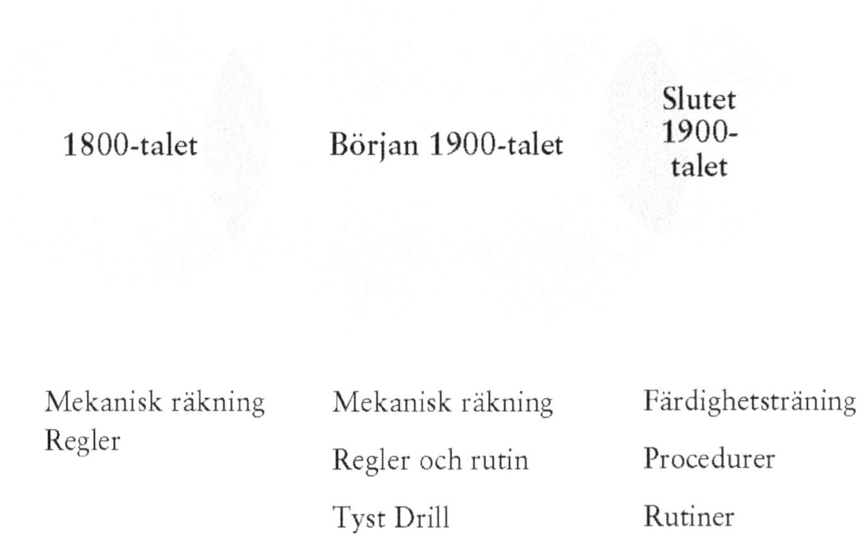

Spänningsfältet i förändring

Att diskurserna och spänningsfälten mellan dem har förändrats över tid illustreras i figurerna 1–4. Exempelvis betonas under slutet av 1800-talet matematik som ett värde i sig själv. Målet för matematikundervisning, är att träna och utveckla tänkande och rationalitet. Matematiken i sig själv har speciella egenskaper som gör den särskilt lämplig för detta. När detta kopplas samman med matematikundervisningens hur, syns också fokus på elevers tankearbete. Kreativa aktiviteter som fokuserar aktivt tänkande, förståelse och analyserande betonas. Samtidigt kommer matematik som nytta också fram i datamaterialet, där man sedan 1800-talet har argumenterat för skolmatematiken som ett användbart verktyg i vardagsproblem

Folkskolans införande 1842 innebar att inte bara högre samhällsklasser hade tillgång till undervisning. Vad som skulle läras skiljde sig dock åt i läroverk och folkskolor. Målet för underklassens barn i folkskolorna var att fostra dem till duktiga arbetare som kunde tillämpa matematik i olika praktiska problem. Målet för de högre klassernas barn i läroverken, däremot, var förberedelse för högre studier. Målet med matematikundervisning och därmed styrningen, eller skapandet av medborgare, ser därmed olika ut för olika klasser. Läroverkets elever ska genom matematiken få tillgång till matematikens gudomliga sanningar, medan folkskolans elever fostras till duktiga arbetare. I samband med detta påverkas både matematikundervisningens varför och hur då matematiken som ett värde i sig själv kommer fram ytterst sparsamt och istället framträder matematik som nytta. Matematiken ska vara till nytta för eleverna och matematiken ska kunna tillämpas på problem i vardagslivet. När detta kopplas samman med matematikundervisningens *hur* har samtidigt beskrivningar av undervisning som kreativa, utforskande och öppna aktiviteter försvunnit då fokus, ännu mer än innan, inriktas på rutiner, processer, regler och färdighetsträning. Skolans organisation, där en ensam lärare undervisade en stor mängd elever, kan ha bidragit till detta förändrade fokus.

I slutet på 1900-talet kommer diskursen matematiken som ett värde i sig själv fram något igen. Nu kopplas detta ihop med problemlösning som undervisningsmetod för att utveckla tänkande och rationallitet. Samtidigt betonas matematikens användbarhet och nytta, där särskilt problemlösningens innehåll ska kopplas till det vardagliga livet. När detta kopplas samman med matematikundervisningens hur är det framförallt diskursen kreativa, utforskande och öppna aktiviteter som träder fram. Nu kopplas också begreppet problemlösning ihop med detta och skrivs fram som den verkliga matematiken. Rutiner, procedurer och regler däremot ses ofta som knutet till traditionell matematikundervisning, medan kreativitet och öppenhet kopplas till progressiv undervisning där kreativitet, utforskande, argumentation och rationellt tänkande står i fokus. Analysen av de aktuella texterna stämmer överens med Wyndhamn m.fl. (2000) analys där de ser att problemlösning har en viktig del i ett skiftande fokus i styrdokument mellan matematikens pragmatiska karaktär, matematiken som nytta, och fokus på processinriktning och elevers tänkande gällande matematikundervisningens varför. Dock har den aktuella analysen visat att andra aspekter gällande matematikundervisningens också har en betydande roll, såsom fokus på procedurer och/eller kreativa aktiviteter. I det följande kommer vi också att se att resultatet av denna studie även har betydelse för hur bilden av matematikeleven konstrueras.

Positioneringar av den problemlösande eleven

För att placera diskussionen i ett bredare sammanhang kommer frågan om hur eleven positioneras i de olika diskurserna att behandlas här. Jag menar att det, i de texter som undersökts, går att se diskursiva sanningar, som säger någonting om den praktik de beskriver. Sammanvävningen mellan matematikundervisning och problemlösning befinner sig i ett spänningsfält av diskursiva sanningar, vilket synliggör betydelsegivande och maktproducerande mönster exempelvis om vilka elever som ska få tillgång till rationalitet eller tillämpning. Detta hjälper oss att se både det självklara och förgivettagna, men även det vi kanske inte uppmarksammar omedelbart. Det synliggör också problemlösningens styrande roll i matematikundervisning både när det gäller vad matematik är och hur och vad en elev bör lära sig. Effekterna som de diskursiva sanningarna och spänningsfälten mellan dem har på undervisning och på bilden av eleven presenteras nedan i form av hur dessa diskurser positionerar eleven. Eleverna i matematikundervisning positioneras där en bild av (önskvärda) kunskaper, färdigheter, egenskaper och kompetenser kommer fram.

Problemlösning för den tänkande, bildade och förädlade eleven

Den elev som konstrueras genom diskursiva sanningar om matematikundervisningens varför och hur är en *tänkande, bildad och förädlad elev*. En tänkande elev är någon som antingen kan tänka fritt eller fostras till ett visst sorts tänkande, ett rationellt tänkande där logik, argument och kommunikation är viktiga komponenter. När detta kommer fram i de äldre texterna i datamaterialet är det genom ord och uttryck som *bilda och förädla*, *tankens reda klarhet*, och *tanke- och viljeliv*. En positionering av eleven som tänkande, bildad och förädlad medan i de senare texterna istället *kritisk granskning* och *förmåga att fatta välgrundade beslut* kommer fram. Gemensamt är dock att eleven som tänker logiskt, är rationell, kan redogöra för sina tankegångar och fatta välgrundade beslut, blir synlig. I stor utsträckning är detta relaterat till samhällsklass, där den tänkande, bildade och förädlade eleven är från övre samhällsskiktet. I de äldre texterna är det kopplat till realskola respektive folkskola, i de senare texterna till hög- respektive lågpresterande elever eller allmän och särskild kurs. Tänkande och bildning är således någonting som mer passar för realskola, högpresterande elever i särskild kurs.

Problemlösningens syfte är att förbereda elever för högre studier, men också att fostra rationella, analytiska, logiska och problemlösande medborgare. Problemen utformas för att vara utmanande, inte av rutinkaraktär och möjliggöra reflektion och argumentation. Problemen behöver inte vara kopplade till vardagliga situationer, istället är abstraktion och generaliseringar i fokus. Det är viktigare att arbeta grundligt så att tänkande, analys och reflektion står fram än att lösa många problem med snabbhet. Problemlösning ska träna elevernas logiska tänkande och rationalitet, men också deras förmåga att argumentera, kommunicera och kritiskt granska varför problemen bör vara utformade så att detta möjliggörs. Exempelvis genom att ge utrymme för att argumentera för lösningars giltighet eller jämföra resultat och tillvägagångssätt. Således är inte bara problemens utformning viktig utan också hur eleven får möjlighet att kommunicera, resonera och argumentera med andra.

Problemlösning för den praktiskt handlande eleven

Delvis i motsats till bilden av den tänkande, bildade och förädlade eleven konstrueras den *praktiskt handlande eleven*. Detta kommer fram i datamaterialet genom ord och uttryck som *använda matematik i vardagliga och yrkesmässiga sammanhang*, *tillämpa* och *matematik som verktyg* där eleven som duglig samhällsmedborgare och arbetare träder fram. Brukbara kunskaper i matematik och därmed förmåga att lösa matematiska problem både i vardagslivet och yrkeslivet så att skyldigheterna som samhällsmedborgare fullgörs är av vikt. En förutsättning för att fungera i samhället är att kunna lösa problem för att kunna planera sitt liv och välja ett arbete. Sparsamhet är kopplat till detta, exempelvis att hushålla med hushållskassan eller upptäcka dåliga villkor för sms-lån samt att kunna lösa problem snabbt och säkert med huvudräkning eller tekniska hjälpmedel. En förutsättning är automatiserad kunskap samt uthållighet och självkontroll. När en viss färdighet i beräkningar är uppnådd kan eleven eventuellt få 'gå vidare' till mer utmanande problem. Liksom ovan, är denna positionering i stor utsträckning kopplat till samhällsklass, men här är det folkskolans, de lågpresterande eleverna eller elever i allmän kurs som avses.

Problemlösningens syfte är att förbereda elever för det vardagliga livet och yrkeslivet. Om eleven får möta realistiska och vardagliga problem kommer detta att ge mening åt matematiska kunskaper. Problemlösning ger därmed mening åt matematiken. Problemen ska vara utformade så att de knyter an till vardagliga erfarenheter, både sådana som eleven känner igen och som eleven kan komma att möta senare i livet. Problemlösning kan användas för att öva upp snabbhet och säkerhet i automatiserade kunskaper där eleven ska lösa ett stort antal problem, eller som ett sätt att tillämpa automatiserade kunskaper. I båda dessa fall är det av vikt att problemen inte är alltför svåra för att eleven ska hinna arbeta med så många problem som möjligt utan att tröttna och ge upp. Lösningar på problemen presenteras i första hand skriftligt där klara och rediga presentationer framhålls.

Problemlösning för den delaktiga, intresserade och glada eleven

Eleven som *delaktig, intresserad* och *glad* konstrueras också i materialet. Problemlösning som den viktigaste och roligaste delen av matematiken framhålls här. Genom att lösa problem på ett engagerat och kreativt sätt kommer eleven att få syn på att matematik kan vara någonting glädje- och lustfyllt och samtidigt ge nyttig kunskap. *Utforskande*, *nyfikenhet*, *fantasi*, *glädje*, *engagemang* och *intresse* är exempel på ord och uttryck i datamaterialet där bilden av eleven som aktiv, engagerad och intresserad kommer fram. Eleven tar egna initiativ, upptäcker, på egen hand eller tillsammans med andra, kunskap och kommunicerar egna tankar, idéer och erfarenheter. Eleven är dessutom glad, lustfylld och positiv, visar nyfikenhet och kreativitet och stimuleras av att lära sig nya saker.

Problemlösning kan både förändra elevens syn på vad matematik är och ge möjlighet att utveckla skapande och kreativitet så väl som matematikkunskaper. Om eleven möter intressanta, engagerande och utforskande problem följer upplevelser av glädje, nyfikenhet, intresse och engagemang. Problemen ger eleven möjlighet att upptäcka, utforska och befästa matematikkunskaper i meningsfulla sammanhang. De bör vara av öppen karaktär där flera lösningar och lösningssätt är möjliga. Viktigt är att problemen är utformade så att de är intressanta, engagerande och stimulerande och ger möjlighet för elevens egna tankar, idéer och erfarenheter att stå i fokus. Det är också av vikt att problemen är lagom utmanande så att eleverna kan uppleva att de lyckas. Problemlösning bör här ge elever möjlighet att pröva hypoteser i ett öppet och positivt klimat där respekt och stöd för idéer visas.

Problemlösningens sanningar och den önskvärda eleven

Det här kapitlet har tagit fasta på sammanvävningen mellan matematikundervisning och problemlösning och de regelbundenheter och motsättningar i diskursiva sanningar och spänningsfält mellan dessa. Det övergripande syftet var att synliggöra och undersöka hur denna sammanvävning iscensätts och legitimeras i vår tid genom att se bakåt i tid. Genom att undersöka diskursiva sanningar i sammanvävningen mellan matematikundervisning och problemlösning synliggörs vad som är möjligt att säga i olika sammanhang och i olika tider.

Sammanfattningsvis kan sägas att spänningsfältet mellan diskursiva sanningar om *varför*, och *hur* hela tiden har gjort sig gällande. Detta syns dels genom att när en diskursiv sanning träder fram mer tydligt så minskar en annan (se Figurerna 1–4 ovan), och dels genom att diskurserna ofta beskrivs i förhållande ellermotsättning till varandra. Det senare kan exemplifieras med Vinells (1901) kritik mot reformsträvandet, där kunskap i räkning ställs mot förståndsodling och Matematikdelegationens (SOU, 2004:97) betänkande där tyst räkning ställs mot problemlösning:

> Vid sitt reformsträfvande har man emellertid låtit kunskapen i räkning stå tillbaka för »förståndsodlingen», men den färdighet som möjligen vinnes i lösning af problem och gåtor, är emellertid näppeligen något annat än en drifhusplanta af tämligen imaginärt värde. (Vinell, 1901, s. 5)

> Lärare säger sig ha svårt att förändra undervisningen från enskild "tyst räkning" till undersökande laborativa arbetssätt och problemlösning. (Matematikdelegationens, 2004, s. 130)

Också idag kontrasteras traditionell undervisning där rutiner, procedurer och färdighetsträningstår i fokus med problemlösande arbetssätt eller reformorienterad undervisning (t.ex. Boaler, 2002; NCTM, 2003; OECD, 2015). Problemlösning lyfts allt som oftast fram när förändrad (och förbättrad) matematikundervisningen diskuteras och har under de senaste 40 åren haft en central roll i denna förändring (t.ex. i NCTM, 2003; Matematikdelegationen, 2004; OECD, 2015). Startpunkten hänvisas ofta till 80-talet och NCTM:s rekommendationer för skolmatematiken (NCTM, 2003). Problemlösning beskrivs som lösningen på matematikundervisningens problem och som vi kan se av resultatet i denna studie är detta inte bara någonting som görs i nutid utan har en lång historia. Diskurserna gällande hur där kreativa aktiviteter och rutiner och procedurer har beskrivits i förhållande, oftast i motsats till, varandra framträder i olika utsträckning och med lite olika fokus under hela den undersökta tidsperioden. Föreställningen att matematikundervisning och diskussionen om denna hela tiden utvecklas och ständigt förbättras går således att ifrågasätta. Genom att se hur diskussionen har böljat fram och tillbaka under tid kan vi dra lärdomar om diskussionen i vår samtid.

Diskursiva sanningar, och spänningsfälten mellan dem, har effekter på undervisning men också på bilden av den önskvärda eleven, här presenterats som olika positioneringar av eleven. Positioneringarna innebär att vissa kunskaper, färdigheter, egenskaper och kompetenser ses som mer önskvärda än andra och därmed lyfts fram. Sammanfattningsvis kan sägas att bilden av elever som tänkande, bildade och förädlade lyfts fram där problemlösning ska träna elevernas logiska tänkande och rationalitet, men också deras förmåga att argumentera, kommunicera och till kritiskt granskande. Delvis i motsats till denna bild konstrueras den praktiskt handlande eleven. Här ska problemlösning förbereda elever för vardags- och yrkeslivet genom att eleven får lösa realistiska, vardagliga problem. Problemlösning som den viktigaste och roligaste delen av matematiken och eleven som intresserad, glad, positiv, nyfiken, kreativitet och stimulerad av att lära sig nya saker konstrueras också i materialet.

Det går att invända att det finns andra regelbundenheter och motsättningar i materialet, som inte det här kapitlet har undersökt. Syftet har inte heller varit att ge 'den sanna' bilden av hur matematikundervisning och problemlösning har framställts. Istället kan detta bidrag förstås som en (eller möjligtvis flera) diskursiva sanningar om matematikundervisning med några exempel på skiftningar och mönster i vad som varit möjligt att säga över tid, samt vad detta ger för effekter i undervisning och i vår bild av eleven i matematikundervisningen. Något annat att reflektera över är svårigheten att använda sig av dikotomier, exempelvis matematiken som ett värde i sig själv, och matematik som nytta eftersom dessa i själva verket innebär förenklingar och överlappningar som är oundvikliga.

Tack

Denna text hade inte kunnat skrivas utan ett inspirerande och utmanande samarbete med Paola Valero. Tack Paola för detta. Ett stort tack också till Kicki Skog för dina noggranna genomläsningar och hjälp med att 'vrida till' resonemangen.

Referenser

Bacchi, C. (2000). Policy as discourse: What does it mean? Where does it get us? *Discourse: Studies in the Cultural Politics of Education, 21*(1), 45–57. https://doi.org/10.1080/01596300050005493

Ball, S.J. (2017). *Foucault as Educator*. Springer.

Barad, K. (2010). Quantum entanglements and hauntological relations of inheritance: dis/continuities, spacetime enfoldings, and justice-to-come. *Derrida Today, 3*(2), 240–268. https://doi.org/10.3366/E1754850010000813

Boaler, J. (2002). *Experiencing school mathematics: Traditional and reform approaches to teaching and their impact on student Learning*. Lawrence Erlbaum.

Christiansen, I.M. & Skog, K. (2022). Ett tvärsnitt av svensk matematikdidaktisk forskning. I P. Valero, L.B. Boistrup, I.M. Christiansen, & E. Norén (Red.), *Matematikundervisningens sociopolitiska utmaningar* (s. 15–42). Stockholm University Press. https://doi.org/10.16993/bcc.c

Davies, B. & Harré, R. (1990). Positioning: the discursive production of selves. *Journal for the Theory of Social Behaviour, 20*(1), 43–63. https://doi.org/10.1111/j.1468-5914.1990.tb00174.x

Dahlberg, G., Moss, P., & Pence, A. (2014). *Från kvalitet till meningsskapande: Postmoderna perspektiv – exemplet förskolan*. Liber.

Ernest, P. (2005). Why teach mathematics? *Mathematics in School, 34*(1), 28–29. http://webdoc.sub.gwdg.de/edoc/e/pome/why.htm

Foucault, M. (2002). *Vetandets arkeologi*. Arkiv förlag.

Foucault, M. (2003). *Övervakning och straff: Fängelsets födelse*. Arkiv förlag.

Furinghetti, F. & Karp, A. (2017). The Hamburg score (In Lieu of an Introduction). I F. Furinghetti & A. Karp (Red.), *Researching the history of mathematics education* (s. ix–xv). Springer.

Furinghetti, F., Matos, J.M., & Menghini, M. (2013). From mathematics and education, to mathematics education. I M.A. Clements, A.J. Bishop, C. Keitel, J. Kilpatrick, & F.K.S. Leung (Red.), *Third international handbook of mathematics education* (s. 273–302). Springer. https://doi.org/10.1007/978-1-4614-4684-2_9

Holmberg, L. (2018). *Konsten att producera lärande demokrater* [Doktorsavhandling, Stockholms universitet]. http://su.diva-portal.org/smash/record.jsf?pid=diva2%3A1177691

Keller, E.F. & Grontkowski, C.R. (2003). The mind's eye. I S. Harding & M.B. Hintikka (Red.), *Discovering reality: Feminist perspectives on epistemology, metaphysics, methodology, and philosophy of science* (s. 207–224). Kluwer Academic Publishers. https://doi.org/10.1007/978-94-010-0101-4_12

Kilpatrick, J. (1969). Problem solving in mathematics. *Review of Educational Research, 39*(4), 523–534. https://doi.org/10.2307/1169713

Mock, G.D. (1963). The Perry Movement. *The Mathematics Teacher, 56*(3), 130–133.

Normalplan för undervisningen i folkskolor och småskolor. (1878). Norstedt & söner.

Norén, E. & Valero, P. (2022). Att bilda goda, matematiska medborgare i Sverige. I P. Valero, L.B. Boistrup, I.M. Christiansen, & E. Norén (Red.), *Matematikundervisningens sociopolitiska utmaningar* (s. 157–180). Stockholm University Press. https://doi.org/10.16993/bcc.h

Popkewitz, T.S. (2004). The alchemy of the mathematics curriculum: Inscriptions and the fabrication of the child. *American Educational Research Journal, 41*(1), 3–34. https://doi.org/10.3102/00028312041001003

Popkewitz, T.S. (2018). What is 'really' taught as the content of school subjects? Teaching school subjects as an alchemy. *High School Journal, 101*(2), 77–89. https://www.jstor.org/stable/90024231

Prytz, J. (2017). Governance of Swedish school mathematics — where and how did it happen? A study of different modes of governance in Swedish school mathematics, 1910–1980. *Espacio, Tiempo y Educación*, 4(2), 43–72. https://doi.org/10.14516/ete.180

Schoenfeld, A.H. (2013). Reflections on problem solving theory and practice. *The Mathematics Enthusiast, 10*(1), 8–33.

Skovsmose. (1994). Towards a critical mathematics education. *Educational Studies in Mathematics, 27*(1), 35–57. https://www.jstor.org/stable/3482665

SOU. (2004:97). *Att lyfta matematiken—Intresse, lärande, kompetens.* Fritzes offentliga publikationer.

Stanic, G.M.A. & Kilpatrick, J. (1988). Historical perspectives on problem solving in the mathematics curriculum. I R.I. Charles & E.A. Silver (Red.), *The teaching and assessing of mathematical problem solving* (s. 1–22). National Council of Teachers of Mathematics.

Stein, M.K., Boaler, J., & Silver, E.A. (2003). Teaching mathematics through problem solving: Research perspectives. I H.L. Schoen & R.I. Charles (Red.), *Teaching mathematics through problem solving Grades 6–12* (s. 245–256). National Council of Teachers of Mathematics.

Valero, P. (2018). Human capitals: School mathematics and the making of the homus oeconomicus. *Journal of Urban Mathematics Education, 11*(1–2), 103–117. https://eric.ed.gov/?id=EJ1199795

Valero, P. & Knijnik, G. (2015). Governing the modern, neoliberal child through ICT research in mathematics education. *For the Learning of Mathematics, 35*(2), 34–39. https://www.jstor.org/stable/44382757

Willig, C. (2013). *Introducing qualitative research in psychology*. McGraw-Hill Education.

Wyndhamn, J., Riesbeck, E., & Schoultz, J. (2000). *Problemlösning som metafor och praktik: Studier av styrdokument och klassrumsverksamhet i matematik- och teknikundervisningen*. Linköpings universitet. http://liu.diva-portal.org/smash/record.jsf?pid=diva2%3A259669

Bilaga

Tabell 1. Översikt över texter i tidskrifter.

Årtal	Författare	Titel	Typ av text
1867	Björling, E.G.	Ännu några ord om E.G. Björlings problemsamling	Artikeln i *Pedagogisk tidskrift*
1868	Elowson, G.	Om den aritmetiska undervisningsmetoden. 1 Diskussion om undervisningen i aritmetik.	Artikel i *Tidskrift för matematik och fysik*
1905	Wahlgren, A.	Om kurserna i matematik på latingymnasiet	Artikel i *Pedagogiska tidskrift*
1918	A.F.W.	Huvudräkning för folkskolan av N. Ad. Berge. Sammandrag och bearbetning av författarens "Genvägar vid huvudräkning"	Artikel i *Svensk Läraretidning*
1921	Nylin, J.G.	Om räknefel hos nybörjare i algebra	Artikel i *Svenskt arkiv för pedagogik*
1952	Wigforss, F.	Räkneundervisningen i enhetsskolans första klass.	Artikel i *Svensk skoltidning*
1953	Lindblom, V.	Multiplikation utan 'minne'	Artikel i *Folkskollärarnas tidning*
1956	Wahlström, B.	Några terminologiska och räknemetodiska reflektioner	Artikel i *Tidskrift för skolmatematik*

Tabell 2. Översikt över böcker.

Årtal	Författare	Titel	Typ av text
1880	Otterström, J.	Lärobok i aritmetik	Lärobok
1886	Meyer, A.	Fullständig lärokurs i aritmetik och algebra	Lärobok
1901	Vinell, K.	Lärobok i räkning	Lärobok
1905	Göransson, E., Hahr, O, & Lindquist, J.M.	Bidrag till kännedom om undervisningen i Sverige under 1800-talet (i Redogörelse för Stockholms samgymnasium)	Bok

(Forts.)

Tabell 2. *(Forts.)*

Årtal	Författare	Titel	Typ av text
1919	Jonsson, K.G.	Undersökningar rörande problemräkningens förutsättningar och förlopp.	Avhandling
1925	Wigforss, F.	Den grundläggande matematikundervisningen. Översikt av folkskolans kurs i räkning och geometri ur metodisk synpunkt	Lärobok
1939	Bergsten, A.	Folkskolans räkneundervisning. Kurser och arbetssätt.	Bok – Utgiven av Sveriges allmänna folkskollärarförenings litteratursällskap
1954	Funke, A. & Ademar, G.	Tallinjen i den elementära räkneundervisningen	Bok
1968	Carleson, L.	Matematik för vår tid	Bok

Tabell 3. Översikt över handledningar utgivna av staten.

Årtal	Författare	Titel	Typ av text
1952	Wigforss, F. & Roman, A.M.	Studieplan i matematik för första, andra och tredje skolåren vid pedagogisk försöksverksamhet	Studieplan i matematik
1952	Wigforss, F. & Nilsson H.	Studieplan i matematik för sjunde och åttonde skolåren vid pedagogisk försöksverksamhet	Studieplan i matematik
1963	Hultman, C.	Studieplan med metodiska anvisningar för matematikundervisningen i årskurserna 3–6 i grundskolan	Studieplan i matematik
1973	Skolöverstyrelsen	Basfärdigheter i matematik	Skolöverstyrelsens handledningar

Tabell 4. Översikt över styrdokument för skolan.

Årtal	Styrdokument	Kursplan för matematik eller liknande
1878	Normalplan för undervisning i folkskolan	Motiv för räkning och geometri samt metodiska anvisningar för räkning
1889	Normalplan för undervisning i folkskolan	Motiv för räkning och geometri samt metodiska anvisningar för räkning och geometri
1900	Normalplan för undervisning i folkskolan	Motiv för räkning och geometri samt metodiska anvisningar för räkning och geometri
1919	Undervisningsplan för rikets folkskolor	Metodiska anvisningar för alla ämnen Kursplan för räkning och geometri
1955	Undervisningsplan för rikets folkskolor	Kursplan för matematik
1962	Läroplan för grundskolan	Kursplan för matematik
1969	Läroplan för grundskolan	Kursplan för matematik
1980	Läroplan för grundskolan	Kursplan för matematik
1994	Läroplan för det obligatoriska skolväsendet	Kursplan för matematik
2011	Läroplan för grundskolan	Kursplan för matematik

5. Provgivande med flerspråkiga provdeltagare – Styrningen av nationella prov i matematik

Anette Bagger
Örebro universitet

Sammanfattning

Instruktionerna om genomförandet av det nationella provet i matematik innehåller bland annat beskrivningar av hur genomförandet bör gå till, anpassningar göras och elever bemötas. Här ingår elever med annat modersmål än svenska. Instruktionerna förstås i detta kapitel som ett av många styrande dokument vad gäller lärares roll som provgivare. De förstås vidare som en följd av vad som är historiskt, socialt, samhälleligt, politiskt och kulturellt möjligt eller eftersträvansvärt i en nationell provsituation. Mer precist har detta kapitel utforskat framskrivningen av eleven med annat modersmål än svenska under en femårsperiod och för skolår tre, sex och nio. Resultatet har satts i relation till förändringar i svensk skola under samma period. Eleven framträder som en missgynnad provdeltagare framför allt beroende på brister i bedömningsspråket, vilket medför att den riskerar att stå utanför kunskapsbedömningen. Hur detta kommer till uttryck förändrades över femårsperioden och skillnader finns mellan årskurserna.

Introduktion

Vid nationella prov i matematik har det över åren visat sig att elever som är födda utomlands eller har utländsk bakgrund inte når lika höga poäng som elever med svensk bakgrund på gruppnivå. Resultaten på proven är särskilt utslagsgivande i år nio då de påverkar slutbetyget (t.ex. Skolverket, 2010, 2011, 2017a, 2016, 2017b, 2017c) och därmed elevers möjligheter att studera vidare. Detta indikerar en

---

Hur du refererar till det här kapitlet:
Bagger, A. (2022). Provgivande med flerspråkiga provdeltagare – Styrningen av nationella prov i matematik. I P. Valero, L.B. Boistrup, I.M. Christiansen, & E. Norén (Red.), *Matematikundervisningens sociopolitiska utmaningar* (s. 101–128). Stockholm University Press. DOI: https://doi.org/10.16993/bcc.f.

likvärdighetsproblematik och att många elever berörs när gränsdragningar i styrande texter görs som kan påverka elever med annat modersmål än svenska. Skolåret 2015/16 hade 25,5% av eleverna i grundskolan ett annat modersmål än svenska (Källberg, 2018). Samtidigt som provresultat och jämförelser av dessa hjälper oss att beskriva läget bidrar de till att reglera vad som är möjligt, rimligt och synligt i förhållande till elever och deras kunskap (Popkewitz, 2012). Typer av elever fabriceras när dessa siffror genereras och används och visar samtidigt på ”principer för vad som går att tänka, hoppas på och agera på” (Popkewitz, 2012, s. 171, min översättning). Syftet med detta kapitel är att bidra till att undersöka en del av denna fabricering i samband med de nationella proven i matematik i Sverige, nämligen den del som styr lärares uppgift som provgivare i förhållande till flerspråkiga elever med annat modersmål än svenska —härefter kallat flerspråkiga elever. Analyser har genomförts av provets instruktioner om genomförandet till lärare. Dessa bidrar till hur den flerspråkiga provtagaren med annat modersmål än svenska kan fabriceras. Initialt har formuleringar som kan relateras till den flerspråkiga eleven identifierats i provinstruktionerna. Därefter har fabriceringar av den flerspråkiga provtagaren uttolkats och satts i relation till förändringar i svensk skola under samma tidsperiod. Slutligen diskuteras och problematiseras resultaten utifrån tidigare forskning om flerspråkiga elevers provdeltagande.

Likvärdighet som utgångspunkt

De senaste tolv åren har jag tillbringat relativt mycket tid i klassrum där nationella prov i matematik genomförs och då framför allt i de tidiga skolåren. Av naturliga skäl har det blivit många samtal om detta med yrkesverksamma både i och utanför klassrummen. Några av de vanligare frågorna från pedagoger har varit ”kan jag ha hjälpt för mycket?” och ”var går gränsen?” Dessa frågor härrör ofta i hänsyn som tas för olika aspekter av likvärdighet. Att elever kan genomföra nationella prov på ett likvärdigt sätt utgör en viktig del av lärarens uppdrag som provgivare, liksom att provet prövar den kunskap som är avsedd att prövas. Trots att det finns utrymme att ge elever stöd under provet upplever lärare ibland att deras handlingsutrymme är otydligt, ställs mot andra hänsyn såsom likvärdighet i genomförandet eller hindras av organisatoriska begränsningar (t.ex. Bagger, 2015; 2017). De aspekter av likvärdighet som avses är av tre slag: Den första är den *personella* som rör individens rätt att få stöd att genomföra provet genom att provet görs tillgängligt. Detta påverkar möjligheten att på ett likvärdigt sätt låta eleven visa sina kunskaper. Den andra är bunden till den *nationella styrningen* av provens genomförande och ska säkra att detta sker likvärdigt i olika klassrum och på olika skolor. Båda dessa första likvärdighetsaspekter regleras av styrdokument. Bland dessa styrdokument kan nämnas provets instruktioner men även Diskrimineringslagen, Skollagen och Skolverkets allmänna råd. Därutöver tillkommer en tredje typ av likvärdighetsaspekt som relaterar till de två första, nämligen de som utgörs av *verksamhetens förutsättningar* att möta de två första beroende på exempelvis personella resurser, kompetens, lokaler och andra ramfaktorer. Dessa kommer att påverka genomförandet av både den personella likvärdigheten och på vilket sätt den nationella styrningen kan efterlevas. Det är alltså flera olika styrdokument och förutsättningar som villkorar lärarens arbete med likvärdighetsaspekter i provsituationen.

Lärarnas frågor om gränsdragningar indikerar en inneboende spänning mellan att säkra och skydda provets likvärdighet vad gäller provgenomförande och att stödja elevers likvärdiga möjligheter att visa sina kunskaper. Med likvärdighet avser jag alla elevers lika möjligheter att lära, synliggöra sina kunskaper och få dem bedömda. Denna möjlighet förstås som inbäddad i utbildningsvetenskapliga kontexter och system som påverkar hur elevens matematiska och kulturella bakgrund och historia kan aktiveras (t.ex. Lester, 2007). I tidigare studier av själva provpraktiken har jag benämnt detta som att pedagogiska dilemman uppstår i de situationer där läraren upplever att elevens likvärdighet sätts mot provets. Dessa dilemman uppstod i årskurs tre oftast i samband med provdeltagandet för elever i behov av stöd och för flerspråkiga elever, om de hade ett annat modersmål än svenska (Bagger, 2017). Ett exempel på den frustration det kan leda till, illustreras av ett uttalande av en lärare till elever som läser svenska som andraspråk (SVA) i samband med ett nationellt prov i matematik. Läraren hade instruerat eleverna och förklarat de ord och sammanhang som man uppmanades att göra enligt provets instruktion, eller som läraren själv förutsåg skulle kunna bli utmanande. Ändå blev flera av uppgifterna svåra och de tre lärare som var med klassen då delprovet i fråga genomfördes, hade fullt upp med att hjälpa det dryga tjugotal elever som deltog. Något grupprum fanns inte tillgängligt på skolan, som hade få grupprum och många elever, samtidigt som nationella prov pågick i flera årskurser och klasser samtidigt under våren. Modersmålslärarna var inte heller tillgängliga under provtillfället, av delvis samma anledning. I en intervju efter provperioden om provgenomförandet sade läraren:

> Hur tänker de som gör provet kring matte och SVA-elever? I år är det halva gruppen. (Lärare, Nationella prov i matematik i årskurs 3, år 2010)

Orsakerna till denna typ av frustration kan givetvis variera och potentiellt handla om alla tre likvärdighetsaspekterna: Den kan gälla styrning som är nationell, kommer från huvudmannen eller höra samman med förutsättningar som finns på skolan. Lokala förutsättningar kan exempelvis höra samma med det förhållningssätt som skolan har till elevers provdeltagande och anpassningar, eller till provets innehåll, språk, struktur och utseende. En slutsats som kan dras är att de politiska och organisatoriska likvärdighetsaspekterna har samband med den personella likvärdigheten. Popkewitz (2012) har påtalat bristen av forskning som undersöker hur just de politiska aspekterna av utbildning (the political of schooling) påverkar människan, vem den är, kan vara och bli —och då i synnerhet aspekter av bedömning. Detta är viktigt eftersom *typer av människor fabriceras* genom utbildningens och kunskapsbedömningens (socio)politiska dimensioner:

> The fabrication of human kinds engages a way of considering the political of schooling that is rarely considered in policy studies, school research about social exclusion, and even less in defining issues of measurement and assessment. (Popkewitz, 2012, s 187)

Fabricering behöver alltså särskilt studeras i förhållande till bedömning. De nationella proven i matematik förstås som tillkomna i ett större sammanhang av utbildningspolitisk och matematikdidaktisk kunskapsbildning om kunskapsbedömning och de elever som deltar. Till grund för olika aktörers arbete i samband med nationella prov finns fältspecifika men också samhälleliga tankesystem om hur det går till att genomföra kunskapsbedömning, vad kunskap är, vilka kunskaper som ska utvärderas, hos vem och varför. Detta utgör en del av det som kan benämnas social epistemologi (Popkewitz, 2014). Social epistemologi innebär förenklat ett tankesystem om utbildning som används för att kategorisera, förklara, förstå, uppmärksamma och agera utifrån. Detta system utvecklas kollektivt och över tid och är situerat i sitt historiska, sociala, relationella och kulturella sammanhang. Det påverkar också hur människor kan agera, tänka och göra. Samtidigt som kategorier behövs för att förstå och förklara olika omständigheter, så har de också en reproducerande kraft. De är tankeverktyg som kan användas för att utforska, men bidrar samtidigt till att föreställningar och förväntningar befästs. Kategorierna och tankesystemet blir med tiden normaliserade och oreflekterade och kan därför vara svåra att upptäcka och förhålla sig till (Popkewitz, 2012).

Texten i provets instruktioner förstås därmed som ett av många uttryck för vad som för tillfället är legitimt, accepterat och önskvärt i det nationella bedömningssammanhanget. Den nuvarande eller blivande sociala epistemologin går också att fånga i bland annat utvärderingen av det nationella provsystemet och i det uppdrag Skolverket fått om att digitalisera de nationella proven (Utbildningsdepartementet, 2017a; 2017b). Ett exempel på vad som *inte* ingår i den rådande förståelsen av vad kunskap är och hur den bör synliggöras och bedömas är att det i den rådande sociala epistemologin inte vare sig är möjligt, önskvärt eller lämpligt att eleverna skulle rätta sina egna nationella prov. Det är i stället önskvärt att elevens lärare gör bedömningen av resultaten. I förslag till förändringar som lämnats kring det nationella bedömningssystemet verkar det för tillfället vara en rimlig tanke att någon annan än elevens lärare ska rätta proven eller kontrollera rättningen (t.ex. Utbildningsdepartmentet, 2016; 2017b).

I boken *A political sociology of educational knowledge: Studies of exclusions and difference* (Popkewitz, Diaz & Kirchgasler, 2017) har forskare historiserat nuet som strategi för att synliggöra det förgivettagna och normerna i de system av resonemang om utbildning som finns. De uttryck som finns i nuet sätts då i relation till påverkansfaktorer i skolan såsom policybeslut och de globala eller nationella utbildningspolitiska sammanhang som detta är inbäddat i. Detta har även jag använt mig av för att undersöka de fabriceringar som kommer till uttryck i provets instruktioner. Historiseringen av nuet vad gäller fabriceringen av den flerspråkiga provdeltagaren är därmed ett försök att synliggöra det förgivettagna och måhända oreflekterade som den nuvarande sociala epistemologin står för, och som påverkar vad vi kan föreställa oss samt hur vi kan tanka, agera och uttrycka oss.

Texter som förändrar och reglerar lärares arbete, bland annat provets instruktioner, förstås med social epistemologi som utgångspunkt som ”tillskrivande verktyg” (min översättning från *inscription device*, se Popkewitz, 2012). Det innebär ett förgivettagande att dessa texter tillskriver eleven villkor, möjligheter och egenskaper vad gäller att visa kunskap och få den bedömd. Underliggande motiv, värderingar och förgivettaganden utgör ett *fabricerande* (Popkewitz, 2004, 2013) av den flerspråkiga eleven med annat modersmål än svenska som provdeltagare. Fabricering av "typer av människor" innebär att kategorier och avgränsningar påverkar hur någon kan inkluderas eller exkluderas (Popkewitz, 2013). Typer av människor, som exempelvis den flerspråkiga eleven, används som en tankemässig konstruktion för att förstå och förklara möjliga skeenden i provsammanhanget. Denna fabricering medierar samtidigt kunskap och makt som är förknippad med denna tänkta person, dess möjligheter och vad som är önskvärt. Fabriceringen hör därmed samtidigt samman med processer av exkludering och inkludering utifrån individers särdrag, identitetskategorier och uttryck. I arbete med inkludering, pågår samtidigt en process av exkludering. Detta gäller både policy, forskning och skolverksamhet. Processen drivs av att när normer om vilka som kan inkluderas framträder, sker samtidigt en distinktion av vilka som inte kan ingå. Denna dubbelsidiga process av in(ex)kludering kallas för abjection på engelska:

> Abjection is the way in which exclusion is generated as the effect of defining the norms for inclusion, and the hope for those who are at the margins of the norm (Valero, 2017, s. 117)

Ett exempel på samtidiga processer av inkludering och exkludering är hur kunskapsbedömning i matematikämnet reglerar vilka som är legitima deltagare genom sin funktion att avgöra vilka som kan delta och i vad (Popkewitz, 2004). I Sverige är denna sortering synlig genom att slutbetyget i matematik avgör om man är behörig till gymnasiets nationella program. Elever kan också exkluderas från provdeltagandet om de av någon anledning bedöms inte kunna inkluderas i de som kan genomföra provet. I Sverige har detta inte minst diskuterats i förhållande till Sveriges senaste PISA[1]-resultat. Resultatet har ifrågasatts och diskussionen i media har rört att utlandsfödda elever och elever med svaga språkkunskaper exkluderats (Expressen, 2020).

Sammanfattningsvis innebär de teoretiska utgångspunkterna att det sätt varmed typer av elever fabriceras samhälleligt, politiskt och historiskt avspeglas i de dokument som reglerar lärares arbete att ge nationella prov. I denna text är enbart provets instruktioner i fokus av provmaterialet. Begreppsanvändning eller definitioner som rör exempelvis bakgrund, språk, eventuell modersmålsundervisning i provets instruktioner förstås med dessa utgångspunkter som de avgränsningar, exkluderingar och inkluderingar som görs av den flerspråkiga eleven med annat modersmål än svenska, som provdeltagare.

---

[1] Programme for International Student Assessment (PISA) är ett OECD projekt som genomförs var tredje år och där elever som är 15 år deltar i tester inom områdena matematik, naturvetenskap och läsförståelse.

Metoder och material

Den sociala epistemologin regleras och konstitueras i pågående och föränderliga processer vilket gör det intressant att skildra provinstruktioner från ett antal på varandra följande år och flera årskurser. Empirin i detta kapitel utgörs därför av instruktioner för genomförandet för läsåren 2010/11 till 2014/15 för skolår tre, läsåren 2011/12 till 2014/15 för skolår sex och läsåren 2010/11 till 2015/16 för skolår nio. Dessa studerades i forskningsprojektet *Vad gör testandet med eleven*[2] där framför allt provgenomförandet i klassrummen och elevers och lärares erfarenheter undersöktes, medan denna analys sätter ljuset på de texter som styr lärarnas arbete som provgivare. Urvalet har möjliggjort jämförelser inom årskurserna men också att visa på skillnader och likheter mellan skolåren. Färst antal sidor hade provets lärarinstruktioner till årskurs nio, medan instruktionerna för årskurs tre och sex var något mer omfångsrika, vissa läsår dubbelt så många sidor. I årskurs tre läses en berättelse för eleverna inför varje delprov och denna togs med i analysen i de fall de ingick i lärarinstruktionen. Enkäter till lärare togs inte med, eftersom de inte beskrev och instruerade om provets genomförande. Det som analyserats är text som fysiskt följde med i instruktionen på papper. Övriga dokument som ingår i provet —t.ex. häften med enbart bedömningsanvisningar eller delprov, eller specifik information om nyanlända som finns på andra hemsidor och alltså inte fanns med i instruktionstexten— har inte tagits med. Detsamma gäller andra reglerande dokument som t.ex. diskrimineringslagen och skollagen. Därmed är det den text som läraren möter, då hen läser in sig på hur provet ska genomföras och som styr lärarens planering av själva genomförandet, som varit i fokus. De dokument som Skolverket beviljat tillträde till, är enbart provets instruktioner till lärare och delar som inte är belagda med sekretess. I resultatet används omväxlande flerspråkiga elever eller elever med annat modersmål än svenska, beroende på hur provinstruktionerna uttryckte detta. Inledningsvis selekterades textsegment som explicit rörde flerspråkiga elever med annat modersmål än svenska. Dessa samlades i ett analysdokument för vardera årskursen. Förutom uttryck där ”flerspråkig” nämndes, selekterades även passager som *kunde* röra denna elev och tillgänglighetsaspekter vad gäller språk och alltså mer implicita uttryck som omfattade den flerspråkiga eleven.

---

[2] Projektet utfördes i samarbete mellan Anette Bagger, Gunnar Sjöberg och Eva Silfver vid Institutionen för matematikens och naturvetenskapens didaktik samt Mikaela Nyroos vid Institutionen för tillämpad utbildningsvetenskap vid Umeå Universitet.

Analysdokumenten innehöll samma kolumner för de tre årskurserna, detta för att i ett senare skede göra det möjligt att jämföra innehållet. Kolumnerna etiketterades utifrån instruktionernas huvudrubriker eller de tematiska områden som texterna behandlade och hade gemensamma. Dessa teman hämtades från instruktionernas struktur och upplägg (se Bilaga). Exempel på sådana etiketter är; provets syfte, provets tillkomst, anpassningar av provet. I ett andra steg undersöktes hur formuleringar i de selekterade texterna beskrev eleverna som provdeltagare. Det kunde handla om att identifiera i vilket sammanhang eleverna nämndes; i relation till anpassningar och stöd eller andra partier som gav uttryck för vad läraren kan förvänta sig under genomförandet av kunskapsbedömning med flerspråkiga elever. Slutligen relaterades de fabriceringar som uttolkats till samtidiga skolpolitiska förändringar. Detta bidrog till att tydliggöra det system av kategorier som finns för att förstå och förklara och därmed fabricera den flerspråkiga eleven som provdeltagare. De utvalda förändringarna av svensk skola är inte de enda förändringarna av relevans för flerspråkiga elevers provdeltagande. De representerar dock några av de mer genomgripande förändringar som genomförts under tiden för provinstruktionernas publicering och tillämpning. De förändringar som jag relaterat till är:

- Skolverkets allmänna råd om utbildning av nyanlända från 2008 och där det framgår hur kunskaper kan bedömas,
- Likabehandlingslagen som ersattes av Diskrimineringeringslagen år 2009,
- införandet av ny skollag år 2010,
- Läroplanen för grundskolan 2011,
- ett nytt betygssystem år 2011 med betyg i skolår 6 2012,
- förändringar av skolans stödinsatser år 2014,
- en förändring i Diskrimineringslagen år 2015 som innebär att tillgänglighet är en ny diskrimineringsform,
- kartläggning av nyanländas kunskaper år 2016.

För att också ta hänsyn till sådant som varit på den politiska agendan har jag tagit med element från Januariavtalet 2019; språktest för medborgarskap och läsa-skriva-räkna garantin som blev till en garanti om tidiga stödinsatser i förskoleklass och lågstadiet.

En översikt av det som fanns med i instruktionerna rörande den flerspråkiga eleven ges i Tabell 1. Översikten består av typiska formuleringar i provets instruktioner där de flerspråkiga eleverna med annat

Tabell 1. Exempel på meningar där den flerspråkiga eleven förekommer direkt och indirekt.

	Årskurs 3	Årskurs 6	Årskurs 9
Direkt	”Elever med annat modersmål än svenska” – presterar bättre muntligt. Utom år 2014/15 2010–2013/14. ”Elever som har svenska som andraspråk och/eller har svårigheter att visa sitt kunnande i skrift, ofta lyckas väl i en kommunikativ uppgift”.		2010, 2011. ”Utländsk bakgrund, som har svårigheter att förstå svenska” används i partiet om anpassningar. ”Annat modersmål … svårigheter att förstå svenska”: i samband med stöd 2014/15. Lexikon som anpassning 2015/16 ”nyanlända elever” nämns med en länk till hemsida på Skolverket och under rubriken anpassningar för elever med funktionsnedsättningar.
Indirekt	År tre ”provet ska (dock)inte förändras mer än att de kursplanemål som avses bli prövade också blir prövade (exemplet från år tre 2010 och 2011). Generell uppmaning om anpassning: ”materialets användning kan anpassas till eleverna på det sätt skolan/läraren finner lämpligast” (exemplet från år tre, 2010 och 2011) År sex: ”Det är viktigt att skolan genomför anpassningen så att provet fortfarande prövar de kunskaper och förmågor som gäller för respektive delprov” (år sex 12/13) Generell uppmaning om anpassning: ”kan anpassas för elever med funktionsnedsättning på det sätt som skolan/läraren finner lämpligast” (år sex 12/13)		

(Forts.)

Tabell 1. *(Forts.)*

	Årskurs 3	Årskurs 6	Årskurs 9
Indirekt	I delproven uppmanas läraren att läsa högt och förklara svåra ord för de som behöver 2010, 2011"Ge språkligt stöd" Ge anpassningar för elever i eller med "språksvårigheter". Efter 2012/2013 är anpassningar mer riktade mot elever med funktionsnedsättning. 2014/2015 För alla elever är det angeläget att få möjlighet att visa matematiskt kunnande även muntligt.	I delproven uppmanas läraren att läsa högt och förklara svåra ord för de som behöver. Anpassning "för de elever som så behöver, "med funktionsnedsättning eller i språksvårigheter" 2011/12 Efter 2012 pekas enbart elever med funktionsnedsättning ut som mottagare för språkstöd. 2012/13 samt 2014/15: Lexikon kan användas	2010, 2011 Språkligt stöd kan ges till elever i eller med "språksvårigheter" Efter 20112. "Ge språkligt stöd" beskrivs som för elever med funktionsnedsättning. Lexikon kan användas. 2014/15 Nämns stöd och anpassning kan ges även till elever "i språksvårigheter"

modersmål än svenska kan vara berörda, antingen direkt eller indirekt. Det var inte mycket mer, utöver dessa typiska formuleringar som förekom i instruktionstexterna beträffande dessa elever. Några formuleringar förekom i instruktionerna till samtliga skolår och är då presenterade i en gemensam cell.

I det följande presenteras de inkluderingar, exkluderingar, abjektioner och de system av kategoriseringar som uttolkats om den flerspråkiga eleven som provdeltagare. Detta sätts i relation till de angivna skolpolitiska dokumenten för att till sist sammanfattas i två typer av fabricerade flerspråkiga provdeltagare. Dessa diskuteras utifrån tidigare forskning.

Den flerspråkiga eleven i provets instruktioner

Det finns av förklarliga skäl flera passager där det framhålls hur viktigt det är att lärare läser och följer instruktionerna. Syftet är att lärare ska *göra lika* och därmed skydda ett likvärdigt genomförande i landet. Något som nämns inledningsvis i alla instruktioner och som framhålls som det viktigaste med proven och att följa instruktionerna är ”att materialet är ett stöd i bedömningen av elevers visade kunskaper”. Den flerspråkiga eleven är givetvis inkluderad i alla uttryck som beskriver elever och alla elever generellt även om de inte nämns. Det finns exempelvis i flera av proven information om att provtiden är satt utifrån hur merparten av de elever som genomför provet behöver tid. Här ingår alltså de flerspråkiga eleverna med annat modersmål än svenska.

En central del i hur provtagaren skrivs fram i provets instruktioner är namngivandet av de barn och ungdomar som finns nämnda i beskrivningar av delproven. Valet av namn är samtidigt en spegling av normerna kring vilka språk och eventuella ursprung hos elever som anses vanliga. Det är också den uppsättning namn som lärarna möter då de läser in sig på hur provet ska genomföras. Detta ska sättas i relation till att en fjärdedel av eleverna i svensk skola har utländsk härkomst och att många av provtagarna har namn som speglar deras kulturella ursprung. I provets instruktioner och delprov kommer de namn som lämnas att samtidigt fabricera vem den elev är som reser och har utmaningar som de tar sig an med matematikens hjälp. Naturligtvis förekommer helt andra och kanske mer nyanserade ursprung i namnen som förekommer i själva delprovens uppgifter, men jag har enbart tagit del av de som finns i lärarinformationen till provet. Frågan jag ställde till texterna var: Vilka är de namn som används i provets instruktioner och som läraren möter? I instruktionerna till det nionde skolåret har namnen Adrian, Peter, Amanda, Henrik, Petra och Hanna använts fram till läsåret 2012/13, då också namnet Amir dyker upp två år i rad. Något flicknamn som liknar Amir, finns däremot inte. I årskurs sex är det Leo och Maja som reser till Simon, Amy och deras inte namngivna lillasyster. Dessutom förekommer namnen Kim, Sabina, Anton, Hanna, Maria, Alex, Samira, Leo, Maja och Kevin. I årskurs tre är Nova och Troj huvudpersonerna i sagorna. Läsåret 2011/12 är ytterligare två barn med. Det är Monia och Amir. De beskrivs som medföljande vilket har tolkats som en sorts biroll, trots att de deltar lika mycket i berättelsen. Barnen i dessa berättelser fabriceras som att eleverna med nordiskt klingande namn är huvudpersoner och de med arabiskt klingande namn är besökare, medföljare eller kommer med på de nordiska barnens äventyr. Många av de valda namnen har en långvarig etablering i svenska namnlängder som exempelvis Kim, Peter, Hanna, Maja, Maria. Andra namn har ett mer kolonialt eller latinskt ursprung som Adrian och Henrik eller Leo och Nova. Därutöver förekommer tre namn med ett arabiskt ursprung: Amir, Monia och Samira samt namnet Kim med ett asiatiskt eller anglosaxiskt ursprung. Barnen som finns nämnda i instruktionerna som lärarna läser, fabriceras inte lika ofta som exempelvis elever med ursprung i Asien eller Afrika.

Förutom att namngivande signalerar kategorier som är inkluderade eller exkluderade, fabriceras eleven i explicita utrryck om språkanvändning. Explicita omnämnanden av den flerspråkiga eleven med annat modersmål än svenska är relativt ovanligt i de arton studerade instruktionstexterna och uttrycket ”elev med annat modersmål” förekommer i samband med instruktionerna till proven i årskurs tre och nio, men inte i årskurs sex. I alla provinstruktioner till det tredje skolåret, utom för läsåret 2014/15, nämns eleven med annat modersmål än svenska. Detta i termer av att prestationen kan bli bättre under ett muntligt prov. Eleven ramas därmed indirekt också in som någon som kanske inte kan lyckas med att kommunicera sina tankar i skrift under provet eller kan läsa det svenska språket tillräckligt väl för att förstå uppgiften. Den flerspråkiga eleven som provtagare positioneras därmed indirekt som missgynnad under de flesta av delproven, nämligen de skriftliga. I årskurs tre gäller detta under samtliga år och där det nationella provet varje år utgjorts av ett muntligt delprov och flera skriftliga delprov. 2014/2015 står det: ”För alla elever är det angeläget att få möjlighet att visa matematiskt kunnande även muntligt”. Här ingår givetvis flerspråkiga elever med annat modersmål än svenska. Vissa kategorier av elever är inte framträdande vad gäller namngivning och delvis samma elever fabriceras som missgynnade av bedömningsspråket.

Den generella och inledande informationen om anpassningar av provet är efter 2012 i samtliga instruktioner kopplade till funktionsnedsättning, med undantag för instruktionerna för läsåret 2014/15 i skolår nio. Efter läsåret 2012/13 är formuleringarna om anpassningar riktade mot elever med funktionsnedsättning med tillägget att det är i situationer där denna nedsättning innebär uppenbara hinder som anpassningar kan ges. När fabriceringen av elever som ska få anpassningar tydligt skrivs fram som elever med funktionsnedsättningar, inkluderas samtidigt inte elever i behov av stödinsatser av andra anledningar. Det gäller exempelvis den flerspråkiga eleven i behov av stöd —om denna inte har en funktionsnedsättning. I den formulering som användes i provets instruktioner före 2012 och den tydligare avgränsningen av anpassningar kopplat till funktionsnedsättning, nämligen "språksvårigheter", kan elever som inte behärskar svenska tillräckligt mycket väl vara inkluderade. Ett undantag är att de språkliga anpassningarna under läsåret 2014/2015 i nian också handlar om elever med språksvårighet, vilket beroende på tolkning inte ingår eller ingår i att vara flerspråkig och i behov av språkliga anpassningar. Det finns också till varje delprov i provets instruktioner uppmaningar om att ge språkligt stöd på olika sätt, om det behövs. Uttryck om att ge elever sådant stöd kommer ofta efter formuleringarna om att anpassningar är till för elever med funktionsnedsättningar. Sådant språkligt stöd kan handla om att hjälpa en elev in i en uppgifts sammanhang, förklara eller översätta ord samt tillhandahålla lexikon, beroende på årskurs.

I de fall flerspråkiga elevers språkanvändning nämns handlar det mestadels om att ge kompensatoriska åtgärder för brister i syfte att skapa tillgänglighet till innebörden i uppgifterna. I alla instruktioner till årskurs nio efter 2012 samt i årskurs sex läsåren 2012/13 och 2014/15 föreslås exempelvis att eleven kan använda lexikon för att översätta ord. "Annat modersmål" nämns endast en gång direkt i instruktionerna till proven i årskurs 9 och det sker läsåret 2014/15 i samband med instruktioner om stöd. Mer specifikt handlar det om elever med svårigheter att förstå svenska. Här framträder eleven som någon som är missgynnad på grund av individuella svårigheter att förstå vissa ord eller sammanhang. Förslaget på hur man kan komma till rätta med denna svårighet i skolår nio är att, som redan nämnts, erbjuda eleven lexikon och att hjälpa elever att översätta bedömningsspråket eller förstå sammanhanget. I nians instruktion för läsåret 2015/16 nämns även nyanlända elever, vilka kan förväntas ha annat modersmål än svenska, men då med en hänvisning till Skolverkets hemsida. Informationen om dessa är alltså inte inkluderad i provets instruktioner. Detta kan sättas i relation till att det från vårterminen 2016 blev obligatoriskt att kartlägga nyanländas kunskaper.

Samtidiga riktningsförändringar av svensk skola

De gånger flerspråkiga elevers styrkor nämns, gäller det att de kan uttrycka kunskaper bättre verbalt. Detta uttryck i provets instruktioner kan sättas i relation till Skolverkets rapport *Med annat modersmål – elever i grundskolan och skolans verksamhet* (Skolverket, 2008a). Där framhålls vikten av modersmålet för lärandet. En bristande likvärdighet mellan skolor vad gäller hur man erbjuder handledning på modersmål och modersmålsundervisning påtalas också i rapporten. Ytterligare en utmaning som framhålls i samband med undervisning av elever med annat modersmål än svenska är att det är svårt att veta vad elever förstår, även om de kan uttrycka sig på svenska (Skolverket, 2008a). I en provsituation skulle detta kunna innebära att det för läraren kan vara svårt att veta vad flerspråkiga elever förstår i matematik även under det muntliga delprovet. Ungefär samtidigt som denna text om flerspråkighet publicerades gav Skolverket ut allmänna råd om kartläggning av nyanländas lärande (Skolverket, 2008b). Dessa texter visar på att det strax innan införandet av nationella prov i årskurs tre (2010) och sex (2012) fanns direktiv till skolan om att hantera modersmål som viktigt för lärande och bedömningssammanhang. Den sociala epistemologin kring flerspråkiga elevers kunskaper som uttrycks i dessa sammanhang visar att språket är en central resurs för lärandet, men också kan vara ett hinder i kunskapsbedömning i matematik.

I provets instruktioner och för samtliga årskurser syns en förändring rörande formuleringar om elevers språk år 2012. Det gäller mer precist hur språkliga anpassningar kan göras och relateras efter 2012 till funktionsnedsättning. Den sociala epistemologin kring just språkliga anpassningars betydelse för att visa kunskap framträder därmed som att det framförallt är en tillgänglighetsfråga för elever med funktionsnedsättningar. Vad hände då i svensk skolpolitik som kan förklara detta sätt att förstå och skriva fram kategorier av elever? Strax före och efter 2012 års prov skedde en del riktningsförändringar vad gäller elever med funktionsnedsättningar som bidrar till en social epistemologi om hur kunskap blir till och kan synas. En av dessa är den förändring som gjordes av Skollagen 2010 och som implementerades 2011 (Utbildningsdepartementet, 1985; 2010). I denna skrevs rättigheter till stöd för personer med funktionsnedsättning in tydligare, vilket härrör i bland annat FN-konventionen om rättigheter för personer med funktionsnedsättning som Sverige ratificerat och som trädde i kraft 2009. Ytterligare ett led i att stärka rättigheterna för elever i behov av skolans stödinsatser var skyldigheten att upprätta åtgärdsprogram och tillsätta utredningar som kom med Lgr11 (Skolverket, 2018). Med de nya kunskapskraven följde en ansvarsskyldighet att se till att alla elever når målen, samtidigt som ett nytt betygssystem introducerades och betygssättning tidigarelades till att omfatta årskurs sex. Diskrimineringslagen som skyddar personer med funktionsnedsättningar från att diskrimineras trädde i kraft 2009. Denna stärktes 2015 genom att bristande tillgänglighet också räknas som diskriminering på diskrimineringsgrunden funktionsnedsättning (Kulturdepartementet, 2008). Det går att anta att angelägenhetsgraden att säkerställa tillgänglighet för elever med funktionsnedsättningar, blev allt viktigare efter 2012 för att inte diskriminera elever med funktionsnedsättningar.

Skolan tillskrivs ansvar för att säkra likvärdighet och kvalitet. I samband med att anpassningar och stöd föreslås i provets instruktioner återfinns också budskapet att det är viktigt att provet testar de kunskaper, förmågor och mål som är avsedda. Jag vill sätta denna uppmaning i relation till de kunskapskrav som kom med Lgr11, med det mål- och resultatstyrda betygssystemet och det ansvar som skolan åläggs att se till att alla elever når uppnåendemålen. Det blir nödvändigt att på något sätt ta reda på om målen nåtts och kontrollera det på ett likvärdigt sätt. Den friktion som visar sig när lärare ställs inför dilemmat att trygga provets eller elevens likvärdighet, samt den allmänna debatten som bitvis handlat om eventuell (o)rättvisa med att elever får anpassningar, tolkar jag som att det i den sociala epistemologin ingår ett ifrågasättande kring hur anpassningar kan sätta provets likvärdighet på spel. Ytterligare ett sätt att säkerställa att undervisning leder till måluppfyllelse och stöd för lärandet är den åtgärdsgaranti kring att läsa, skriva och räkna som införts (Utbildningsdepartementet, 2017b). De nationella bedömningstillfällena och förskoleklassens kartläggningsmaterial i matematik kommer att få en central roll i att fånga elever som kan behöva mer eller något annat av undervisningen. Dessa två påbud tillsammans utgör exempel på hur det i den sociala epistemologin finns en idé om att det är viktigt med tidiga insatser, att alla elever kan nå de uppsatta kunskapsmålen samt att detta är skolans ansvar och slutligen, att uppfyllandet av detta ansvar behöver kontrolleras. Det är mot denna bakgrund betydelsefullt att provet visar det som är avsett —så att man kan utvärdera elevers kunskaper mot de kunskapskrav som finns i Lgr11 (Skolverket, 2018) och som ska vara uppnådda efter det tredje, sjätte och nionde skolåret.

Fabriceringen av den flerspråkiga eleven som provdeltagare

Att ha annat modersmål än svenska, utländsk bakgrund eller att vara nyanländ inbegriper en stor variation av elever med skilda bakgrunder, förmågor, behov och förutsättningar. De inkluderingar, exkluderingar och abjektioner som uttolkats i formuleringarna i provets instruktioner och de skolpolitiska dokumenten har sammanfattats i två typer av fabriceringar av flerspråkiga provdeltagare.

I de passager i provets instruktioner där den flerspråkiga eleven explicit nämns, omtalas denna som en provdeltagare som är exkluderad eller utmanad från deltagande, någon som kanske inte förstår ord eller uppgifters sammanhang och inte kan kommunicera tillräckligt väl i en textbaserad uppgift på svenska. Det står visserligen att eleven kan klara det muntliga provet bättre, men detta utifrån att det är svårigheter med de andra proven. För det första fabriceras den flerspråkiga provdeltagaren som *någon som står utanför bedömningsspråket och ibland även utanför kontexten*. De stöd som läraren föreslås att ge när elever inte förstår är muntliga översättningar, lexikon eller upprepande av information, samt att hjälpa eleven in i ett sammanhang. Dessa förslag innebär att eleven själv —efter att ha fått hjälp av läraren eller lexikonet— behöver tolka språket i uppgiften och göra uppgiften begriplig. Jag vill här peka ut att en muntlig översättning behöver eleven hålla i arbetsminnet för att fortsätta fundera på uppgiften. Sådant som eleven själv kan behöva förstå är om ett ord är ett matematiskt ord eller inte, eller om det behövs för lösandet av uppgiften. Det anges inte som ett alternativ i provets instruktioner att översätta provet till elevens modersmål i skrift. Sammanfattningsvis innebär detta att elevens kontextuella kunskap och arbetsminne har betydelse för om det stöd som ges —kan komma till nytta. Bland annat Barwell (2014) och Moschovich (2002) har demonsterat hur viktigt det är att använda det språk man förstår bäst i lösandet av uppgifter och för att skapa förståelse för matematiken, även när språkliga och kulturella faktorer gör att man inte kan säkerställa den matematiska konstruktionens validitet (Barwell, 2014). Det kan vidare uppstå spänningar mellan elevens erfarenhet och språk och det språk och de erfarenheter som finns i uppgiften om de är för olika. Barwell (2014) har beskrivit detta som att texten konstruerar eleven och tvärtom när dessa möts:

> as well as the students encountering the text, the text can also be said to encounter the students: it constructs them as being supposed to recognise things like tulip festivals and, when they do not, as being outsiders (s. 919)

En omedvetenhet om detta förhållande eller brist på följsamhet i mötet mellan text och elev skulle kunna grunda sig i ett förhållningssätt där läraren, skolan och samhället har ett bristtänkande om den flerspråkiga elevens kapacitet. Detta förhållningssätt kan bidra till disability discourses, det vill säga förhållningssätt där brister, svagheter och svårigheter är i fokus (Moschkovich, 2002, 2007). Detta har även diskuterats av Halai, Muzaffar och Valero (2016) som visat hur också forskningen genom sitt sätt att kategorisera och ta förgivet riskerar att bidra till en disability discourse. Fenomenet hör samman med den andra fabriceringen som uttolkats, nämligen att den flerspråkiga eleven som provdeltagare fabriceras som en *missgynnad provdeltagare eller en elev med brister*. Detta sker särskilt om brister i förståelse av ord eller kontexter fokuseras, som exempelvis att elever inte kan visa kunskaper *på grund av* sina språk i stället för tack vare sina språk.

Diskussion

De utökade nationella bedömningstillfallen som vi ser i Sverige är ett fenomen som har rötter i en större internationell utbildningspolitisk kontext. Ett flertal forskare har pekat på vikten av att de praktiker som genererar data studeras och problematiseras (Creagh, 2016; Stobart, 2005). I praktiken ingår inte bara själva genomförandet utan också det som föregår, reglerar och styr genomförandet. För att återgå till Popkewitz (2012), så blir det nu intressant att diskutera vad provets instruktioner gör möjligt, rimligt och synligt i förhållande till flerspråkiga elever och deras kunskap. Detta kapitel har haft till uppgift att belysa andra dimensioner i provsammanhanget för den flerspråkiga eleven än prestationer och resultat, nämligen att bidra till att förstå och förklara hur den sociala epistemologin och fabriceringen av den flerspråkiga eleven som provdeltagare blir till.

Det finns idag en tydlig orientering mot att driva skolutveckling och fatta beslut utifrån statistik och insamlade data som rör prestationer, eller som Grek (2009) benämner det; governing by numbers. Detta sätt att utifrån prov och data styra utbildning har blivit allt vanligare:

> governing regimes in education that emphasize 'data' and 'evidence' as a basis for decision making, performance management and accountability have been introduced in several countries. (Prøitz, Mausethagen & Skedsmo, 2017, s.1)

Om det ska gå att fatta beslut och driva utveckling som rör lärande och undervisning, behöver det säkerställas att de siffror som genereras verkligen visar elevers kunskaper. Det blir då viktigt att de olika typerna av likvärdighet i provgenomförandet uppfylls, vilket är en av de uppgifter lärarna har och som bland annat regleras av provets instruktioner. Målet med instruktionerna är att elever ska kunna tillgodogöra sig provets innehåll och visa sina kunskaper. Om det är oförmågor och brister hos eleven som gör att den inte kan delta likvärdigt, är det i konsekvensens namn nödvändigt att veta hur dessa ska kompenseras, men även att se vilka resurser och styrkor eleven har som kan nyttjas i provsituationen.

Fabriceringen av den flerspråkiga elevens lärande i matematik har studerats av Norén och Källberg (2018) men då i en annan typ av styrande dokument; nämligen dokument vars uppgift är att bevaka och skydda rättssäkerhet, rättvisa och likvärdighet i lärandet för flerspråkiga elever. I föreliggande kapitel är en helt annan typ av styrande dokument i fokus; nämligen ett som har i uppdrag att värna rättvisa och likvärdighet i bedömningssammanhanget i matematik. De uppmaningar som finns kring att följa instruktioner och göra genomförandet likvärdigt i hela landet innebär givetvis inte att man ska göra samma sak överallt. Det finns också utrymme för anpassningar, olika typer av bemötande och stöd till elever. Gränserna för detta omgärdas dock av att anpassningarna ska genomföras på ett lämpligt sätt., det vill säga så att eleven får tillgång till provet men utan att det hotar bedömningen av den avsedda kunskapen. Eleven som individ och provtagare genomför provets samtliga delprov enskilt med undantag för det muntliga gruppvisa provet. Det är dock elevens enskilda kunskap som bedöms och det är eleven som ytterst hamnar i och behöver utstå de spänningar som kan uppstå mellan provets och elevens egen likvärdighet. Lärarna har i uppdrag att förverkliga den språkpolitik som finns och att ge och administrera det nationella provet. I det nationella provsammanhanget är det inte enbart den flerspråkiga elevens intressen som ska tillgodoses utan framför allt att de nationella bedömningstillfällena genomförs och bedöms likvärdigt. Provinstruktionerna riktar därför uppmärksamheten mot företeelser som potentiellt riskerar likvärdigheten. Den karaktär som instruktioner har skiljer sig därför från texter som har ett särskilt fokus på att förbättra situationen för flerspråkiga elever. Den position som eleverna ges i textens olika formuleringar och uttryck blir därför också helt annorlunda.

Bedömningsspråket och hur läraren och skolan kan förhålla sig till språkanvändning i bedömningssituationen hör intimt samman med skolpolitik och språkpolitik. Det finns länder som ger prov på flera olika språk medan andra gör det enbart på landets officiella språk (Stobart, 2005). I det svenska sammanhanget ges nationella provet i matematik på svenska och i särskilda fall på engelska. I förhållande till ett mångkulturellt samhälle framhåller Stobart (2005) betydelsen av att bedömningssystemen är kultur- och mångfaldssensitiva särskilt vad gäller bedömningens språk, innehåll och metoder. Scott m.fl. (2014) menar att för att ett prov ska kunna vara rättvist behöver det differentieras för att ge elever med olika språklig, kulturell och social bakgrund möjlighet att visa sina kunskaper. Samtidigt som det finns skillnader i språklighet som påverkar provgenomförandet och som har visat sig ha betydelse för elevers nationella provresultat och betyg, finns ingen tydlig vägledning kring hur dessa elevers likvärdighet ska säkras. Den flerspråkiga eleven är inte i provets instruktioner någon särskilt framträdande provdeltagare även om den ofta nämns i samband med rapporter om provens resultat. Detta påminner om vad Creagh (2016) har kommit fram till om språkliga skillnader. Strukturer som finns bakom missgynnanden behöver synliggöras, men det finns samtidigt en risk att man genom att göra detta etiketterar och kategoriserar på ett sätt som förstärker tendenserna. Creagh (2016) har studerat kategoriseringen av elever och visar hur elever som identifieras som missgynnade samtidigt blir osynliggjorda. Ett nationellt prov, eller forskning om elever, kan generera data om kategorier av elever. Dessa kategorier gör det möjligt att synliggöra mönster och kan bidra till att förändra missgynnanden. Kategorierna kan däremot omöjligen skildra den mångfald av behov och förutsättningar som finns inom gruppen i fråga (Leder, 2015). Det finns också risker med att diskussionen om elever på gruppnivå alltför ofta omgärdas av ett förhållningssätt där vissa framställs som mindre resursstarka eller rentav missgynnade. Användandet av kategorier skapar dessutom en illusion av att vi kan se in i skolsystemet på ett transparent sätt. Det är dock inte så enkelt, eftersom bedömningar i sig bidrar till att etikettera, skapa och befästa kategorier och kan leda till att missgynnanden normaliseras (Bagger, 2015). Kategorierna och det tankesystem de tillhör, fabricerar samtidigt det som de beskriver. Det gäller även forskning och denna text.

Det är vanskligt att dra slutsatser utifrån resultaten på de nationella proven utan att samtidigt beakta normerna i bedömningssystemet och också språk-, utbildnings- och bedömningspolitiken. Frågor om vilka som gynnas och missgynnas leder ingenvart —om det politiskt förgivettagna om vem 'den provtagande eleven' är och förblir densamma och reproduceras. Detta är dock inget lätt uppdrag att lösa, för samtidigt som de strukturer som finns bakom missgynnanden behöver synliggöras finns alltså alltid en risk att man genom att göra det etiketterar och kategoriserar på ett sätt som förstärker dessa tendenser. Trots denna risk, behöver styrningen av lärares uppdrag att genomföra prov studeras och problematiseras. Detta har fått en särskild betydelse efter ett rättsligt beslut i Kammarrätten som innebär att resultat på nationella prov enbart kan redovisas på riksnivå och har sin grund i en förändring av Statistiska Central Byrån (SCB)s sekretesspolicy (Skolverket, 2020). Detta får till följd att det inte längre blir möjligt att i statistiken se vilka skolor eller elever som är missgynnade. Att inte detta längre går att se är däremot inte detsamma som att skillnaderna utjämnats. Att varje skolhuvudman, skola, lärare och beslutsfattare framgent arbetar med, och är medveten om, eventuella segregerande effekter är av stor betydelse. Att något inte synliggörs innebär inte att det inte finns. Detta gäller såväl elevers kunskaper —om de missgynnas i möjligheterna att visa sina kunskaper— som bristande likvärdighet mellan skolor och grupper av elever vad gäller provresultat eller möjligheter att lära sig, visa eller få kunskap bedömd.

Referenser

Bagger, A. (2015). *Prövningen av en skola för alla. Nationella provet i matematik i det tredje skolåret.* [Doktorsavhandling, Umeå universitet]. https://www.diva-portal.org/smash/record.jsf?pid=diva2%3A1264189

Bagger, A. (2017). Quality and equity in the era of national testing. The case of Sweden. I J. Allan & A. Artiles (Red.), *The Routledge Yearbook of Education 2017, Assessment inequalities* (s. 68–88). Routledge. https://doi.org/10.4324/9781315517377-5

Barwell, R. (2014). Centripetal and centrifugal language forces in one elementary school second language mathematics classroom. *ZDM, 46*(6), 911–922. https://doi.org/10.1007/s11858-014-0611-1

Creagh, S. (2016). 'Language background other than English': A problem NAPLAN test category for Australian students of refugee background. *Race, Ethnicity and Education, 19*(2), 252–273. https://doi.org/10.1080/13613324.2013.843521

Expressen. (2020). Expressens reportage om sveriges PISA resultat. Hämtat 200706 https://www.expressen.se/nyheter/qs/sveriges-pisa-framgang-bygger-pa-falska-siffror/

Grek, S. (2009). Governing by numbers: The PISA "effect" in Europe. *Journal of Education Policy, 24*(1), 23–37. https://doi.org/10.1080/02680930802412669

Halai, A., Muzaffar, I., & Valero, P. (2016). Research rationalities and the construction of the deficit multilingual mathematics learner. I R. Barwell m.fl. (Red.), *Mathematics Education and Language Diversity*. https://doi.org/10.1007/978-3-319-14511-2_15

Kulturdepartementet. (2008). *Diskrimineringslag* (SFS 2008:567)

Källberg, P.S. (2018b). *Immigrant students' opportunities to learn mathematics: In(ex)clusion in mathematics education.* [Doktorsavhandling, Stockholms universitet]. http://www.diva-portal.org/smash/record.jsf?pid=diva2%3A1177002

Leder, G.C. (2015). Mathematics for all? The case for and against national testing. I S. Cho (Red.), *Proceedings of the 12th International Congress on Mathematics Education* (s. 189–207). Springer. https://doi.org/10.1007/978-3-319-12688-3_14

Lester, F.K. (2007). Culture, race, power, and mathematics education. I F.K. Lester (Red.), *Second handbook of research on mathematics teaching and learning: A project of the National Council of Teachers of Mathematics*, (vol. 2, s. 405–433). Information Age.

Moschkovich, J. (2002). A situated and sociocultural perspective on bilingual mathematics learners. *Mathematical Thinking and Learning, 4*(2–3), 189–212. https://doi.org/10.1207/S15327833MTL04023_5

Moschkovich, J. (2007). Bilingual mathematics learners: how views of language, bilingual learners, and mathematical communication affect instruction. I N. Nasir & P. Cobb (Red.), *Improving access to mathematics: Diversity and equity in the classroom* (s. 89–104). Teachers College Press.

Norén, E. & Källberg, P.S. (2018). Fabrication of newly-arrived students as mathematical learners. *NOMAD*, 23(3–4), 15–37.

Popkewitz, T. (2004). The alchemy of the mathematics curriculum: Inscriptions and the fabrication of the child. *American Educational Research Journal* 41 (1), 3–34. https://doi.org/10.3102/00028312041001003

Popkewitz, T. (2012). Numbers in grids of intelligibility: making sense of how educational truth is told. I H. Lauder, M. Young, H. Daniels, M. Balarin, & J. Lowe (Red.), *Educating for the Knowledge Economy? Critical Perspectives*, (s. 169–191). Routledge, Taylor & Francis. https://doi.org/10.4324/9780203817698-19

Popkewitz, T. (2013). The sociology of education as the history of the present: Fabrication, difference and abjection. *Discourse: Studies in the Cultural Politics of Education, 34*(3), 439–456. https://doi.org/10.1080/01596306.2012.717195

Popkewitz, T. (2014). Social epistemology, the reason of "reason" and the curriculum studies. *Education Policy Analysis Archives, 22*(22). https://doi.org/10.14507/epaa.v22n22.2014

Prøitz, T., Mausethagen, S., & Skedsmo, G. (2017). Data use in education: Alluring attributes and productive processes. *Nordic Journal of Studies in Educational Policy, 3*(1), 1–5. https://doi.org/10.1080/20020317.2017.1328873

Scott, S., Webber, C.F., Lupart, J.L., Aitken, N., & Scott, D.E. (2014). Fair and equitable assessment practices for all students, *Assessment in Education: Principles, Policy and Practice 21*(1), 52–70.

Serder, M. & Ideland, M. (2015). PISA truth effects: The construction of low performance. *Discourse: Studies in the Cultural Politics of Education, 37*(3), 1–17. https://doi.org/10.1080/01596306.2015.1025039

Skolverket. (2008a). *Med annat modersmål – elever i grundskolan och skolans verksamhet*. Skolverkets rapport nr 321.

Skolverket. (2008b). *Allmänna råd för utbildning av nyanlända elever*. Allmänna råd och kommentarer. Skolverket.

Skolverket. (2010). *Ämnesproven i grundskolans årskurs 3. En redovisning av genomförandet 2010*. Stockholm: Skolverket.

Skolverket. (2011). *Ämnesproven i grundskolans årskurs 3. En redovisning av genomförandet 2011*. Stockholm: Skolverket.

Skolverket. (2016). *Redovisning av uppdrag om relationen mellan provresultat och betyg i grundskolans årskurs 6 och årskurs 9* (dnr: U2015/04701/S).

Skolverket. (2017a). *Nationella prov*. Hämtad 16-06-2017 från https://www.skolverket.se/bedomning/nationella-prov

Skolverket. (2017b). *Grundskolan: Slutbetyg årskurs 9. Uppdelat per svensk och utländsk bakgrund*. Skolverkets Internetbaserade Resultat- och kvalitets Informations System (SIRIS). Hämtad 31 08–2017 från http://siris.skolverket.se/siris/f?p=Siris:1:0

Skolverket. (2017c). *Grundskolan: Slutbetyg per ämne i årskurs 9*. Skolverkets Internetbaserade Resultat- och kvalitets Informations System (SIRIS).

Skolverket. (2018). Läroplan för grundskolan, förskoleklassen och fritidshemmet 2011 (Lgr11). Reviderad 2018

Skolverket. (2020). *Så kan skolstatistiken åter publiceras*. https://www.skolverket.se/om-oss/press/pressmeddelanden/pressmeddelanden/2020-09-04-sa-kan-skolstatistiken-ater-publiceras

Stobart, G. (2005). Fairness in multicultural assessment systems. *Assessment in Education: Principles, Policy and Practice, 12*(3), 275–287.

Utbildningsdepartementet. (1985). Skollag (SFS 1985:1100)

Utbildningsdepartementet. (2010). Skollagen (SFS 2010:800)

Utbildningsdepartementet. (2017a). *Uppdrag att digitalisera de nationella proven m.m.* U2017/03739/GV. Regeringsbeslut.

Utbildningsdepartementet. (2017b). *Nationella prov – rättvisa, likvärdiga, digitala*. Prop. 2017/18:14. Utbildningsdepartementet.

Utbildningsdepartementet. (2017c). *Läsa skriva, räkna– en garanti för tidiga stödinsatser*. Prop. 2017/18:195. Utbildningsdepartementet.

Valero, P. (2017). Mathematics for all, economic growth, and the making of the citizen-worker. I T.S. Popkewitz, J. Diaz, & C. Kirchgasler (2017), *A political sociology of educational knowledge: Studies of exclusions and difference* (s. 117–132). Taylor and Francis. https://doi.org/10.4324/9781315528533-8

Bilaga

Tabell 1. Översikt av lärarinstruktionen till skolår 3, omfattning och struktur som utlämnats och ej är sekretessbelagd.

Prov	Struktur	Information om proven
Ämnesprov vårterminen 2010. Matematik, lärarinformation. 15 sidor. (exkl. berättelsen).	Allmän information. Information om delproven. Översikt av elevmaterial. Berättelsen och lärarenkät	Bakgrund och syfte, information till föräldrar, provperiod, inramning, struktur, anpassning, hantering och sekretess, översikt, insamlingar
Ämnesprov vårterminen 2011. Matematik, lärarinformation. 19 sidor. (exklusive berättelsen).	Allmän information. Information om delproven. Översikt av elevmaterial. Berättelsen och lärarenkät	Bakgrund och syfte, information till föräldrar, provperiod, inramning, struktur, anpassning, hantering och sekretess, översikt, insamlingar, Skolinspektionens insamling för central rättning
Ämnesprov, läsår 2011/2012. Matematik, lärarinformation. Ca 15 sidor. (exkl. berättelsen).	Allmän information. Information om delproven. Översikt av elevmaterial. Berättelsen	Bakgrund och syfte, information till föräldrar, provperiod, inramning, struktur, anpassning, hantering och sekretess, översikt, insamlingar,
Ämnesprov, läsår 2012/2013. Matematik, lärarinformation. Ca 15 sidor. (exkl. berättelsen).	Allmän information. Information om delproven. Berättelsen.	Bakgrund och syfte, information till föräldrar, provperiod, inramning, struktur, anpassning, hantering och sekretess, översikt, insamlingar
Ämnesprov, läsår 2013/2014. Matematik, lärarinformation. 22 sidor (exkl. berättelsen).	Allmän information. Information om delproven. Berättelsen.	Syfte, material, översikt, provperiod, inramning, struktur, anpassning, sekretess, hantering, rapportering, redovisning
Ämnesprov, läsår 2014/2015. Matematik, lärarinformation.	Allmän information. Information om delproven. Berättelsen.	Syfte, material, översikt, provperiod, inramning, struktur, anpassning, sekretess, hantering, rapportering, redovisning

Tabell 2. Översikt av lärarinstruktionen till skolår 6, omfattning och struktur som utlämnats och ej är sekretessbelagd.

Prov	Struktur	Information i dem allmänna informationen
Ämnesprov vårterminen 2011/2012. Matematik, lärarinformation. Delprov A 19 sidor. (exklusive berättelsen).	Allmän information. Delprov A information. Lärarmaterial, elevmatieral.	Delprov och tidsplan, övrigt material, distribution, hantering och sekretess, anpassning, insamling av resultat, lärarenkät och elevarbeten, information till föräldrar.
Ämnesprov, läsår 2011/2012. Matematik, lärarinformation. 21 sidor.	Kompletterande lärarinformation. Information om B, C, D, bedömning, Hur vi arbetar, kopieringsunderlag	Elevmaterialet, anpassningar, översikt av elevmaterial, ämnesprovet 2012 en översikt, insamlingar, arkivering.
Ämnesprov, läsår 2012/2013. Matematik, lärarinformation. Delprov A, muntligt delprov inklusive engelsk översättning. Ca 15 sidor.	Allmän information. Delprov A, Lärarmaterial, elevmaterial, översatt material.	Delprov och tidsplan, material, bedömning, kravgränser för provbetyg, anpassning, hantering och sekretess, insamling, arkivering, information till föräldrar, hur vi arbetar med provet, information om självbedömning och prov B, C, D, E.
Ämnesprov, läsår 2013/2014. Matematik, lärarinformation. Inklusive Delprov A, engelsk översättning och bedömningsansvisningar. 22 sidor	Allmän information. Delprov A, bedömningsanvisning till, kopieringsunderlag.	Syfte, material, distribution, översikt av delprov och material, anpassning, sekretess, hantering, rapportering och redovisning av resultat, arkivering, insamling, arkivering, information till föräldrar, information om självbedömning och prov B, C, D, E, intro till delprov C och D.
Ämnesprov, läsår 2014/2015. Inklusive Delprov A, engelsk översättning och bedömningsansvisningar, 16 sidor	Allmän information. Delprov A. Kopieringsunderlag, engelsk översättning, förenklad bedömningsmatris.	Syfte, material, distribution, översikt av delprov och material, anpassning, sekretess, hantering, rapportering och redovisning av resultat, arkivering, Info om självbedömning och delprov B, C, D, E, intro till delprov C och D.

Tabell 3. Översikt av lärarinstruktionen till skolår 9, omfattning och struktur som utlämnats och ej är sekretessbelagd.

Prov	Struktur	Information om proven
Ämnesprov vårterminen 2010. Matematik, lärarinformation om hela ämnesprovet. 1Del A med bedömningsanvisningar. 13 sidor.	Allmän information Delprov A	Bakgrund och syfte, användning av provet i vuxenutbildning. Om 2010 års prov; Distribution och material, ersättningsprov. B Beskrivning av delprov; delprovens syfte, beskrivning, delprovens tidpunkt, material, genomförande, tidsåtgång, bedömning, information till elever innan proven. Bedömning, Provbetyg; information till eleverna. Anpassning. Sekretess och arkivering. Insamling av provresultat, Hur vi arbetat med provet.
Ämnesprov vårterminen 2011. Matematik, lärarinformation om hela ämnesprovet. 1Del A med bedömningsanvisningar. 14 sidor.	Allmän information Delprov A	Bakgrund och syfte, användning av provet i vuxenutbildning. Om 2011 års prov; Ersättningsprov. Delprovens syfte, beskrivning, delprovens tidpunkt, material, tidsåtgång, bedömning, information till elever innan proven. Bedömning, Provbetyg; information till eleverna. Anpassning. Sekretess och arkivering. Insamling av provresultat, Hur vi arbetat med provet.
Ämnesprov vårterminen 2012. Matematik, lärarinformation om hela ämnesprovet. 14 sidor.	Allmän information Delprov A Lärarmaterial Elevmaterial Bilagor	Bakgrund och syfte, användning av provet i vuxenutbildning. Om 2012 års prov; anpassning för elever med funktionsnedsättning. Sekretess och arkivering. Insamling av provresultat, Hur vi arbetat med provet.

(Forts.)

Tabell 3. *(Forts.)*

Prov	Struktur	Information om proven
Ämnesprov, läsår 2012/2013. Matematik, lärarinformation. Delprov A med anvisningar och engelsk översättning. 12 sidor	Allmän information	Syfte, material, distribution, översikt, bedömning, kravgränser för provbetyg, sambedömning, information till eleverna, hjälpmedel, anpassning, insamling, sekretess, arkivering.
Ämnesprov, läsår 2013/2014. Matematik, lärarinformation. Delprov A med anvisningar och engelsk översättning. 10 sidor	Allmän information	Syfte, material, distribution, översikt, bedömning, kravgränser för provbetyg, sambedömning, information till eleverna, hjälpmedel, anpassning, sekretess, hantering, rapportering och redovisning, arkivering.
Ämnesprov, läsår 2014/2015. Matematik, lärarinformation. Delprov A med anvisningar och engelsk översättning. 7 sidor (exkl. kopieringsunderlag)	Allmän information Delprov A Kopieringsunderlag	Syfte, material, distribution, översikt, bedömning, kravgränser för provbetyg, information till eleverna, hjälpmedel, stöd och anpassning, sekretess, hantering, rapportering och redovisning, arkivering.
Ämnesprov, läsår 2015/2016. Matematik, lärarinformation. Delprov A med anvisningar och engelsk översättning. 12 sidor (exkl. delprov A)	Allmän information Syfte, utgångspunkter och användningsområden Instruktioner till prov A, Inför bedömningen, Uppgifter delprov A, kopieringsunderlag.	Material som ingår, utskicka, anpassningar för elever med funktionsnedsättning, datorer och mobiltelefoner, skolans rapportering, inrapportering steg för steg, hantering av prov, sekretess, arkivering, resultatsammanställning, syfte, konstruktion och utprövning, utgångspunkter provet prövar inte allt, skolans användning av resultat, återkoppling till elever och vårdnadshavare, återkoppling på undervisningen.

6. Sålla agnarna från vetet – Kritiska perspektiv på bedömning i matematik[1]

Lisa Björklund Boistrup
Malmö universitet

Sammanfattning

Detta kapitel belyser bedömning inom matematikundervisningen som en helhet. I kapitlet beskrivs hur bedömning på olika sätt gör att vissa elever får rika möjligheter att lära sig och engagera sig i matematik, medan andra inte får samma möjligheter. Genom bedömning på olika 'nivåer' styr skolsystemet så att elever sållas ut och sociala strukturer upprätthålls. Detta står i kontrast till vad som sägs i officiella dokument. I kapitlet dras nytta av resultat från tidigare klassrumsstudier och forskningsprojekt genomförda av lärare och forskare i samverkan. Den helhetsbild av matematik som presenteras —ett bedömningsdispositiv—, består av olika bedömningsdiskurser som elever får erfara, eller inte. Den innehåller också den påverkan som olika resurser —t.ex. lärobok, diagnostiska prov etc— har på klassrummens bedömningspraktik, samt även regleringar och beslut, vilka även dessa påverkar bedömningspraktiker på klassrumsnivå. Syftet med att presentera en sådan helhetsbild är tvåfaldigt: (a) att bidra till förståelsen av hur bedömning i matematik som en helhet kan se ut i en bild som fångar olika nivåer och aspekter; och (b) att ge en utgångspunkt för vidare forskning och diskussioner mellan lärare, studenter och beslutsfattare.

1 Detta kapitel är en svensk översättning och omarbetad version av ett tidigare publicerat kapitel på engelska (Boistrup, 2017). Springer har gett tillstånd till publicering av denna svenska version.

Hur du refererar till det här kapitlet:
Boistrup, L.B. (2022). Sålla agnarna från vetet – Kritiska perspektiv på bedömning i matematik. I P. Valero, L.B. Boistrup, I.M. Christiansen, & E. Norén (Red.), *Matematikundervisningens sociopolitiska utmaningar* (s. 129–155). Stockholm University Press. DOI: https://doi.org/10.16993/bcc.g.

Introduktion

I detta kapitel presenterar jag en helhetsbild över resultat från min forskning där bedömningsaspekter i relation till olika sammanhang som klassrum, skolledare, betygssystem osv. är sammanställda. I helhetsbilden försöker jag visa hur dessa sammanhang påverkar varandra och hur ett matematikklassrum inte alls är isolerat. Jag vill framför allt belysa hur bedömning i matematik ofta medför att vissa elever får uppleva meningserbjudande för lärande och engagemang i matematik, medan andra elever inte erbjuds samma möjligheter. I skolan som system riskerar därmed vissa elever att sållas bort, precis som agnarna sållas från vetet. För att beskriva bedömningens roll för detta sållande intar jag ett kritiskt forskningsperspektiv och i likhet med flera kapitel i denna bok använder jag mig av begrepp från filosofen Foucault.

Jag tar grundskolans matematikklassrum som utgångspunkt för att analysera hur dagliga bedömningspraktiker i matematikklassrum är styrda inom institutionen skolan. En utgångspunkt är att det är av intresse att studera om och hur elever i matematikundervisningen får erfara meningserbjudanden, inte bara för att lära matematik, utan också för att engagera sig i matematikundervisningen som aktiva agenter —vilket innebär att de får möjlighet att aktivt påverka det som sker i undervisningen. Intresset kommer från ett antagande att det på olika sätt är fördelaktigt för elever att lära matematik. Det handlar t.ex. om att få tillgång till kunskap som kan användas i olika situationer i livet (t.ex. FitzSimons, 2014, för en diskussion om matematik i relation till yrkeslivet), om kvalifikationer vilka skapar möjligheter för framtida utbildning och arbete (diskuteras av Gellert, 2017) eller bara om möjligheten att få uppleva matematik som meningsfullt eller roligt. Matematikens 'användbarhet' och roll i samhället kan problematiseras på olika sätt (t.ex. Straehler-Pohl, 2022, se också Foucault, 2003). I detta kapitel ses dock matematik som ett av de skolämnen som elever inom rimliga ramar har nytta, och möjligen även glädje, av att lära sig.

I kapitlet fokuseras på de bedömningar som visar sig för elever och lärare genom återkoppling. Här ingår återkoppling i klassrumskommunikationer, återkoppling kommunicerad genom prov av olika slag samt återkoppling genom betyg. Från ett didaktiskt perspektiv är det möjligt att argumentera att återkoppling mer handlar om kommunikationsmönster i undervisning än om bedömning. I denna text ses i stället bedömning som något som är närvarande i all undervisning och att lärarens bedömning visar sig för elever när den artikuleras genom återkoppling (se också Boistrup 2010, 2015, 2022). Detta kapitel argumenterar för att bedömningar i matematikklassrum påverkar vilka förväntningar som kommuniceras om olika elevers möjliga lärande. Detta innebär att om elever får möta möjligheter att lära och engagera sig i matematik, eller inte, hänger samman med vilka bedömningsdiskurser (diskursbegreppet definieras längre fram) eleverna möter. Även skolans administrativa ramar och andra företeelser påverkar bedömningspraktiker i matematikklassrum och i kapitlet visar jag hur diskurser, ramar med mera hänger samman i en helhet, ett dispositiv.

Perspektiv på klassrumsbedömning i matematik

Här utvecklar jag, som en bakgrund, ett perspektiv på bedömning som en del av ett kritiskt perspektiv i matematikdidaktisk forskning, internationellt och i Sverige.

I de diskussioner som förekommer i bedömningslitteratur ges ibland intrycket att bedömning är något som är gott 'i sig' och som något som framför allt har positiva möjligheter för elever. Ett exempel på en sådan diskussion är skriven av redaktören för en bok om formativ bedömning (Cizek, 2010), där möjligheterna med en formativ bedömning gås igenom utan att några möjliga negativa effekter av bedömning lyfts fram tydligt. Forskningsfältet om bedömning är dessutom ofta fokuserat på sökandet efter 'effektiva' tekniker (t.ex. Wiliam & Thompson, 2007, där fem bedömningsstrategier presenteras; se också Andersson, Boström & Palm, 2017). Det finns naturligtvis forskare som har ett mer kritiskt fokus och det är i detta fält jag placerar mig i detta kapitel. Vidare menar jag att undervisning utan någon som helst bedömning inte är empiriskt möjlig, eftersom återkoppling är en given del av undervisning och bedömning är, i sin tur, en given del av återkoppling.

Ett svenskt forskningsfält som inte tar bedömningens goda sida för given undersöker nationella prov i relation till likvärdighetsfrågor. Bagger (2017) är ett exempel, där nationella prov i matematik problematiseras utifrån ett flerspråkighetsperspektiv. Utifrån intervjuer med flerspråkiga elever ifrågasätter Bagger om de nationella proven i matematik kan ge en relevant bild av dessa elevers kunskaper om de inte behärskar svenska tillräckligt väl. Detta hänger samman med vilka anpassningar som lärarna får instruktioner att göra, exempelvis i termer av flerspråkighet (Bagger, 2022). I Norén (2017) får lärarnas röster komma till tals, där de beskriver hur flerspråkiga elever ges, eller inte ges, möjlighet att visa kunskap genom att delta i de nationella proven i matematik. Det finns svensk forskning som undersöker bedömning i termer av återkoppling i den dagliga klassrumspraktiken. Ett exempel här är Eriksson, Boistrup och Thornberg (2016; se också Eriksson, 2020) där lärares återkoppling i tidiga skolår kategoriseras, men inte i termer av effektivitet, utan i termer av vad lärare i tidiga skolår kommunicerar till elever. Resultaten visar en kategori där lärare kommunicerar sina förväntningar på eleverna. En annan kategori är där lärarna reagerar emotionellt och ger värderande återkoppling. Ytterligare kategorier är exempelvis normaliserande och styrande. Detta kapitel anknyter till dessa svenska studier, och kommer att belysa hur den bedömning som elever möter inte bara är mer eller mindre inbjudande för ett lärande och engagemang i matematik, utan att den också sållar ut elever till olika framtidsmöjligheter (se Gellert, 2017) i relation till deras framgångar i ämnet.

Internationellt sett är det inte något nytt med ett intresse för att undersöka och diskutera bedömningspraktiker från ett socialt och kritiskt perspektiv. Ett tidigt exempel är Bernstein (1973) där bedömning beskrivs som en av tre centrala dimensioner som upprätthåller den sociala ordningen. Kursplaner (curriculum) avgör då vad som räknas som relevant kunnande och pedagogik avgör vad som räknas som ett relevant sätt att överföra kunskap. Bedömning avgör vad som räknas som ett relevant sätt för eleven att visa kunskap. Torrance och Pryor (1998) intar perspektivet, i likhet med synen i detta kapitel, att bedömning är oundvikligt i undervisning, men om det är av godo eller inte är en annan fråga:

> Our own position is that formative assessment is an 'inevitable thing', i.e. *all assessment practices will have an impact on pupil learning*, but whether or not it is a 'good thing', and if it is, how this is actually accomplished in practice, is an empirical question. (Torrance & Pryor, 1998, s. 10, kursivt i original)

Också i det internationella matematikdidaktiska forskningsfältet har det sedan en tid funnits ett intresse av bedömning utifrån ett socialt och kritiskt perspektiv, i linje med Torrance och Pryor ovan. Ett exempel är Morgans (2000) kritik av, vid den tiden vanliga, traditioner inom forskning om bedömning i matematik. Morgan betonar vikten av forskning som intar ett socialt perspektiv och argumenterar för att den främsta frågan i forskning från ett sådant perspektiv är att förstå hur bedömning fungerar i matematikklassrum och i ett bredare perspektiv i utbildningssystem. Ett exempel på klassrumsnivå är Watsons studie (2000) där det visas att samma elevers arbeten skulle bli bedömda olika av olika lärare. I Mercier, Sensevy och Schubauer-Leoni (2000) beskrivs också resultat som tydligt indikerar att återkopplingen i matematikklassrum varierar beroende på vilka elever som bedöms och att återkopplingen påverkas av elevernas sociala position i klassen. En aspekt gällande effekter av bedömning är olika förväntningar på olika grupper av elever. Straehler-Pohl, Gellert, Fernandez och Figueiras (2014) tar upp detta i en studie i Tyskland där elever blev nivågrupperade i början av högstadiet och där förväntningarna på eleverna hängde samman med socioekonomiska faktorer. I McGrady och Reynolds (2013) beskrivs analyser av bedömning av elever med olika etnisk bakgrund utifrån data från en longitudinell studie. Det bekräftades att skillnader mellan grupper av elever ofta beror på den etniska statusen på både lärare och elev. Under senare år har svensk skolundervisning, inklusive i ämnet matematik, blivit mer och mer karaktäriserad av pedagogisk segregation, där lärare använder sig av olika undervisnings- och bedömningspraktiker kopplat till deras uppfattningar om sina elevers sociala och språkliga sammansättning, vilket leder till sämre prestationer för elever från lägre socioekonomisk bakgrund och särskilt invandrarelever (t.ex. Hansson, 2010). Det faktum att flera studier pekar på att bedömningar mellan skolor, men även bedömningar inom ett och samma klassrum, kan visa bristande likvärdighet motiverar varför jag i detta kapitel vill visa på en helhetsbild av bedömning. Min förhoppning är att helhetsbilden kan utgöra ett stöd för en större medvetenhet kring möjligheter, och risker, med bedömning. Jag återkommer till detta i diskussionen.

Ball, Maguire, Braun, A., Perryman och Hoskins (2012) stödjer sig på Foucaults arbete när de beskriver "pressen" att "leverera" goda resultat i bedömningar, vilket påverkar högstadieskolor i England i relation till förväntade resultat på nationella prov. De undersökte skolans styrning i relation till uppsatta mål för elevers lärande: "As a policy standard 'works' through a simple but effective and public technology of performance —made up of league tables, national averages, comparative and progress indicators" (Ball m.fl., 2012, s. 514). Detta påminner om det som Forsberg och Wallin beskrev 2006 vad gäller Sverige när de belyser hur svenska lärare och elever blir mer och mer kontrollerade —eller övervakade, för att uttrycka sig utifrån Foucault. Den helhetsbild som presenteras i detta kapitel kan förstås som en beskrivning av kontroll på olika nivåer i skolan som system.

Det finns olika sorters styrande dokument i Sverige, även om dessa dokument de facto inte styr undervisningen fullt ut (Skolverket, 2003). Även läroböcker, vilka inte måste följa styrdokumenten, har inverkan på undervisningspraktiken i matematikklassrum i Sverige (Skolverket, 2014; Pansell & Boistrup, 2018). I Norén och Valero (2022) ges en historisk diskussion om styrdokument över tid. I detta kapitel tas också fasta på såväl styrdokument som läroböcker, och också andra företeelser som går bortom det enskilda klassrummet.

Begrepp för att möjliggöra en helhetsbild av bedömning i matematik

För att kunna presentera en helhetsbild av bedömning i matematik i skolan som system utgick jag från Foucaults begrepp *dispositiv* och *diskurser*. För användningen av dessa termer i analysen använde jag mig av fyra bedömningsdiskurser som uttolkats i tidigare forskning. Utifrån dessa begrepp åter-analyserade jag data från tidigare genomförda forskningsprojekt. Den läsare som främst är intresserad av resultaten, det vill säga beskrivningen av dispositivet med dess olika delar, kan läsa denna del översiktligt för att därefter börja läsa under rubriken ”Ett bedömningsdispositiv på klassrumsnivån”.

Analysbegrepp

För att undersöka bedömning i matematik som något övergripande bortom ett specifikt klassrum byggde jag analysen på Foucaults begrepp *dispositiv* (Bussolini, 2010; Foucault 2003). Dispositiv kan förstås som ett nätverk för styrning. Nätverket ska inte uppfattas som något fast, utan det är i ständig rörelse över tid. Vidare har ett nätverk av detta slag inte en tydlig start för styrningen utan makt produceras på olika sätt och olika 'ställen' hela tiden (Bussolini, 2010, s. 86). Dock är styrandet av människor ett särskilt syfte i dispositivet (Raffsnøe, Gudmand-Høyer, och Thaning, 2014). Detta ligger i linje med Agamben (2014, s. 5; se också 2009) som skriver:

> Den hypotes som jag avser att presentera för er är att ordet ”dispositiv” är en avgörande teknisk term i Foucaults tänkande. Han använder det framför allt från och med mitten av sjuttiotalet, då han börjar ägna sig åt vad han kallade för ”regementalitet” [governmentality på engelska] eller ”styret av människorna”.

Styrandet av människor (Foucault, 2008b) sker genom olika procedurer vilka medger makthandlingar inom institutioner, där skolan är ett exempel på en institution. Detta styrande beskrivs av Jørgensen och Klee (2014) som ”skötandet av uppförandet” —conducting the conduct— av människor, i detta kapitel lärare och elever. På detta sätt så styrs inte bara lärare och elever direkt, utan de styrs också indirekt genom att de styrs till att sköta sitt eget uppförande, sina egna handlingar (t.ex. Fejes, 2008).

Termen *diskurs* upprätthåller, enligt Foucault (1993, 2003), en relation mellan språk —vilket här förstås i bred mening—, kunnande och makt. Några av de diskurser som används i detta kapitel är fyra olika mönster av dessa relationer. Institutionen skolan är ett exempel på en institution som producerar och upprätthåller diskurser, vilket hänger samman med att ursprunget till en diskurs ligger utanför själva klassrummet. För människorna som är del av en praktik, som lärare och elever, påverkar diskursernas 'regler' hur det är möjligt att agera och vad som är möjligt, eller inte möjligt, att kommunicera (Foucault, 1993, 2003, 2008a). Diskurser är beståndsdelar (element), tillsammans med andra, i dispositiv och är därmed centrala delar av den makt som produceras i skolan som system.

I en intervju (1977) beskriver Foucault dispositiv som en heterogen helhet, där bland annat diskurser ingår, på detta sätt:

> Det som jag söker urskilja med detta namn är framför allt en absolut heterogen helhet som inbegriper diskurser, institutioner, arkitektoniska strukturer, regulativa beslut, lagar, administrativa åtgärder, vetenskapliga utsagor, filosofiska, moraliska och filantropiska påståenden, kort sagt: dispositivets element består såväl av det sagda som av det icke-sagda. Dispositivet är det nät som etableras mellan dessa element (Agamben, 2014, s. 5)

Jag använder mig av det som Foucault beskriver i detta citat när jag presenterar ett *bedömningsdispositiv* inom *institutionen* skolan där vissa element består av uttolkade *diskurser*. Jag har också analyserat händelser i datamaterial från matematikklassrum och letat efter andra *element* i linje med Foucaults beskrivning ovan. Dessa element handlar om *reglerande beslut*, skolmatematiska *påståenden*, och *administrativa åtgärder* som gått att identifiera i data-materialet. På liknande sätt som Raffnøe m.fl. (2014), tolkar jag Foucault genom att analytiskt inkludera inte bara ord som kommunikativa resurser, utan också andra resurser som gester och artefakter (Foucault, 1993, 2008b).

För att med precision kunna analysera det som händer i klassrumskommunikationer har jag valt, både i tidigare studier och i denna, att använda socialsemiotik med en multimodal approach som ett mer finmaskigt ramverk. Från ett socialsemiotiskt perspektiv sker bedömning av kunnande och lärande genom kommunikativa handlingar, liksom att elever visar lärande och kunnande genom olika kommunikativa resurser, såsom prat, bilder och symboler. De kommunikativa handlingarna ses i detta kapitel som konsekvenser av diskurser. Kress (2009, s. 21, min översättning) skriver:

> [Multimodalitet och socialsemiotisk teori] möjliggör tillsammans en redogörelse av kommunikation, av mening, av lärande och, genom detta, av bedömning, i vilka dessa kan behandlas som enskilda frågor och ändå förbli sammankopplade, i teori och i praktik.

I all kommunikation produceras mening genom olika uttrycksformer som är närvarande samtidigt och relaterade till varandra (Kress, 2009; Van Leeuwen, 2005). I relation till klassrumsbedömning i matematik påverkas alltså det möjliga meningsskapandet av uttrycksformer som bilder och prat, men också av hur bedömning formellt regleras (t.ex. betygssystem) samt av rutinerna för bedömning i de olika klassrummen. Kress (2009) betonar hur viktigt det är att förstå multimodal kommunikation för att helt förstå ett fenomen som bedömning.

Datamaterial och analys

Datamaterialet för denna text kommer från två forskningsprojekt. Det ena projektet var en fallstudie där fem matematikklassrum med totalt 25 lektioner besöktes med ett intresse för bedömning och återkoppling mellan lärare och elever (Boistrup, 2010, 2022). I det andra projektet genomförde jag, en forskarkollega och matematiklärare aktionsforskning tillsammans, där det övergripande intresset var bedömning och återkoppling (Boistrup & Samuelsson, 2018). I fyra forskningsrapporter summerades diskussioner med totalt 16 deltagande lärare om styrande aspekter av klassrumsbedömning i matematik (t.ex. Boistrup m.fl., 2013). Dessa summeringar har analyserats i denna text och ligger till grund för delar av det bedömningsdispositiv i matematik som jag presenterar.

Jag har åter-analyserat data från de båda tidigare projekten och då letat efter 'element' i linje med ett bedömningsdispositiv. Sådana element kan vara läroböcker i matematik, bedömningsmaterial från kommuner m.m. Som tidigare nämnts kan element också vara diskurser och i analysen använde jag mig av fyra tidigare uttolkade bedömningsdiskurser (Boistrup, 2010; 201; 2022):

1. Gör det fort och gör det rätt
2. Vad som helst duger
3. Öppenhet med matematik
4. Resonemang tar tid

Diskurserna presenteras kort nedan. Det som slutligen presenteras som ett möjligt bedömningsdispositiv består av element i termer av de fyra diskurserna.

Fyra bedömningsdiskurser

Här beskriver jag kort de fyra diskurserna från Boistrup (2010; 2015; 2022), vilka jag använde mig av som analytiska begrepp i detta kapitel. Återkoppling förstås här som något som förmedlar lärarens bedömningar till eleven, genom ord —t.ex. ”Bra jobbat”— och/eller kroppsrörelser —t.ex. en nick med ett leende. Eftersom tidigare forskning indikerar att dessa fyra diskurser skiljer sig åt väsentligt vad gäller i vilken utsträckning de innebär möjligheter, eller inte, för elevers lärande i matematikundervisningen, så kommer dessa skillnader i dispositivet användas som en förståelsehorisont för att värdera dispositivets element i relation till deras sociala effekter.

Den första diskursen, (1) ”Gör det fort och gör det rätt” har likheter med en traditionell bedömningsdiskurs som också beskrivs i forskningslitteraturen, där den viktigaste ’regeln’ är att arbetet ska genomföras fort och att vad som räknas är om svaret är rätt eller inte (t.ex. Broadfoot & Pollard, 2000). I denna diskurs fokuseras lärarens återkoppling på procedurer med begränsat matematiskt innehåll, t.ex. om ett svar är matematiskt korrekt eller inte, i stället för varför och hur svaret kan räknas som matematiskt relevant. Ett annat typiskt återkopplingsfokus handlar om hur många uppgifter i läroboken som eleven har ’gjort’. Elever är egentligen inte inbjudna att engagera sig i någon aspekt av matematik genom återkopplingen. Ett exempel är en återkoppling som ”17 rätta svar av 25” på ett prov. Här är det viktigt att tänka på att uppgifterna på provet mycket väl kan vara matematiskt rika och också inbjudande till eleverna. Det som analyseras här är huvudsakligen den efterföljande återkopplingen. I denna diskurs är de återkopplande kommunikationerna mellan lärare och elev mycket korta. Elevers möjligheter att lära och engagera sig i matematik genom återkoppling är begränsade i denna diskurs.

Den andra diskursen, (2) ”Vad som helst duger”, är en diskurs där elevprestationer som kan anses matematiskt icke-korrekta lämnas utan att utmanas. Här finns inte mycket artikulerad återkoppling bortsett från generellt beröm. Det finns en närvaro av öppna frågor, men inte några utmaningar. Det finns inga konstruktivt kritiska diskussioner om elevers lösningar. Vidare får eleverna använda vilka kommunikativa resurser de vill utan att läraren överväger vilka resurser som skulle innebära goda möjligheter för elevers lärande vid det aktuella tillfället.

Läraren värderar oftast eleverna med beröm och tar då rollen som huvudagenten, som 'den som värderar'. Ibland intar läraren en mer passiv roll i diskursen. Hen blandar sig inte i elevers resonemang även om något inkorrekt visas. Möjligheterna för elevers lärande och engagemang i matematik är små i denna diskurs.

Den tredje diskursen, (3) "Öppenhet med matematik", har mer ett öppet fokus på matematikprocesser. Läraren visar också en öppenhet gentemot elevers återkoppling gällande matematikundervisningen. Ofta ställs frågor som kan lösas på olika sätt. Lärare och elever visar ofta intresse för matematikprocesser och det finns också en medvetenhet om elevers alternativa tolkningar av uppgifter. Fokus i återkopplingarna är oftast på matematikprocesser relaterade till begrepp och matematiska metoder. Ibland fokuseras också elevernas egna reflektioner över sitt eget lärande. 'Felaktiga' svar används som startpunkter för korta diskussioner, men det står alltid klart vad som kan anses matematiskt korrekt. Olika kommunikativa resurser erkänns och ibland förespråkar läraren, och ibland begränsar hen, vilka resurser som används beroende på meningsskapandet och lärandet som eleven/eleverna visar. Diskursen innehåller möjligheter för elevers aktiva agentskap och elevers lärande i matematik.

Den fjärde diskursen slutligen, (4) "Resonemang tar tid", har ett långsamt tempo och en betoning på matematikprocesser såsom resonemang, problemlösning och definierande/beskrivande. Här uppmärksammas ofta elevers visade kunnande, vilket ibland är i relation till uppsatta mål, och frågorna som ställs är ofta öppna. Ibland kommuniceras återkoppling i form av intresse och engagemang från lärare till elev och vice versa. Eleverna utmanas ofta till fortsatt lärande med tydligt fokus på matematik. I diskursen är det vanligt med tystnader i lärar-elevinteraktionerna och möjligheten att vara tyst gynnar djupet i kommunikationen och den matematiska närvaron. Olika sorters återkoppling kommuniceras från lärare till elev, ibland genom öppna frågor. Både lärare och elev kan vara aktiva länge varje gång de yttrar sig. I denna diskurs finns det rika möjligheter för elever att vara aktiva agenter i matematikklassrummet. Möjligheten att vara tyst och tänka efter gynnar denna möjliga aktiva agens. Möjligheterna för elevers lärande i matematik är också stora och inkluderar en brett spektra av matematikprocesser.

Överväganden gällande de fyra bedömningsdiskurserna

De fyra bedömningsdiskurserna som presenterades ovan visar inte en komplett bild av möjliga bedömningsdiskurser i matematikklassrum. Alla fyra diskurserna är tydligt en del av en övergripande skolmatematisk diskurs där förväntade resultat enkelt kan kopplas till vad som framhålls om angeläget matematiskt kunnande i internationella ramverk av idag, som t.ex. PISA (Skolverket, 2013) lika väl som i svenska styrdokument (Skolverket, 2011). Det går att föreställa sig andra bedömningsdiskurser, t.ex. sådana där fokus i bedömningarna är på kritiska reflektioner över användningen av matematik i samhället (Gellert & Jablonka, 2009; Skovsmose, 2005). Sådana tydligt kritiska diskurser har dock inte gått att uttolka i datamaterialet, även om elevers och lärares möjligheter att ta aktivt agentskap i matematikutbildningen har varit en del av inriktningen i aktionsforskning med matematiklärare (Boistrup & Samuelsson, 2018).

Ett bedömningsdispositiv på klassrumsnivån

Som tidigare nämnts så härrör bedömningsdispositivet som presenteras i detta kapitel från data med lärar-elevkommunikationer i matematikklassrum samt summeringar från diskussioner med lärare i matematik. I denna del presenteras först resultat från analys av klassrumsdata med ett fokus på relationen mellan de fyra bedömningsdiskurserna och styrande element som exempelvis läroböcker. Sedan presenteras en analys av summeringar av gjorda aktionsprojekt där styrande element presenteras vilka lärarna hävdar är begränsande eller medverkande i arbetet med att utveckla sin bedömningspraktik. Slutligen förs dessa resultat samman till ett bedömningsdispositiv i matematikundervisningen.

Diskurser och andra styrande element i matematikklassrummet

Utdragen nedan relaterar de fyra diskurserna till andra styrande element i matematikklassrummet. Utdragen har tidigare presenterats i Boistrup (2022) och det som är nytt i denna åter-analys är ett starkt fokus på kopplingarna till styrande element från klassrummens sammanhang i skolan som institution. Som framgår nedan står element i form av diskurser och element i form av exempelvis läroböcker och tester i ett tydligt förhållande till varandra. Detta är helt enligt idén med ett dispositiv, vilket framgår längre fram i texten.

Element som styr i riktning mot "Gör det fort och gör det rätt"

I Figur 1 visas ett utdrag gällande ett test om taluppfattning och geometri, vilket läraren Cecilia (L) har låtit eleverna genomföra. I utdraget visas eleven Cillas (E) svar på testet samt Cecilias (L) kommentarer.

Figur 1. Utdrag från skriftligt material. Del av Cillas (E) papper.

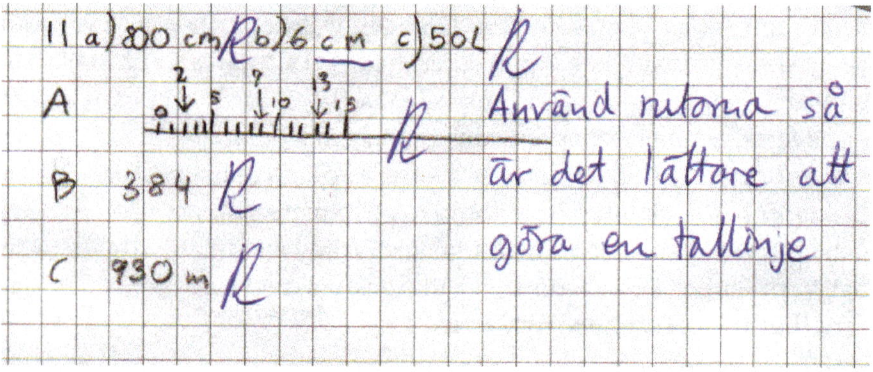

Cecilia (L) har markerat Cillas (E) lösningar till flera av uppgifterna med ett ”R” för rätt, vilket utgjorde återkoppling om huruvida ett svar ansågs rätt eller fel. Cecilia (L) hade dessutom skrivit guidande framåtkoppling (framåtriktad återkoppling) om att Cilla (E) skulle använda rutorna på papperet för att lättare göra en tallinje (vilket Cilla (E) inte hade gjort). Denna kommentar tolkades i analysen som ett fokus på procedurer.

Detta fokus på procedurer stämmer med användningen av *läroboken* i ett flertal situationer, inte minst när läraren följde läroboken väldigt strikt, vilket är vanligt i Sverige (Skolverket, 2003; 2014). Denna tradition att följa läroboken har ofta mönstret att 'alla' uppgifter måste lösas, vilket lämnar endast lite utrymme för lärarens egen planering och också för elevers möjligheter att påverka matematikundervisning. Det förväntas att alla elever arbetar med samma uppgifter, åtminstone på de första sidorna av varje kapitel. Eleverna förväntas lösa dessa uppgifter ganska fort och i vissa klassrum kan elever tävla om att vara först med att hinna med dem. Det går alltså att konstatera att läroboken kan utgöra ett element som påverkar interaktionen i klassrum i riktning mot ”Gör det fort och gör det rätt”.

Det var inte bara läroboken i sig som styrde mot denna diskurs, utan också material som hörde till läroboken, som *extra undervisningsmaterial*, inklusive *diagnostiska prov* och också mer omfattande *prov* i slutet av undervisningsperioder. Situationen ovan med Cecilia (L) och Cilla (E) kommer från genomförandet av ett sådant prov. I den situationen ska ett antal uppgifter genomföras, ibland inom en viss tidsgräns. Anvisningarna anger att läraren ska summera resultaten i form av antal rätta svar. När bedömningen, som här, hamnar på antal rätta svar, i stället för processer i matematik får de rollen att begränsa möjligheterna både för undervisning och för elevers engagemang och lärande.

I datamaterialet identifierade jag styrande element som indirekt kom från *beslut* fattade på nationell nivå. Ett exempel var en *mall för utvecklingssamtal*. Enligt skollagen måste dessa hållas två gånger om året. En sådan mall var konstruerad på en skola och alla lärare förväntades följa just denna mall vid utvecklingssamtalen med sina elever och deras föräldrar. Frågorna till eleverna i mallen handlade om huruvida de var 'bra på matematik' och erbjöd inget utrymme för en mer utvecklad diskussion om lärandeprocesser i matematik. Eleverna förväntades ges mycket kortfattade svar med ord. Därmed styrde mallen i detta fall mot diskursen "Gör det fort och gör det rätt". En annan styrande aspekt är att dessa möten ofta äger rum under stor *tidspress* eftersom många ämnen ska avhandlas, och perioderna när utvecklingssamtalen äger rum innebär ofta en tung arbetsbörda för lärarna.

Element som styr i riktning mot "Vad som helst duger"

I en klassrumssituation i videomaterialet diskuterade Britta (L) ett diagnostiskt prov med Belinda (E). Vad som skapade problem för Belinda (E) var att lösa en uppgift om bråk genom att rita cirklar och dela upp dem. Uppgiften handlade om burkar innehållande färgade kulor och att komma fram till i vilken burk som andelen vita kulor var störst. Efter flera minuters samtal tog Britta (L) fram laborativt material. Just detta material består av "stolpar" på vilka färgade bitar är trädda (Se Figur 2).

Figur 2. Utdrag med laborativt material som används av Britta (L) och Belinda (E) (Boistrup, 2013, s. 137).

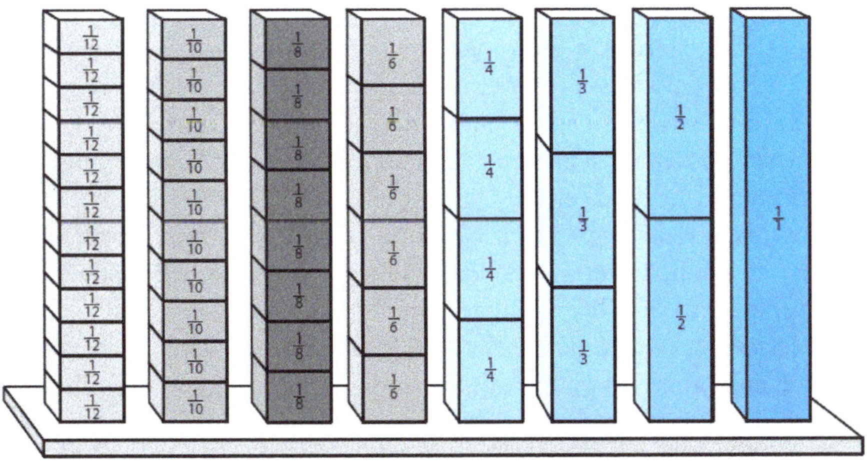

Belinda (E) verkade ha kommit ganska långt i lärobokens nivåer. Trots detta hade hon problem med ett flertal av uppgifterna i det diagnostiska provet och i några fall slutade diskussionen om uppgifter med att Britta (L) och Belinda (E) använde laborativa material. Ett exempel var när Belinda (E) kom fram till antalet tredjedelar som är lika mycket som 4/12 genom att jämföra 4 "tolftedelsbitar" på en stolpe med en "tredjedelsbit" på en annan stolpe. Det skedde ingen diskussion om Belinda (E) skulle kunna dra nytta av att mer och mer försöka lösa uppgifterna utan laborativt material. I stället fortsatte hon att arbeta på nästa nivå enligt lärobokens system. Den bedömning som Britta (L) kommunicerade här förstås i detta kapitel som att Belinda (E) hade visat tillräckligt kunnande i matematik under diskussionen. Den här situationen är typisk för interaktioner där laborativt material *får rollen* att lotsa elever steg för steg till ett riktigt svar under bedömningarna. Detta innebär att materialet i sig gör det essentiella matematiska resonemanget överflödigt och det tar också över bedömningshandlingarna från läraren. Uppgiften löses ganska raskt, men utan att eleven engagerar sig i matematik med något djup. I fallet med Britta (L) var betoningen på laborativt material ett *beslut* på skolnivå, eftersom dessa material var en del av skolans profil. En kommentar här är att laborativa material naturligtvis kan erbjuda matematiskt meningsskapande under en elevs lärande. För Belindas (E) del handlade det dock inte om att hon skulle utforska bråks egenskaper genom användandet av materialet, utan att hon skulle visa sådan kunskap om bråk som inte krävde ett laborativt material som uttrycksform.

Även i själva *läroboken* kunde jag identifiera en tendens att inte uppmärksamma elevers problem med att resonera matematiskt. I några fall fångade exempelvis inte *diagnostiska test* sådant resonemang från elever som kan vara viktigt att hitta. Det kan t.ex. handla om en uppgift som är konstruerad så att eleverna kan komma fram till ett riktigt svar, trots att de faktiskt resonerat matematiskt felaktigt. Här möjliggör inte läroboken med sina test en diskussion mellan lärare och elev om förståelsen av det aktuella begreppet utan döljer snarare oförenligheter i en dimma av korrekthet.

Organisatoriska *regler* som var stipulerade av skolan identifierades i materialet som styrande element, vilka påverkande bedömningarna. Ett exempel är hur undervisningen organiseras i *schemapositioner*. Det finns sekvenser i videomaterialet där elever löste problem på ett sådant sätt att en framåtkoppling från läraren antagligen hade hjälpt dem i deras lärande av matematik. Läraren stannade dock inte med eleverna någon längre stund eftersom lektionen var på väg att sluta. Tid och tempo ramar in klassrumsinteraktionen och bristen på tid, uppstyrd av institutionen skolan, utgjorde här en begränsning för vilken sorts bedömningspraktik lärare och eleven kunde engagera sig i.

Element som styr i riktning mot "Öppenhet med matematik"

Figur 3 kommer från en mall för utvecklingssamtal —ett annat utvecklingssamtal än det som beskrivs ovan. På de två första sidorna i dokumentet ställs öppna frågor till eleven. De efterföljande sidorna är till för läraren att fylla i före mötet. Sista sidan fylls i under själva mötet, och det är den delen som huvudsakligen analyseras här. Där finns utrymme för kommentarer gällande både kortsiktiga och långsiktiga mål. Samma struktur används för alla utvecklingssamtal i alla klasser på Annas (L) skola. Kommentarerna gällande långsiktiga mål syns i Figur 3.

Figur 3. Utdrag från skriftligt material med kommentarer gällande långsiktiga mål.

Innehåll	Skolans insatser	Elevens insatser	Hemmets insatser
Stärka dina mattekunskaper	Ge uppgifter som passar Ali	Jobba bra Koncentrera sig	Hjälpa Ali med läxan och påminna honom

Dokumentet erbjuder möjligheter för att klargöra det fortsatta arbetet i matematik för elever och föräldrar och också för lärare. I anteckningarna i Figur 3 är det matematiska innehållet vagt beskrivet, men det står ändå klart att diskussionen hade fokuserat på lärandet av ett matematiskt innehåll av något slag. Kommentarerna om mål framöver identifierades som tydliga för mötets deltagare och dessa handlar inte bara om vad eleven ska göra framöver utan även om vad som är lärarens (skolans) ansvar. Vid ifyllandet av mallen har eleven möjlighet att agera som en aktiv agent, t.ex. genom frågorna som ställs till eleverna i början av dokumentet. Just detta innehåll i utvecklingssamtalet återkom senare i videomaterialet i en interaktion mellan Anna (L) och Ali (E). Ali agerade vid det tillfället för att förändra en del av undervisningen. Han räckte upp handen medan eleverna arbetade i par och när Anna (L) kom så bad han henne om svårare uppgifter —vilket kan relateras till Annas (L) planerade insatser i Figur 3. Dokument av detta slag kan ses som styrande element eftersom de har en direkt effekt på vad som äger rum under utvecklingssamtalen på en skola.

Läroboken var inflytelserik som ett styrande element också i riktning mot diskurs 3, ”Öppenhet med matematik”. I videomaterialet fanns det exempel på elever som arbetade med uppgifter ur läroboken, där den efterföljande återkopplingen från läraren fokuserade på elevens matematiska lärande och engagemang. Ofta var lärar-elev-kommunikationen kortfattad men fokuserade på de matematikprocesser som uppgiften erbjöd, i stället för procedurer utan matematikinnehåll.

Ett annat styrande element var *självbedömningsmaterial* som var extramaterial till läroböcker. Eleverna kunde i dessa bli inbjuda att beskriva sitt lärande i termer av matematik, och eleverna blev också tillfrågade om vad de tyckte om undervisningen i matematik och om de önskade några förändringar i framtiden. Därmed fanns möjligheter för eleverna att kommunicera återkoppling till läraren om undervisningen i matematik. Huruvida detta verkligen var möjligt berodde på den övergripande bedömningspraktiken i det aktuella matematikklassrummet. I fallet med Anna (L) och Ali (E) är det troligt att ett sådant dokument faktiskt skulle styra i riktning mot diskurs 3.

Element som styr i riktning mot ”Resonemang tar tid”

I en situation hade Erika (L) och Enzo (E) en bedömningsdiskussion om Enzos lärande under den undervisningsperiod som just avslutas. Klassen hade arbetat med ett tema om bakning i vilket matematikinnehållet var en substantiell del. I början av lektionen fick eleverna en *bedömningsmatris*, konstruerad av läraren, vilken indikerade olika nivåer av kunnande i termer av de lokala målen. Eleverna fick i uppgift att titta på matrisen, men att inte markera något innan läraren anlände eftersom elev och lärare skulle fylla i den tillsammans. Första delen av matrisen syns i Figur 4.

Figur 4. Transkriberad bedömningsmatris från skriftligt material.

Bedömning—Uppdrag bakning Namn:			
Områden inom uppdrag bakning	*På väg mot målen*	*Når målen*	*Når målen väl*
Volym	Vet vad liter och deciliter är	Vet också hur många dl som får plats i en liter	Vet hur många cl som får plats i en l resp. dl

Underlaget för bedömningsdiskussionen mellan Erika (L) och Enzo (E) bestod av olika material: 1) Enzos bedömningsmatris (Figur 4), 2) ett tidigare genomfört diagnostiskt prov, 3) en summering som Enzo hade skrivit om temaarbetet, och 4) Erikas (L) anteckningar om Enzos (E) visade kunnande. I början av sekvensen blev Enzo inbjuden att agera som en aktiv agent när han läste det första målet och markerade det gult med pennan. Kommunikationen fortsatte och både Enzo (E) och Erika (L) var tysta då och då. De producerade bedömningen tillsammans och båda agerade som agenter i diskussionen. Enzo (E) och Erika (L) konstaterade att Enzo hade visat kunnandet som första målet beskriver. En liknande kommunikation ägde rum för nästa mål. När de tittade på det tredje målet om volym sa Enzo (E) att han kunde den första delen om att hundra centiliter får plats i en liter. I den följande kommunikationen blir det klart att han var osäker på hur många centiliter som går i en deciliter. Erika (L) avslutade denna del genom att ta markeringspennan och markera den första delen av målet, men lämnade den andra delen omarkerad. Att gå igenom en matris på detta sätt tar tid och det är tydligt att, när eleven är med i bedömningen, så medverkar eleven genom att markera sitt kunnande i matrisen. Lokalt konstruerade matriser kan därmed medge möjligheter i linje med diskursen ”Resonemang tar tid”.

Det fanns några tillfällen i videomaterialet där *läroboken* var ett styrande element i riktning mot ”Resonemang tar tid”. Ett exempel var när elever arbetade i par under flera lektioner med samma problem från läroboken. Bedömningshandlingarna i kommunikationen med läraren var i detta sammanhang ofta i enlighet med ”Resonemang tar tid”. Processer som problemlösning och resonemang betonades då av läraren i flera återkopplingar i linje med de processer som uppgiften erbjöd.

Medverkande och begränsande element för matematiklärares bedömningspraktiker

I denna del summeras lärarröster från fyra aktionsforskningsprojekt. Summeringen används sedan för att med hjälp av Foucaults beskrivning av ett dispositiv tolka vilka element som framkom i lärarnas berättelser och hur dessa element möjliggör och/eller begränsar en utveckling av bedömningspraktiken. I dessa projekt kom deltagarna fram till att bedömningsdiskurs 3 och 4 var något att sträva efter, men med ett specifikt fokus på elevers möjligheter att vara aktiva agenter, att kunna påverka matematikundervisningen, samt med ett intresse för att kritiskt granska ramar som exempelvis kursplaner i matematik. De fyra projekten genomfördes därmed inom institutionen skolan med ett specifikt syfte att undersöka och utmana gränserna för denna institution. En fråga som lärarna —och forskarna— svarade på var vilka möjligheter och begränsningar de kunde se från deras institutionella sammanhang när de engagerade sig i ett utvecklingsarbete om bedömning i matematik. Svaren summeras i Tabell 1.

Ur ovanstående tabell går det att utläsa hur lärarna som var med i projektet kunde finna stöd för sitt utvecklingsarbete på olika nivåer i skolsystemet. Ett exempel är hur lärarna menar att kursplanen i matematik gjordes mer konkret bland annat i relation till nationella prov, och där det också blev lättare att förhålla sig till kunskapskravens innehåll. Samtidigt framförde lärarna en begränsning i betyg i fler årskurser med många betygssteg bland annat eftersom det kräver mycket arbete av läraren. På skolnivå kunde rektorer erbjuda möjligheter när hen var stöttande och såg positivt på att en av lärarna var med i ett aktionsforskningsprojekt. När rektor i stället inte tog tillvara lärarens arbete i projektet som en resurs blev det en begränsning. På liknande sätt kunde kollegors engagemang, eller brist på, vara möjliggörande eller begränsande. Traditionens makt är också synlig i tabellen. Dels kunde lärarna se hur forskningslitteratur var ett stöd för att genomföra förändringar bortom rådande traditioner, och hur aktionsforskningsprojekten i sig var ett självklart stöd i detta. Dels kunde lärare ge uttryck för att det, vare sig för lärare i projektet eller kollegor, inte alltid var lätt att ändra på inbitna vanor i enlighet med traditionen.

Genom att gå tillbaka till Foucaults egen beskrivning från 1977 av ett dispositiv, är det möjligt att tolka olika slags *element* från Tabell 1. Förutom de tidigare fyra beskrivna diskurserna uttolkade jag andra slags diskurser som berör lärares sätt att kommunicera om förändringar av bedömningspraktiker. En av dessa lärardiskurser har jag valt att kalla ”Motstånd mot en utveckling av bedömningspraktiker”. Denna diskurs täcker följande punkter i Tabell 1: ”Motstånd mot förändringar”, ”Begränsat intresse från kollegor” och ”Skolkultur där engagemang ifrågasätts av kollegor”. En annan lärardiskurs som är uttolkad från innehållet i Tabell 1 är ”Engagemang i ett utvecklande av bedömningspraktiker”. Denna diskurs täcker punkterna ”Intresserade och stöttande kollegor” samt ”Diskussion bland kollegor om forskningslitteratur”.

Tabell 1. Summering av styrande element beskrivna av lärare i aktionsforskning.

Beslutande-nivå	Element som begränsar en utveckling av bedömningspraktiken	Element som ger möjligheter för en bedömningspraktik som stöttar elevers lärande och aktiva agentskap i matematik
Nationell	Ett system med en ökande mängd betyg samt viktiga prov, vilka tar tid att genomföra.	Kursplan och kunskapskrav som gör kriterier för bedömning tydliga
Kommun	Lön Status	Matematikdidaktisk studiegrupp Matematikutvecklare Tid för att engagera sig i bedömningsprojekt
Skola	Svårt att hitta tid för förändringsarbete Arbetsbörda Begränsat intresse från kollegor att diskutera bedömningsförändringar Motstånd mot förändringar (kollegor) Dominerande tradition av den första diskursen Traditionen att bara läroboken räknas Konkurrerande krav på lärare, t.ex. på ökande dokumentation Begränsad tid för planering av undervisning Svårt att möta alla elevers behov Skolkultur där engagemang ifrågasätts av kollegor Icke-stöttande rektor som inte tillhandahåller tid för att diskutera bedömningspraktiker	Lärarlag med matematikdidaktiskt intresserade kollegor som får handledning Möten på skolan där matematikundervisning diskuteras Intresserad, positiv och stöttande rektor Intresserade och stöttande kollegor Extra medel för inköp av undervisningsmaterial Matematikansvarig på skolan Diskussion bland kollegor om forskningslitteratur

Jag har också tolkat andra element än diskurser från innehållet i Tabell 1. Dessa är vad Foucault i intervjun från 1977 kallar reglerande beslut och administrativa åtgärder. Några begränsande element i ett bedömningsdispositiv är tolkade ur Tabell 1, exempelvis konkurrerande krav på lärare och icke-stöttande rektorer. Andra är medverkande element i ett bedömningsdispositiv: organiserade studiegrupper för lärare, matematikutvecklare, tid för professionell utveckling och stöttande rektorer.

En summerad bild av ett bedömningsdispositiv

I Tabell 2 summerar jag de element (kolumnen längst till vänster) som jag har uttolkat från både klassrumsdata och data från lärardiskussioner i aktionsforskningsprojekt. Precis som Foucault (1977) beskriver ett dispositiv så är det "en absolut heterogen helhet". Med detta menar jag att den helhetsbild jag presenterar nedan i termer av ett dispositiv, i själva verket inte är så välordnad som det kan se ut. Jag diskuterar detta ytterligare nedan.

De olika elementen är uttolkades i en viss tid och i en viss kontext. Därmed saknas helt säkert element som en läsare själv skulle vilja placera in. Vidare kan ett visst element i vissa situationer få andra roller än dem de tilldelats i Tabell 2. Styrandet är inte heller så självklart 'uppifrån och ned' som tabellen kan ge sken av. I enlighet med Foucault så sker snarare styrandet inom dispositivet i olika riktningar och på olika sätt. Här ligger också individens möjlighet till motstånd. Lärarna i projektet och lärare i andra sammanhang är exempelvis inte helt styrda av läroböcker även om dessa är vanliga i matematikundervisningen. Vilken roll läroboken får i ett klassrum beror till stor del hur den används, och i vilken utsträckning läraren förlitar sig på andra resurser (element) i sitt sammanhang. Därmed kan läraren, även om det inte alltid är så lätt, göra motstånd mot en dominerande diskurs som "Gör det fort och gör det rätt", genom att styra sin undervisning och vilka diskurser som hen ska låta dominera sin undervisning.

Bedömningsdispositivet i Tabell 2 är därmed inte tänkt som en komplett och slutgiltig struktur. Snarare är det ett möjligt nätverk av diskurser och andra element vilka utgör ett, likaledes, möjligt bedömningsdispositiv i matematikundervisningen. Vad som står klart är dock att i samma dispositiv finns det både begränsande och medverkande element för elevers lärande och aktiva agentskap i matematik. På detta sätt illustrerar dispositivet bedömningens roll för hur elever sorteras i skolan genom att de riskerar ges ojämlika möjligheter att lära och engagera sig i matematik.

Tabell 2. Summering av element vilka utgör ett bedömningsdispositiv i matematikundervisningen.

	Ett styrande bedömningsdispositiv			
Element	Styrande mot en bedömningspraktik där elever inte erbjuds möjligheter att lära och engagera sig i matematik		Styrande mot en bedömningspraktik där elever erbjuds möjligheter att lära och engagera sig i matematik	
Bedömningsdiskurser	”Gör det fort och gör det rätt”	”Vad som helst duger”	”Öppenhet med matematik”	”Resonemang tar tid”
Reglerande beslut, administrativåtgärder och liknande uttolkade från matematik-klassrum (exempel)	*Läroböcker* när lösandet av uppgifter blir det viktigaste. *Diagnostiska prov* med fokus främst på rätt/fel svar. *Mallar* för utvecklingssamtal med ett begränsat fokus. *Beslut* fattade på andra nivåer än klassrummet.	*Diagnostiska prov* i *läroböcker* som inte ’avslöjar’ elevers kunnande. *Laborativa material* som lotsar elever i bedömningssituationer. *Beslut* fattade på andra nivåer än klassrummet. *Regler* exempelvis *schemastrukturer* vilka påverkar möjliga bedömningshandlingar.	*Läroböcker* när uppgifter stöttar ett fokus på matematik-processer. *Självbedömningsmaterial* från läroböckers extramaterial där elever också får kommentera undervisningen. *Mallar* för utvecklingssamtal med ett fokus på elever som aktiva agenter och lärandeprocesser i matematik.	Vissa problem i *läroböcker* vilka medverkar till återkoppling om t.ex. problemlösning. Användandet av *matriser* där lärare och elever kan resonera om elevers lärande i relation till mål.
Lärardiskurser	”Motstånd mot en utveckling av bedömningspraktiker”		”Engagemang i ett utvecklande av bedömningspraktiker”	
Reglerande beslut, administrative åtgärder och liknande nämnda av lärare	Konkurrerande krav på lärare Icke-stöttande rektorer Ett nytt betygssystem		Organiserade studiegrupper för lärare Matematikutvecklare Tid för professionell utveckling Stöttande rektorer	

Avslutande diskussion

I detta kapitel har jag presenterat en helhetsbild av bedömning i matematik utifrån ett kritiskt perspektiv. Genom de teorier jag använde mejslade jag fram ett möjligt styrande bedömningsdispositiv i matematikundervisningen. Hela dispositivet har på sätt och vis sin plats i skolan. Det är exempelvis helt omöjligt som lärare att i all återkoppling fokusera på ämnesinnehåll. Ibland måste fokus ligga på procedurer som att eleverna arbetar med rätt uppgifter i de avsedda läroböckerna. Det jag diskuterar är att vad som betonas i dispositivet ser olika ur för olika elever. En utgångspunkt i skrivandet var att jag ville visa på skolans funktion att sortera elever, att 'sålla agnarna från vetet', vilket inte är i linje med styrande dokument och tanken om en skola för alla. Rent konkret så menar jag att vissa elever oftare än andra elever får uppleva bedömning i linje med den vänstra sidan av dispositivet, där bedömningarna inte medverkar till elevers lärande i matematik. Detta innebär att för en del elever medverkar de oundvikliga bedömningarna inte till att eleverna får möjlighet att lära. Min poäng är att, med stöd av tidigare forskning, exempelvis Bagger (2017), Hansson (2010) och Norén (2017), så går det att dra slutsatsen att den sortering av elever som skolan fortfarande bidrar med kan förstås i termer av bedömningsdispositivet. I kapitlet har jag haft ett intresse att beskriva hur denna produktion av ojämlikhet fungerar i relation till matematik och jag har argumenterat för att bedömning har en nyckelfunktion här. Det föreslagna bedömningsdispositivet, som uttolkats med stöd av begrepp från Foucault, är en beskrivning av en betydelsefull del av 'hur' en sådan produktion av ojämlikhet går till, i termer av bedömning.

Dispositivet består av fyra bedömningsdiskurser tillsammans med andra styrande element. Bedömningsdiskurserna är uttolkade från svenskt datamaterial men har presenterats internationellt med reaktioner som visar att de, i alla fall i stora drag, harmonierar med undervisningen i andra länder i västvärlden (t.ex. Boistrup, 2015). Diskurserna är ändå menade att uppfattas som tillfälliga, öppna för ändringar om de används som analysverktyg. Detta gäller också för hela dispositivet, inte minst i dess detaljer vilka kan skilja mellan olika kontexter. Med det sagt så argumenterar jag för att liknande dispositiv troligen kan uttolkas från många skolsystem i världen.

Idén om inkludering och exkludering som närvarande samtidigt i dispositivet är ett sätt att fånga en komplex bild. Som Raffsnøe m.fl. (2014) påpekar så kan ett dispositiv representera en "dualism ersatt med en 'både-och'-approach som möjliggör ett klargörande av hur element med binär opposition uppträder relaterade till varandra och som delar av samma helhet" (s. 3 f., min översättning). Även om systemet har anspråk på en jämlik skola så pekar statistiken tydligt på att denna jämlikhet inte existerar empiriskt (t.ex. Skolverket, 2013). Dessutom, eftersom elever erfar olika bedömningspraktiker, så kan bedömningsdispositivet i detta kapitel ses som en viktig del av en sållande praktik, där sociala strukturer i samhället upprätthålls.

Som en ljusare öppning till denna mörka bild bygger jag på Foucault (2003) och pekar på ståndpunkten att där det finns övervakning och styrande, på det sätt som ett bedömningsdispositiv kan fungera, medger också dispositivets olika positioner möjligheter till motstånd. Jørgensen och Klee (2014) skriver något liknande när de problematiserar Agambens (2009) kritiska och mörka läsning av Foucault. Jag håller med Jørgensen och Klee om att även om vi behöver bli påminda om hur illa saker kan vara så behöver vi också vara aktsamma så vi inte bara accepterar allt styrande av människor. En utvecklad beskrivning av ett bedömningsdispositiv i skolmatematik, som i denna text, kan erbjuda forskare, lärare, elever och beslutsfattare medel att greppa väsentliga aspekter av bedömningspraktiker i matematikklassrum och deras omkringgivande kontext. Jag menar att det finns en positiv makt i en ökad medvetenhet om vad bedömningspraktiker innebär i termer av hur elever erfar möjligheter, eller inte, för lärande och engagemang i skolans matematik. Dispositivet som beskrivits i denna text kan utgöra ett redskap i ett 'motståndsarbete' i skolans värld, där den rådande sociala ordningen, åtminstone lokalt, kan utmanas. Genom att se mönster av detta slag kan det bli möjligt att agera för en matematikundervisning som mer drar åt den högra sidan av dispositivet för *alla* elever när det gäller bedömning.

Referenser

Agamben, G. (2009). *What is an apparatus? And other essays.* Stanford University Press.

Agamben, G. (2014). *Vad är ett dispositive?* Eskaton.

Andersson, C., Boström, E., & Palm, T. (2017). Formative assessment in Swedish mathematics classroom practice. *Nordisk Matematikdidaktikk, 22*(1), 5–20.

Bagger, A. (2017). Den flerspråkiga elevens nationella provdeltagande i matematik: Diskursiva förutsättningar. *Utbildning och Demokrati, 26*(2), 95–111. https://doi.org/10.48059/uod.v26i2.1082

Bagger, A. (2022). Provgivande med flerspråkiga provdeltagare – Styrningen av nationella prov i matematik. I P. Valero, L.B. Boistrup, I.M. Christiansen, &

E. Norén (Red.), *Matematikundervisningens sociopolitiska utmaningar* (s. 101–128). Stockholm University Press. https://doi.org/10.16993/bcc.f

Ball, S., Maguire, M., Braun, A., Perryman, J., & Hoskins, K. (2012). Assessment technologies in schools: 'deliverology' and the 'play of dominations'. *Research Papers in Education, 27*(5), 513–533. https://doi.org/10.1080/02671522.2010.550012

Bernstein, B. (1973). *Class codes and control* (Vol. 2). Routledge.

Boistrup, L.B. (2010). *Assessment discourses in mathematics education: A multimodal social semiotic study*. [Doktorsavhandling, Stockholm universitet].

Boistrup, L.B. (2015). Governing through implicit and explicit assessment acts: Multimodality in mathematics classrooms. I M. Hamilton, R. Heydon, K. Hibbert, & R. Stooke (Red.), *Negotiating spaces for literacy learning: Multimodality and governmentality* (s. 131–148). Bloomsbury Publishing. http://doi.org/10.5040/9781474257138.ch-009

Boistrup, L.B. (2017). Assessment in mathematics education: A gatekeeping dispositive. I H. Straehler-Pohl, N. Bohlmann, & A. Pais (Red.), *The disorder of mathematics education. Challenging the sociopolitical dimensions of research* (s. 209–230). Springer. https://doi.org/10.1007/978-3-319-34006-7_13

Boistrup, L.B. (2022). *Bedömning i matematik pågår. Återkoppling för elevers lärande och engagemang* (2. Uppl.). Liber.

Boistrup, L.B. & Samuelsson, J. (2018). *Power-relations in participatory action research projects in mathematics education*. Paper presented at CIEAEM 70: Mathematics and living together. Social process & Didactic principle. 15th–19th July 2018. Université de Mostaganem.

Boistrup, L.B., Samuelsson, J., Bengtsson, K., Bertilsson, U., Grundström, M., & Järvstråt, M. (2013). *Betydelsen av tystnad. Aktionsforskning om bedömning i matematik*. Linköpings kommun.

Broadfoot, P.M. & Pollard, A. (2000). The changing discourse of assessment policy. I A. Filer (Red.), *Assessment: Social practice and social product* (s. 11–26). Routledge/Falmer. https://doi.org/10.4324/9780203465844-7

Bussolini, J. (2010). What is a Dispositive?. *Foucault Studies*, (10), 85–107. https://doi.org/10.22439/fs.v0i10.3120

Cizek, G.J. (2010). An introduction to formative assessment: History, characteristics, and challenges. I H.L. Andrade & G.J. Cizek (Red.), *Handbook of formative assessment* (s. 3–17). Routledge.

Eriksson, E. (2020). *Återkoppling i lågstadieklassrum*. [Doktorsavhandling, Linköpings universitet]. https://doi.org/10.3384/diss.diva-170819

Eriksson, E., Boistrup, L.B., & Thornberg, R. (2016). A categorisation of teacher feedback in the classroom: A field study on feedback based on routine classroom assessment in primary school. *Research Papers in Education, 32*(3), 316–332. https://doi.org/10.1080/02671522.2016.1225787

Fejes, A. (2008). To be one's own confessor: Educational guidance and governmentality. *British Journal of Sociology of Education, 29*(6), 653–664. http://www.jstor.org/stable/40375389

FitzSimons, G. (2014). Commentary on vocational mathematics education: Where mathematics education confronts the realities. *Educational Studies in Mathematics, 86*(2), 291–305. https://doi.org/10.1007/s10649-014-9556-0

Forsberg, E. & Wallin, E. (Red.). (2006). *Skolans kontrollregim – Ett kontraproduktivt system för styrning?* HLS förlag.

Foucault, M. (1977). 'Le jeu de Michel Foucault'. I M. Foucault (Red.), *Dits et écrits III* (s. 298–329). Gallimard.

Foucault, M. (1993). *Diskursen ordning*. Brutus Östlings Bokförlag Symposium.

Foucault, M. (2003). *Övervakning och straff*. Arkiv förlag.

Foucault, M. (2008a). Diskursen ska inte uppfattas som... I T. Götselius & U. Olsson (Red.), *Diskursernas kamp* (s. 181–182). Brutus Östlings Bokförlag Symposium.

Foucault, M. (2008b). Regementalitet. I T. Götselius & U. Olsson (Red.), *Diskursernas kamp* (s. 183–204). Brutus Östlings Bokförlag Symposium.

Gellert, U. (2017). Revisiting mathematics for all: A commentary to Pais's critique. I H. Straehler-Pohl, N. Bohlmann & A. Pais (Red.), *The disorder of mathematics education. Challenging the sociopolitical dimensions of research* (s. 67–87). Springer. https://doi.org/10.1007/978-3-319-34006-7_5

Gellert, U. & Jablonka, E. (2009). The demathematising effect of technology. Calling for critical competence. I P. Ernest, B. Greer, & B. Sriraman (Red.), *Critical issues in mathematics education* (s. 19–24). Information Age Publishing.

Hansson, Å. (2010). Instructional responsibility in mathematics education: Modelling classroom teaching using Swedish data. *Educational Studies in Mathematics, 75*, 171–189. https://doi.org/10.1007/s10649-010-9249-2

Jørgensen, K.M. & Klee, N. (2014). Artisan storytelling and management 'dispositifs'. I K.M. Jørgensen & C. Largacha-Martinez (Red.), *Critical narrative inquiry – Storytelling, sustainability and power* (s. 15–33). Nova Science Publishers. https://www.novapublishers.com/catalog/product_info.php?products_id=53278

Kress, G. (2009). Assessment in the perspective of a social semiotic theory of multimodal teaching and learning. I C.M. Wyatt-Smith & J. Cummings (Red.), *Educational assessment in the 21st Century* (s. 19–41). Springer. https://doi.org/10.1007/978-1-4020-9964-9_2

McGrady, P.B. & Reynolds, J.R. (2013). Racial mismatch in the classroom: Beyond black-white differences. *Sociology of Education, 86*(1), 3–17. https://doi.org/10.1177/0038040712444857

Mercier, A., Sensevy, G., & Schubauer-Leoni, M-L. (2000). How social interactions within a class depend on the teacher's assessment of the students' various mathematical capabilities. *Zentralblatt für Didaktik der Mathematik 32*, 126–130. https://doi.org/10.1007/BF02655651

Morgan, C. (2000). Better assessment in mathematics education? A social perspective. I J. Boaler (Red.), *Multiple perspectives on mathematics teaching and learning* (s. 225–242). Ablex Publishing.

Norén, E. (2017). En skola för alla? I L.B. Boistrup, M. Nordlund, & E. Norén (Red.), *"Alla människors möte borde vara så": Texter om bedömning: Vänbok till Astrid Pettersson*. PRIM-gruppen.

Norén, E. & Valero, P. (2022). Att bilda goda, matematiska medborgare i Sverige. I P. Valero, L.B. Boistrup, I.M. Christiansen, & E. Norén (Red.), *Matematikundervisningens sociopolitiska utmaningar* (s. 157–180). Stockholm University Press. https://doi.org/10.16993/bcc.h

Pansell, A. & Boistrup, L.B. (2018). Mathematics teachers' teaching practice in relation to textbooks: Exploring praxeologies. *The Mathematics Enthusiast, 15*(3), 541–562.

Raffsnøe, S., Gudmand-Høyer, M., & Thaning, M.S. (2014). Foucault's dispositive: The perspicacity of dispositive analytics in organizational research. *Organization, 23*(2), 272–298. https://doi.org/10.1177/1350508414549885

Skolverket. (2003). *Lusten att lära – med fokus på matematik: Nationella kvalitetsgranskningar 2001–2002*. Skolverket.

Skolverket. (2011). *Läroplan för grundskolan, förskoleklassen och fritidshemmet 2011*. Fritzes.

Skolverket. (2013). *PISA 2012 – 15-åringars kunskaper i matematik, läsförståelse och naturvetenskap*. Skolverket.

Skolverket. (2014). *Grundskolan i internationella kunskapsmätningar: Kunskap, skolmiljö och attityder till lärande. Rapport 407*. Skolverket.

Skovsmose, O. (2005). *Travelling through education: Uncertainty, mathematics, responsibility*. Sense Publisher.

Straehler-Pohl, H. (2017a). Delmathematization and ideology in times of capitalism: Recovering critical distance. I H. Straehler-Pohl, N. Bohlmann, & A. Pais (Red.), *The disorder of mathematics education. Challenging the sociopolitical dimensions of research* (s. 35–52). Springer. https://doi.org/10.1007/978-3-319-34006-7_3

Straehler-Pohl, H. (2022). Delmatematisering i kapitalismens tidsålder – Att återerövra den kritiska distansen. I P. Valero, L.B. Boistrup, I.M. Christiansen, & E. Norén (Red.), *Matematikundervisningens sociopolitiska utmaningar* (s. 257–279). Stockholm University Press. https://doi.org/10.16993/bcc.l

Straehler-Pohl, H., Gellert, U., Fernandez, S., & Figueiras, L. (2014). School mathematics registers in a context of low academic expectations. *Educational Studies in Mathematics, 85*(2), 175–199. https://doi.org/10.1007/s10649-013-9503-5

Torrance, H. & Pryor, J. (1998). *Investigating formative assessment. Teaching, learning and assessment in the classroom.* Open University Press.

Van Leeuwen, T. (2005). *Introducing social semiotics.* Routledge.

Walkerdine, V. (1988). *The Mastery of reason. Cognitive development and the production of rationality.* Routledge.

Watson, A. (2000). Mathematics teachers acting as informal assessors: practices, problems and recommendations. *Educational studies in mathematics, 41*(1), 69–91.

Wiliam, D. & Thompson, M. (2007). Integrating assessment with instruction: What will it take to make it work? I C. Dwyer (Red.), *The future of assessment: Shaping teaching and learning* (s. 53–82). Lawrence Erlbaum Associates.

7. Att bilda goda, matematiska medborgare i Sverige

Eva Norén och Paola Valero
Stockholms universitet

Sammanfattning

Det här kapitlet handlar om hur officiella läroplanstexter bildar en ideal matematiskt kompetent medborgare och vad medborgarskap i relation till matematik kan innebära. Vi genomför en jämförande analys av den andra läroplanen för en sammanhållen grundskola, Lgr69, och den läroplan som gällde när kapitlet skrevs, Lgr11. Den jämförande strategin gör det möjligt för oss att urskilja hur förändringar i artikulation signalerar olika uppfattningar om de riktningar som skolmatematiken i läroplanerna har, och som —avsiktligt— konstruerar den önskade medborgaren. Med andra ord är syftet med kapitlet att undersöka och redovisa hur den önskade matematisk kompetenta medborgaren bildas med och genom undervisningen i matematik samt vilka normer för detta som byggs upp under två olika tidsperioder med något olika politiska rationaliteter. Olika sätt att tänka, tala och kunskapa knyter an till sin tids utbildningspolitik och kommer till uttryck i de två läroplanerna.

Introduktion

Varje gång det skrivs en ny läroplan sprids en oro bland lärare och skolledare för hur man ska kunna motsvara förväntningarna som en ny läroplan medför. De politiska riktlinjer som finns inbäddade i läroplaner får effekter i såväl elevers som i lärares praktik och liv. Detta sker inte bara för att politiken i tid och rum uttrycker intentionen att styra genom hur ämnen framställs i utbildningen, utan också för att det ges en ram som både möjliggör och reglerar livet i matematikklassrummet.

Hur du refererar till det här kapitlet:
Norén, E. & Valero, P. 2022. Att bilda goda, matematiska medborgare i Sverige. I P. Valero, L.B. Boistrup, I.M. Christiansen, & E. Norén (Red.), *Matematikundervisningens sociopolitiska utmaningar* (s. 157–180). Stockholm University Press. DOI: https://doi .org/10.16993/bcc.h.

När kursplaner i matematik förändras regleras nya sätt att vara. Det senaste exemplet på detta är när programmering infördes i kursplanen i matematik. Här kan noteras att läroplansförändringen påkallats av samhällets digitalisering.

Förändringar i samhället inkluderar också förändringar av begreppet medborgarskap. I skolans ingår att utbilda och utveckla blivande samhällsmedlemmar, medborgare (Carlsson, 2006). Utifrån denna synvinkel är skolans läroplan inte bara uttryck för vilken matematik som ska undervisas. Läroplanen formulerar även hur skolmatematik och medborgarskap sammanflätas i en process där önskvärda medborgare bildas. Detta sker genom de pedagogiska metoderna och det innehåll som är framskrivet i skolmatematiken.

Implicita intentioner och ramar är inskrivna med ett särskilt språk i läroplanstexter. Formuleringar som återkommer i läroplanstexter är ofta öppna för tolkning av alla de som är inblandade i att implementera dem (t.ex. Boesen m.fl., 2014; se också Prytz, 2020 för en diskussion av detta i relation till de senaste läroplanerna i Sverige). Läroplanens intentioner, innehåll och konstruktion operationaliseras mot bakgrund av olika områden av skolkunskap, samtidigt som föreställningar om vad eleverna borde veta och hur de borde vara artikuleras. På så sätt framträder den önskade medborgaren.

I kapitlet försöker vi vara tydliga och reflektera över de teoretiska ståndpunkter vi förhåller oss till i vår läsning av läroplaner och kursplaner i matematik och de slutsatser vi drar, utifrån deras politiska konstituering. Det är ett område som tidigare i stort sett förbisetts i svensk matematikdidaktisk forskning (se också Christiansen & Skog, 2022). Därefter förklarar vi översiktligt hur vi genomförde analyserna av läroplanerna och presenterar resultaten. Till sist diskuterar vi vilken roll den här formen av analys kan ha för de som är involverade i matematikundervisning och i det matematikdidaktiska forskningsfältet i Sverige.

Perspektiv på läroplaner

Man kan uppfatta läroplaner på flera olika sätt. Perspektivet på *ämnesinnehåll som 'lärs ut och lärs in'* representeras av Young (2013), som argumenterar för att kärnan i läroplaner är att avgränsa den kunskap som elever har rätt att ta del av och den kunskap de behöver för sitt framtida liv som medborgare i ett samhälle. Ett andra perspektiv betonar läroplaner som en modell där *målen* med utbildningen preciseras.

Innehåll och erfarenheter för inlärning *väljs ut* och *organiseras* i små steg och *utvärderas* ständigt. Modellen blev formulerad av Tyler (1950) i USA och den spreds till flera länder, bland annat Sverige (t.ex. Lundgren, 2015), i samband med att olika utbildningssystem moderniserades efter andra världskriget, för att ge en tydlig och operativ definition av läroplaner. I ett tredje perspektiv, som vi i detta kapitel ansluter oss till, ses läroplaner som ett *kulturellt och politiskt sätt att styra* men också som ett forskningsfält där man studerar pedagogiska processer och deras funktion och effekt i samhället. Denna trend ansluter till kritiska studier av läroplaner och har genomförts av bland andra forskare som Apple och Aasen (2003) och Popkewitz (2008). Dessa studier av läroplaner har sina teoretiska fundament i kritisk teori. Kritiska marxistiska studier såväl som Foucault-inspirerade studier har vuxit fram också i Sverige inom utbildnings- och pedagogisk forskning (t.ex. Hultqvist & Dahlberg, 2001).

Genom att följa den tredje kritiska linjen betraktar vi läroplaner som ett viktigt politiskt verktyg som historiskt sett har använts inte bara för att utbilda unga människor utan också, genom den utbildningsinriktning som framträder, att styra mot ett samhälle som önskas för framtiden. En sådan uppfattning bygger på olika teoretiska antaganden om vad utbildning och matematikutbildning är.

Matematikläroplan och -kursplaner

I matematikdidaktisk forskning har läroplansbegreppet kopplats till dessa tre olika perspektiv. En uppenbar uppfattning av matematikkursplanen är att se den som en innehållsförteckning på det som måste undervisas om och läras av eleverna. Uppfattningen är implicit eller explicit inbäddad i matematiklärares förhållningssätt till innehållet och elevers lärande i matematik och har av forskare identifierats som ett innehållsperspektiv i matematikutbildningen. Detta innebär att matematisk kunskap gradvis organiseras och innehåller uppsättningar av matematiska fakta och metoder som eleverna ska behärska (t.ex. Schoenfeld, 1994).

Niss och Jensens (2002) förslag om kompetenser i matematik som organiseringsprincip i kursplaner växte fram som en reaktion mot att kursplaner i matematik skulle vara en innehållsförteckning att pricka av mot. I stället kan matematikundervisning genom skolåren organiseras med utgångspunkt i kärnkompetenser som reflekterar vad det innebär att arbeta matematiskt. Niss och Jensens idéer kan tolkas som att själva undervisningen i matematik bör vara starkt knuten till det akademiska ämnet matematik. Under senare år har Niss (2018) kopplat mål och innehåll i läroplanen till undervisningsmaterial samt former för undervisning med elevaktiviteter och bedömning.

Uppfattningen om läroplaner som en del av en kultur och ett samhälle har inte varit så utbredd inom matematikdidaktisk forskning, med undantag för ett fåtal studier baserade på etnomatematik (t.ex. D'Ambrosio & Rosa, 2017) eller kritisk matematikdidaktik (t.ex. Andersson & Barwell, 2021; Seah m.fl., 2016). Inom forskning om läromedel i matematik har dock transformationen av läroplaner setts som kulturell i och med att särskilda idéer om undervisning och lärande framhålls (t.ex. Pepin m.fl., 2013). Det kan bero på svårigheter på den nivå där själva undervisningen iscensätts, så att en kritisk syn på undervisning och forskning om läroplaner i politiska termer inte är lika utbredd som forskning om själva matematikinnehållet. Att som förklaringsmodell säga att matematikkursplaner och den pedagogiska organisationen av undervisningen alltid är kontextuell och förhåller sig till ett samhälle —som Niss (2018) skulle argumentera— skiljer sig från att uppfatta kursplaner i matematik som en kulturell eller politisk styrning i sig. Den sistnämnda kritiska uppfattningen innebär att det är nödvändigt att fokusera på förståelsen av skola och utbildning som en del av samhället. Då kan man spåra hur förhandlingar om kultur och makt pågår i matematikundervisningsprocesserna. Det matematiska innehållet underordnas således i forskning om politisk styrning genom utbildning.

Inom det internationella fältet av matematikdidaktisk forskning finns kritisk och politisk forskning om läroplaner (se Boistrup m.fl., 2022). Appelbaum och Stathopoulou (2016) t.ex. har föreslagit att förståelse av matematikutbildning innebär att man erkänner att läroplanstexter är ett resultat av en komplicerad konversation mellan "innehåll och organisation av skolmatematiken och det sociala sammanhanget där matematik finns i och utanför skolan samt i formella och informella processer som en akulturation av matematik" (s. 1). En sådan konversation ställer också frågan om vilken kunskap som finns i kursplanen samt vad som bestämmer hur den övergripande utbildningsprocessen anknyter till frågor om jämlikhet, tillgång och röst. Läroplaner betraktas därmed som inbäddade i, och oskiljaktiga från, de idéer som också finns i samhället, kulturen och politiken. Följden av detta perspektiv för studier i matematikdidaktik kommer att presenteras i detalj i följande avsnitt.

Matematikläroplan och makt

All utbildning är politisk eftersom utbildning används för att styra befolkningen. Foucaults begrepp *governmentality*, på svenska styrningsmentalitet (Hultqvist & Petersson, 1995) eller styrning (Larsson, 2005), fångar idén om att människor formas som en effekt av maktrelationer. I moderna samhällen är makt inte nödvändigtvis något som effektueras genom tvång eller våld för att människor skall ansluta sig till en idé. I stället för att påtvinga makt, har förnuft och vetenskaplig kunskap varit viktiga komponenter för hur styrning av en hel befolkning och individer pågår. Skapande av 'rationaliteter', eller sätt att tänka på om vem man ska sträva efter att vara, är knuten till en kunskapsbaserad framställning av sanning om jaget, om det rimliga och önskvärda agerandet eller beteendet och om vad som krävs för att uppträda på ett sådant sätt. Genom att kunskaper accepteras som rationella eller sanna, kommer kunskapen bli en del i styrningen (Foucault m.fl., 1991). En officiell läroplan förstås då som att den ger till synes rationella principer för hur människor förväntas vara (Ball, 2013). Makt opererar inte bara vägledande för uppförande eller beteende i särskilda riktningar utan även i kategorisering och differentiering av människor i förhållande till normerna för det beteende som skrivs fram i dessa rationaliteter (Dean, 2010). Det handlar om att elever exkluderas eller inkluderas i undervisningen.

Även om vissa hävdar att utbildningen alltid har haft 'läroplaner', skulle vi vilja påpeka att läroplaner som en 'maktteknik' i statens tjänst är utmärkande drag för moderniteten (Tröhler, 2016). Läroplaner började formuleras i ett historiskt sammanhang där nationer uppkommer och konsolideras (Lundgren, 2015). Skolans läroplan är ett verktyg som historiskt har använts för att forma och skapa uppfattningar om de nya nationerna och dess medlemmar —medborgarna. Medborgarskap, som politiskt begrepp, ansluter individen till en grupp —som *med* i medborgare— och en politisk organisation —samhället. På så sätt, definierar politisk styrning manniskors önskade egenskaper som delaktiga i grupper och gränserna för att tillhöra den ena eller den andra gruppen (Tröhler, 2016). Därför innebär läroplansförändringar inte bara vem som anses tillhöra medborgarskaran, men också vad som bör karakterisera den önskade medborgaren. Det inkluderar vilka moraliska egenskaper och beteenden som förväntas, men också vilka former av kunskap, färdigheter och förmågor som medborgarna borde ha för att delta i ett demokratiskt samhälle. Med andra ord, i utbildningen opererar makttekniker genom läroplaner för att skapa en känsla av gemenskap, såväl som att definiera 'andra' som inte hör hemma i det gemensamma (Tröhler, 2016).

För det tredje, utbildning i modern tid har varit det verktyg som föredragits framför andra för att ta itu med sociala och samhälleliga problem och styra befolkningen politiskt. Det här har kallats "pedagogisering" av moderna samhällen (Tröhler, 2011). Ett exempel på detta är —ännu en gång— införandet av programmering i matematikkursplanen. Eftersom den svenska arbetsmarknaden "törstar efter" programmerare men antalet "blir istället färre och färre för varje år" (Johnson, 2013) reagerade Regeringen (2017) med en digitaliseringsstrategi för skolan som bland annat introducerar programmering som ett innehåll i matematikkursplanen (se Lgr11, reviderad 2018). Med andra ord, ekonomiska behov och brist på arbetskraft omvandlas till ett problem som skolans utbildning ska lösa. Denna förändring, kan identifieras som en politisk föreställning om Sverige som ett konkurrenskraftigt land på den internationella marknaden och idén att skolan ska fostra konkurrenskraftiga medborgare.

De tre punkterna ovan riktar vår uppmärksamhet mot hur och varför olika läroplans- och kursplaneförändringar rättfärdigas och hur de organiseras i tid och rum, för att skapa förändringar i vem som ska vara, och vad som karaktäriserar, en önskad medborgare. Denna föreställning flyttar oss analytiskt bort från att ta för givet att förändringar i läroplanen helt enkelt är en konsekvens av förändringar i samhället. I stället illustrerar kapitlet hur förändringar i läroplaner avser att ge effekt i samhället genom att skapa eller 'fabricera' vissa "typer av människor" (Popkewitz, Diaz & Kirschgasler, 2017). Utifrån denna synvinkel är läro- och kursplaner —i matematik— inte enkla eller oskyldiga uttryck för en matematisk studieplan som utformats utifrån ett matematiskt intresse. Inte heller bär de med sig någon systematisk plan för att överföra kunskap och värderingar som anses behövas i ett samhälle. Läroplaner är även kulturella artefakter som bäddar in särskilda idéer om hur skolmatematik och medborgarskap vävs samman i den politiska processen att generera människor som lär sig hur de själva ska uppträda som medborgare. Detta sker genom att innehåll, moral och beteende artikuleras i skolmatematiken.

Inom matematikdidaktisk forskning har styrning i relation till läroplaner diskuterats bland annat av forskare som har använt Foucaults begrepp och analysverktyg (t.ex. Kollosche, 2014). Matematikutbildning ses då som en styrningsteknik där föreställningar om medborgarskap artikuleras med matematisk kunskap och förmågor för att utforma idéer om vilka slags människor —eller elever— som är önskvärda och vilka som är oönskade. Popkewitz (2004) argumenterar för att matematikkursplaner, å ena sidan, omvandlar vetenskapligt disciplinära kunskaper till ämnesundervisning i skolan. Sådana omvandlingar kallar han ”skolämnets alkemi” (s. 3–4). Å andra sidan, verkar matematikkursplaner så att barnens och elevernas inre egenskaper blir formbara. Detta sker genom att skolmatematiken också bär med sig andra uttryck för former av agerande som understöds, som t.ex. kommunikations-, resonemangs- eller problemlösningsförmåga. På så sätt styrs eleverna till att bli en viss typ av medborgare med och igenom matematikundervisningen.

I USA och England finns studier som har visat hur matematikkursplaner, i olika tider och på olika platser, har åstadkommit rationella, vetenskapliga och ekonomiskt funktionella medborgare (Diaz, 2017; Llewellyn, 2018). På senare tid har andra studier hävdat att matematikkursplaner också placerar eleverna i en stark ekonomisk neoliberal rationalitet samtidigt som de strävar efter gott genom en önskan om matematik 'för alla' (Valero, 2017). Norén och Källberg (2018) visade hur svenska policytexter inramade nyanlända elever som inkluderade, där deras modersmål och bakgrund beskrivs som resurser för lärande. Samtidigt framställdes nyanlända elever som mer uteslutna eftersom de ansågs vara i behov av att bli räddade emedan de inte besitter den mest värdefulla tillgången i skolan, det svenska språket. Delacour (2020) studerade hur förskollärare tolkar förskolans läroplan för matematik och hur de fabricerar det önskvärda matematiska förskolebarnet i bland annat flerspråkiga förskolor. Hon visar att barn som behärskar svenska uppmuntras att undersöka och upptäcka matematik, medan barn som inte behärskar svenska i samma utsträckning i stället blir undervisade i svenska språket. Det önskvärda matematiska förskolebarnet är 'svensktalande'.

Med dessa idéer i åtanke undersöker vi vilken slags medborgare riktningen i matematiken i Lgr69 respektive 11 styr eleven att bli. Den här sortens styrning är en fråga om makttekniker avseende såväl enskilda individer som hela befolkningar (Valero & Knijnik, 2016). I kapitlet undersöker vi hur matematisk kunskap och matematiska förmågor samt hur särskilda idéer om medborgare är inskrivna i läroplanstexterna och vilka konsekvenser detta får när makttekniker sammanflätas med matematik i de offentliga styrdokumenten.

Att undersöka föreställningar om den matematiskt kunnige medborgaren

En första metodologisk utgångspunkt är att styrningsmentalitet aktualiseras i praktik genom konkreta teknologier som organiserar hur man ska göra saker på ett särskilt sätt (Dean, 2010). Därför baseras analysen i kapitlet på en empirisk undersökning av skolans styrdokument som en konkret maktteknologi.

Som redan nämnts har vi valt att fokusera på grundskolan i läroplanerna Lgr69 (Skolöverstyrelsen, 1969a) och Lgr11 (Skolverket, 2011c) och däri matematikkursplanerna (Skolverket, 2011b; Skolöverstyrelsen, 1969b). Lgr69 är läroplanen som avslutade den politiska reformen av grundskolan i Sverige. Idén om 'en skola för alla' som initierades med Lgr62 blev helt enkelt förfinad i Lgr69. 'En skola för alla' var hörnstenen i en socialdemokratisk förändring som "uttrycker en politisk vision för en skola där barn ska ha lika utbildning, oavsett bostad, social bakgrund, fysisk och psykisk förmåga eller andra faktorer som kan påverka deras framgång i skolan" (Blossing & Söderström, 2014, s. 17). Lgr69 introducerade också idéerna om den nya matematiken i svenska skolor, som Prytz (2018, s. 209) påpekar, skulle "främja ett rationellt (som i vetenskapligt) sätt att tänka, [och] förbättra såväl vetenskapliga som industriella framsteg". Det är först i denna läroplan som ett demokratiseringsprojekt formuleras tydligt med en önskan om matematiskt kompetenta medborgare.

Lgr11 är det dokument som ger uttryck åt den nuvarande visionen om utbildning i Sverige. Denna läroplan växte fram ur en pedagogisk reform som anpassade svensk utbildning till nuvarande transnationella idéer som artikuleras i PISAs[1] vision för utbildning. Sundberg och Wahlström (2016, s. 279) karaktäriserar den som en "resultatorienterad och standardbaserad" läroplan, med ett politiskt program som bland annat skriver fram det ideala demokratiska samhället i en global tävlingsinriktad marknadsekonomi. I Lgr11 anpassades synen på matematik och dess undervisning och lärande till brister i svenska elevers prestationer. Dessa hade identifierats i stora internationella jämförande studier, det vill säga i TIMSS och PISA. Också framstegen inom internationell och nationell forskning inom matematikundervisning införlivades i kursplanen (Skolverket, 2011a, s. 6).

---

1 PISA, Programme for International Student Assessment, genomförs av Organisationen för ekonomiskt samarbete och utvecklings (OECD).

I analysen identifierar vi hur den önskvärda eleven karaktäriseras i Lgr69 och Lgr11 samt hur undervisning och lärande bör utformas för att eleven ska erhålla sådan karaktär. Genom noggrann och upprepad läsning av läroplanerna och kursplanerna fick vi i ett första steg en överblick över struktur, innehåll och idéer i texterna. Detta gav oss möjlighet att identifiera visionen om utbildning och medborgarskap. I ett andra steg identifierade vi meningar i texterna som uttryckte idéer om vad som karaktäriserar dem som lär, dvs eleverna, och hur matematikundervisningen är tänkt att påverka dem. Vi genererade därefter teman som upprepas och som framträder som viktiga i dokumenten. T.ex. uppträder synen på demokrati i texterna, både med en generell syn på undervisning och lärande i matematik men också med en syn på differentiering och dess relation till olika studentgruppen. En serie kategorier som motsvarade dessa teman tilldelades texterna. I ett tredje steg fokuserade vi på meningar som uttryckte idéer om eleverna, genom att spåra ord som 'barn' och 'elev' i dess olika varianter. Ordet elev nämns 1940 gånger i olika sammanhang i Lgr69, i Lgr11 nämns ordet elev 1599 gånger. Därefter identifierade vi teman som relaterar till eleven och en ny uppsättning kategorier som täcker olika aspekter av eleverna, såsom elevernas kunskaper, attityder, förmåga, aktivitet och elever som objekt för lärarnas handlingar. Detta gjorde att vi kunde identifiera regelbundenheter i de formuleringar som framträder i dessa dokument om de typer av kvaliteter som utbildning och matematikundervisning bör erbjuda barnet som unga medborgare. Nedan summeras analysen i några av de viktigaste punkterna om synen på den blivande medborgaren.

Skolmatematik och den solidariska medborgaren – Lgr69

Förutom ämneskursplaner fanns i Lgr69s obligatoriska skola tre övergripande komponenter: utveckling av barnet, förmedling av kunskaper och att praktisera/öva färdigheter, för att "främja elevernas utveckling till harmoniska människor och till dugliga och ansvarskännande samhällsmedlemmar" (Skolöverstyrelsen, 1969a, s. 9), i samarbete med föräldrar eller familj. Barnet/eleven erkänns som en unik och värdefull människa och ska kunna utvecklas till en fri och oberoende person, som är en delaktig medlem av olika grupper i samhället både nationellt och internationellt. Personens kropp och hälsa beskrivs ha betydelse för den övergripande utvecklingen och här riktas uppmärksamheten mot en sund fritid.

Elevens sociala utveckling sker i förhållande till hemmet och familjen och skolaktiviteter förstärker förståelse av eleven som en individ som lever (för) och bryr sig om andra och som förbereder sig för en roll som en aktiv medborgare i ett samhälle som kräver samarbete och solidaritet mellan människor. Denna utveckling anses hänga samman med en demokratisk skola där ”gemensamhetskänsla, samarbete, medansvar och självdisciplin [måste] vara riktpunkter för arbetet” (s. 17). Jämlikhet och medborgarskap är tydligt syftet med utbildningen där ”så långt det över huvud är möjligt [ska skolan] bereda alla barn och ungdomar, oberoende av bostadsort och andra yttre villkor, reell tillgång till lika utbildningsmöjligheter” (s. 11). Vad gäller synen på ett demokratiskt samhälle och vad som karakteriserar dess medborgare uttrycks som exempel ”Samlivet i det demokratiska samhället måste utformas av fria och självständiga människor [...] som kan bära upp och förstärka demokratins principer om tolerans, samverkan och likaberättigande mellan människorna” (s. 14).

Kärnområdena erbjuder en bred kunskapsbas för individens utveckling som medborgare i en demokrati. Demokratin kräver människor som kan tänka rationellt och förståndigt, som kan inta en kritisk och självständig hållning mot tendentiösa influenser och som kan analysera, jämföra och sammanställa. Därför ”får intellektets skolning stor vikt” (s. 13). Känslor och vilja, tillsammans med intellektet, är också grundläggande för en hela individens tillväxt så att hen utvecklas till att vilja ta initiativ, respektera samhällets ordning och lagar, men också förbereda sig för framtida studier och ett arbetsliv med ansvar och kvalitet (s. 12–13).

Eftersom eleven är i centrum utgår val av lärostoff i undervisningen från deras intressen, ”utvecklingsnivå och erfarenhetsbakgrund” (s. 41). Variationer av didaktiska och pedagogiska arbetsformer är möjliga för lärare i planeringen. Lärare ska, för elevernas bästa, bestämma vad som passar bäst för sina elever. ”Skolan skall ge alla elever en grundläggande utbildning, som innefattar sådana färdigheter och kunskaper, vanor, attityder och värderingar som är av betydelse för deras personliga utveckling och för deras möjlighet att påverka och leva i dagens och morgondagens samhälle och att där fungera som yrkesutövare och samhällsmedborgare” (s. 12). Ett sätt att nå detta mål är att nivågruppera eleverna, speciellt i ämnen som ses som viktiga, matematik och engelska (i åk 7–9).

Förutom idén om nivågruppering i allmän och särskild kurs, som bygger på att man differentierar eleverna i relation till deras kunskap och färdighet, finns en idé om ”individanpassad undervisning” (s. 56). Det innebär att lärares uppmärksamhet skall riktas mot varje enskild elevs ”anlag” samt elevens ”mognad och fysiska utveckling” (s. 56). För att detta ska förverkligas är läraren ansvarig att skapa aktiviteter i undervisningen som passar ”bäst” vad gäller kunskapsförmedling i relation till eleven/rna. Det skrivs dessutom fram att undervisningsinnehållet i ämnen behöver ändras över tid eftersom det behöver anpassas till: ”den enskilda elevens förutsättningar och studieinriktning, till lärarens läggning och intressen samt till de nya krav som förändringar i samhällsstrukturen kan ställa. En sådan förnyelse av lärostoffet måste ständigt pågå” (s. 20).

Fokus på individen kompletteras med en medvetenhet om andra. Lärande ses som mångsidig aktivitet där eleven ”tillägnar sig kunskaper och färdigheter eller rent allmänt ett beteendemönster” (s. 58) som organiseras av lärare eller en grupp lärare, på ett sätt som stödjer både självverksamhet och samarbete (s. 64–68). Det är en ambition att eleven i ”samverkan i varierande inlärningssituationer [ska] få tillfälle att ta hänsyn till och hjälpa varandra” (s. 59) och deltaga i en gemensam process för att ”uppleva arbetsglädje tillsammans” (s. 59). Arbetsformer som grupparbete ses som viktiga för att realisera sådana intentioner.

I Lgr69 ges omfattande förklaringar av det matematiska innehåll som ingår i läroplanens vision. I timplanen för enhetsskolan föreslås matematik i årskurs 7–9 få fyra timmar per vecka i både allmän och särskild kurs. Utgångspunkt för matematikundervisningen är elevens upplevelse av ”kvantitetsproblem” som uppstår i ”enkla vardagsupplevelser” och som kan lösas ”genom manuella operationer med verkliga föremål”. Abstraktionen utvecklas som en förmåga, betinget av elevens ”mognad och erfarenhet” (s. 137).

> Undervisningen i matematik skall utgå från elevernas erfarenheter och föreställningar och grundas på förståelse. Den skall efter hand ge förtrogenhet med några väsentliga begrepp och tillvägagångssätt inom aritmetik, geometri, algebra och beskrivande statistik samt kännedom om funktions- och sannolikhetsbegreppen. Undervisningen skall vidare uppöva färdighet i numerisk räkning, även med tekniska hjälpmedel, och ge inblick i hur matematik används i olika sammanhang (s. 137).

Elevens utveckling i matematik sker genom övning i situationer som stimulerar ”visuella, akustiska och motoriska funktioner” (s. 138). Från vardagligt språk utvecklas ”användning av symboler och matematisk terminologi” (s. 138), som går över till förståelse och förtrogenhet med "väsentliga matematiska begrepp och samband" (s. 138). Anknytning till elevernas erfarenheter göras genom att använda matematiken i det dagliga livet utanför skolan för att lösa problem, som "hämtas från elevernas erfarenhetsvärld, från matematikens praktiska tillämpningar och från den matematiska teorin". Genom arbetet med problem utvecklar eleverna "förmåga att kombinera, ge uppslag och ta initiativ" (s. 138). I undervisningen görs eleverna "uppmärksamma på de matematiska sammanhangen mellan olika delar av lärostoffet", t.ex. "sambanden mellan de fyra räknesätten samt användning av geometriska metoder inom aritmetik och algebra och omvänt" (s. 138). Eleverna bör uppleva att matematiska symboler underlättar framställning av matematiska formuleringar och relationer. Vidare bör det kännas familjärt, då de "introduceras med stor omsorg och knyts till konkreta situationer, som eleverna upplever som naturliga" (s. 139). Elevernas arbete med mängdläran kan underlätta utveckling av ett gemensamt språk och förståelse "inom olika områden" (s. 138).

Kursplanen (Skolöverstyrelsen, 1969b) specificerar innehållet och tillvägagångssätt med kommentarer om synen på sådant innehåll som lärarna troligen inte förväntas vara så bekanta med. Riktlinjer för den aktivitet som av eleverna ska utföra uttrycks genom meningar som visar på elevernas handling. Det finns förslag på hur lärare kan främja sådana aktiviteter. Förslag på applikationer, tvärvetenskapliga aktiviteter och användning av artefakter som datorer finns också med. Här finns också kommentarer om möjliga elevbeteenden till följd av skillnader i kunskapsnivå och som är avsedda att ge förslag om individanpassningar.

En noggrann analys av ett matematikområde i kursplanen gör det möjligt att exemplifiera hur dessa idéer syns i kursplanetexten. Här väljer vi kärnområdet statistik och sannolikhetslära och temat "Insamling av statistiskt material analyserat. Tabeller och diagram (Årskurserna 2–9)" (Skolöverstyrelsen, 1969b, s. 22). Delar inom temat som enkla diagram, frekvenstabell, klassindelning osv. nämns och anges i vilka kurser det ska undervisas. I texten har vi identifierat meningar om eleven, läraren eller innehållet. Vi har kursiverat elevernas aktivitet, framhävt rekommendationer till lärarna med fet stil, och strukit under kommentarerna om matematikinnehållet.

> Redan på lågstadiet bör *eleverna få insamla* material och *sammanställa* detta i tabeller och i diagram. Eleverna *får själva komma med förslag* på hur tabellerna bör utformas för att de skall bli så åskådliga som möjligt. De får sedan *öva sig* i att ur dessa tabeller bestämma, t ex <u>det största respektive minsta värdet och det vanligaste värdet (typvärdet)</u>.

> **Dessa tabeller får sedan ligga till grund för framställning av enkla diagram.** De första diagrammen kan bestå av verkliga eller ritade föremål, där varje föremål representerar t ex 10 person 100 bilar, 1 000 kr osv. **Man bör inte låta eleverna göra t.ex. olika stora bilar för att beskriva olikheten i antal,** eftersom förhållanden mellan areor och volymer är svåra att arbeta med. [...]
>
> **Successivt görs materialet mer omfattande,** terminologin striktare samt tabeller och diagram mer lika den beskrivande statistikens allmänt vedertagna. **På högstadiet är räknemaskin och räknesticka naturliga hjälpmedel vid arbete med statistiskt material.** All verksamhet i samband med den beskrivande statistiken ger stora möjligheter till såväl **individuellt arbete som grupparbete.** Statistik momentet i matematikundervisningen **behandlas i intim samverkan med övriga undervisningsämnen.** [...]
>
> På mellan- och högstadiet **utnyttjas stoff från orienteringsämnena.** Samhällskunskap och geografi innehåller många moment där upprättandet av tabeller och diagram är det naturliga arbetssättet. På högstadiet ger **resultaten från elevlaborationer i de naturorienterande ämnena ett utomordentligt primärmaterial för statistisk behandling.** Förslagsvis kan den matematiska bearbetningen av materialet ske under matematiklektionerna och tolkningen av det färdiga resultatet under lektion i respektive orienteringsämne. (Skolöverstyrelsen, 1969b, s. 22)

Beskrivningarna börjar systematiskt med meningar om elevernas förväntade aktivitet och beteende i form av verb. Elevernas handlingar —samla in, sammanställa, komma med förslag, etc.— signalerar ett elevcentrerat fokus, och en undervisning och syn på lärande som mångsidig aktivitet. Lärarnas förväntade handlingar knyts till kommentarer som föreskriver hållpunkter för uppmärksamhet, tillämpning eller anpassning av undervisningsformer i relation till eleverna. Kommentarer om matematikinnehållet med specificering av kunskap och färdigheter kopplas till och görs mer explicit i de högre årskurserna. På detta sätt operationaliserar matematikkursplanen många av de allmänt inriktade avsikterna i läroplanen, så som att genom praktik och övning av färdigheter —i matematik— nå kunskap som en solidarisk medborgare behöver.

Skolmatematik och den självreglerande medborgaren – Lgr11

Generellt omfattar Lgr11 (Skolverket, 2011c) vägledning för alla delar av elevens utbildning, det vill säga förskolan, grundskolan (år 1–9) och fritidshemmet. Skolans värdegrund och uppdrag betonar att demokrati är grunden som hela skolväsendet vilar på. Utbildningens syfte är att

”elever ska inhämta och utveckla kunskaper och värden” (s. 7); för att främja ”alla elevers utveckling och lärande”. Genom utbildningen utformas en elev som har ”en livslång lust att lära”; och som respekterar mänskliga rättigheter, demokratiska värderingar, egenvärde och gemensam miljö. Eleven förstår och införlivar den kristna etiken och västerlandets humanism i värden som ”okränkbarhet, individens frihet och integritet, alla människors lika värde, jämställdhet mellan kvinnor [...] solidaritet med svaga och utsatta”, samt ”rättskänsla, generositet, tolerans och ansvarstagande” (s. 7). Som ett resultat ska ”varje enskild elev finna sin unika egenart och därigenom kunna delta i samhällslivet genom att ge sitt bästa i ansvarig frihet.” (s. 7)

Eleven utvecklar förståelse för andra människor och lär, genom kunskap och öppen diskussion, att vara tolerant och inte diskriminera andra ”på grund av kön, etnisk tillhörighet, religion eller annan trosuppfattning, könsöverskridande identitet eller uttryck, sexuell läggning, ålder eller funktionsnedsättning” (s. 7). Som delaktig i ett internationellt, kulturellt mångfaldigt samhälle utvecklar eleven medvetenhet om den egna identiteten och om det gemensamma kulturarvet. Dessutom utvecklar eleven sitt personliga ställningstagande, genom en saklig men allsidig undervisning. En likvärdig utbildning ger eleven möjlighet att bygga vidare på sin ”bakgrund, tidigare erfarenheter, språk och kunskaper” (s. 8), och för att ”pröva och utveckla sin förmåga och sina intressen oberoende av könstillhörighet.” (s. 8)

Skolan och hemmen i samarbete främjar att elever utvecklas till att bli aktiva, kreativa, nyfikna samt att ha självförtroende dvs att bli ”kompetenta och ansvarskännande individer och medborgare” (s. 7) Genom att vilja pröva egna idéer och lösa problem ska eleverna ”få möjlighet att ta initiativ och ansvar samt utveckla sin förmåga att arbeta såväl självständigt som tillsammans med andra”; och utveckla ”ett förhållningssätt som främjar entreprenörskap” (s. 9).

Eleven ska även ”orientera sig i en komplex verklighet, med ett stort informationsflöde och en snabb förändringstakt” genom att lära sig de beständiga kunskaper som alla i samhället behöver. Eleven får möjlighet till att utveckla ”studiefärdigheter och metoder [för] att tillägna sig och använda ny kunskap”. Eleverna ”utvecklar sin förmåga att kritiskt granska fakta och förhållanden och att inse konsekvenserna av olika alternativ” (s. 9). För att nå dessa mål påverkas och stimuleras eleverna aktivt och medvetet av skolan, för ”att omfatta vårt samhälles gemensamma värderingar och låta dem komma till uttryck i praktisk vardaglig handling” (s. 12).

Men värderingar hänger samman med kunskap, och därför är skolan ansvarig för att eleven ”inhämtar och utvecklar sådana kunskaper som är nödvändiga för varje individ och samhällsmedlem” (s. 13). Elevens kunskap ska relateras till livet och till ytterligare utbildning. Efter skolgången, ska eleven kunna använda svenska språket, kommunicera på engelska, ”använda sig av matematiskt tänkande för vidare studier och i vardagslivet” (s. 13), såväl som kunskap från andra skolämnen. Eleven ska också kunna förhålla sig till aspekter av ett modernt samhälle såsom digitalisering och informationsteknologi. Elevens kunskap ska även stödja hens ”val av fortsatt utbildning och yrkesinriktning” (s. 13). Skola, lärare och hem samarbetar så att eleverna utvecklar sina (demokratiska) värderingar och kunskaper (s. 13–17). Bedömning och betyg är viktiga delar som relaterar skolans stöd till eleverna och elevernas egen insats och sitt eget ansvar för lärande, samt ”utvecklar förmågan att själv bedöma sina resultat och ställa egen och andras bedömning i relation till de egna arbetsprestationerna och förutsättningarna” (s. 20).

Elevens kunskap i ”matematik och matematikens användning i vardagen och inom olika ämnesområden” (s. 55) utvecklas genom undervisningen. Intresse för matematik, tilltro till matematikens användning och upplevelse av matematikens estetiska värden är väsentligt i elevens kunskapskonstruktion. Som resultat av matematikundervisning ska eleven kunna formulera och lösa problem, reflektera och värdera valda matematiska strategier och metoder, använda och analysera matematiska begrepp och samband mellan begrepp, välja och använda lämpliga matematiska metoder för att göra beräkningar och lösa rutinuppgifter, föra och följa matematiska resonemang, och använda matematikens uttrycksformer för att samtala om, argumentera och redogöra för frågeställningar, beräkningar och slutsatser (s. 55). Dessutom, anses elevernas förmåga att använda digital teknik i matematik och koppla matematik till programmering som väsentlig. Elever kan även ”utveckla kunskaper om historiska sammanhang där viktiga begrepp och metoder i matematiken har utvecklats” (Skolverket, 2011b, s. 10), och ”reflektera över matematikens betydelse, användning och begränsning i vardagslivet, i andra skolämnen och under historiska skeenden.” (s. 10).

Centrala innehåll som eleven ska utveckla kunskap och förmåga i organiseras i sex områden: taluppfattning och tals användning, algebra, geometri, sannolikhet och statistik, samband och förändring och problemlösning. Inom varje område ska elevernas förmåga vara urskiljbar.

Elevens utvecklingsnivå bedöms i relation till tydliggjorda kunskapskrav som specificeras i fem nivåer (E, D, C, B och A, från låg till mellan till hög prestationsnivå). Eleven anses vara matematiskt kunnig när hen kan lösa matematiska problem med anpassade strategier, kan beskriva tillvägagångssätt och bedöma resultat. Eleven visar att hen har kunskap om matematiska begrepp genom att använda dem, beskriva begreppens egenskaper med anpassade matematiska redskap som symboler, grafer m.m. och kan visa relationer mellan begrepp. Eleven väljer att använda och anpassa matematiska metoder samt för ett matematiskt resonemang. En elev som har uppnått en låg prestationsnivå visar förmågan ”på ett i huvudsak fungerande” och ”tillfredsställande” sätt, medan en elev som når hög prestationsnivå visar det med ”väl fungerande” och ”välutvecklade” sätt och ”för resonemangen framåt och fördjupar eller breddar dem” (Skolverket, 2011c, s. 60–64).

’Sannolikhet och statistik’ i Lgr11 —som motsvaras av kärnområdet ’statistik och sannolikhetslära’ i Lgr69— utforskar vi här med intentionen att visa hur förmågorna karaktäriseras i relation till detta område i kursplanen. Syftet med att studera ’Sannolikhet och statistik’ är att ”elevernas ska kunna fatta välgrundade beslut i vardagslivets många valsituationer och delta i samhällets beslutsprocesser” (Skolverket, 2011b, s. 21). I undertemat ”Sortera, beskriva och tolka statistiskt material” identifierar vi meningar om eleven, lärare eller innehållet. Vi har kursiverat elevernas görande, framhävt rekommendationer till lärarna med fet stil, och strukit under kommentarerna om matematikinnehållet.

> Statistik handlar om att samla in, organisera, presentera och tolka data. När *eleverna genomför dessa moment* kan deras förtrogenhet med statistiska metoder och begrepp utvecklas. Statistiska metoder är användbara när *eleverna ska beskriva sin omgivning och olika fenomen* i närmiljön och världen. [...]
>
> Med innehållet tabeller, diagram och grafer samt hur de kan tolkas och användas för att beskriva resultat av egna och andras undersökningar i årskurserna 7–9 utvecklas metoderna för att beskriva och tolka resultat. *Eleverna får nu möta flera statistiska begrepp och uttrycksformer*. Innehållet öppnar också **för att eleverna ges möjligheter att utveckla och i allt högre grad använda de statistiska uttrycksformerna i olika undersökningar.** Detta är värdefulla kunskaper för att skaffa sig bra underlag när man ska fatta beslut i både vardagen och yrkeslivet.
>
> I årskurserna 7–9 ska *eleverna dessutom kunna bedöma risker och chanser* utifrån statistiskt material. Här **ska eleverna ges möjlighet att tillämpa sina**

kunskaper om begreppen risk och chans utifrån statistiska undersökningar. På så sätt kan deras förmåga att resonera med matematiska argument utvecklas. (Skolverket, 2011b, s. 21–23)

Beskrivningen börjar med kommentarer om det matematiska innehållet och kunskap. Själva meningarna om eleven appellerar till ett görande, medan meningar om aktiviteter uttrycks i relation till kunskapsmål och inte som elevens agerande. Det innebär att eleverna placeras i centrum av måluppfyllelse och inte i egna matematiska aktiviteter. Eleven försätts i en objektposition, det vill säga som mottagare av lärares agens. I undervisningen möter eleverna de begrepp de ska utveckla förståelse för, således inte bara kunskap om statistik, utan också förmåga att använda sig av statistiska metoder i egna undersökningar och för att kunna beskriva och tolka resultat. Läraren deltar genom att stötta eleverna i deras aktiviteter (t.ex. genom att **"eleverna ges möjligheter att utveckla"**). Förhållningssättet lyfter fram det matematiska innehållet och den karakteristik av begreppen som eleverna behöver kunna använda (t.ex. "Här **ska eleverna ges möjlighet att tillämpa sina kunskaper"**). Det sätt som kursplanen är skriven bygger på förväntningar på lärarna att omsätta läroplanens intentioner på egen hand och att eleverna förväntas ta eget ansvar för sitt lärande.

Styrning genom kursplanen i matematik

Kapitlet började med en notering om att utbildningspolitiska tydliga förändringar av läroplaner för matematik kan led till konkreta problem för verksamma lärare. En översikt av olika perspektiv inom läroplansforskning i allmänhet och läroplaner i matematik i synnerhet hjälpte oss att specificera att sådana problem inte bara är relaterade till lärares utmaningar att ta reda på vad som är nytt i läroplanen eller att implementera och strukturera innehållet. Problemen relaterar också till effekter på de typer av människor som läroplanen ämnar skapa/fabricera. För att förstå hur matematikutbildning formar människor som en effekt av maktrelationer i det samtida samhällen har vi betraktat matematikläroplaner som ett uttryck för avsikter att koppla ihop matematik med kognitiva, moraliska och beteendemässiga egenskaper hos den önskade medborgaren.

Vi genomförde en analys av två olika läroplaner för att visa på detta förhållande, Lgr69 och Lgr11. I de två föregående avsnitten presenterades analysen av läroplantexterna i termer av hur den övergripande tonvikten i varje läroplan och motsvarande kommentarmaterial i matematik lägger fram en syn på en elev och framtida medborgare som man önskar fabricera genom utbildning och matematikundervisning. Det vill säga, vår beskrivning av läroplanerna ovan skrevs med avsikt att visa skillnaderna i sättet att artikulera det tänkta matematiskt kompetenta barnet 1969 och 2011.

Skolans uppdrag har beskrivits likartat genom åren, det vill säga att förutom att lära sig i skolan skall eleverna erhålla kunskaper som de kan använda senare i livet. Med framtiden i sikte ska de dessutom bidra till produktionen i samhället, vara demokratiska för det politiska systemets bevarande och vara en egen individ (Sandhal, 2015). På så sätt är varje läroplan ett yttryck för en 'maktteknik' som styr eleverna som individer och som en del av befolkningen i en riktning som stämmer överens med politiska trender i den tid de är skrivna (Tröhler, 2016). Vårt bidrag i det här kapitlet visar, att trots uppenbara likheter på det allmänna sätt som de två läroplanerna uttrycker föreställningar om samhälle, demokrati, medborgarskap och kunskap, är logiken att styra som läroplanerna bygger på, och hur de förhåller sig till varandra, olika. På detta sätt kan 'lusten att lära' i relation till självreglering (Lgr11) vara en chimär.

Skolans ambitioner att fostra elever till demokratiska medborgare uttrycks i inledningen till de båda läroplanerna. För eleven handlar det om att lära sig om demokrati men också hur man handlar som demokratisk medborgare. I Lgr69 lyfts eleven fram som en individ på vilken skolan agerar, för att eleven skall utvecklas intellektuellt och socialt på ett harmoniskt sätt, genom att tillhandahålla kunskap och färdigheter, också i relation till andra. Eleven möts utifrån sin individualitet och erbjuds möjligheter att växa utifrån sin egen erfarenhet. Detta förutsätter förstås att eleven är aktiv och förvärvar kunskaper och övar på färdigheter. Centralt är att intellektet skolas för att eleven ska erövra det som krävs för att vara en duglig och ansvarskännande samhällsmedlem. I Lgr11 däremot, framförs uppfattningen om en individ som får hjälp att utveckla lust att lära och som erövrar såväl kunskap som värden och som i sin unicitet uppskattar skillnader, kultur och respekt för andra.

Även om båda läroplanerna sätter eleven 'i centrum' så uttrycks det på distinkt olika sätt. I Lgr69 blir eleven en aktiv medborgare som ett resultat av att gå i skolan; i Lgr11 är effekten att eleven genom skolans handlingar lär sig att reglera sig själv. De grundläggande skillnaderna i hur respektive läroplan fabricerar eleverna är att Lgr69 styr genom lärostoffet och Lgr11 styr genom bedömning.

Hur den önskvärda matematiskt kunniga medborgaren beskrivs och tekniken för att styra elevens beteende skiljer sig åt i de olika läroplanerna. Lgr69 uppmuntras utvecklingen av barns och elevers intellekt mer generellt, eleven ses här som ett aktivt subjekt. Eleverna ska alltså själva utföra aktiviteter, med andra ord är eleverna aktörer. Även formuleringar som *eleverna får självständigt ..., eleverna arbetar med ..., använda mer komplicerade ...* är vanliga i kursplanen för matematik. De kvalitéer som särskilt framhålls och som bör hållas i sikte, i en gemensam referensram för grundskolan i Lgr69 är "tankens klarhet och reda, förmågan att pröva kritiskt och självständigt och motstå tendentiös påverkan, att analysera, jämföra och sammanfatta" (s. 13). Reviderade Lgr11 eftersträvar i en mer neoliberal anda, självständiga elever med större eget ansvarstagande för sitt lärande och vidare en ekonomisk lönsam medborgare som kan dirigera sig själv och verka som entreprenör. Den senare läroplanen, Lgr11, framstår som mer reglerande, där eleven är ett objekt och önskvärda egenskaper är en kompetent elev med ökat eget ansvar för sitt eget lärande. Nätverket av kravnivåer, i matriser för prestationer i matematik som uppstår ur kopplingarna mellan kursplan, bedömning och läroböcker, utövar en särskild kontroll över elevernas matematiska utveckling. Den särskilda kontrollen visar sig i det satt som kunskapskraven för olika betyg är formulerade. För att nå det högsta betyget i matematik i årskurs 9, knyts det matematiska innehållet i fyra stycken till: problemlösning, begrepp, metoder och resonemang. Ett antal adjektiv och verb används för att beskriva vad eleven skall behärska: välutvecklade och väl underbyggda, ändamålsenliga och effektiva, som fördjupar och breddar. På ett subtilt sätt är matematikinnehållet underordnat hur eleverna bör bete sig och vara.

I läroplanstexternas formuleringar kan vi således ana att synen på hur den ideala medborgaren ska bete sig har förändrats genom åren. Sammanfattningsvis kan sägas att Lgr69s styrningsteknik är att aktivera eleverna och deras intellekt, emedan Lgr11s styrningsteknik innebär att eleverna styrs av någon annan, det är läraren —som katalysator— och själva skolan som ansvarar för att 'göra något'. Det sistnämnda kan synas vara en aning motsägelsefullt eftersom eleverna också förväntas styra sig själva och sitt eget lärande i det målrelaterade systemet.

När vi närmar oss matematiken är det inte bara skillnader mellan läroplanerna vad gäller vilken och hur matematik ska undervisas i skolan. I Lgr69 är skolmatematiken inspirerad av den nya matematiken från slutet av 60-talet (Prytz, 2018), medan Lgr11 är inspirerad av forskning om matematikundervisning och en kompetensbaserad syn på kunskap som sammanfaller med internationella storskaliga och jämförande tester av matematisk förmåga (Skolverket, 2011a, s. 6). Båda läroplanerna förespråkar idéen om eleven i centrum för undervisningen i matematik. Denna idé läggs dock fram på två mycket olika sätt. I Lgr69 är eleven en aktiv konstruktör av matematisk kunskap och når färdigheter som ett resultat av lärarnas åtgärder för att främja elevernas matematiska handlande i aktiviteter. Eleven i Lgr11 presenteras i stället genom medvetenheten om sin egen drivkraft och aktivitet och som med stöd av lärarens handlingar utvecklar kunskap och värderingar (förmågor) för att kombinera matematisk kunskap med matematiska problemlösningsförmåga, kommunikation och resonemang.

I Lgr69 får lärare mer information om det matematiska innehållets struktur och rekommendationer om hur man undervisar dem. I Lgr11 nämns ämnesområdena och deras strukturer knappt alls. Lgr11s definitionen av kunskapskrav och prestationsnivåer utvecklas i matriser där matematisk progression är möjlig att påvisa för varje enskild elev. Detta betyder att medan styrningen i Lgr69 verkar göras med avseende på identifiering av ämnet, görs det i Lgr11 genom en detaljerad reglering av bedömning med nivåer som skiljer elevers prestationer i matematik åt.

En möjlighet att tolka dessa skillnader är att säga att det är uppenbart att läroplaner som har 40 år emellan sig är olika eftersom de speglar behoven i två olika typer av samhällen —Sverige i slutet av 1960-talet och Sverige under 2010-talet. Idéer om vad matematikutbildning bör främja har också förändrats och läroplanerna speglar dessa förändringar. Den här typen av tolkningar är inte vad vi hade för avsikt att påvisa. Vår poäng är att visa hur matematikläroplaner är politiska eftersom de skapar särskilda idéer om hur matematiskt kompetenta medborgare bör vara. En sådan önskad medborgare är inte en verklig elev utan snarare en 'ideal typ' som för samman de kognitiva, moraliska och beteendemässiga attribut som har konstruerats men ändå var och en är en del av matematikundervisningen under åren av obligatorisk skolgång. Denna ideala typ uppstår genom formuleringar i dokumenten om den önskvärda eleven. Formuleringarna sätter igång en handlingsram för både elever och lärare att direkt eller indirekt sträva efter att sätt att vara, med och genom skolmatematiken.

Detta medför två saker. Å ena sidan visar detta att skolmatematiken i läroplaner inverkar på makten över vem eleven ska bli och sådan makt är inte bara en fråga om 'empowerment' som erhålls genom förvärvade kunskaper (Valero & Orlander, 2017). Å andra sidan pekar olika föreställningar om den matematiskt kompetenta medborgaren på den kritiska och etiska frågan om riktningen i —matematikens— utbildningspolitiken som styr individer och befolkningar. Reflektionen kring effekter av makt i att fabricera elever uppmanar matematiklärare att ställa frågor om både sitt personliga engagemang för att följa riktningen som anges i policyn och valet av att påverka riktningen för vem vi vill att våra elever ska bli som medborgare med och genom matematiken. Sammantaget visar vår analys att problemen som uppstår när läroplaner förändras inte bara handlar om nytt innehåll eller pedagogik och didaktik; det är en fråga om vilka slags människor är (icke) önskvärda är således en mycket politisk fråga.

Referenser

Andersson, A. & Barwell, R. (2021). *Applying critical mathematics education.* Brill. https://doi.org/10.1163/9789004465800

Appelbaum, P. & Stathopoulou, C. (2016). Mathematics education as a matter of curriculum. In *Encyclopedia of educational philosophy and theory* (s. 1–6). Springer. https://doi.org/10.1007/978-981-287-532-7_515-1

Apple, M.W. & Aasen, P. (2003). *The state and the politics of knowledge.* RoutledgeFalmer.

Ball, S.J. (2013). *Foucault, power, and education* (1. Uppl.). Routledge.

Blossing, U. & Söderström, Å. (2014). A school for every child in Sweden. I U. Blossing, G. Imsen, & L. Moos (Red.), *The Nordic Education Model* (s. 17–34). Springer. https://doi.org/10.1007/978-94-007-7125-3_1

Boesen, J., Helenius, O., Bergqvist, E., Bergqvist, T., Lithner, J., Palm, T., & Palmberg, B. (2014). Developing mathematical competence: From the intended to the enacted curriculum. *Journal of Mathematical Behavior, 33*, 72–87. https://doi.org/10.1016/j.jmathb.2013.10.001

Boistrup, L.B. (2022). Sålla agnarna från vetet – Kritiska perspektiv på bedömning i matematik. I P. Valero, L.B. Boistrup, I.M. Christiansen, & E. Norén (Red.), *Matematikundervisningens sociopolitiska utmaningar* (s. 129–155). Stockholm University Press. https://doi.org/10.16993/bcc.g

Carlsson, L. (2006). *Medborgarskap som demokratins praktiska uttryck i skolan – diskursiva konstruktioner av gymnasieskolans elever som medborgare.* Växjö University Press.

Dean, M. (2010). *Governmentality: Power and rule in modern society* (2. Uppl.). SAGE.

Diaz, J.D. (2017). *A cultural history of reforming math for all. The paradox of making in/equality*. Routledge.

D'Ambrosio, U. & Rosa, M. (2017). Ethnomathematics and its pedagogical action in mathematics education. I M. Rosa, L. Shirley, M.E. Gavarrete, & W.V. Alangui (Red.), *Ethnomathematics and its diverse approaches for mathematics education* (s. 285–305). Springer. https://doi.org/10.1007/978-3-319-59220-6_12

Foucault, M., Burchell, G., Gordon, C., & Miller, P. (1991). *The Foucault effect: Studies in governmentality (with two lectures by and an interview with Michel Foucault)*. University of Chicago Press.

Hultqvist, K. & Dahlberg, G. (Red.). (2001). *Governing the child in the new millenium*. RoutledgeFalmer.

Hultqvist, K. & Petersson, K. (1995). *Foucault. Namnet på en modern vetenskaplig och filosofisk problematik. Texter om maktens mentaliteter, pedagogik, psykologi, medicinsk sociologi, feminism och bio-politik*. HLS förlag.

Johnson, C. (2013). *Lär barnen programmering i grundskolan*. NyTeknik, https://www.nyteknik.se/opinion/lar-barnen-programmering-i-grundskolan-6401785

Kollosche, D. (2014). Mathematics and power: an alliance in the foundations of mathematics and its teaching. *ZDM, 46*(7), 1061–1072. https://doi.org/10.1007/s11858-014-0584-0

Larsson, J. (2005). Ordalek och styrningskonst. *Historisk tidskrift, 125*(3), 2–10.

Llewellyn, A. (2018). *Manufacturing the mathematical child: A deconstruction of dominant spaces of production and governance*. Routledge.

Lundgren, U.P. (2015). When curriculum theory came to Sweden. *Nordic Journal of Studies in Educational Policy, 2015*(1), 27000. https://doi.org/10.3402/nstep.v1.27000

Niss, M. (2018). National and international curricular use of the competency based Danish "KOM project". I Y. Shimizu & R. Vithal (Red.), *Conference proceedings of the 24th ICMI Study school mathematics curriculum reforms: Challenges, changes and opportunities* (s. 69–76). University of Tsukuba.

Niss, M. & Jensen, T.H. (2002). *Kompetencer og matematiklæring. Ideer og inspiration til udvikling af matematikundervisning i Danmark*. Undervisningsministeriet.

Norén, E. & Källberg, P.S. (2018). Fabrication of newly-arrived students as mathematical learners. *NOMAD, 23*(3–4), 15–37.

Pepin, B., Gueudet, G., & Trouche, L. (2013). Investigating textbooks as crucial interfaces between culture, policy and teacher curricular practice: Two contrasted case studies in France and Norway. *ZDM, 45*(5), 685–698. https://doi.org/10.1007/s11858-013-0526-2

Popkewitz, T.S. (2004). The alchemy of the mathematics curriculum: Inscriptions and the fabrication of the child. *American Educational Research Journal, 41*(1), 3–34. https://doi.org/10.3102/00028312041001003

Popkewitz, T.S. (2008). *Cosmopolitanism and the age of school reform: Science, education, and making society by making the child.* Routledge.

Popkewitz, T.S., Diaz, J., & Kirchgasler, C. (2017). The reason of schooling and educational research. Culture and political sociology. I T.S. Popkewitz, J. Diaz, & C. Kirchgasler (Red.), *A political sociology of educational knowledge: Studies of exclusions and difference* (s. 3–22). Routledge. https://doi.org/10.4324/9781315528533-1

Prytz, J. (2018). The New Math and school governance: An explanation of the decline of the New Math in Sweden. I F. Furinghetti & A. Karp (Red.), *Researching the history of mathematics education: An international overview* (s. 189–216). Springer. https://doi.org/10.1007/978-3-319-68294-5_10

Prytz, J. (2020). Framing for success: Governance of Swedish school mathematics, 1980–1995. *Nordic Journal of Educational History, 7*(1), 3–32. https://doi.org/10.36368/njedh.v7i1.165

Nationell digitaliseringsstrategi för skolväsendet. (2017). https://www.regeringen.se/4a9d9a/contentassets/00b3d9118b0144f6bb95302f3e08d11c/nationell-digitaliseringsstrategi-for-skolvasendet.pdf

Sandhal, J. (2015). *Medborgarbildning i gymnasiet: ämneskunnande och medborgarbildning i gymnasieskolans samhälls-och historieundervisning.* [Doktorsavhandling, Stockholms universitet]. http://su.diva-portal.org/smash/record.jsf?pid=diva2%3A786771

Schoenfeld, A.H. (1994). What do we know about mathematics curricula? *Journal of Mathematical Behavior, 13*(1), 55–80.

Seah, W.T., Andersson, A., Bishop, A., & Clarkson, P. (2016). What would the mathematics curriculum look like if values were the focus? *For the Learning of Mathematics, 36*(1), 14–20. https://www.jstor.org/stable/44382694

Skolverket. (2011a). *Kommentarmaterial till kursplanen i matematik.* Skolverket.se/publikationer

Skolverket. (2011b). *Kommentarmaterial till kursplanen i matematik. Reviderad 2017*. Skolverket.se/publikationer

Skolverket. (2011c). *Läroplan för grundskolan, förskoleklassen och fritidshemmet 2011. Reviderad 2017*. Stockholm: Skolverket.se/publikationer

Skolöverstyrelsen. (1969a). Laröplan för grundskolan Lgr69 – Almen del. Utbildningsförlaget Liber.

Skolöverstyrelsen. (1969b). Laröplan för grundskolan Lgr69 – Supplement Matematik. Utbildningsförlaget Liber.

Skolöverstyrelsen. (1969c). *Matematikterminologi i skolan. Skolöverstyrelsen skriftserie 87*. SÖ Forlaget.

Sundberg, D. & Wahlström, N. (2016). Den svenska läroplansutvecklingen: Begrepp och tendenser. I I.M. Elmgren, M. Folke-Fichtelius, S. Hallsén, H. Román, & W. Wermke (Red.), *Att ta utbildningens komplexitet på allvar: En vänskrift till Eva Forsberg* (s. 271–284). Uppsala Universitet.

Tröhler, D. (2011). *Languages of education: Protestant legacies, national identities, and global aspirations*. Routledge.

Tröhler, D. (2016). Curriculum history or the educational construction of Europe in the long nineteenth century. *European Educational Research Journal, 15*(3), 279–297. https://doi.org/10.1177/1474904116645111

Tyler, R.W. (1950). *Basic principles of curriculum and instruction*. University of Chicago Press.

Valero, P. (2017). Mathematics for all, economic growth, and the making of the citizen-worker. I T.S. Popkewitz, J. Diaz, & C. Kirchgasler (2017), *A political sociology of educational knowledge: Studies of exclusions and difference* (s. 117–132). Taylor and Francis. https://doi.org/10.4324/9781315528533-8

Valero, P. & Knijnik, G. (2016). Mathematics education as a matter of policy. I M.A. Peters (Red.), *Encyclopedia of educational philosophy and theory* (s. 1–6). Springer. https://doi.org/10.1007/978-981-287-532-7_523-1

Valero, P. & Orlander, A.A. (2017). Democracy and justice in mathematics and science curriculum. I G.W. Noblit (Red.), *Oxford research encyclopedia of education*. Oxford University Press. https://doi.org/10.1093 /acrefore/9780190264093.013.126

Young, M. (2013). Overcoming the crisis in curriculum theory: a knowledge-based approach. *Journal of Curriculum Studies, 45*(2), 101–118. https://doi.org/10.1080/00220272.2013.764505

8. Matematik på Solens fritidshem – Om att 'göra verkstad' av *policy*-dokument

Anna Wallin, Eva Norén och Paola Valero
Stockholms universitet

Sammanfattning

Elever möter matematik i många sammanhang, såsom i vardagen, i fritidshemmet och i skolan. Ett viktigt sammanhang för matematiska möten är fritidshemmets undervisning. Fritidshemmet är en frivillig del av utbildningssystemet och styrs av policy-dokument, där läroplanen ingår. 2016 reviderades den nationella läroplanen i Sverige, Lgr11, och matematik lyftes explicit som ett innehåll att behandla i fritidshemmet. En utgångspunkt för detta kapitel är att undersöka vad som karaktäriserar fritidshemmets matematiska aktiviteter och kontexter. Det finns en risk att fritidshemmets matematik omintetgörs om den inte problematiseras och en farhåga är att den matematik eleven traditionellt möter i skolan ges utrymme och breder ut sig i fritidshemmet. I kapitlet lyfts fritidshemmets specifika matematiska arena fram. Med hjälp av teoretiska verktyg hämtade från policystudier samt två matematikdidaktiska perspektiv studeras fritidshemmets matematik genom en flerfallstudie. Resultatet synliggör fyra inriktningar av fritidshemmets matematik; helinformell, halvinformell, halvformell och helformell.

En dag på Solens fritidshem

Läraren på fritidshemmet "Solen", Anna-Karin: Vi tänkte använda de nya leksakssedlarna och mynten som vi beställde tillsammans. Jag tar med lådan in på fritidsavdelningen Solen i eftermiddag. Funkar det? Eleverna i trean är så intresserade av sedlar, pengar och pengars värde, och de kan ju så mycket. "Sara" ska komma på besök strax, fnissar

---

Hur du refererar till det här kapitlet:
Wallin, A., Norén, E., & Valero, P. (2022). Matematik på Solens fritidshem – Om att 'göra verkstad' av policy-dokument. I P. Valero, L.B. Boistrup, I.M. Christiansen, & E. Norén (Red.), *Matematikundervisningens sociopolitiska utmaningar* (s. 181–206). Stockholm University Press. DOI: https://doi.org/10.16993/bcc.i.

Anna-Karin och lägger Saras utklädningskostym ovanpå lådan med leksakspengar. Hon slinker ut genom klassrumsdörren och vidare in på Solens fritidshem. Jag nickar mot Anna-Karins ryggtavla, gör tummen upp och fortsätter fundera.

Jag sitter i klassrummet och tittar på den stora whiteboarden. Några elever har gått hem, men de flesta deltar i fritidshemmets undervisning. Det magnetiska tio-bas materialet sitter kvar på whiteboarden och vittnar om att vi arbetat med positionssystemet idag. Det är svårt för många elever att förstå själva systemet med positionerna. Jag borde kanske ge eleverna en extra stencil, eller introducera någon kul app som handlar om positionssystemet. Göra något annat än räkna i matteboken. Det är fler delar i matematiken som vi behöver bearbeta ytterligare... problemlösning t.ex.

Jag kommer att tänka på vad Anna-Karin sa, "de kan så mycket"? Det lät ju som om hon tyckte att eleverna redan är matematiskt kunniga? Försjunken i mina tankar går jag till personalrummet. Hämtar en kopp kaffe. På vägen tillbaka hör jag hur eleverna pratar engagerat och intresserat om sedlar och mynt inne på Solens fritidshem. Jag blir nyfiken, smyger in och sätter mig i ett hörn, tittar och lyssnar.

En djupdykning i fritidshemmets matematik

Matematiklärare diskuterar frekvent problemställningar gällande hur skolan kan stötta och möjliggöra för elever att utveckla matematikkunskaper som känns intressanta, relevanta och viktiga för eleverna. Vissa elever upplever att den matematik de möter i läroboken är intressant samtidigt som den matematik som uppkommer ur det egna intresset, spontant i lek beskrivs som engagerande av andra. Vilka matematiska aktiviteter och situationer är synliga i sammanhang där eleverna anger tonen? En arena för denna typ av matematiska sammanhang är den undervisning som eleverna erbjuds i fritidshemmet.

Det här kapitlet är ett bidrag till den diskussion som ramar in hur personal i fritidshem *enacts*[1], den matematik som *policy*-dokumenten beskriver ska gälla för fritidshemmets undervisning. Syftet med kapitlet är att synliggöra hur matematik kan skapas i fritidshemmet. Den

---

[1] Ball (2012) beskriver att politiska texter, så som *policy*-dokument och styrdokument inte bara ska "implementeras" och använder istället begreppet *enact*. Begreppet enact skulle kunna översättas till "aktivera", utifrån att det inbegriper aktivt tänkande och handlande av deltagarna, i gemenskap (se s. 4). Vi väljer dock att behålla det engelska begreppet, *enact* och *enactment* utifrån dess speciella betydelse som involverar processer av aktiv omvandling av policy-dokument i praktik.

inledande berättelsen[2] belyser en situation där läraren[3] i fritidshemmet Anna-Karin, ger uttryck för hur fritidshemmets *enactmentprocess* gällande matematik kan gestaltas. För att beskriva fritidshemmets matematik byggs det här kapitlet upp runt berättelser som skildrar enactmentprocesser av fritidshemmets matematik på Solens fritidshem. Huvudpersoner i dessa berättelser är eleverna på Solens fritidshem tillsammans med läraren i fritidshemmet Anna-Karin, grundskolläraren Lisa och mig, huvudförfattare till kapitlet.

Fritidshem i Sverige idag styrs av skollag (SFS, 2010:800), läroplan (2018), kommentarmaterial (2016) och Skolverkets allmänna råd (2014). Dessa dokument utgör tillsammans *policy*-dokument. Fritidshemmets utbildning i Sverige erbjuds, före och efter den obligatoriska skoldagen, till elever i åldrarna sex till tretton år när deras vårdnadshavare arbetar eller studerar. Fritidshemmets fokus har ändrats genom åren, från att i slutet av 1800-talet främst stötta hemmen med social fostran och barntillsyn till den didaktiska plattform som fritidshemmen utgör idag, med bland annat funktionen att stötta elevers utveckling vad gäller skolans kunskaps- och förmågekrav (Rohlin, 2001). Fritidshemmet utgår sedan 2016 också från en egen del i läroplanen (del 4), vilken innehåller förutsättningar för att utveckla förmågor, syfte och centralt innehåll (Skolverket 2018). En fokusförskjutning är synlig i policydokumenten, från en tidigare inriktning med främst sociala aspekter som centrala, till ett ökat fokus mot styrning av elever och deras utbildningsprestationer (Holmberg, 2018; Lager, 2015).

Enligt policydokument har fritidshemmet ett kompensatoriskt och kompletterande uppdrag. Det innebär bland annat att fritidshemmet

---

[2] Berättelserna i kapitlet är baserade på genomförd studies innehåll och resultat. De är skrivna i kommunikation med deltagande praktiker. Alla namn och platser är fingerade och Vetenskapsrådets forskningsetiska principer (2017) har följts.

[3] I kapitlet används titlarna *lärare i fritidshem* och *lärare i grundskola* och syftar då på akademiskt utbildad personal i fritidshem och skola, oftast skrivs enbart *lärare*. Anna-Karin är akademiskt utbildad fritidspedagog, i texten skrivs frekvent *lärare* eller *lärare i fritidshem* utifrån att titeln fritidspedagog inte är skyddad enligt skollagen (Lärarförbundet, https://www.lararforbundet.se/artikelsidor/ratt-forutsattningar-for-larare-i-fritidshem#larare-i-fritidshem-och-fritidspedagoger-vilket-begrepp-galler). När titeln *pedagog* i fritidshem används syftar den på personal som arbetar i den pedagogiska verksamheten och saknar akademisk utbildning. "Sedan år 2001 utbildas inte längre fritidspedagoger, utan de som går utbildningen får en lärarexamen/grundlärarexamen med inriktning fritidshem" (Lärarförbundet, https://www.lararforbundet.se/artikelsidor/ratt-forutsattningar-for-larare-i-fritidshem#larare-i-fritidshem-och-fritidspedagoger-vilket-begrepp-galler). Begreppet *personal* syftar på samtliga professioner som arbetar i den pedagogiska verksamheten på fritidshemmet och/eller skolan.

tillsammans med skolan ska stötta elever till att nå de mål som uttrycks i Skolverkets dokument. Fritidshemmets närmande mot skolan har problematiserats i termer av *skolifiering*[4] av fritidshemmet. Alltså, en inriktning som står i kontrast till den tradition som fritidshemmets mer informella sammanhang länge utgjort. Att fritidshemmets verksamhet numera benämns som *undervisning* kan också uppfattas som en riktningsgivare till ett mer skolifierat sammanhang. Vad innebär det att undervisningen ska behandla "Matematik som redskap för att beskriva vardagliga företeelser och för att lösa vardagliga problem" (Skolverket, 2018, s. 26)? Fritidshemmets uppdrag fördjupas och breddas i kommentarmaterialet utgivet av Skolverket (2016). I kommentarmaterialet beskrivs att det erbjuds många möjligheter att både iscensätta situationer och ta fasta på tillfällen som uppmuntrar till att använda matematik i fritidshemmet.

Riktningen mot skolans sfär samt samhällets krav på kunskapsutveckling innebär utmaningar för skolledare, pedagoger, lärare i fritidshem och grundskola. Dessutom beskrivs fritidshemmets verksamhet underprioriterad i jämförelse med den obligatoriska skolverksamheten i strukturella villkor och relationer (Andersson, 2013; Hansen Orwehag, 2017). Policydokumenten antas ändå 'implementeras' i praktiken och det är de aktörer som är involverade i praktiken som driver och utvecklar undervisningen i mötet med eleverna. Policydokumenten uttrycker intentioner, genom syftes- och innehållsbeskrivningar, men det är praktiken som har betydelse för vad dessa intentioner kommer att innebära i realiteten (Ball, 2000). Praktiken bearbetar och omvandlar, enacts, den matematik som lyfts i policydokument. Därför behöver matematikens roll i fritidshemmet identifieras, diskuteras och problematiseras på olika nivåer; såväl på policynivå som på matematikundervisningsnivå.

Vi har i en tidigare text (Wallin, Norén & Valero, 2018) problematiserat matematikens roll i fritidshemmet. Resultatet synliggjorde flertydiga uttryck. "Om vi vill, kan vi se matematik i allt" var en aspekt som lyftes. Samtidigt beskrevs matematikämnet vara förknippat med skolans

---

[4] Rohlin (personlig kommunikation med Anna Wallin, 13 mars, 2019) beskriver att begreppet *skolifiering* aktualiserades i början av 2000-talet i diskussioner mellan verksamma lärare i skola och fritidshem, gällande uppdrag, innehåll och styrning. Diskussionen var och är mångfasetterad och handlar dels om jämlikhet i uppdrag mellan olika professioner men även oro för att fritidshemmet är på väg att bli för lik skolan i innehåll och form. Vidare beskriver Rohlin att vissa forskare och verksamma lärare i fritidshem tar avstånd från själva konstruktionen av begreppet, utifrån att begreppet indikerar endast *en* riktning, istället för att se rörelsen mot skolan ur ett bredare perspektiv, där fritidshemmets och skolans relation problematiseras utifrån verksamheternas olika didaktiska perspektiv.

tradition. Det synliggjordes att det kunde vara komplicerat att bearbeta matematik i fritidshemmet och samtidigt utgå från elevernas intresse och lek. Det blev emellertid tydligt för oss att fritidshemmets miljö utgör en arena som möjliggör matematiska upplevelser och erfarenheter på andra sätt än de som vanligtvis erbjuds i skolans klassrumsmiljöer. En farhåga är att om fritidshemmets matematiska arena inte diskuteras finns risk för att den arenan omintetgörs och att den konstruerade skolmatematikens arena istället brer ut sig i fritidshemmet.

Som en fortsättning av vårt tidigare arbete presenterar vi i detta kapitel en studie av hur pedagoger och lärare i fritidshem enact den matematisk som har sin utgångspunkt i fritidshemmets policydokument. Med andra ord, vi har undersökt hur den matematik som framställs i policydokumenten uttrycks och formas i fritidshemmet praktik. Specifikt behandlar vi följande frågor: Vad karaktäriserar de matematiska aktiviteter och sammanhang som synliggörs i fritidshemmets praktik? Vilken roll spelar elever, pedagoger och lärare i dessa aktiviteter? Hur används material? Vilka tolkningar och intentioner av policydokumenten ger personal uttryck för?

Kapitlet fortsätter nu med en presentation av de begreppsmässiga elementen som utgör studiens teoretiska bas. Sedan presenteras de metodologiska grundantaganden som gäller för den empiriska studien, därefter redogörs för analysprocessen och resultatet. I resultatdelen beskrivs de fyra olika enactmentinriktningarna som identifierats i fritidshemmets undervisning gällande matematik, dels genom berättelser, dels på ett mer generellt plan. Kapitlet avslutas med en diskussion av inriktningarna samt deras relationer till varandra, till skolans verksamhet och till policydokumenten.

Enactmentprocessen av fritidshemmets policydokument i matematik

2016 reviderades läroplanen och fritidshemmet fick en egen del, som tillsammans med delarna ett och två förtydligar fritidshemmets syfte, innehåll och riktning (Skolverket 2018). Läroplanen är ett styrdokument som utgör en väsentlig del av policydokumenten. De förväntningar som ställs på fritidshemmets undervisning preciseras i dokumenten med uppmaningen att följas och 'implementeras'. Ball (2006) beskriver att policydokument innebär utmaningar som behöver diskuteras i den praktik de hör hemma. Ball, Maguire och Braun (2012) problematiserar inställningen om att policydokument ska 'implementeras'. Ball (2006) beskriver istället en process som fokuserar på tolkning och översättande till den praktik som policyn avser att förändra. I policystudier visar Ball m.fl. (2012) att intentionerna med politiska texter behöver översättas, anpassas och transformeras av involverade i relaterad praktik, där kontext och historisk utveckling utgör relevanta aspekter av enactmentprocessen, istället för att bara 'implementeras'. Personal förstår och omvandlar dokumenten i den praktik de är aktiva i, med de förutsättningar och förhållanden som står tillbuds och den kontext som verksamheten rör sig inom (Braun, Maguire & Ball, 2010). Vi utgår från hur Ball m.fl. (2012) använder begreppet enact för att beskriva den process som bearbetning av policydokument kan innebära. Begreppet kan förklaras som 'att göra verkstad av' det som står i läroplanen och kommentarmaterialet, att bearbeta, diskutera och ifrågasätta policytext för att skapa mening i den egna praktiken. Begreppet enact relateras i detta kapitel till den omvandling och den bearbetning som det innebär att 'gestalta' eller 'förverkliga' policydokumenten, vilket ofta sker i gemenskap och samspel med andra. I enactmentprocessen står professioner som aktiva agenter, den gemensamma processen är central i relation till den egna kontexten. Lager (2015, s. 21) beskriver begreppet enact som "när lärare och andra aktörer försöker skapa mening med policytexter genom användandet i praktiken". Lagers beskrivning stämmer överens med hur vi använder begreppet i teoriavsnittet.

Policydokument blir aktiva i praktiken genom en dynamisk process införlivad i policy enactment-teorin (Ball m.fl., 2012). Vi har valt den som teoretisk bas i studien utifrån att vi anser att teorin erbjuder intressanta sätt att förstå och se på 'implementerings'-processen av den matematik som lyfts i fritidshemmets del i läroplanen. Policy enactment-teorin har möjliggjort för oss att förflytta fokus från huruvida lärare och pedagoger gör 'rätt eller fel' i arbetet med läroplanen till att problematisera policydokument i relation till praktiken och dess kontext. Att utgå från policy enactment-teorin handlar om att uppmärksamma och problematisera policydokument i relation till vardagliga processer i analysarbetet. Eventuellt motstånd undersöks inte här. Analysen synliggör hur texter i policydokument enacts, genom att fokusera på hur personal i process talar om dokumenten och hur de bearbetas i praktiken. Policy enactment-teorin inkluderar tre aspekter; *materiell, tolkande* och *diskursiv* (Ball m.fl., 2012). Dessa aspekter fokuserar på det som bearbetas och behandlas både i praktik och policydokument relaterat till fritidshemmets kontext. Tillsammans utgör de materiella, tolkande och diskursiva aspekterna en helhet. Ingen av aspekterna beskrivs ensam vara tillräcklig för att analysera enactmentprocesser av policydokument. Hur dessa aspekter bearbetas och synliggörs i praktiken kan beskrivas som själva resultatet av enactmentprocessen av fritidshemmets matematik.

Materiella, tolkande och diskursiva aspekter av enactmentprocessen

Som redan nämnts, beskriver Ball m.fl. (2012) enactmentprocessen i praktiken genom materiella, tolkande och diskursiva aspekter. Dessa tre aspekter har olika inriktningar och framträder i olika skepnader men går in i och påverkar varandra. Den *materiella* aspekten visar hur olika artefakter och kontexter framträder, används och bearbetas för att omvandla läroplanen. Den materiella aspekten är en vidare del av de effekter som syns i diskursen (Ball m.fl., 2012). Synliga objekt och rumsliga förutsättningar men även planer och strukturer för dokumentation och måluppfyllelse räknas till denna aspekt. Den *tolkande* aspekten av policydokument synliggörs i praktiken genom hur dessa anpassas och diskuteras, hur verksamheten planeras, genomförs och utvärderas utifrån dokumenten (Lager, 2015). Den tolkande aspekten beskrivs som en process som innebär en bredare förståelse av policydokumenten än att enbart översätta dokumenten (Ball m.fl., 2012). Ball m.fl. (2012) skriver att den tolkande aspekten innebär att deltagarna ställer sig frågor i relation till den egna praktiken ”what does this text mean to us? What do we have to do?” (s. 43). Den *diskursiva* aspekten synliggör processer samt belyser positioneringar i praktiker eller texter (Ball m.fl., 2012). Braun m.fl. (2010) beskriver att relationen mellan politiska processer och deltagare i processen skapar och bidrar till positioneringar. Beroende av situationen, hur något sägs, vilka ord som används, vilka konsekvenser det sagda får, hur det som sägs uppfattas samt vem som har rätt att säga vad, är ställningstaganden som görs i olika diskurser, ofta utan att vi märker det. Ball (1993, s.14) skriver, ”Discourses are about what can be said, and thought, but also about who can speak, when, where and with what authority”.

Enactment av fritidshemmets matematik

För att analysera praktikens enactment av policydokumentens matematiska innehåll har vi adderat ytterligare analysverktyg. Verktygen används som ett sätt att specificera praktikens enactmentprocess, genom att undersöka hur ’matematiken görs’ i fritidshemmets undervisning. Till policy enactment-teorin, har vi lagt till Bishops (1991) sex matematiska aktiviteter samt Lembrérs och Meaneys (2015) sätt att resonera runt positionering.

Fritidshemmets matematiska aktiviteter

Bishop (1991) beskriver i sin forskning hur matematik yttrar sig och används i olika kontexter och kulturer. Han har identifierat sex matematiska aktiviteter som på något sätt framträder i samtliga kontexter. Aktiviteterna synliggörs genom att deltagarna; *räknar, lokaliserar, mäter, designar, leker* och *förklarar*. Aktiviteterna lyfter både konkreta och abstrakta relationer, så som att mäta och representera, skapa och resonera. Förklarande och 'tänk om' perspektiv ramas in genom de sex aktiviteterna (Bishop, 1991). Bishops matematiska aktiviteter har diskuterats och används i förskolans och förskoleklassens verksamhet och studier har utgått från dessa (jfr. Helenius m.fl., 2018; Johansson, 2015). Helenius m.fl. (2018) skriver att Bishops matematiska aktiviteter hjälper oss, lärare och forskare att synliggöra "hur de olika matematiska målen kan förverkligas" (s. 1).

"Undervisningen i fritidshemmet kompletterar förskoleklass och skola i genomförandet och uppfyllandet av läroplanens mål" (Skolverket, 2016, s. 5). Fritidshemmets riktade del i läroplanen inkluderar centralt innehåll, indelat i fyra övergripande kunskapsområden[5]. I kunskapsområdet Natur och samhälle, beskrivs att undervisningen i fritidshemmet ska behandla "Matematik som redskap för att beskriva vardagliga företeelser och för att lösa vardagliga problem" (Skolverket, 2018, s. 26). Kommentarmaterialet fungerar som ett stöd för att tolka läroplanstexten och "ge en bredare och djupare förståelse för de urval och ställningstaganden som ligger bakom texterna..." (Skolverket, 2016, s. 4).

Matematisk positionering som en del av den diskursiva aspekten

En av de sammanflätade tre aspekterna i enactmentprocessen är *diskurs*. Hur diskursen kommer till uttryck, vad som möjliggörs i den och vilka subjektpositioneringar som det ges utrymme för, påverkas av inriktning och innehåll i policydokumenten. Lembrér och Meaney (2015) beskriver två konstruktioner av positionering i relation till förskolebarnet; *att vara* och *bli* matematisk. *Positioneringar* handlar om hur elever och personal agerar och uttalar sig samt visar hur de förhåller

[5] Språk och kommunikation, skapande och estetiska uttrycksformer, natur och samhälle samt lekar, fysiska aktiviteter och utevistelse.

sig till grupper och individer i pågående situationerna. I handlingar och interaktioner signalerar eleven att hen *är* matematisk, alltså att hen har förmågor som tyder på självständighet i sitt matematiska kunnande, eller att hen bör möjliggöras att utveckla dessa för att framtida situationer, *bli* matematisk (Lembrér, 2014; Lembrer & Meaney, 2015). Eleven som positioneras som att hen kan *bli* matematisk visar vid en viss tidpunkt beroende och osäkerhet i matematiska interaktioner och situationer eller ger uttryck för att hen ännu inte har matematiska kunskaper och formågor —inom något område. Positioneringsperspektivet *är* och *bli* matematisk relateras situerat och kan förändras i sammanhang, kontexter, över tid och står inte i motsats till varandra, (Lembrér & Meaney, 2015). I detta avsnitt ramas den matematiska positioneringen in genom de situerade aktiviteter eleven möjliggörs att delta i. Om eleven får möjlighet att befinna sig i matematiska situationer där hens kunskaper och förmågor tas tillvara i aktiviteten, positioneras eleven som att hen *är* matematisk.

Studien av fritidshemmets matematik

Studiens empiriska material består av pedagogers[6] registreringar av matematiska aktiviteter och loggboksanteckningar, mailkommunikationer, forskares fältanteckningar, deltagande observationer och semistrukturerade intervjuer. Registreringarna samt de deltagande observationerna genomfördes på olika fritidshemsavdelningar i en medelstor kommun i Sverige. De huvudsakliga intervjuerna genomfördes med personal verksamma på dessa enheter, pedagoger, lärare i fritidshem och grundskola samt rektor. Dessutom intervjuades tre lärare verksamma i andra fritidshem med syftet att få bredd i materialet. Allt empiriskt material samlades in under åren 2016–2019.

Inledningsvis registrerade fyra pedagoger i vilken omfattning Bishops (1991) matematiska aktiviteter förekom i fritidshemmets verksamhet. Registreringarna pågick varje eftermiddag i två veckor. Pedagogerna antecknade varje gång de uppmärksammade elevers involvering i matematiska aktiviteter i verksamheten. Eleverna på fritidshemsavdelningen var i åldrarna sex till sju år. Förekomsten av de matematiska aktiviteterna

---

[6] Med *pedagog* menas den personal som arbetar i fritidshemmets pedagogiska verksamhet och saknar akademisk utbildning. ”Titeln fritidspedagog är dock inte skyddad i skollagen, vilket gör det möjligt för huvudmän att anställa outbildad personal med befattningen fritidspedagog” (Lärarförbundet, https://www.lararforbundet.se/artikelsidor/ratt-forutsattningar-for-larare-i-fritidshem#larare-i-fritidshem-och-fritidspedagoger-vilket-begrepp-galler).

var påtaglig i styrda och fria situationer, uppkomna inomhus och utomhus. Att utgå från Bishops matematiska aktiviteter var således en verksam väg för att undersöka fritidshemmets matematiska aktiviteter och sammanhang. På det sättet kan registreringarna av de matematiska aktiviteterna beskrivas som ett avstamp för fortsatt empiriinsamling.

Tolv deltagande observationer genomfördes på två fritidshem för elever i åldrarna nio till elva år. Observationerna behandlade undervisningssituationerna, *Saras café* och *Vår stad* samt andra fria och styrda aktiviteter i fritidshemmen. I den situerade aktiviteten, Saras café var främst en lärare i fritidshem involverad och i samverkansprojektet mellan fritidshem och skolan, Vår stad var två grundskollärare och två pedagoger delaktiga. Observationerna i fritidshemmen varade mellan en och tre timmar. Bishops (1991) matematiska aktiviteter fungerade som ett urval av vilka interaktioner och handlingar som uppmärksammades. Dessa dokumenterades i anteckningar, videofilm, ljud och foto. Observationerna från fritidshemmen resulterade i omkring 60 minuters film och ljud. Dessa sekvenser transkriberades och analyserades med fokus på elever och personals interaktioner.

I de semistrukturerade intervjuerna deltog totalt tolv personal som arbetade i fritidshem och/eller i grundskola. De semistrukturerade intervjuerna utgick från teman gällande inställningar och uppfattningar om matematiska aktiviteter, undervisning, situationer och styrning i fritidshemmets kontext. Två av de genomförda intervjuerna utgick från metoden Video Stimulated Recall Dialogues, VSRD (se Silfver, Sjöberg & Bagger, 2013) där deltagare responderade på filmade sekvenser från observationer. Intervjuer, loggboksanteckningar från fyra personal och kommunikation med grundskollärare i form av skriftliga frågeställningar som besvarades via mail, utgjorde deltagarnas röster. Intervjuerna videofilmades (med fokus på vad som sades), transkriberades och analyserades. Samtligt datamaterial har samlats till en enhet och beskrivs genom berättelserna om ”Solens fritidshem” i detta kapitel.

Enactmentprocessen av fritidshemmets matematik i studien

Som tidigare beskrivits är den teoretiska grunden förankrad i policy enactment-teorin, med de materiella-, tolkande- och diskursiva aspekterna samt de matematikdidaktiska ingångarna hämtade från Bishops (1991) matematiska aktiviteter och Lembrérs och Meaneys (2015) sätt att resonera om positioneringsperspektivet, *är* och *bli* matematisk. Den materiella aspekten i denna studie behandlar initiering och användning av olika artefakter, så som leksakspengar, legomaterial, linjaler och i-Pads. Hur artefakter uppkom och processades i olika sammanhang analyserades utifrån den materiella aspekten. Den tolkande aspekten behandlar personals uttalande om mål i relation till verksamhet och policydokument så som läroplanstext och kommentarmaterial. För att undersöka den diskursiva aspekten i relation till matematik fokuseras i denna studie på positioneringar i fritidshemmets undervisning. Diskursaspekten ramar här in hur personal positionerar elever, hur elever positionerar sig själva och andra genom handlingar och interaktioner i matematiska aktiviteter med stöd av de två andra aspekterna. Hur eleverna positionerades i relation till de matematiska aktiviteterna analyserades utifrån *är* eller *blir* matematiskt kunnig, inspirerat av Lembrérs och Meaneys (2015) användning, som del av den diskursiva aspekten. Samverkan av dessa teoretiska begrepp möjliggör analys av själva processen, hur personal i fritidshemmet 'gör matematik' i praktiken.

Enactmentinriktningar av fritidshemmets matematik

I tidigare studier har informella och formella situationer och sammanhang identifierats i fritidshemmet. Informella lärsituationer har beskrivits som frekventa (Hansen Orwehag, 2017; Jensen, 2011; Rohlin, 2013). De situationer och uttryck som analyserades i föreliggande studie förstärkte identifieringen av informella och formella situationer. De sammanhang som fritidshemmets matematik och aspekterna framträdde kom att styra enactmentprocessen i olika inriktningar. Nyanser av informella och formella sammanhang kom att framträda och resulterade i fyra kategoriserade inriktningar. Den här indelningen gjordes med inspiration av Heddens (1986) fyra nivåer från konkret till abstarakt lärande. Resultatet för denna studie synliggör enactmentinriktningar, vilka ramar in fritidshemmets matematik; *helinformell*, *halvinformell*, *halvformell* och *helformell*. Enactmentinriktningarna beskrivs först en och en i form av berättelser, därefter generellt i ett landskap.

Vi handlar i Saras café

Eleverna på Solens fritidshem pratar engagerat med varandra och resonerar om hur de ska möblera för att ta emot kunder på bästa sätt. Ett samhälle har vuxit fram runt Saras café. Anna-Karin är utklädd till café-föreståndaren, Sara och hjälper till att duka bordet på cafét. Sara samtalar lugnt och intresserat med Tamara, som agerar medhjälpare på cafét idag. En veterinär, en bank, en polisstation och en leksaksaffär har trollats fram i musikhallen. Olika skyltar vittnar om verksamheternas inriktning. Nallar, böcker och färgpennor tar plats vid leksaksaffärens bord och på bankkontoret sorterar eleverna sedlar och mynt i prydliga högar.

Dagens första kund kommer till Saras café. Det är morfar Ove som är på fritidshemmet för att hämta sitt barnbarn. Han slår sig ned vid bordet och beställer kaffe och räksmörgås från menyn. Han betalar med den hundralapp som han tidigare hämtat på banken, från det nyligen registrerade bankkontot. Nu uppstår ett problem på cafét, växelkassan är tom. Morfar Oves beställning kostar 80 kronor. Tamara ber Sara om hjälp att ordna en växelkassa från den intilliggande banken. Sara hastar iväg i riktning mot banken och sätter sig vid bankdirektörens kontor.

Sara: Jag önskar ta ut 1 500 kronor, i lite olika valörer, så att jag kan lämna tillbaka pengar när mina kunder handlar. Jag skulle behöva några femmor, tior och tjugolappar.

Sara sitter hos bankdirektören på banken och väntar på pengarna till växelkassan. Det tar lite tid, men Sara visar inga tecken på stress eller jäkt. Hon sitter lugnt kvar och väntar. Bankdirektören och kollegorna räknar sedlar och mynt. Snart tappar de bort sig. De börjar om igen. Efter en stund vänder sig bankdirektören till Sara och meddelar att det vore bra om Sara kunde komma tillbaka när uträkningen är klar.

Sara: Inga problem, bara att ringa när det är färdigt, så återkommer jag.

Bankdirektören och hennes kollegor fortsätter att räkna pengarna och föra anteckning över vilka sedlar och mynt de räknat.

Bankdirektören: Nu räknar jag om här. Ingen får lägga dit några pengar nu. 200, 400, 600, 700, 800… jag måste skriva…1 050, jag måste komma ihåg här… Nu är jag på ett tusen två hundra, så tyst nu…

Bankdirektören fortsätter att räkna, skriver ner uträkningarna, lägger pengarna i en burk och återkopplar slutligen till Sara som strax är på plats på banken igen.

Bankdirektören: Nu ska ni få era pengar… ni ville ha blandat sa ni.

Sara: Det vore jättebra. Det är ju så olika hur dom betalar…

Bankdirektören: Det här är 1 500 kronor. Var så god!

Sara: Tack så mycket, skriver ni upp det på mitt konto då, så att jag vet.

Snart är Sara tillbaka på cafét. Medhjälparen får växelkassan och morfar Ove, som precis ätit upp sin låtsasräksmörgås och druckit ur kaffet kan få växel på sin hundralapp.

Denna berättelse beskriver en undervisningssituation hämtad ur en observation av Saras café. Läraren i fritidshemmet, Anna-Karin interagerar tillsammans med eleverna som arbetar på banken och på caféet, även en morfar deltar i den situerade aktiviteten. Situationen ger en bild av en *helinformell enactmentinriktning* av fritidshemmets matematik. Den helinformella inriktningen kan beskrivas som processinriktad, ingen vet hur aktiviteten ska sluta eller vilken vändning undervisningssituationen ska ta. Anna-Karin beskrev i efterföljande intervju att syftet med Saras café var att bearbeta aktuella händelser, situationer och områden, utifrån elevernas intresse. Ett sätt att 'träna sig genom lek'. Läraren uttryckte, "Det kommer upp saker i stunden [...] Sara är ett slags kitt". Genom Saras café gavs eleverna möjlighet att möta matematikinnehåll genom en gemensam aktivitet i ett frivilligt och intressebaserat sammanhang. Läraren i fritidshemmet berättade att eleverna någon dag tidigare hade fått meddela om de önskade delta i undervisningssituationen. Bishops (1991) matematiska aktiviteter processades genom att eleverna var aktiva, interagerade och löste problem gemensamt.

Samtliga av Bishops (1991) matematiska aktiviteter identifierades i situationerna. Tydligt förekommande var *räkna, leka* och *mäta*. De matematiska aktiviteterna framkom i regler som skapades av deltagarna under aktivitetens gång. Bankdirektören räknade och förde anteckningar över beräkningarna, höll ordning på sedlar, mynt och deras värde, jämförde och såg hur 'pengahögen' växte. Eleverna prövade sig fram, resonerade och utvärderade situationer och händelser i gemenskap. Den, av läraren initierade aktiviteten gav eleverna möjlighet att vara matematiskt kunniga, *är* matematiska i gemenskap. Anna-Karin agerade 'medspelare' i den situerade aktiviteten. Läraren positionerade eleverna som matematiskt kunniga, *är* matematiska. Eleverna uttryckte att de ville bli lämnade för att lösa det matematiska problemet på egen hand. Positioneringen blev tydlig då läraren tog ett steg tillbaka och lät eleverna lösa problemet själva. På så vis positionerade även eleverna sig själva som matematiskt kunniga, *är* matematiska. Artefakter som användes i den situerade aktiviteten var sedlar och mynt, men även annat material användes i aktivitetens interaktion. Fokus i denna *helinformella enactmentinriktning* ramade in att eleven 'äger' användandet av artefakten, trots att både lärare och elev initierade användandet av den. Detta genom att eleverna styrde och ledde den situerade matematiska aktiviteten. Övergripande mål för undervisningssituationen förekom i denna inriktning, medan precisa mål ofta tydliggjordes i en bearbetnings- och utvärderingsfas.

Vi programmerar robotar

Tre elever sitter på golvet på fritidshemmet Solen. De bygger en robot av lego utifrån en ritning. Gruppen samtalar om vilka bitar, former och plattor de ska använda i byggandet för att den ska överensstämma med ritningen. De arbetar stegvis och metodiskt, för resonemang om mönster och form, antal bitar och dess funktioner. Snart är roboten färdig och själva programmeringen börjar. Gruppen tar fram i-Paden, placerar sig på golvet och väljer bland de förprogrammerade funktionerna i programmet på i-Paden.

Gladys: Den får först gå rakt fram.

Efter några tryck på i-Paden tittar eleverna besviket på roboten som mödosamt tar sig fram. Roboten hackar när den förflyttar sig. Den går sakta.

Minna: Den går så där, hackigt...

Den andra gruppens robot förflyttar sig mycket smidigare och fortare. Den kryssar snabbt fram mellan små hinder på golvet, trots att den kallas "Snigelrobot". Sittandes på golvet, med fokus på Snigelroboten upptäcker de en skillnad mellan deras egen robot och Snigelroboten. Hjulet verkar sitta för nära axeln på deras egen robot. Med iver provar de att snurra på bakhjulen och framhjulen. Det ena framhjulet går faktiskt trögt.

Gladys: Ja, det är det här, första hjulet som inte...

Frida: Jag tror att vi kan...

Gruppen blir entusiastisk och hjälps åt att lossa hjulet från axeln. De trär på gummisnodden och sätter dit hjulet igen, nu med lite mellanrum. De programmerar återigen roboten på i-Paden och strax kryper Frida nöjt efter den. Roboten skrider fram.

Denna berättelse beskriver en undervisningssituation hämtad ur observation av samverkansprojektet mellan fritidshemmet och skolan, Vår stad. Situation skildrar en halvinformell enactmentinriktning av fritidshemmets matematik. Sekvenserna i observationerna som kategoriserades som en halvinformell inriktning av fritidshemmets matematik visade att eleverna tog ansvar över interaktion och var aktiva i att lösa det uppstådda problemet med roboten. Eleverna löste gemensamt problemet genom att ändra gummisnoddens läge. I efterföljande intervju uttrycker en grundskollärare "programmeringen är ju som ett medel för att öva problemlösning med kroppen".

Bishops (1991) matematiska aktiviteter *lokalisera, mäta* och *förklara* var framträdande i programmeringssekvensen genom att eleverna identifierade skillnad i konstruktion av de båda robotarna, jämförde, drog strategiska slutsatser om gummisnodden och löste problemet genom resonemang och handling. Gummisnodden flyttades. Aktiviteten *designa* var framträdande i byggprocessen eftersom gruppen konstruerade, formade och tillverkande roboten. De matematiska aktiviteterna gick in i varandra och processades i interaktioner och kommunikationer främst mellan elever men interaktioner mellan elever och personal förekom. Pedagogen i fritidshemmet och grundskolläraren intog en avvaktande roll. De fanns i nära anslutning till aktiviteten, stöttade och uppmuntrande eleverna. När eleverna programmerade robotarna positioneras de som matematiskt —och tekniskt— kunniga, av såväl varandra som av personalen, vilket synliggjordes genom att eleverna rådgjorde med varandra och löste problemen i grupper. Eleverna positionerades som *är* matematiskt kunniga. Denna, halvinformella enactmentinriktning, gjorde det möjligt för eleverna att utveckla den matematiska resonemangsförmågan genom att diskutera och pröva sig fram för att lösa matematiska problem. Artefakter som lego och i-Pad användes. Fokus låg här i initierandet och intresset av att använda artefakten. Att använda artefakter i den halvinformella inriktningen byggde delvis på elevernas intresse men deltagandet i undervisningssituationen var inte frivillig.

Pedagogen i fritidshemmet beskrev i intervjun gällande samverkansprojektet att ”det här gör vi på fritids och då måste man det”. Det var personalen som initierade aktiviteten i viss mån, deltagandet i undervisningen som utgjordes av projektet, Vår stad var obligatoriskt för inskrivna elever på fritidshemmet, men flera valmöjligheter inom undervisningen erbjöds. Målet med samverkansprojektet, beskrevs vara att utveckla elevernas rörlighet och kreativa förmåga i problemlösningssituationer genom ett brett och öppet förhållningssätt till lärande. Personal som deltog i samverkansprojektet beskrev, ”Vi övar allt från samarbete och att tänka 'utan för lådan' till att utveckla problemlösningsförmågan och kommunikationen mellan eleverna”. Denna undervisningssituation kategoriserades i analysen som halvinformell enactmentinriktning utifrån att den inte byggde på samma fria vilja som i den helinformella inriktningen.

Vi ritar kartor åt robotarna

Det är eftermiddag på Solens fritidshem. Lisa som är klassföreståndare i 3a, eleverna och en pedagog tittar uppmärksamt på en kartbild projicerad på Solens whiteboard. Lisa pekar och visar på kartbilden. Hon ställer frågor och berättar, de flesta elever tittar och lyssnar intresserat, de räcker upp händerna, går fram till kartbilden, pekar och förklarar hur de uppfattar kartbilden av deras närområde.

Lisa: Ser ni några mönster?

Said: Menar du på…

Lisa: Visa på kartan.

Said: och… och… på vägen.

Said står framme vid den förstorade bilden. Han visar och pekar, vänder sig mot Lisa och får bekräftelse. Han visar en kvadrat med pekfingret. Lisa spinner vidare på Saids redogörelse.

Lisa: Gatorna är ju de här… vad ser man då?

Lisa pekar och visar kroppsligt och berättar att kartan är uppbyggd enligt ett rutsystem.

Lisa: Här är tio centimeter, hur många centimeter är det då den här sidan?

Flera av eleverna räcker ivrigt upp sina händer i luften och utbrister: Jag vet, jag kan! En elev verkar ha tappat intresset och lämnar rummet tillsammans med pedagogen. Jag ser att de går ut på skolgården och ansluter till gruppen elever som spelar basket. När mitt fokus är åter i rummet ser jag att eleverna sitter i smågrupper. De använder de finaste tuschpennorna och ritar på stora papper, mäter med linjal. Eleverna är aktiva, de ritar grönområden och vägar, mäter och färglägger. Det produceras kartbilder. Jag hör att eleverna småpratar, pekar och visar kartbilderna för varandra.

Denna berättelse beskriver en undervisningssituation som är hämtad ur observation av samverkansprojektet mellan skola och fritidshemmet, Vår stad. Berättelsen beskriver en halvformell enactmentinriktning av fritidshemmets matematik. Under fritidshemstiden interagerade grundskolläraren, Lisa med eleverna runt en förstorad kartbild projicerad på whiteboardtavlan. Lisa gav eleverna instruktioner, ställde frågor och uppmuntrade till interaktion. I diskussionen räckte eleverna upp händerna för att svara muntligt eller genom att visa med kroppen och peka. Merparten av interaktionerna skedde mellan läraren och elev genom riktade frågor, läraren frågade och eleven ombads svara. Samtidigt som Lisa drev och styrde den matematiska interaktionen genom frågor gjorde hon det möjligt för eleverna att delta i den matematiska aktiviteten. Hon uppmuntrade eleverna till att delta i undervisningssituationen med hjälp av ord, kroppsspråk och olika artefakter, såsom karta, linjal, fina pennor och stora papper. Situationens mål fokuserades runt samband och förhållanden som synliggjordes på den förstorade kartbilden. Grundskolläraren, Lisa intog här en central roll genom att hon riktade frågor som fokuserade på undervisningssituationens mål samt valde och introducerade artefakter som en väg för att nå målet. Eleverna fick utrymme att utforska och vara kreativa på egen hand. I den halvformella inriktningen positioneras eleven som att hen kan bli matematiskt kunnig, genom att besvara lärarens frågor, få vägledning samt genom att använda artefakter.

Bishops (1991) matematiska aktiviteter *lokalisera*, *designa* och *mäta* synliggjordes i elevers och lärares handling och interaktion. Artefakterna linjal och karta användes som grund i samtalen om mönster och förhållanden på den projicerade kartan. Eleverna avbildade kartan som en representation av världen. De matematiska aktiviteterna processades på ett sådant sätt att en elev visade avsaknad av intresse och lämnade rummet tillsammans med en pedagog. Elevens uttryck kan vara bärare av att deltagandet inte var frivilligt, eleven hade inte intresse för undervisningssituationen. Styrande uttryck var framträdande i situationer som ramas in som en halvformell enactmentinriktning. Att inriktningen av fritidshemmets matematik här beskrivs som halvformell och inte halvinformell beror på hur elever och personal positioneras i processen samt i användandet av artefakter. Målet med aktiviteten var betydande i både planering, genomförande och utvärdering.

Studiestöd på Solens fritidshem

En pedagog från Solen kommer in i klassrummet förberedd med namnlistor på vilka elever som ska delta i eftermiddagens läxläsning. Jag och Lisa står i dörröppningen. Vi säger tack och hej till de elever som går hem. Innan vi riktar vårt fokus mot eleverna som ska delta i veckans läxläsning byter några ord med pedagogen i dörröppningen. Vi bestämmer att vi ska mötas i matsalen när det är dags för Solen att äta "mellis". Han tittar på klockan och skyndar vidare till Månens fritidshemsavdelning. De är kort om personal idag.

Eleverna tar fram matteböcker, biblioteksböcker och i-Pads. De sätter sig i smågrupper i klassrummet för att arbeta med överenskomna områden. Snart är eleverna försjunkna i förinställda spel om multiplikationstabellen och klockan på i-Pad, missade sidor i matteböckerna eller läsning i biblioteksböcker. Eleverna småpratar med varandra. Vi klassföreståndare smyger runt och hjälper eleverna, ger dem uppmuntrande ord när de övar klockan och förklarar uppgifter i boken med hjälp av konkret material. Vi har trevligt, det är lugnt, eleverna verkar nöjda. Efter en stund börjar några elever att skruva på sig och pyssla med annat. Snart frågar en elev vad klockan är, tätt följt av frågor från andra elever om "mellistid" och lek i skogsdungen.

Denna berättelse beskriver en undervisningssituation som bestod av *läxhjälp* eller *studiestöd*. Situationen beskrivs i intervjuer, loggboksanteckningar samt mailkommunikation och analyseras som en *helformell enactmentinriktning* av (fritidshemmets) matematik. Berättelsen beskriver när jag (Anna) och Lisa är verksamma, i våra roller som grundskollärare, i aktiviteten läxhjälp under fritidhemstid. Den skildrade undervisningssituationen dominerades av Bishops (1991) matematiska aktivitet *förklara*, utifrån det stöd eleven fick för att komma vidare i sin matematiska utveckling. Deltagande grundskollärare beskrev att skolan, eleven och vårdnadshavare kommit överens i de individuella utvecklingsplanerna om att eleven skulle delta i läxhjälp eller studiestöd. Strukturen för denna inriktning beskrevs vara en individuell eller gruppinriktad undervisningssituation. Elevens tid i fritidshemmet nyttjades till studier tillsammans med grundskollärare 40–60 minuter i veckan. "Studiestödet kom till därför att vi såg att det fanns elever som i år två riskerade att inte nå målen i trean". Aktiviteten, läxläsning gjorde det möjligt för eleven att få matematiskt individuellt- och gruppinriktat stöd för att förstå matematiska begrepp och operationer. Det matematiska stödet var behovsstyrt, med syftet att öka möjligheten för eleven att nå målen. De ämnen som bearbetades under läxhjälpen beskrevs mestadels vara matematik och svenska. "Vi bestämde att ha läxhjälpen för att ha mer möjlighet att möta de elever som behöver extra tid och extra stöd" beskrevs av en av de deltagande grundskollärarna. De matematiska aktiviteterna bearbetades genom att eleverna använde de artefakter som personalen angett och initierat, så som elevens aktuella läromedel, konkret material och pedagogiska dataprogram. Genom aktiviteten beskrev samma grundskollärare att eleverna gavs möjlighet till extra och enskild förklaring. Den enskilda tiden mellan läraren och elev beskrevs som värdefull, "...jag har möjlighet att få en djupare förståelse hur eleven tänker i vissa situationer". I deltagarnas röster framkom att vissa elever uppskattade att få extra tid med enskild lärare, men det lyftes också att elever gav uttryck för att aktiviteten fungerade som "en förlängning av skolan" och "Tyvärr tror jag inte att eleverna uppskattade aktiviteterna så mycket".

I denna inriktning var det grundskollärarna som planerade och ansvarade för aktiviteten utifrån elevernas behov av extra tid och stöd för att möjliggöras att nå målen, "tvåornas fröken utsåg vilka som behövde extra stöd i matte och svenska" beskrev en grundskollärare. Elevens intresse lyftes inte explicit i denna inriktning. Eleven positioneras som i behov av att *bli* matematiskt kunnig och beroende av undervisning för att kunna nå målen —i det här sammanhanget mål i matematik. Fritidshemmets ofta fria, kreativa och undersökande undervisning får här lämna plats åt skolans tradition, och inriktningen analyserades som en skolifierad verksamhet. Det är de uttalade och specifika målen som är centrala i de situationer som utgörs av en helformell enactmentinriktning av fritidshemmets matematik. Målen i aktiviteten var behovsstyrda och framträdande i undervisningsprocessen.

Enactmentinriktningarna i ett landskap

Berättelserna ovan från Solens fritidshem beskriver de fyra enactmentinriktningarna av fritidshemmets matematik; *helinformell, halvinformell, halvformell och helformell.* Enactmentinriktningarna summeras här i ett *landskap* (Tabell 1) och är resultatet av analysarbetet utifrån policy enactment-teorins tre aspekter. Resultatet beskrivs i landskapet i generella termer. Indelningarna, likt Sveriges 25 landskap, inkluderar avgränsningar, likheter och olikheter. Bishops (1991) matematiska aktiviteter fungerade som identifiering av matematiken i situationerna och Lembrérs och Meaney (2015) sätt att resonera kring positionering som en fördjupning av den diskursiva aspekten i relation till matematik. I landskapet beskrivs elevers och personals positionering i den diskursiva aspekten. Titeln personal syftar på samtliga professioner[7] verksamma i fritidshemmets undervisning.

Policy enactment-teorins tre aspekter är separerade till vänster i landskapet. De fyra enactmentinriktningarna presenteras lodrät utifrån deras relation till vardera aspekten. Precis som Ball m.fl. (2012) beskriver skapar teorins tre aspekter en helhet. Tillsammans med de matematikdidaktiska perspektiven utgör inriktningarna fyra skilda möjligheter till bearbetning av fritidshemmets matematik i praktiken. Landskapet över enactmentinriktningarna beskriver hur aspekterna kan påverka praktiken på ett generellt plan, vad de kan möjliggöra och begränsa.

---

7 Akademiskt utbildade lärare med inriktning fritidshem/grundskola samt pedagoger.

Tabell 1. Landskapet av de fyra enactmentinriktningar av fritidshemmets matematik.

Aspekt ur policy enactment teorin	Hel-informell enactmentinriktning	Halv-informell enactmentinriktning	Halv-formell enactmentinriktning	Hel-formell enactmentinriktning
Materiell aspekt	Artefakter uppkommer av elev och/eller personal, används av elev eller personal.	Artefakter uppkommer av personal och/eller elev, används av elev och personal.	Artefakter uppkommer och presenteras av personal, används av elev och personal.	Artefakt uppkommer och presenteras utifrån elevens behov. Används av elev utifrån personals uppmaning och/eller stöd.
Tolkande aspekt	Aktiviteten har övergripande mål i planeringen, tydliggörs i utvärdering.	Aktiviteten har breda mål, framträdande i planering och utvärdering.	Aktiviteten har uttalade mål, framträdande i planering och utvärdering.	Aktiviteten har uttalade och specifika mål framträdande i planering och utvärdering.
Diskursiv aspekt Elevens positionering	Eleven positioneras som att hen är matematisk, kan använda matematiska förmågor och kunskaper.	Eleven positioneras som att hen är matematisk, kan använda matematiska förmågor och kunskaper.	Eleven positioneras som att hen kan bli matematisk, kan utveckla matematiska förmågor och kunskaper.	Eleven positioneras som att hen är i behov att bli matematisk, att utveckla matematiska förmågor och kunskaper.

(Forts.)

Aspekt ur policy enactment teorin	Hel-informell enactmentinriktning	Halv-informell enactmentinriktning	Halv-formell enactmentinriktning	Hel-formell enactmentinriktning
Personalens positionering	Eleverna initierar, styr och leder den matematiska interaktionen, kommunicerar och hjälper varandra för att lösa matematiska problem i aktiviteten. Problem uppstår i den frivilliga, situerade aktiviteten, initierad av elev eller personal. Elever kan uttrycka önskan om att lösa matematiska problem på egen hand.	Eleverna interagerar och tar hjälp av varandra. De provar sig fram när de löser matematiska problem som uppstår i situationer i den något styrda aktiviteten.	Eleverna interagerar främst med personal i situationen eller aktiviteten. Eleverna svarar på frågor som ställs av personal.	Elever utför målrelaterade matematikuppgifter, enskilt eller i mindre grupp. Bedömning av elevens matematikkunskaper styr innehåll och deltagande i den matematiska aktiviteten.
	Personal initierar och/eller uppmärksammar den matematiska situationen och interagerar tillsammans med eleverna i aktiviteten.	Personal initierar och inbjuder eleverna till att lösa matematiska problem som uppstår, enskilt eller gruppvis. Personal finns i nära anslutning till eleverna, uppmuntrar och stöttar vid behov.	Personal planerar och leder den matematiska aktiviteten genom riktade frågor. Personal finns i anslutning till eleverna, uppmanar, uppmuntrar och inkluderar till matematisk interaktion och aktivitet.	Skolan[8] bedömer elevens behov utifrån målrelaterade kriterier. Personal planerar och styr den matematiska aktiviteten utifrån elevens behov. Personal undervisar eleverna individuellt eller i smågrupper.

8. Utifrån att det inte finns kunskapskrav i fritidshemmet (Skolverket, 2016) har grundskolläraren (skolan) huvudansvaret i denna inriktning.

Diskussion

Det är tydligt att det finns en *fritidshemmets matematik*. Eller, egentligen är det inte *en* sorts matematik. ”På fritidshemmet är allt matte utom husse” beskriver en lärare i fritidshem. Fyra enactmentinriktningar av fritidshemmets matematik identifierades i praktiken i denna studie. Dessa inriktningar påverkar vad elever ges möjlighet att bearbeta och utveckla samt hur elever positioneras i situationerna. De helinformella och halvinformella inriktningarna av fritidshemmets matematik skulle kunna beskrivas som de mest anpassade inriktningarna för fritidshemmets undervisning, genom att de baseras på elevers fria val och intresse. Även de halvformella och helformella inritningarna av fritidshemmets matematik fyller funktioner utifrån fritidshemmets kompensatoriska och kompletterande uppdrag, elevernas möjlighet till utmaning och inkludering i aktiviteter. Dock behöver den helformella undervisningen problematiseras, ska den verkligen kvalificeras som *fritidshemmets* matematik utifrån att den analyserades som skolifierad? Frågan handlar inte om att fritidshemmet lyfter matematiska aspekter i undervisningen, utan mer om *hur* den matematik som uppstår tas tillvara, förvaltas och utvecklas i fritidshemmets undervisning. Personalens medvetna val och agerande kan tänkas vara avgörande för hur elevens intresse tas tillvara. Hur eleven positioneras spelar roll för hens möjlighet att fortsätta utveckla sitt matematiska intresse och kunnande i olika kontexter, men också hur eleverna ges möjlighet att tänka om sig själva och tro på sig själva i sitt matematiska tänkande, i ett nuläge.

Kvalitén i studien handlar inte om, i vilken omfattning inriktningarna av fritidshemmets matematik framträder i datamaterialet, utan kvaliteten består i inramningen av inriktningarna samt vad de kan möjliggöra. Syftet är heller inte att beskriva ’rätt’ eller ’fel’. Landskapet av inriktningarna handlar framför allt om att synliggöra de matematiska enactmentprocesser som kan uppstå i fritidshemmets kontext och vad de kan möjliggöra. Personal på fritidshemmet uttryckte att eleverna oftast inte tänker på att de använder matematiska förmågor och kunskaper i lek och spel på fritidshemmet. De berättade att de sällan säger till eleverna att det är *matematik* som är framträdande i olika aktiviteter, ”vi säger ju inte nu ska vi jobba med matte, så nu tar vi fram det här spelet”. En lärare i fritidshem beskrev att i vissa fall där eleverna gjorts medvetna om att de var matematiskt aktiva hände det att intresset svalnade. Läraren berättade om en upplevd situation då eleverna lekte och delade upp lera i bitar ”...och så höll barnen på att leka med det och tyckte att det var jättespännande. Sen kom en pedagog 'det är faktiskt matte vi håller på med'. Då släppte alla och gick, för matte är så pass laddat". Det är den matematik som uppstår utifrån elevernas intresse som beskrivs som central. I en av intervjuerna uttryckte två lärare i fritidshem, att i fritidshemmet görs saker situerat, att undervisningen utgår från den matematik som händer och uppstår i aktiviteten. De återgav också att det ofta blir synligt först efteråt vilket ämnesinnehåll som behandlats.

Ball (2000) beskriver vikten av att policydokument diskuteras bland praktiker, att verksam personal får möjlighet att diskutera problemställningar och tolkningar. Att de som 'ska göra verkstad av' dokumenten verkligen känner sig delaktiga i processen, och inte som marionettdockor i ett politiskt spel. Problemställningar gällande ämnesuppdelning och målstyrning, t.ex. att fritidshemmets didaktik skiljer sig från skolans ämnesdidaktiska inriktning, synliggjordes i analysen av policydokumenten och i intervjuerna. En lärare i fritidshem gav uttryck för en viss oro mot ämnesindelning och målstyrning, "...jag vet inte, jag tycker att på fritidshemmet behöver vi inte särskilja det. Allt är matte och allt är inte matte". Ytterligare en lärare i fritidshem underströk att det självklart ska finnas mål för verksamheten, men att i undervisningen på fritidshemmet bör aktiviteten vara ett tydligt medel för att nå ett övergripande mål. "Jag är ju så himla rädd att det ska utgå från skolans ramar. Jag känner mig vaksam på det [...] om vi ska mäta, på samma sätt som skolan, då blir det, för mig, fel väg".

Resultatet, enactmentinriktningarna för fritidshemmets matematik, beskrivs i landskapet i generella termer, samtliga inriktningar fyller sin funktion och olika professioner ges utrymme i landskapet. Att eleverna ges möjlighet att upptäcka, pröva och utvärdera matematiska begrepp genom artefakter och aktiviteter kan utgöra en del i elevens möjlighet till att utveckla ett holistiskt matematiskt tänkande. Genom att delta i samverkansprojektet mellan skola och fritidshem beskrev en grundskollärare att hon kunde ge eleverna "möjlighet att visa kunskapen på ett annat sätt". Eleven positionerades då som att hen *är* matematiskt kunnig i fritidshemmets kontext. Läraren berättade också att elever vågade prova mer själva och fick chans att arbeta med matematiska aspekter på ett annat sätt i fritidshemmet än i klassrummet, att kunskaper ofta både övades och visades på ett annat sätt i fritidshemmets kontext. I intervjuer uttrycktes, att det kan vara problematiskt för elever att visa sina kunskaper i skolan och klassrummet eftersom "många av våra kunskapsmål är ju teoretiska, eller sättet att få dem [eleverna] att visa dem på är teoretiska, läsa, skriva, rita...". Vidare beskriver en grundskollärare att hon i klassrumsundervisningen kunde återkoppla till aktiviteter och elevens upplevda erfarenheter i fritidshemmet och fortsätta att undervisa, i riktning mot mer specifika lärandemål. På så vis kan eleverna ges möjlighet att *bli* ytterligare matematiskt kunniga i skolans, till viss del, formella och teoretiska undervisning. I ett flertal av intervjuerna synliggjordes både vilja och behov av att utveckla kunskaper och förståelse för fritidshemmets undervisning och vad den kan erbjuda. I en intervju enligt metoden VSRD, med utgångspunkt i undervisningssituationen Saras café, då bankdirektören tillsammans med kollegorna räknade pengar, uttryckte en grundskollärare "Jag är lite imponerad, [...] just det där, att räkna blandade pengar [...] har hon antingen lärt sig på fritids eller själv".

Vårt bidrag i detta kapitel är landskapet över enactmentinriktningarna, vilka kan fungera som stöd i fortsatta diskussioner inom, och mellan professioner med varierande didaktiska infallsvinklar. I samverkan mellan skola och fritidshem bör landskapet kunna fungera som ett sätt att synliggöra möjligheter till matematisk utveckling i olika sammanhang, aktiviteter och kontexter samt fungera som ett stöd i planerings- och utvärderingsarbete, det vill säga när det ska 'göras verkstad' av policydokument. Vi antar, att med utgångspunkt i enactmentinriktningarna ska landskapet kunna fungera som ett sätt att utveckla undervisning, uppdrag och professioner i samverkan, utan rangordning eller företräden. Den här studien utgår från fritidshemmets undervisning i relation till skolans och klassrummets kontext, men landskapet bör kunna appliceras på andra praktiker, t.ex. i yrkesprogram som byggprogrammet på gymnasiet för att just nyttja matematikens samverkande roll och funktion i olika kontexter, så som mellan skola och fritidshem.

Tack

Tack till Malin Rohlin och Michaela Eriksson för insiktsfulla kommentarer med avstamp i forskningsfältet respektive praktiken.

Referenser

Andersson, B. (2013). *Nya fritidspedagoger: i spänningsfältet mellan tradition och nya styrformer.* [Doktorsavhandling, Umeå universitet]. https://www.diva-portal.org/smash/get/diva2:603114/FULLTEXT02

Ball, S. (1993). What is policy? Texts, trajectories and toolboxes. *Discourse: Studies in the Cultural Politics of Education, 13*(2), 10–17. https://doi.org/10.1080/0159630930130203

Ball, S.J. (2000). *Sociology of education: Major themes*. Routledge.

Ball, S.J. (2006). *Education policy and social class: The selected works of Stephen J. Ball*. Routledge.

Braun, A., Maguire, M., & Ball, S. (2010). Policy enactments in the UK secondary school: Examining policy, practice and school positioning. *Journal of Education Policy, 25*(4), 547–560. https://doi.org/10.1080/02680931003698544

Ball, S., Maguire, M. & Braun, A. (2012). *How school do policy: Policy enactments in secondary schools*. Routledge.

Bishop, A.J. (1991). *Mathematical enculturation: A cultural perspective on mathematics education*. Kluwer Academic Publishers.

Hansen Orwehag, M. (2017). Fritidshemmets didaktik: att vara lärare i fritidshem. I A.S. Pihlgren (Red.), *Fritidshemmets didaktik* (s. 27–58). Studentlitteratur.

Heddens, J.W. (1986). Bridging the gap between the concrete and the abstract. *Arithmetic Teacher, 33*(6), 14–17. https://www.jstor.org/stable/41192835

Helenius, O., Johansson, M.L., Lange, T., Meaney, T., Riesbeck, E., & Wernberg, A. (2018). *Lärportalen Förskolans matematik*. https://larportalen.skolverket.se/#/modul/1-matematik/F%C3%B6rskola/450_forskolansmatematik/1_matematiskaaktiviteter/

Holmberg, L. (2018). Konsten att producera lärande demokrater. [Doktorsavhandling, Stockholms universitet]. https://www.diva-portal.org/smash/record.jsf?pid=diva2%3A1177691

Jensen, M. (2011). Informellt lärande i fritidshemmet. I A. Klerfelt & B. Haglund (Red.), *Fritidspedagogik: fritidshemmets teorier och praktiker* (s. 95–114). Liber AB.

Johansson, M. (2015). Perceptions of mathematics in preschool:" – *Now we have a way of talking about the mathematics that we can work with*". [Doktorsavhandling, Luleå universitet]. https://www.diva-portal.org/smash/record.jsf?pid=diva2%3A990408

Lager, K. (2015). *I spänningsfältet mellan kontroll och utveckling*. [Doktorsavhandling, Luleå universitet]. https://gupea.ub.gu.se/handle/2077/40661

Lembrér, D. (2014). *Towards an understanding of how the Swedish preschool constructs mathematics: children being and becoming mathematicians*.

[Licentiatuppsats, Malmö universitet]. https://www.diva-portal.org/smash/record.jsf?pid=diva2%3A1404586

Lembrér, D. & Meaney, T. (2015). Being and becoming as socialisation in a mathematical activity in preschool. *Tidskrift för nordisk barnehageforskning, 11*(5), 1–14. https://doi.org/10.7577/nbf.992

Rohlin, M. (2001). *Att styra i namn av barns fritid: En nutidshistoria om konstruktionen av dagens fritidshem i samordning med skolan.* [Doktorsavhandling, Stockholms universitet]. https://su.diva-portal.org/smash/record.jsf?pid=diva2%3A185533&dswid=-8194

Rohlin, M. (2013). *Meningsskapande fritidshem: Studio som arena för multimodalt lärande*. Studentlitteratur.

Silfver, E., Sjöberg, G., & Bagger, A. (2013). Changing our methods and disrupting the power dynamics: National tests in third-grade classrooms. *The International Journal of Qualitative Methods, 12*(1), 39–51. https://doi.org/10.1177/160940691301200119

SFS. (2010:800). *Skollag*. Utbildningsdepartementet.

Skolverket. (2014). *Skolverkets allmänna råd med kommentarer*. Skolverket.

Skolverket. (2018). *Läroplan för grundskolan, förskoleklassen och fritidshemmet 2011*. (Reviderad 2018). Skolverket.

Skolverket. (2016). *Fritidshemmet: Ett kommentarmaterial till läroplanens fjärde del*. Hämtad 201023, https://www.skolverket.se/publikationsserier/kommentarmaterial/2016/fritidshemmet

Vetenskapsrådet. (2017). *God forskningssed*. Vetenskapsrådet.

Wallin, A., Norén, E., & Valero, P. (2018). Mathematics in the Swedish fritidshem curriculum: A policy enactment perspective. I E. Bergqvist, M. Österholm, C. Granberg, & L. Sumpter (Red.), *Proceedings of the 42nd Conference of the International Group for the Psychology of Mathematics Education* (Vol. 5, s. 304). PME. https://www.igpme.org/publications/current-proceedings/

9. Bilder med makt över matematiklärarutbildningen

Lisa Österling
Stockholms universitet

Sammanfattning

Det finns många bilder av vad som är en bra matematiklärare. Det här bokkapitlet belyser de bilder som målas upp i den senaste lärarutbildningsutredningen. Genom en textanalys av de stycken som handlar om matematik framträder fyra bilder som begär olika saker av matematikläraren och lärarutbildningen: läraren ska vara ämneskunnig, undervisningskicklig, intresseutveckande och dessutom vara född med rätt biologisk, social och kulturell bakgrund. I utredningen framträder en bild av matematikämnet som en rad användbara fakta och beräkningsstrategier, och det målas upp som något förgivettaget gott att matematikelever behöver bli intresserade av och lära sig använda matematik. Att elever ibland inte lär sig matematik kommer därför att reflekteras i bilden av matematikläraren, där både matematikläraren och matematiklärarutbildningen målas upp som bristfälliga. Genom att bilden synliggör en viss typ av matematiklärarstudent, medan andra blir osynliga, har bilden makten att både inkludera och exkludera studenter.

Bilder av den gode läraren

Bilden av den goda läraren är mångfacetterad och ibland motsägelsefull. Det blir tydligt för oss om vi tittar på ett äldre exempel: år 1893 föreslogs att "Sökande till tjänst vid allmänt läroverk skall [...] vara känd för gudsfruktan och goda seder" (Utsedde kommitterade, 1893). Vid den tiden hade den kristna kyrkan ett starkt inflytande över skolan och över hela staten, och formuleringen skulle inte vara möjlig i en

---

Hur du refererar till det här kapitlet:
Österling, L. (2022). Bilder med makt över matematiklärarutbildningen. I P. Valero, L.B. Boistrup, I.M. Christiansen, & E. Norén (Red.), *Matematikundervisningens sociopolitiska utmaningar* (s. 207–233). Stockholm University Press. DOI: https://doi.org/10.16993/bcc.j.

statlig utredning idag. Bilden reflekterar alltså den gode läraren från ett visst historiskt, kulturellt och ideologiskt perspektiv. Men bilden av den gode läraren påverkar både vem som väljs ut att få gå en lärarutbildning, och bidrar till att forma själva lärarutbildningen. Därför är det centralt att synliggöra den bild som framställts historiskt, för att få syn på vad som karaktäriserar bilden här och nu.

En plats där avgörande bilder av den gode läraren både återspeglas men också framställs är i de utredningar som ligger till grund för politiska beslut om lärarutbildningen. Lärarutbildningarna är det yrkesexamensprogram som samlar flest studenter på svenska högskolor, och under läsåret 2019/2020 registrerades över 13 560 nybörjarstudenter på de olika lärarprogrammen (Universitetskanslerämbetet, 2021). Det är alltså många som omfattas av bilden av den goda läraren, och det här kapitlet diskuterar bilder av matematikläraren i 2008 års lärarutbildningsutredning (SOU, 2008:109), den utredning som ligger till grund för den aktuella regleringen av lärarutbildningarna, med tillbakablickar på tidigare utredningar.

Historiskt har det visat sig att bilden av den gode läraren lyft fram flera aspekter av läraren, inte bara lärarens kunskaper. Läraren förväntas utgöra ett moraliskt-ideologiskt föredöme (Tröhler & Horlacher, 2019), men den föredömliga moralen har förändrats genom historien. Ideologiska strömningar som vetenskaplig rationalism, humanism, social rekonstruktionism har varit viktiga i tidigare läroplaner, medan en social effektivitet kopplad till individens och samhällets globala konkurrenskraft fått större utrymme i nutida västerländska läroplaner (Deng & Luke, 2008). Men strömningar från olika tider och ideologier återupprepas och samexisterar, något som blir tydligt när Christiansen och Skog (2022) sammanfattar strömningar i matematikdidaktiska avhandlingar. Citatet från 1893 stämmer t.ex. dåligt med den samtida framväxten av arbetarrörelsen och den sociala rekonstruktionismen. Ett fokus på lärarens gudsfruktan synliggör snarare ett motstånd mot sådana förändringar. Därmed blir citatet ett exempel på en annan roll som skolan och lärarutbildningen tillskrivits: som en samhällsbevarande institution, som i det här fallet skulle garantera kristendomens roll som moraliskt rättesnöre. I det här kapitlet görs dagens rättesnören synliga i bilden av den gode läraren.

Den starka strömningen av global konkurrenskraft är ett sådant modernt rättesnöre som påverkar lärarutbildningen. Popkewitz (2009) beskriver hur den globala konkurrenskraften ofta kopplas till mål och resultat, i vad han benämner som 'mätningarnas tidevarv'.

Mätningarna fokuserar elevers resultat, men det medför att lärare görs ansvariga för att förbättra elevernas resultat. Bilden av den effektive läraren, läraren vars elever når kunskapsmålen, återfanns i en analys av kriterier från lärarutbildningar (Christansen, Österling & Skog, 2021). Den effektiva, måluppfyllande läraren är inte bara en återspegling av maktens förväntningar, utan den förskjuter och förändrar bilden av den gode läraren inom själva lärarutbildningen. Den ideologiska bakgrunden till bilden av läraren gör det möjligt att förstå bakgrunden till mål och syften inom lärarutbildningen, men den låter oss också identifiera olika ideologiska positioner i kritiken av lärarutbildningen.

Idag utgörs den svenska skolan av en marknad, där eleverna med sin skolpeng blir kunder hos en kommunal eller fristående skolhuvudman. I sådana marknadssystem är mål- och resultatstyrningen viktig för att kunna utvärdera kvalité och fördela resurser. Mickwitz (2015) visar hur skolans marknadslogik återspeglas i lärarutbildningsutredningarna, där lärarens roll som betygsättare, kontrollant av måluppfyllelse fått en viktigare roll sedan skolmarknaden infördes på 1990-talet. I Storbritannien har ständiga upprepningar av lärarutbildningens misslyckanden öppnat upp för ett beslut om att företag också kan erbjuda lärarutbildning, enligt en nyliberal marknadslogik (Ellis, Steadman & Trippestad, 2019). Även forskningen i matematikdidaktik värderas i relation till dess bidrag till förbättrade resultat hos elever, genom en förbättrad matematikundervisning (Montecino, 2019). Det leder till att forskningen är beroende av bilden av matematiklärarens brister, en bild där forskningen målas upp som det som kan bidra med förbättringar. Elevernas bristande kunskaper i matematik blir nu detsamma som en brist hos matematikläraren, och i förlängningen lärarutbildningen.

Men bilden av vad matematikkunskaper är, är lika mångfacetterad som bilden av matematikläraren. Niss (1996) beskriver hur skolmatematikens mål delvis skiljer sig mellan demokratiska och auktoritära traditioner, där demokratier, t ex de skandinaviska länderna, tenderar att fokusera matematikens möjligheter att låta individer bli kompetenta, kritiska medborgare, medan mer auktoritära traditioner betonar matematikens betydelse för landets sammanhållning och tekniska utveckling. Enligt Niss får alltså det omgivande samhällets värderingar en stor betydelse för målen för skolmatematiken. Värderingar får stor betydelse när Bishop (1991) menar att matematiklärande också innebär en kultivering där elever träder in i klassrummets matematikkultur, något som blir synligt i Wallin, Norén och Valeros (2022) analys av fritidshemmets matematik. Bishop (1991) delar in matematikens värderingar i tre dimensioner: ideologiska, sociologiska och känslomässiga[1]. Den ideologiska dimensionen inom den västerländska matematiken rör sig, enligt Bishop (1991) mellan å ena sidan en objektism (objectism), där eleverna ska tillämpa redan kända objekt och samband på rätt sätt, och å andra sidan en rationalism, där eleverna istället förväntas kunna argumentera för sin lösning och förstå varandras argument. Likheter står att finna mellan rationalismen och fostran av kritiska medborgare, och mellan objektismen och fostran av medborgare som bidrar till samhällets utveckling. Trots att demokratiska värderingar är ett läroplansmål som ska genomsyra alla ämnen, verkar svenska elever uppfatta matematikämnet som att objektism och förutbestämda kunskaper värderas (Andersson & Österling, 2019). Ryan (2019) visar hur synen på matematik som en mänsklig, diskursiv konstruktion kommer att förutsätta en pluralistisk kunskapssyn, alltså något annat en atomistisk kunskapssyn som Sjöberg (2010) funnit i 2008 års utredning. De flesta elever möter matematikens språk och redskap genom skolan, och skolan blir en plats som kommer att påverka bilden av matematikens värderingar, kultur och diskurs.

Syfte och frågeställning

När matematiklärarens ämneskunskaper får större del i bilden av den goda läraren kommer också synen på vad som räknas som matematisk kunskap att utgöra en del i bilden av matematikläraren. Därför kommer det här kapitlet att utforska bilden av matematik och matematikelever som återspeglas i den senaste, 2008 års lärarutbildningsutredning, för att därefter undersöka vad som är partikulärt med bilden av matematiklärare. Frågorna som ställs är: Vilka bilder framstår av beskrivningarna av matematikläraren i 2008 års utredning? Hur relaterar bilden av matematikläraren till bilden av matematikämnet? Och vilken makt har bilden över vem som inkluderas och exkluderas i matematiklärarutbildningen?

---

[1] Den *sociologiska* dimensionen befinner sig på en axel mellan matematik som *öppen* för alla att förklara, och *mystik*, där uppkomsten av matematiska idéer gjorts osynlig. Den *känslomässiga* dimensionen rör sig mellan en känsla av *kontroll* och säkerhet i användandet av matematikens idéer, och *framsteg* genom utforskande och ifrågasättande av idéer.

Kontextuell bagrund

Svensk lärarutbildning har reformerats upprepade gånger, ibland i takt med skolväsendet, oftast i efterhand. Fram till 1948 års stora skolreform, då enhetsskolan infördes, krävdes folkskollärarexamen för lärare upp till år sex, medan lärare för de äldre genomgått en akademisk ämnesexamen i undervisningsämnet, följt av ett provår och ett undervisningsprov. Olika försök att sammanföra de två traditionerna gjordes under hela andra halvan av 1900-talet, och balansen mellan lärares ämneskunskap, t.ex. matematikkunskaper, och deras lärarspecifika kunskaper har sett olika ut genom olika reformer. Både 1978 och 1999 års utredningar innebar ett närmande av seminarie- och läroverkstraditionerna. Men perioden för en sammanhållen lärarutbildning mellan 1980–2011 beskrivs som en kort mellanperiod, där lärares professionskunskap, alltså pedagogik och didaktik snarare än ämneskunskaper, betonades i lärarutbildningen (Beach, Bagley, Eriksson & Player-Koro, 2014). Ett av problemen med den sammanhållna lärarutbildningen var rekryteringen av matematiklärare: det var få studenter som valde matematik som ämnesfördjupning bland grundskollärarna (SOU 2008:109). I den nya grundlärarutbildningen är därför matematik obligatoriskt för alla blivande lärare för skolår 1–6.

Synen på lärarkunskap som frikopplad från kunskaper i undervisningsämnet är synlig i den offentliga statistikens val att enbart rapportera pedagogisk högskoleutbildning, inte ämnesbehörighet. Därför krävdes en riktad registerkörning för att inse att läsåret 2011/12 var det knappt 50 % av de som undervisade i matematik i åk 7–9 som hade formell behörighet i matematik (Skolverket, 2013), dvs en och en halv termins matematikstudier. 35 % hade ingen utbildning i ämnet. På gymnasiet är kravet för behörighet tre terminers matematikstudier, och det var knappt 40 % av undervisande lärare i matematik som uppfyllde det kravet, och 30 % av de som undervisade matematik på gymnasiet saknade helt utbildning i ämnet. Reformen 2011 innebar inrättandet av en lärarlegitimation, där lärarexamen i rätt ämne och för rätt åldersgrupp krävs. Det medförde att en brist på matematiklärare uppstod, men också ett nytt fokus på lärares ämneskunskaper i matematik.

Att 2008 års utredning innebar flera skiften jämfört med tidigare utredningar har beskrivits i tidigare forskning. Ett skifte i synen på eleven är från ett fokus på helheten till ett fokus på individen, från ett fokus på organisationen av stödundervisningen, till ett fokus på individens brister och behov (Malmquist, 2015). Dikotomin mellan den normala och den onormala eleven är en utgångspunkt i 2008 års utredning, där det onormala eller främmande kopplas till skolsvårigheter (Sjöberg, 2010). Det kan jämföras med Tröhlers (2015) iakttagelse, att sociala fenomen inom utbildningsväsendet i ökande omfattning utvärderas med biologiska modeller, t.ex. att elevers svårigheter ges medicinska snarare än sociala förklaringar.

Bilden av den gode läraren har också lyft fram personliga, ibland biologiska, egenskaper (Sjöberg, 2010), medan förskjutningen i de två sista utredningarna (1999 och 2008) har skapat en betygsättande, legitimerad och kvalitetsgranskad lärare, en lärare vars främsta ansvar är att genomföra de skolpolitiska reformerna (Mickwitz, 2015). En analys av 1990-talets mediadiskurs om lärare ger en liknande bild, där läraren framträder som resultat- och kvalitetskontrollant, eller till och med sorterare av elever (Wiklund, 2006). Det tyder på att Popkewitz (2009) iakttagelse stämmer även när det gäller svensk lärarutbildning, att läraren alltmer värderas utifrån elevers mätbara resultat. Samtidigt lyfter Mickwitz (2015) en tredje förskjutning, mot lärarens egen autonomi och professionalism. Den bild som fokuserar individen synliggör alltså både individens personliga egenskaper och biologiska förutsättningar, det individuella ansvaret för måluppfyllelse, men också ett utrymme för en professionell lärarautonomi. Utifrån allt som reda är sagt om 2008 års utredning kommer det här kapitlet fokusera på vad som sägs om matematikämnet, matematikelever och matematiklärarna.

Att framkalla bilder

Metoden för att synliggöra bilden av matematiklärare är en textanalys av lärarutbildningsutredningar. Dataunderlaget är lärarutbildningsutredningen ”En hållbar lärarutbildning. Betänkande av Utredningen om en ny lärarutbildning (HUT07)” (SOU, 2008: 109, 2008 års utredning). För att synliggöra förflyttningar och skiften i bilden av den goda matematikläraren görs också tillbakablickar på tidigare utredningar, nämligen ”Förslag till ändrade bestämmelser rörande Undervisningsprof för lärarebefattningar vid rikets allmänna läroverk jämte därmed i samband stående frågor” (Utsedde kommitterade, 1893), olika förslag från skolkommissioner (1929, 1938 och SOU, 1948:27), samt tidigare lärarutbildningsutredningar (SOU, 1965:29; SOU, 1978:86; SOU,1999:63).

Från 2008 års utredning söktes de textstycken ut som innehöll ordet ’matematik’. På samma sätt genomfördes en textsökning i tidigare lärarutbildningsutredningar (SOU, 1965:29, SOU, 1978:86; SOU, 1999:63). Delar som var rena tabeller, t.ex. fördelning av tid och poäng för olika ämnen, uteslöts från analysen. De inkluderade texterna kategoriserades först i två delar: de som handlade om synen på matematik eller elevernas matematikkunskaper, som kommer att utgöra en översiktlig fond, och de som var beskrivningar av lärarna eller lärarutbildning inom matematik, som är fokus för kapitlet. Beskrivningar som liknar varandra identifieras och klassificeras utifrån ord som upprepas (Fairclough, 2013). De stycken där lärarens matematikkunskaper nämndes samlades under 'den ämneskunniga läraren', de som handlar om lärarens arbete i klassrummet under den'undervisningsskicklige', ord som beskriver intresse (entusiasm, stimulera) under den 'intresseutvecklande' och olika beskrivningar av psykologiska eller fysiska egenskaper under 'den födde matematikläraren'.

Beskrivningarna av matematikläraren betraktas som om de vore bilder, och en bildteoretisk analys (Mitchell, 1995) som vanligtvis används för visuella eller poetiska bilder används här för att analysera bilderna av matematiklärare. Mitchell visar att bilder i text till viss del kan behandlas utifrån samma analytiska principer som visuella bilder. Poängen med bilden som metodologiskt val är att det gör det möjligt att tydligt skilja på den verkliga läraren och den avbildade. Bilden blir en representation, men utan anspråk på att representera den verkliga eller ens möjliga matematikläraren. Istället skapas bilden som en begärskonstruktion, en önskad matematiklärare. Som begärskonstruktion har bilden en makt att förflytta, påverka betraktaren, men också den som avbildas, i det här fallet, matematikläraren. Analysen av bilderna riktas därför mot bildens begär, utan att blanda in den som avbildats, eller den som framställt bilden. Det kan göras genom att ställa en rad frågor till bilderna, och i den är analysen ställs frågorna "Vad vill bilderna ha av mig, som betraktare?", "Vem är måltavlan för det begär som bilden uttrycker?" och "Vad saknar bilden, vad är utelämnat?" (Mitchell, 2008, s. 50). Mitchell (1995) menar att den som framställer en representation också har ansvar för vad som representeras, och därför möjliggör bildanalysen ett kritiskt perspektiv.

Som stöd för strukturen av en sådan kritisk analys används en modell för kritisk diskursanalys (Critical Discourse Analysis, CDA) (Fairclough, 2013), som omfattar tre nivåer: text, diskursiv praktik och social praktik. Texten i utredningarna betraktas inte som neutral beskrivningar, utan som något som en del i bilden, som kommer att påverka vad som är önsvärt eller oönskat, sant eller falskt, synligt eller osynligt. På textnivån görs en deskriptiv analys, i det här fallet genom en klassificering av upprepningar och variationer av beskrivande och värderande ord.

För att komma från textnivån till den diskursiva praktiken krävs en tolkande process enligt Faircloughs modell. Här analyseras bilder av matematikläraren genom att ställa frågan ”vad begär bilden” till texterna. Den tredje nivån i Faircloughs (2013) modell handlar om att förklara hur diskursen uppstår, hur den återskapas i relation till den omgivande sociokulturella kontexten, och hur diskursen samtidigt påverkar sin kontext. Bilderna av matematikläraren i kommer att betraktas mot fonden av sin sociohistoriska kontext, nämligen tidigare lärarutbildningsutredningar, men också den bild av matematik och matematikelever som finns i utredningen.

Innan bilderna av den gode matematikläraren beskrivs behöver alltså bilden av matematikämnet och matematikeleverna synliggöras. Sökningen efter ’matematik’ resulterade inte bara i beskrivningar av lärare, utan också i beskrivningar av matematikämnet, och av elevers lärande i matematik.

Bilden av matematikämnet och matematikeleverna

I texterna fanns ett fåtal beskrivningar av matematikämnet, men desto mer om matematikeleverna.

Matematikämnet

De beskrivningar som handlar om matematikämnet i 2008 års utredning är inte omfattande. De yngsta elevernas aritmetiska förmåga beskrivs som att ”Den innefattar kunskap om aritmetiska fakta, förmåga att utföra aritmetiska operationer, att förstå och använda aritmetiska principer” (s. 252), men också ”multisensoriska erfarenheter som kan bidra till att matematiska begrepp och idéer blir begripliga” (s. 253). Matematikens betydelse som skolämne motiveras med att det ”ger grundläggande kunskaper och färdigheter vilka är nödvändiga för den fortsatta skolgången och det kommande vuxenlivet” (SOU, 2008:109, s. 258), och att matematiken kan användas som ”redskap” (s. 268) för naturvetenskapliga ämnen.

Beskrivningarna liknar vad Bishop (2008) benämner objektism, där kunskapen är fast, förutbestämd, och ska kunna tillämpas på rätt sätt av eleverna. Den här bilden av matematikämnet är inte ny för 2008 års utredning, i 1965 års utredning nämns även där färdighetsträning i matematik. Men förutom färdighetsträning, också att matematikens syfte är att ”på alla områden att uppöva smak och skönhetssinne”

(SOU, 1965:29, s. 84). Här finns spår av en mer humanistiskt inspirerad bild av matematiken, där den bidrar till individens utveckling på ett annat plan än det rent utilitaristiskt, yrkesmässiga.

Matematikleleverna

Utredningen beskriver både elever som får möjlighet att lära sig matematik, och de som inte får möjlighet att lära sig. Eleven som får möjlighet att lära sig matematik beskrivs genom ”att eleven ska utveckla sitt intresse för matematik och tilltro till den egna förmågan att lära sig och att använda matematik i olika situationer” (SOU, 2008:109, s. 258). Att lära sig matematik kopplas här till ett intresse för matematik, och dessutom en matematik som används ’i olika situationer’, alltså ett fokus på matematikens användbarhet.

Många beskrivningar synliggör elever som inte får möjlighet att lära sig matematik (kursiveringarna är mina, och visar vilka delar som kommit att ingå i textanalysen):

> En del forskning tyder här på att *avgränsade områden i hjärnans hjässlob* kan ha en *nedsatt funktion*. Annars är *förmågan* att *bedöma* kvantiteter, till exempel att *uppfatta* skillnaden mellan tre och fyra, eller att *med ett enda ögonkast avgöra hur många* prickar det är (upp till sju) utan att behöva räkna, en förmåga som man kan se redan hos *spädbarn* samt hos många *däggdjur*. Det är därför ganska *uppseendeväckande* när en sådan *basal funktion* är tydligt *nedsatt* hos *en del människor*. (SOU, 2008: 119, s. 213)

Flera negativt laddade beskrivningar (*nedsatt, uppseendeväckande, basal*) eller avståndstagande (*en del människor*) beskrivningar används om eleverna. Det matematiska lärandet beskrivs som perceptioner (*bedöma, uppfatta, avgöra hur många*), och elevernas svårigheter i matematik förklaras med flera kroppsliga, biologiska termer (*avgränsade områden i hjärnans hjässlob, spädbarn, däggdjur*), och kognitiv förmåga hos individen (*förmågan, funktion, med ett enda ögonkast, basal funktion*), en kognitiv förmåga som, eftersom den finns hos spädbarn, antas vara medfödd. Det finns flera exempel där 2008 års utredning ger psykologiska, medicinska eller biologiska förklaringar till elevers matematiksvårigheter. Det är inte samma bild som Niss (1997) beskriver, av individer som ska utvecklas till kritiskt tänkande medborgare. Det här liknar istället en bild som också observerats av Tröhler (2015), där sociala fenomen inom utbildningsväsendet utvärderas med biologiska modeller.

2008 års utredning åberopar Organisationen för ekonomiskt samarbete och utvecklings (OECD) Programme for International Student Assessment (PISA)-resultaten som belägg för elevers bristande kunskaper. Elevers svårigheter i matematik finns också beskrivet i 1999 års utredning, men medan 1999 års utredning pekar på bristen av samarbete mellan stödundervisningen och den reguljära undervisningen, hittar 2008 års utredning istället förklaringen hos eleven: "Barn kan ha olika former av aritmetiska problem, och behovet av diagnostiska metoder för att identifiera dessa är stort." (SOU, 2008:109, s. 253). Skiftet från ett fokus på organisationen av stödundervisningen till ett fokus på individen har beskrivits i tidigare studier av Malmquist (2015). Bland de knapphändiga beskrivningar som tidigare funnits finns istället en bild av matematikens betydelse för "elevernas allmänna personlighetsutveckling" (SOU, 1978:86, s. 124), vilket visserligen är ett fokus på den individuella eleven, men inte på kunskapsbrister, utan på matematikens möjlighet att förändra (utveckla) personen.

Vi återvänder med ett till avsnitt om hur de yngsta eleverna lär sig aritmetik:

> Vid mycket enkla *aritmetiska beräkningar*, som t.ex. *additioner inom tiotalsområdet*[2], är *den enklaste strategin* att räkna på fingrarna. Här kan tydligt märkas vilka elever som har gryende *räknesvårigheter*. De kan inte *lära in* vanliga *talfakta* utan fortsätter alltför länge att vara beroende av fingerräkning. De tycks inte visa mycket förbättring av sin förmåga utan är hela tiden *beroende* av sina fingrar eller andra konkreta objekt. *Bristfällig förmåga* att *prägla in talfakta* är ett kärnproblem i räknesvårigheter, kanske en motsvarighet till de *avkodnings*svårigheter vid läsning som utmärker dyslexi. (SOU, 2008:109, s. 253)

Att räkna på fingrarna beskrivs här som problematiskt *(den enklaste strategin, beroende, bristfällig förmåga)*, en grupp elever kategoriseras som de "*som har gryende räknesvårigheter*", och kopplas till ett funktionshinder (*dyslexi*). Beskrivningar av matematik och matematiklärande (*aritmetiska beräkningar, additioner inom tiotalsområdet, lära in, talfakta, prägla in*) tyder på att det är fasta kunskaper som betraktas som värderas, värderingar som kan beskrivas som objektism. Räkning betraktas som en motsvarighet till *avkodning*, och räknesvårigheter

---

2 Det är inte tydligt vad som avses med "tiotalsområdet", men utifrån kontexten tolkar jag det som att det är talområdet 1–10 som avses.

jämförs med dyslektikers svårigheter med läsinlärning. Räkning som avkodning, och frikopplat från konkretioner, värderas som central kunskap i bilden av matematikämnet.

Färdigheter, som avkodande räkning, beskrivs som en liten beståndsdel inom de matematiska kompetenserna (Niss & Højgaard Jenssen, 2019). I den svenska skolan förväntas matematikelever visa kunskaper även inom resonemang och problemlösning (Pettersson, 2003), som kräver mer än räknefärdighet. 2008 års utredning ger ett motsatt budskap, dar elevernas kognitiva förmåga står i förgrunden. De förklaringar som ges till elevers svårigheter osynliggör också en stor del av den forskning som finns om lärande i matematik, för att istället föra fram neuropsykiatriska förklaringar hämtade från läsinlärning. En konsekvens blir att eleverna i första hand avbildas som biologiska varelser med olika (biologiska) förutsättningar. Mot den bakgrunden, vilka begär riktas mot matematikläraren?

Bilder av matematikläraren

När analysen riktas mot matematiklärare eller lärarutbildning framträder fyra skarpa bilder: den ämnes(o)kunniga matematikläraren, den undervisningsskicklige matematikläraren, den intresseutvecklande matematikläraren och den födde matematikläraren. Först analyseras bilderna av matematikläraren i 2008 års utredning på en textnivå, därefter en tolkning av vad bilden vill, och slutligen betraktas varje bild i relief till de tidigare utredningarna också till tidigare forskning.

Den ämnes(o)kunnige matematikläraren

Beskrivningar av lärares ämneskunskaper är det som oftast kommer upp i de texter som handlar om matematik, och här låter jag följande fyra exempel illustrera den ämneskunniga läraren. Kursiveringarna är mitt tillägg för att synliggöra de beskrivande ord som kommer att analyseras.

Exempel 1 (lärare årskurs 4–6):

> *Alltför få* studenter har valt matematik, vilket lett till att matematik A räcker som förkunskapskrav, vilket är *oacceptabelt lågt*. Blivande lärare i årskurs 4–6 och gymnasieskolan får *otillräckliga* kunskaper och färdigheter. (SOU, 2008:109, s. 127)

Exempel 2 (lärare årskurs 4–6):

Den bild som här ges är *skrämmande*. Den visar att de blivande lärarna dels har *dåliga förkunskaper*, dels *inte får tillräckliga kunskaper* under lärarutbildningen. (SOU, 2008:109, s. 257).

Exempel 3 (lärarutbildning årskurs 7–9):

Högskoleverkets utvärdering 2008 lyfte fram matematiken som ett *särskilt problemområde* inom lärarutbildningen. (SOU, 2008:109, s. 268).

Exempel 4 (lärarutbildare):

Rekryteringssituationen för lärare i matematik har länge varit *problematisk*, men den får inte leda till att *behörighetskraven sänks*. Med tanke på matematikens *betydelse* är det naturligt att kräva att ämnet bara kan utgöra *huvudämne* inom lärarutbildningen. Det krävs också en *särskild satsning* på fortbildning av lärarutbildare. (SOU, 2008:109, s. 269).

Deskriptiv textnivå:

De beskrivande ord som används om studenternas kunskap kan sammanfattas som en brist, en avsaknad av ämneskunskaper (*oacceptabelt lågt, otillräckliga kunskaper och färdigheter, dåliga förkunskaper, inte får tillräckliga kunskaper, behörighetskraven sänks*). Dessutom beskrivs studenternas antal, 'rekryteringssituationen', som en annan brist (*alltför få, problematisk*). Lärarutbildningen, och även lärarutbildarna beskrivs också de i negativa termer (*skrämmande, särskilt problemområde, särskild satsning på fortbildning*), där den sista särskilda satsningen inte är negativ i sig, men signalerar att det finns brister hos nuvarande lärarutbildare. Matematiken beskrivs istället i positiva termer (*betydelse och huvudämne*). På så sätt kommer bilden av den ämneskunniga läraren måla upp matematiken som åtråvärd, men matematikläraren som ämnesokunnig.

Vad begär bilden?

Bilden av de ämnesokunniga lärarna uttrycker ett begär efter matematikkunskaper, men samtidigt ett begär efter förändring. De som avbildas är lärarstudenter och lärarutbildare, och bilden skapar ett begär efter en annan lärarutbildning, med andra studenter och andra lärarutbildare. Eftersom lärarutbildarna målas upp som bristfälliga kan inte studenterna förväntas lära sig matematik under sin lärarutbildning, och därför framträder bildens begär av studenter med starka förkunskaper som den återstående möjligheten. De lärarstudenter och lärarutbildare som är ämneskunniga är osynliggjorda i bilden.

Förklaringar utifrån socio-historiskt perspektiv:

Citatet i exempel 1 kräver lite bakgrundskunskaper. Matematik A var gymnasieskolans första matematikkurs[3], och utgjorde tillräcklig förkunskap till lärarutbildningar för de yngre eleverna (med inriktning mot årskurs 1–6), och där matematik var möjligt att välja bort. De inriktningar som fokuserade på matematik, t.ex. gymnasielärare eller lärare för årskurs 4–9 med matematikinriktning, hade högre förkunskapskrav. När 2008 års utredning genomfördes kände man inte till Skolverkets rapport (2013) att 30 % av de lärare som undervisade matematik saknade utbildning i matematik, och bara 50 % hade tillräcklig utbildning i matematik för det stadium de arbetade på. Bilden av otillräckliga kunskaper är därför inte nödvändigtvis rättvisande för de studenter eller den utbildning som faktiskt fokuserar på matematik. Istället är de ämneskunniga matematiklärarna osynliga i bilden.

Lärarutbildarna beskrivs indirekt som okunniga genom att "en särskild satsning på fortbildning" inte bara behövs, utan till och med "krävs". Men vem ska utbilda dem, och i vad? I utredningen nämns att "projekt pågår som kan råda bot på denna situation" (SOU, 2008:109, s. 268). De projekt som nämns är 'Naturvetenskap för alla' (NTA)[4], som drivs av Kungliga vetenskapsakademin och Ingenjörsvetenskapsakademin, och Nationellt Centrum för Matematik (NCM)[5], men inga goda exempel på projekt inom matematiklärarutbildningen synliggörs. Att NTA

---

[3] Matematik A motsvarade 100 poäng, eller ca 100 timmar, och där innehållet delvis överlappade grundskolans matematik. Eleverna läste vanligtvis kursen under hela första året på gymnasiet, men på naturvetenskapligt eller tekniskt program vanligtvis under första terminen.

[4] Enligt hemsidan https://ntaskolutveckling.nu/om-nta/#organisationen involverades matematik först 2010, dvs. efter publiceringen av SOU, 2008:109. De skriver att de är ett led i pedagogers kompetensutveckling, men skriver ingenting om lärarutbildning.

[5] Enligt hemsidan http://ncm.gu.se/om-ncm är NCM:s uppgift att stödja utveckling av matematikutbildning, och att ge ut litteratur för matematiklärarutbildning.

synliggöras är i linje med bilden av matematik som ett ämne som värderas för sina tillämpningar inom andra områden, och där ingenjörsvetenskapsakademin har inflytande över vad som räknas som viktig matematik.

Bilden av den ämneskunnige läraren framträder genom historien, även om den tagit sig lite olika uttryck. I 1893 års utredning förväntas den blivande ämnesläraren "äga grundlig insikt i de stycken, som till den sökta sysslan höra" (Utsedde kommitterade, 1893, §53). I 1965 års utredning är utbildningens längd differentierad för olika ämnen, och man tar hänsyn till det stora behovet av lärare i matematik, och man gör en sammanvägning av de tänkta lärarnas förutsättningar att tillägna sig tillräckliga ämneskunskaper i matematik och behovet av lärare. I 1978 och 1999 års utredningar diskuteras inte ämneskunskaper i matematik specifikt, förutom vissa kunskaper om matematiksvårigheter.

Sammanfattningsvis, begäret av den ämneskunniga matematikläraren målas upp mot bakgrund av matematik som åtråvärda kunskaper, kunskaper som är nyttiga för individen i kommande studier och yrkesliv. Bilden visar upp okunniga lärarstudenter och lärarutbildare, medan kunniga lärarstudenter och lärarutbildare görs osynliga.

Den undervisningsskicklige matematikläraren

Det finns få beskrivningar av undervisning i 2008 års utredning. På flera ställen påpekas att utredningen 2008 *inte* ser som sin uppgift att föreslå metoder för undervisningen, men ändå föreslås en modell i tre steg för lågstadiet: den konkreta laborativa nivån, den representativa nivån och den abstrakta nivån. Den konkreta laborativa nivån beskriver lärarens undervisning, medan de följande beskriver elevernas lärande.

Exempel 5 (årskurs 1–3):

> Den konkreta, laborativa nivån:
> Genom att arbeta *muntligt* i kombination med att använda *åskådligt* material ges eleverna *möjlighet till multisensoriska erfarenheter* som kan bidra till att matematiska *begrepp och idéer* blir *begripliga*. Det ger också *kinestetiska (rörelse) och taktila (röra vid) erfarenheter* som kan bidra till att *underlätta* vid arbetsminnesproblem. När eleverna *klart och tydligt med egna ord* kan berätta om det aktuella begreppet är det dags att lägga undan det *åskådliga* materialet och börja arbeta på den *representativa nivån.* (SOU, 2008:109, s. 253).

Den deskriptiva textnivån:

På den här nivån beskrivs matematiken som möjlig att förstå (*begrepp, idéer, representativ nivå, begripa*), vilket skiljer sig från den dominerande bilden i utredningen, där analysen visat att matematiken beskrivs som givna fakta och procedurer. De beskrivande ord som används om lärarens undervisning karaktäriserar aktiviteten i matematikundervisningen (*muntligt, åskådligt, möjlighet till multisensoriska erfarenheter, kinestetiska (rörelse) och taktila (röra vid) erfarenheter, underlätta*), men ramar också in aktiviteternas omfattning (*lägga undan, börja arbeta på*), och kopplar till vad som ska observeras hos eleverna (*klart och tydligt och med egna ord*). Elevernas funktionsvariationer (*arbetsminnesproblem*) beskrivs.

Vad begär bilden?

Bilden begär att läraren följer trestegsmodellen, och därmed gör matematiska begrepp och idéer begripliga, och förebygger eller underlättar vid funktionsvariationer. Bilden vill bli betraktad av någon som vill att elever förstår matematik. Alla principer för matematikundervisning, förutom trestegsmodellen, är osynliga i bilden.

Förklaringar utifrån ett socio-historiskt perspektiv:

Sammantaget finns bara ett fåtal kommentarer om vad den undervisningsskicklige matematikläraren faktiskt gör, och ofta är bilden av lärarens undervisning i grunden lik det som formulerades år 1893: ”förmåga att lätt och tydligt meddela undervisning” (Utvalde kommitterade, 1893, s. 39). Desto större plats får diskussionen kring vad som ska ingå i utbildningen för att förbättra undervisningen. I 1965 års utbildning anses inte matematiklärarna på lågstadiet behöva ämnesstudier, utan metodikstudier, vars viktigaste roll är att ”återföra lärarkandidaterna till ett elementärt matematiskt tänkande, som gör det möjligt att hjälpa elever med svårigheter i ämnet, och därefter kunna tillämpa en klar och systematiskt uppbyggd metodik i ämnet” (SOU, 1965:29, s. 264). Kunskap om matematiksvårigheter efterfrågas i både 1978 och 1999 års utredningar.

Bilden av den undervisningsskicklige läraren i 2008 års utredning förflyttar begäret till att eleverna begriper matematiken, och bilden kopplas nu till elevens kunskaper.

Den intresseutvecklande matematikläraren

Bilden av den intresseskapande matematikläraren utgår från en avgränsning till de textstycken som innehåller såväl ordet 'matematik' som 'intresse/intressant'. I 2008 års utredning begränsas det till enbart de två/tre stycken som ingår här. När 'intresse' beskrivs kommer det att handla om både elevers intresse, lärarstudentens intresse men också intressanta utbildningar.

Exempel 6 (årskurs 4–6):

> Att undervisa elever i årskurs 4–6 innebär i mångt och mycket att *stimulera och entusiasmera* eleverna till att ta del av och tillägna sig *kunskaper och färdigheter*, samt att *uppamma och tillmötesgå deras önskan* att få lära sig allt mer om *sin omvärld* och sig själva i ett *större sammanhang.*
>
> En första förutsättning för att läraren ska lyckas i denna uppgift är att hon eller han själv har en *gedigen och bred kunskapsbas* att stå på. Ju *bättre rustad* läraren är, desto större möjligheter finns att både kunna *väcka intresse och att ta tillvara på det intresse somväckts* hos eleverna.
>
> Detta gäller självfallet *basämnena* svenska, matematik och engelska, ämnen som samtliga lärarstuderande behöver behärska väl för att själva kunna fungera som goda grundlärare. (SOU, 2008:109, s. 258)

Exempel 7 (årskurs 4–6):

> I matematik gäller att eleven ska *utveckla sitt intresse* för matematik *och tilltron till den egna förmågan* att *lära sig* och att *använda* matematik i *olika situationer. Värdet* av matematik behöver förmedlas. (SOU, 2008:109, s. 258–259)

Exempel 8 (gymnasieskolan):

> Kungliga Tekniska högskolan (KTH) bedriver tillsammans med Stockholms universitet (tidigare Lärarhögskolan) en *intressant utbildning* som ger dubbla examina, både lärar- och civilingenjörsexamen. Utbildningen kallas CL och startade 2002. Den har tre inriktningar: matematik/fysik, matematik/kemi och matematik/IT, data. Alla tre kombinationer ger undervisningsbehörighet för gymnasieskolan. (SOU, 2008:109, s. 353)

Deskriptiv textnivå:

I exempel sex finns flera ord, förutom 'intresse', som kan relateras till bilden (*stimulera, entusiasmera, uppamma, tillmötesgå önskan*). Här beskrivs vad läraren behöver göra, men de som främst är målet för att bli intresserade är eleverna. I exempel sju beskrivs elevernas önskade förhållade till matematik (*utveckla sitt intresse, tilltro till den egna förmågan*). Lärares kunskapsbas framställs som viktig (*gedigen och bred kunskapsbas, bättre rustad*), och matematiken beskrivs återigen som fast (*kunskaper och färdigheter, basämne, värde*), en kunskap som lärarna ska *förmedla* och eleverna *använda* och *lära sig*.

Det är inte heller tillräckligt med skolmatematiken som ses som det som bidrar med intresset, utan intresset relateras till något utanför skolan (*sin omvärld, större sammanhang, olika situationer*). I exempel åtta synliggörs en intressant lärarutbildning, civilingenjör och lärare, och vad som gör den intressant verkar vara det den ger utöver matematiklärarexamen, nämligen en civilingenjörsexamen.

Vad begär bilden?

Bilden begär att läraren kan väcka, uppamma och tillvarata elevers intresse för matematik. Bilden begär att betraktaren delar värderingen av matematiken som intressant, men också att ett sådant intresse är betydelsefullt utanför matematikklassrummet, och främst skapas utanför matematiken. Vad som är osynligt i bilden är elever och lärare som lär sig matematik utan att vara intresserade, men också de elever och lärare som är intresserade av matematiken i sig, inte hur den används.

Förklaring utifrån ett socio-historiskt perspektiv:

Intresset för matematik återfinns genom de olika utredningarna i historien, men det är olika personer som ska vara intresserade, och olika slags intresse som framträder. Matematik är det populäraste ämnet när mellanstadielärare tillfrågas vad de helst undervisar i enligt 1965 års utredning. Här diskuteras alltså lärarnas intresse, och intresset beskrivs tillsammans med anlag, alltså som en egenskap. I 1978 års utbildning behandlas fortfarande lärarstudenternas intresse, men nu syftar lärarutbildningen till att vara ”intresseutvecklande” (s. 62). Det sker alltså ett skifte mellan 1965 års och 1978 års utredningar, där intresse beskrivs som en given egenskap i 1965 års utredning, men istället som något som kan utvecklas i lärarutbildningen i 1978 års utredning. Samtidigt som lärarutbildningen förväntas vara personlighetsutvecklande (Sjöberg, 2010) behöver den också vara intresseutvecklande. I 1999 års utredning beskrivs återigen intresset för matematikämnet som en nödvändig egenskap för att bli matematiklärare, medan bristen på matematiklärare är ett argument för att föreslå att högskolan behöver skapa ett intresse hos fler.

Betydelsen av 'intresse' verkar behandlas omväxlande som en egenskap, eller som något som kan skapas. Bang och Valero (2014) har visat hur intresse betraktas som något förgivettaget gott som all pedagogik bör förhålla sig till. I 1999 års utredning pekas intresse för matematik och naturvetenskap ut som speciellt viktiga för barn och ungdommar "för att de ska gå vidare och bli goda lärare i dessa ämnen" (SOU, 1999:63, s. 346). Detta samtidigt som "En ökning av antalet lärare med goda och relevanta kunskap i matematik, naturvetenskapliga ämnen och teknik är nödvändig för att på sikt få till stånd ett större intresse hos eleverna på grundskolan och för att få dem att välja sådana studieinriktningar på gymnasieskolan" (SOU, 1999:63, s. 348). Begäret efter ett intresse för matematik beskrivs som en cirkulär process av återskapat intresse mellan lärare och elever.

Det som bilden målar upp som intresseutvecklande för matematik är situationer där matematiken går att använda, alltså en utilitaristisk syn på matematik. Det kan vara en förklaring till att just ingenjörer, som tänkta experter på tillämpad matematik, lyfts fram som goda exempel i bilden av matematikläraren.

Den födde matematikläraren

Vem som är lämplig att antas till lärarutbildningen är ett centralt område i 2008 års utredning.

Exempel 9 (rekryteringssituationen):

> En aktuell och longitudinell studie visar att andelen lärarstuderande med *höga betyg och höga poäng på högskoleprovet har minskat* under perioden 1987–2005. Särskilt gäller detta de blivande ämneslärarna. [...] Inriktningar på matematik och naturvetenskap *hade redan initialt en lägre andel (en av tio hade goda betyg) och har inte tappat så mycket*. Tendensen för de flesta lärarutbildningar är tydlig: de studerande med *låga betyg har ökat sina andelar i ungefär samma takt som de med höga betyg har minskat sina andelar*[6]. Denna utveckling kan kopplas till en *förändrad social rekrytering*. Även *åldersstrukturen* har förändrats. Oavsett typ av utbildning så visar det sig att lärarstuderande har *blivit allt äldre*.

---

[6] Här saknas information om övriga grupper, t.ex. andelen studerande med medelgoda betyg. Om yttrandet ska stämma behöver den gruppen vara konstant. Om ingen ytterligare grupp finns är halva yttrandet överflödigt.

> Den största förändring som inträffat under perioden konstateras vara den som gäller fördelningen mellan könen. Under den aktuella perioden har *männen gått från att vara i majoritet* (sex av tio) på ämneslärarutbildningarna i matematik/naturvetenskap och samhällsvetenskap till att vara i minoritet (fyra av tio). Inriktningarna på språk har varit och är *dominerade av kvinnor* (fyra av fem). (SOU, 2008:109, s. 426–427)

Deskriptiv textnivå:

Lärarnas ålder och sociala bakgrund (*förändrad social rekrytering, åldersstruktur, blivit allt äldre*) lyfts fram i utredningen, och kopplas samma med beskrivningar av de sökandes betyg (*höga betyg och höga poäng på högskoleprovet har minskat; hade redan initialt en lägre andel (en av tio hade goda betyg) och har inte tappat så mycket; låga betyg har ökat sina andelar i ungefär samma takt som de med höga betyg har minskat sina andelar*). Sammankopplingen avslöjar ett oredovisat antagande: att både personer i de nya sociala grupperna och de äldre personer som rekryteras har lägre betyg än tidigare rekryterade grupper.

Beskrivningen av män och kvinnor följer ett vanligt mönster för hur genus kodas i språket, där män oftare beskrivs som aktiva subjekt, "männen har slutat vara i majoritet", trots att de män som söker lärarutbildningen i realiteten inte kan påverka den statistiska fördelningen. Kvinnor beskrivs oftare som objekt, skillnaden här är att kvinnor inte är passiva objekt utan de som inriktningarna hotfullt 'domineras av'. Återigen, språkligt tillskrivs kvinnorna här en agens som de omöjligt kan ha.

Vad begär bilden?

Bilden begär att fler studenter med goda betyg söker matematiklärarutbildningen. Bilden av studenter med bra betyg är att de är unga och från god social bakgrund. Bilden begär också fler manliga lärare. Men vad som görs synligt i bilden är de oönskade studenterna: de med låga betyg, äldre, från fel social bakgrund, och av kvinnligt kön. Bilden begär möjligheten att sortera ut ett urval av rätt sorts studenter.

Studenter med medelgoda betyg är osynliga i bilden, och bilden verkar använda gråtoner som gör såväl regnbågsstudenter som studenter med olika hudfärg osynliga.

Förklaring utifrån ett socio-historiskt perspektiv:

Intentionen i utbildningsdepartementets egen rapport är att högskolan behöver främja mångfald och breddad social rekrytering (SOU,

2000:47), men mångfalden är osynlig i bilden av den födde matematikläraren. Istället för att diskutera hur en breddad social rekrytering ska möjliggöras påtalas ett antagande om dess negativa effekter på studenternas betygsmedelvärde. När 'kultur' nämns handlar det om programmet "Civilingenjör och lärare", vilket enligt 2008 års utredning innebär positiva kulturmöten genom konfrontationen mellan de olika kunskapsuppfattningarna i ingenjörsdelen och utbildningsvetenskapliga delen. Synen på matematik som ett tillämpat ämne är också i linje med att synliggöra ingenjörsutbildningen. Andra kulturers sätt att betrakta matematik synliggörs inte.

Föreställningen om medfödda läraregenskaper upprepas genom historien (Sjöberg, 2010), och inte bara för matematiklärare. Ett explicit krav på en frisk kropp ställs i provårsutredningen för läroverkslärare från 1893, där läraren ska "vara fri från sjukdom eller annat lyte, som gör honom för lärarkallet olämplig". Där slås också fast en minimiålder på 23 år för att genom gå undervisningsprovet, och även om kön inte är ett kriterium benäms läroverksläraren med 'honom'. Ytterligare exempel är "Vissa personliga egenskaper är av den art, att de inte nämnvärt kan påverkas genom utbildning" (SOU, 1948:27, s. 356), eller "Många blivande lärare har en naturlig fallenhet för att skapa positiva och varma relationer, ett sorts relationskapital som de bär med sig" (SOU, 2008:109, s. 216). I 1978 års utredning kopplas lärarens kön till bilden av den intresseutvecklande läraren, genom kommentaren att särskilt kvinnor saknar "djupare kunskaper och engagemang i naturvetenskapliga och tekniska frågor" (SOU, 1978:86, s. 126). Lärarens egenskaper, fallenhet eller kön framträder som en del i bilden, men är det några egenskaper som framträder specifikt för matematikläraren?

Den tydligaste egenskapen som kopplas till matematikläraren i 2008 års utredning är lärarens kön. Men kopplingen mellan kön och matematik framträder också i 1999 års utredning: "ämnets lämplighet eller tillgänglighet för individer av olika kön" (SOU, 1999:63, s. 463). Tolkningen att det är det kvinnliga könet som är det 'olika' förstärks när kvinnors stora 'ointresse' för högre studier i matematik i Sverige kommenteras i samma utredning. I bilden som framträder av den födde matematikläraren framträder kvinnor som ett problem: de är inte intresserade av matematik, de väljer trots det att bli matematiklärare, de är för många.

Även om det inte ställs upp konkreta hinder finns en risk att de grupper som beskrivs i negativa termer upplevs som mindre värdefulla.

Makten över matematiklärarutbildningen

Bilden som målas av matematikläraren i 2008 års utredning begär förändringar av matematiklärarutbildningen, förändringar och förflyttningar som behöver förstås i relation till bilden av matematikämnet och matematikelevernas kunskaper, men också i relation till sin sociohistoriska kontext. Bilden av matematikläraren begär av lärarutbildningen att leverera matematiklärare som är ämneskunniga i matematik, som är undervisningsskickliga, men framför allt genom att rätt diagnosticera matematiksvårigheter och ordinera rätt undervisningmetod. Matematikläraren kan samtidigt intressera eleverna för matematik. Den födde matematikläraren har själv rätt egenskaper, och visar detta genom bra betyg och ett intresse för matematiken.

Trots att bilderna här är från en statlig utredning utan skönlitterära eller konstnärliga ambitioner har en analys baserad på bildteori (Mitchell, 1995) synliggjort bilder av matematiklärare som begärskonstruktioner. Som begärskonstruktioner synliggörs vad bilden begär från åskådaren, från de som avbildas och från de som är osynliga i bilden. Analysens tre nivåer (den deskriptiva textnivån, tolkningen av bilden och den sociokulturella kontexten) möjliggör en analys som är tydligt underbyggd men också öppen och transparent för läsaren att invända mot, genom att de beskrivande textfragmenten återges.

I bilden framträder lärarstudenten som okunnig i matematik, utan tillräckliga kunskaper om elevers neurologiska funktioner, utan egentligt intresse för matematik, och dessutom äldre, kvinna, med dåliga betyg och från tvivelaktig bakgrund. Bildens tänkta betraktare är beslutsfattare om lärarutbildningen, och det ligger i utredningens natur att beskriva det problematiska i dagens matematiklärarutbildning. Men Mitchell (1995) varnar för hur representationer medför ett ansvar för de som avbildas. Beskrivningar en krisande lärarutbildning (t.ex. Engström, 2017) med lågt söktryck och bristande kvalitet (t.ex. Hadad, 2018) kommer att dominera diskussionen under lång tid efter 2008 års utredning. På så sätt verkar bilden varit verkningsfull för att förskjuta sanningen om lärarutbildningen, samtidigt som den inte varit verkningsfull för att lösa det beskrivna problemet, den otillräckliga lärarutbildningen.

Tre nivåer kommer i fokus i bilden: matematikämnet, matematikeleverna och matematiklärarana. För matematikämnet har demokratiperspektivet blivit osynligt. Analysen av 2008 års utredning visar istället att matematiken betraktas som en användbar baskunskap, inte olik den rituella matematik som Lundin och Storck-Christensen (2022) beskriver. Matematikens betydelse för ett kritiskt, demokratiskt medborgarskap är osynlig. Bilden av en ”ämneskunnig och psykologiskt kunnig lärare som med hjälp av bestämda och standardiserade expertkunskaper ska undervisa eleverna vissa bestämda, relativt fasta kunskaper, utifrån givna och fasta kategoriseringar av eleverna.” (Sjöberg, 2010, s. 79) verkar gälla även matematikämnet. Utredningen verkar istället betrakta matematiklärarutbildningen från ett ingenjörsperspektiv, där Kungliga Tekniska Högskolan erbjuder intressanta matematiklärarutbildningar som bidrar till att berika kunskapskulturen, och initiativ från ingenjörsvetenskapsakademin betraktas som relevant fortbildning för matematiklärare. Den matematikkunskap som kommer i fokus i 2008 års utbildning ska alltså vara användbar, framförallt av ingenjörer, snarare än att bidra till en utveckling av kritiska medborgare.

Det andra fokuset är elevernas prestationer. Elevers avsaknad av matematikkunskaper borde vara en självklar utgångspunkt för undervisning i matematik, istället beskrivs kunskapsbrister som ett medicinskt tillstånd som behöver förklaras med olika diagnoser. Även införandet av en lärarlegitimation för tankarna till medicinsk legitimerad personal med tillgång till diagnoser och behandlingar. Men elever behöver inte bara bli med kunniga, de måste också förändras till att bli intresserade av matematik enligt utredningarna. Elevers bristande intresse, eller bristande prestationer i matematik, kommer att att betraktas som att läraren misslyckas, enligt logiken i en mål- och resultatstyrd skola. I en tidigare intervjustudie framkommer dock ett motstånd hos lärarna, ”I berättelserna formulerar lärarna en motdiskurs där läraruppdraget och inte skolresultat definierar professionalism.” (Mickwitz, 2015, s. 268). Tidigare utredningar har betonat humanistiska och personlighetsutvecklande värden, något som verkar leva kvar i lärarnas egen bild av sitt yrke. Bilden av läraruppdraget skiljer sig alltså mellan lärarna själva och 2008 års utredning.

Det tredje fokuset är matematiklärarutbildningens problem, både med att utbilda tillräckligt många matematiklärare, men också med att välja ut rätt lärare. Både lärarutbildningen och lärarstudenterna avbildas i negativa ordalag. Lundin (2012) har formulerat vad han kallar ”the standard critique” (s. 74), standardkritiken av matematikundervisningen. Kritiken uppstår genom att först tas en specifik föreställning om vad matematisk kunskap är för given, och dessutom att denna kunskap är gynnsam. Därefter konstateras att undervisningen genomförs på ’fel’ sätt jämfört med denna föreställning, vilket leder till krav på reformer. En parallell standardkritik av lärarutbildningen består i att det först målas upp en bild av den dugliga läraren, och i bilden visualiseras begär, begär som förknippas med något förgivettaget gott. Därefter konstateras att lärarutbildningen inte levererar lärare som stämmer med bilden, vilket resulterar i krav på en reformerad lärarutbildning. I det här kapitlet har vi sett att det som målas upp som förgivettaget gott är matematiklärare som kan matematik, som kan undervisa så att elever når målen utan att uppleva svårigheter, som både utvecklar eget och elevers intresse för matematik och som är födda med rätt kön, social klass och ålder. Eftersom det inte uppfylls behöver lärarutbildningen ständigt reformeras.

Enligt Mitchells (1995) teori om bildanalys består makten hos bilden i att den förflyttar perspektivet på den som avbildas, i det här fallet matematikläraren. De upprepade beskrivningarna av hur dagens lärarstudenter avviker mot bilden av den goda läraren blir till ett misslyckande för matematiklärarutbildningen, och bidrar till att samtliga matematiklärare betraktas som odugliga. Samtidigt görs undervisningen, själva kärnan i lärarutbildningen, osynlig, samtidigt som kunskaper från medicin och ingenjörsvetenskap görs synliga. När lärarutbildningens eget kunskapsbidrag är osynligt blir det logiskt att sortera bland de som söker, och välja de som från början motsvarar bilden av en god matematiklärare.

Bilden av den goda matematikläraren betraktas inte bara av de som sorterar blivande lärare, den påverkar också samtalet om lärarutbildningen och den goda läraren. Därigenom möts också de som kan tänkas vilja bli matematiklärare. Frågan är vem som kommer att söka en utbildning där många människor görs antingen odugliga eller osynliga när de speglas i bilden av den gode matematikläraren.

P.S.

Innan det här kapitlet kommit i tryck har det initierats en ny utredning om lärarutbildningen (Regeringskansliet, 2021), och den ger ett nytt perspektiv på kapitlet. Utredningen upprepar samma dilemma, att samtidigt öka kvalitén i lärarutbildningen och antalet lärare i skolan. Lösningen i det här fallet är möjligheten av att inkludera tidigare akademiska studier i en lärarutbildning. Utredningen önskar därför en generös inställning till behörighet i matematik för högskoleingenjörer och civilingenjörer, och när en sådan generös inställning exemplifieras nämns framförallt kurser inom teknisk tillämpad matematik, som rymdteknik och finansiell matematik, medan matematikens humanistiska sidor, som filosofi eller vetenskapshistoria, är osynliga. Bilden av ingenjören som en åtråvärd lärare förstärks. Matematiken beskrivs fortfarande som en baskunskap för de yngsta eleverna. Läraren för F–3 behöver specialkunskaper om matematikinlärning, och för 4–6 kunskaper om matematikutveckling. Bilden av matematik som en kognitiv, individuell angelägenhet för eleverna kvarstår. Frågan är om matematikens kulturhistoriska, humanistiska eller kritisk-demokratiska betydelse utraderats från lärarutbildningen till förmån för ingenjörsmatematik.

Referenser

Andersson, A. & Österling, L. (2019). democratic actions in school mathematics and the dilemma of conflicting values. I P. Clarkson, W.T. Seah, & J. Pang (Red.), *Values and valuing in mathematics education* (s. 69–88). Springer. https://doi.org/10.1007/978-3-030-16892-6_5

Bang, L. & Valero, P. (2014). Chasing the chimera's tails: An analysis of interest in science. I T.S. Popkewitz (Red.), *The "reason" of schooling. Historizing curriculum studies, pedagogy and teacher education* (s. 131–149). Routledge. https://doi.org/10.4324/9781315780474-16

Beach, D., Bagley, C., Eriksson, A., & Player-Koro, C. (2014). Changing teacher education in Sweden: Using meta-ethnographic analysis to understand and describe policy making and educational changes. *Teaching and teacher education,* 44, 160–167. https://www.sciencedirect.com/science/article/pii/S0742051X14001085

Bishop, A. (1991). *Mathematical enculturation: A cultural perspective on mathematics education.* Kluwer Academic Publishers.

Christiansen, I.M. & Skog, K. (2022). Ett tvärsnitt av svensk matematikdidaktisk forskning. I P. Valero, L.B. Boistrup, I.M. Christiansen, & E. Norén (Red.), *Matematikundervisningens sociopolitiska utmaningar* (s. 15–42). Stockholm University Press. https://doi.org/10.16993/bcc.c

Christiansen, I.M., Österling, L., & Skog, K. (2021). Images of the desired teacher in practicum observation protocols, *Research Papers in Education,* 36(4), 439–460. http://10.1080/02671522.2019.1678064

Deng, Z. & Luke, A. (2008). Subject matter. Defining and theorizing school subjects. I F.M. Connelly, M.F. He, & J.A. Phillion (Red.), *The SAGE handbook of curriculum and instruction* (s. 66–87). Sage Publications.

Edfeldt, Å.W. (1961). *Lärarutbildning: ämneslärarnas utbildning i psykologi och pedagogik.* Liber.

Engström, A. (2017). *Lärarutbildningen nu på högskolornas lågprishylla.* https://www.gp.se/debatt/lärarutbildningen-nu-på-högskolornas-lågprishylla-1.4906765. Göteborgsposten.

Ellis, V., Steadman, S., & Trippestad, T.A. (2019). Teacher education and the GERM: Policy entrepreneurship, disruptive innovation and the rhetorics of reform. *Educational Review, 71*(1), 101–121. https://doi.org/10.1080/00131911.2019.1522040

Foucault, M. & Bjurström, C.G. (1987/2003). *Övervakning och straff: fängelsets födelse*. Arkiv.

Fairclough, N. (2013). *Critical discourse analysis: The critical study of language*. Routledge.

Hadad, R. (2018). *Skriftlig fråga 2018/19:579*. https://www.riksdagen.se/sv/dokument-lagar/dokument/skriftlig-fraga/bristande-kvalitet-pa-landets-lararutbildningar_H611579. Riksdagen.

Lundin, S. (2012). Hating school, loving mathematics. The ideological function of critique and reform in mathematics education. *Educational Studies in Mathematics, 80*(1), 73–85. https://doi.org/10.1007/s10649-011-9366-6

Lundin, S. & Storck-Christensen, D. (2022). Skolmatematiken är en bönesnurra – En ritualteoretisk tolkning av skolmatematikens samhällsfunktion. I P. Valero, L.B. Boistrup, I.M. Christiansen, & E. Norén (Red.), *Matematikundervisningens sociopolitiska utmaningar* (s. 235–256). Stockholm University Press. https://doi.org/10.16993/bcc.k

Malmqvist, J. (2015). Statliga perspektivskiften inom specialpedagogik. Exemplet: speciallärare och/eller specialpedagoger. *Vägval i skolans historia*, (1). https://www.diva-portal.org/smash/record.jsf?pid=diva2%3A877705

Mitchell, W.T. (1995). *Picture theory: Essays on verbal and visual representation*. University of Chicago Press.

Mitchell, W.T. (2008). Vad vill bilder?. *Tidskrift för litteraturvetenskap, 38*(1), 39–58.

Montecino, A. & Valero, P. (2017). Mathematics teachers as products and agents: To be and not to be. That's the point!. I H. Stahler-Pohl, N. Bohmann, & A. Pais (Red.), *The disorder of mathematics education. Challenging the socio-political dimensions of research* (s. 135–152). Springer. https://doi.org/10.1007/978-3-319-34006-7_9

Montecino, A. (2018). Outcome of the market: The outdated mathematics teacher. I M. Jurdak & R. Vithal (Red.), *Sociopolitical dimensions of mathematics education: From the margin to mainstream* (s. 151–168). Springer. https://doi.org/10.1007/978-3-319-72610-6_9

Mickwitz, L. (2015). *En reformerad lärare: konstruktionen av en professionell och betygssättande lärare i skolpolitik och skolpraktik* [Doktorsavhandling, Stockholms universitet]. http://urn.kb.se/resolve?urn =urn%3Anbn%3Ase%3Asu%3Adiva-115348.

Niss, M. (1996). Goals of mathematics teaching. I A.J. Bishop, K. Clements, C. Keitel, J. Kilpatrick, & C. Laborde (Red.), *International handbook of mathematics education* (Vol. 1, s. 11–47). Kluwer Academic Publishers. https://doi.org/10.1007/978-94-009-1465-0_2.

Niss, M.A. & Jensen, T.H. (2002). *Kompetencer og matematiklæring: ideer og inspiration til udvikling af matematikundervisning i Danmark*. Undervisningsministeriets forlag.

Niss, M. & Højgaard, T. (2019). Mathematical competencies revisited. *Educational Studies in Mathematics, 102*(1), 9–28. https://doi.org/10.1007 /s10649-019-09903-9

Norén, E. & Valero, P. (2022). Att bilda goda, matematiska medborgare i Sverige. I P. Valero, L.B. Boistrup, I.M. Christiansen, & E. Norén (Red.), *Matematikundervisningens sociopolitiska utmaningar* (s. 157–180). Stockholm University Press. https://doi.org/10.16993/bcc.h

Pettersson, A. (2003). Från räkning till matematik. I S. Selander (Red.), *Kobran, nallen och majjen: tradition och förnyelse i svensk skola och skolforskning* (s. 170–187). Myndigheten för skolutveckling.

Popkewitz, T. (2004). The alchemy of the mathematics curriculum: Inscriptions and the fabrication of the child. *American Educational Research Journal, 41*(1), 3–34. https://doi.org/10.3102/00028312041001003

Popkewitz, T. (2009). *Kosmopolism i skolreformernas tidevarv – Vetenskap, utbildning och samhällsskapande genom konstruktionen av barnet*. Liber.

Regeringskansliet. (2021). *Ökad kvalitet i lärarutbildningen och fler lärare i skolan*. [Promemoria U2021/00301]

Ryan, U. (2019). *Mathematics classroom talk in a migrating world* [Doctorsavhandling, Malmö universitet]. https://doi.org/10.24834 /isbn.9789178770045.

Sjöberg, L. (2010). "Same same, but different". En genealogisk studie av den'goda'läraren, den'goda'eleven och den'goda'skolan i svenska lärarutbildningsreformer 1940–2008. *Educare*, (1), 73–99. http://hv.diva -portal.org/smash/record.jsf?pid=diva2%3A390593

SFS. (1993:100) t.o.m. SFS. (2020:769). *Högskoleförordning*. Regeringskansliet.

Skolverket. (2013). *Beskrivande data 2012, Förskola, skola och vuxenutbildning.* [Rapport 383] http://www.skolverket.se/publikationer?id=2994.

Skolverket. (2019). *PISA 2018. 15-åringars kunskaper i läsförståelse, matematik och naturvetenskap.*

SOU. (1948:27). *1946 års skolkommisions betänkande med förslag till riktlinjer för det svenska skolväsendets utveckling.* Stockholm: Ivar Hæggströms boktryckeri AB.

SOU. (1965:29). *Lärarutbildningen: 1960 års lärarutbildningssakkunniga IV:I.* Esselte AB.

SOU. (1978:86). *Lärare för skola i utveckling: Betänkande av 1974 års lärarutredning (LUT 74).* Gotab.

SOU. (1999:63). *Att lära och leda – en lärarutbildning för samverkan och utveckling.* Stockholm: Nordstedts Tryckeri AB.

SOU. (2000:47). *Mångfald i högskolan. Reflektioner och förslag om social och etnisk mångfald i högskolan.* Utbildningsdepartementet.

SOU. (2008:109). *En hållbar lärarutbildning: Betänkande av utredningen om en ny lärarutbildning (HUT07).* Fritzes.

Tröhler, D. (2015). The medicalization of current educational research and its effects on education policy and school reforms. *Discourse: Studies in the Cultural Politics of Education, 36*(5), 749–764. http://dx.doi.org/10.1080/01596306.2014.942957

Tröhler, D. & Horlacher, R. (2020). Histories of ideas and ideas in context. I T. Fitzgerald (Red.), *Handbook of historical studies in education.* Springer. https://doi.org/10.1007/978-981-10-2362-0_2

Utsedde Kommiterade. (1893). *Förslag till ändrade bestämmelser rörande Undervisningsprof för lärarebefattningar vid rikets allmänna läroverk jämte därmed i samband stående frågor.* Ivar Hæggströms boktryckeri.

Universitetskanslerämbetet. (2021). Universitet och högskolor. Årsrapport 2021. [Rapportnummer 2021:17]

Wallin, A., Norén, E., & Valero, P. (2022). Matematik på Solens fritidshem – Om att 'göra verkstad' av policy-dokument. I P. Valero, L.B. Boistrup, I.M. Christiansen, & E. Norén (Red.), *Matematikundervisningens sociopolitiska utmaningar* (s. 181–206). Stockholm University Press. https://doi.org/10.16993/bcc.i

Wiklund, M. (2006). *Kunskapens fanbärare: den goda läraren som diskursiv konstruktion på en mediearena.* [Doktorsavhandling, Örebro universitet]. http://oru.diva-portal.org/smash/record.jsf?pid=diva2%3A137182

10. Skolmatematiken är en bönesnurra – En ritualteoretisk tolkning av skolmatematikens samhällsfunktion[1]

Sverker Lundin och Ditte Storck-Christensen
Göteborgs universitet

Sammanfattning

Varför får skolmatematiken stöd även av personer som nästan inte kan någon matematik alls och förmodligen ytterst sällan använder den? Artikeln är ett teoretiskt utforskande av denna fråga. Vi utgår från att det finns ett påbud i samhället, som säger att man ska tycka att matematiken är viktig och användbar, samtidigt som många människor egentligen helst vill hålla matematiken på avstånd. Vi menar att skolmatematiken är ett symptom på denna motsägelse: Å ena sidan skapar skolmatematiken ett allmängiltigt sken av involvering i matematiken, å andra sidan begränsar skolmatematiken kravet att faktiskt förstå och använda matematik. Denna begränsning äger rum genom en förskjutning, som innebär att det endast är barn som behöver ägna sig åt matematik. De vuxna betraktas som involverade genom att barnen arbete tolkas i termer av formande av kunskaper, som de vuxna antas bära på och göra bruk av. Med hänvisning till psykoanalytisk teori argumenterar vi för att skolmatematiken därför kan förstås som en 'bönesnurra' som vuxna håller i rörelse. Artikeln är ägnad åt att förklara vad denna tolkning innebär, och vad den får för implikationer för hur vi bör tänka kring och förhålla oss till skolmatematiken.

[1] Detta kapitel är en svensk översättning och omarbetad version av ett tidigare publicerat kapitel på engelska (Lundin & Christensen, 2017). Springer har gett tillstånd till publicering av denna svenska version.

Hur du refererar till det här kapitlet:
Lundin, S. & Storck-Christensen, D. (2022). Skolmatematiken är en bönesnurra – En ritualteoretisk tolkning av skolmatematikens samhällsfunktion. I P. Valero, L.B. Boistrup, I.M. Christiansen, & E. Norén (Red.), *Matematikundervisningens sociopolitiska utmaningar* (s. 235–256). Stockholm University Press. DOI: https://doi.org/10.16993/bcc.k. Licens: CC BY 4.0.

Den tvetydiga matematiken

För några år sedan höll Danmarks dåvarande statsminister Helle Thorning-Schmidt tal om hur man borde förena matematikämnet med slöjd, eftersom "det får Pythagoras' sætning til at hænge bedre fast":

> Men da Ekstra Bladet så spurgte Thorning-Schmidt, hvad Pythagoras' sætning egentlig siger, var hun blank. Helt blank. "Jeg vidste, jeg ville blive spurgt", sagde statsministeren som dét, der formodentlig vil gå ned i dansk politisk historie som alle tiders mærkeligste svar på et spørgsmål om viden. (citerat ur dagstidningen Berlingske, 2012-10-03).

Thorning-Schmidt lyfte alltså i sitt eget tal fram Pythagoras sats som ett exempel på matematik som det är viktigt att barn tar med sig från skolan. Hon föreslog att anknytningen till slöjd skulle användas för att befästa och förankra detta lilla stycke matematisk kunskap. Så uppstår, väntat nog, nyfikenhet om huruvida hon bär på denna kunskap själv. Men trots att hon tydligen anade att frågan skulle komma, ställs hon svarslös. Inte nog med att hon inte minns Pythagoras sats från skolan —hon har inte ens bemödat sig om att repetera den inför hållandet av ett tal där denna matematiska sats är ett huvudnummer.

Förloppet framstår som motsägelsefullt. Å ena sidan blir de flesta av oss förmodligen inte förvånade över att en politiker inte är särskilt duktig på matematik. Det finns ingen 'politikerexamen' där det ställs krav på goda matematikkunskaper, och med undantag för politiker som råkar ha en bakgrund som matematiker eller matematiklärare, anar vi att den typiska politikerns matematiska horisont är tämligen begränsad. Å andra sidan blir vi inte heller förvånade över att politiker insisterar på att det är absolut livsviktigt för alla att kunna matematik. De som följer den utbildningspolitiska diskussionen, vet att detta är något skolpolitiker av alla kulörer regelmässigt ägnar sig åt.

Våren 2013 handlade det svenska radioprogrammet *Skolministeriet* om matematikutbildning. Som en del av detta program intervjuades den dåvarande generalsekreteraren för den ideella föreningen Mattecentrum, Hannah Pettersson. Syftet med Mattecentrum är bland annat att "öka kunskapen i och stimulera intresset för matematik". I programmet förklarade Pettersson hur viktiga matematikkunskaper är för demokratin, och för sådant som människors "problemlösningsförmåga". Men sedan fick hon frågan om hur, mer specifikt, matematiken kan komma människor till nytta. På ett liknande sätt som för Thorning-Schmidt innebär denna fråga en rörelse från den ytliga retorikens plan till ett bakomliggande allvar. Både frågan till Thorning-Schmidt och frågan till Pettersson pockar på autenticitet, på tankeverksamhet, och på intellekt. Vi citerar en del av Petterssons svar:

> det handlar väldigt mycket om att verkligen hänga med i samhället ... problemlösning ... förståelsen för logiken ... problemlösningsförmågan ... problemlösningsförmåga ... tack vare matematiken ... generell förståelse ... just den här problemlösningsförmågan, att förstå vad det är som händer runt omkring oss... stöter du på ett problem var som helst i din vardag så är det egentligen matematiken som har byggt upp ditt logiska tänkande att kunna lösa ett problem ... [...] i allting som du gör så finns det matematik, hoppar du på hustak så kan du räkna otroligt mycket matematik på det också, om du kommer klara av att hoppa från ena sidan av taket till det andra ... En grundläggande kunskap tycker jag att alla bör ha, och det är för att få ett fungerande samhälle. [...] (Skolministeriet: Vad är grejen med matte?, 2013)

I försöket att konkretisera råkar Hannah Pettersson —möjligen på grund av en skoluppgift hon någon gång har stött på— fästa sig vid hoppande mellan hustak; matematiken skulle vara användbar för att bedöma huruvida ett hopp skulle vara möjligt. Även om det finns människor som hoppar mellan hustak, t ex inom sporten parkour, så är det knappast till matematiken de vänder sig för att avgöra hur ett hopp ska utföras. Vad Pettersson säger är, från början till slut, svammel. Hur är det möjligt att företrädaren för en organisation vars syfte är att befrämja kunskaper i matematik inte kan förklara hur och varför sådana kunskaper är viktiga?

Vi tror inte att de händelser vi återger är isolerade undantag. Tvärtom finns här en motsägelse som är en central aspekt av hur matematiken behandlas i samhället. Det upprepas i den offentliga diskursen, sådant som att "[f]öreträdare för utbildning, näringsliv och samhälle ger kraftfullt och enstämmigt uttryck för att matematikkunnande är viktigt" (NCM, 2001, s. 11). Men bakom sådana påståenden döljer sig en tomhet. Det är högst oklart om de som skriver själva kan särskilt mycket matematik, och det är oklart om de har några större insikter om hur matematik faktiskt används i samhället, i vardag och arbetsliv. Påståendena om matematikens viktighet går liksom på tomgång; de kan inte preciseras; de utgör upprepningar av en självklarhet; de är inte slutsatser grundade i ett empiriskt och analytiskt arbete.

Vad vi vill få fram är att bilden av matematiken är tvetydig: I offentliga sammanhang är det självklart att matematik är något viktigt som alla måste kunna. Såväl samhällsföreträdare som det stora flertalet elever förstår detta, och svarar så att säga 'rätt' på direkta frågor om matematikens betydelse. Men vid sidan om denna offentliga bild finns en helt annan, närmast motsatt, som kommer till uttryck på andra sätt. Det är t.ex. erkänt även av skolmatematikens företrädare att "många har blockeringar och ångest inför ämnet" (Matematikdelegationen, 2004, s. 201) och det finns ett helt forskningsområde som kretsar kring "matematikångest" (en översikt finns i Fries, 2013). Många vet att skolmatematiken bidrar till reproduktionen av samhället genom att 'sortera' eleverna (Bagger, 2022; Boistrup, 2022; Dowling, 1998; Martin, Gholson & Leonard, 2010). En mängd forskare hävdar att de kunskaper i matematik som förmedlas i skolan faktiskt inte är särskilt användbara i vardagen (Walkerdine, 1988; Lave, 1988; Dowling, 1998, 2010).

Det finns alltså två närmast motsatta bilder av matematiken och skolmatematiken, som existerar sida vid sida. För det första finns en officiell bild. Denna bild passar ihop med de allra mest fundamentala aspekterna av hur samhället är organiserat. Enligt denna bild är kunskaper i matematik oundgängliga och därför är skolmatematiken självklart nödvändig (se även Norén & Valero, 2022). Men så finns där en negativ motbild. Denna bild är inofficiell, men inte desto mindre även den både utbredd och välkänd. Denna bild säger att kunskaper i matematik *inte* är oundgängliga, och att skolmatematiken ofta är en meningslös plåga.

Vi vill föreslå att dessa två bilder betraktas som motriktade krafter i samhället. Medan den officiella och dominerande kraften pekar i riktning mot obligatorisk skolmatematik, som ägnas mycket tid och vars konsekvenser tillmäts stor betydelse, är motkraftens effekter mer svårfångade. Det är bland annat dessa svårfångade effekter som vi ska utforska i denna artikel.[2]

Vi menar att matematikens plats inom utbildningssystemet, med sina centralt fastlagda läroplaner och obligatoriskt deltagande, vittnar om

---

[2] Artikelns teoretiska ramverk är i huvudsak hämtat från två källor: å ena sidan den österrikiske filosofen och kulturteoretikern Robert Pfaller, å andra sidan från den amerikanske antropologen Roy Rappaport (1999). Det presenteras i "Pfaller med Rappaport som tolkningsramverk för det moderna samhället" (Lundin, 2019). Pfaller och Rapport är i sin tur är inspirerade av den typ av systemteori som blev populär bland vissa franska filosofer som Jacques Lacan och Louis Althusser under 1960-talet. Louis Althusser står i fokus för Pfallers *Althusser. Das Schweigen im Text. Epistemologie, Psychoanalyse und Nominalismus in Louis Althussers Theorie der Lektüre* (1997); inflytande av systemteori på Rappaports tänkande framgår tydligt i hans mest inflytelserika bok *Pigs for the ancestors. Ritual in the Ecology of a New Guinea People* (1968).

ett bristande förtroende för medborgarnas förmåga att 'tänka rätt' i fråga om matematiken. Här måste staten fatta de viktiga besluten, inte bara för barn, utan också för föräldrar, som absolut inte tillåts utesluta matematiken från sina barns uppfostran. Det är så att säga självklart att alla behöver matematik, så självklart att det inte finns någon anledning att göra matematiken till en fråga om valfrihet. Den är så självklar att det enda rimliga är att den är obligatorisk. Samtidigt är den obligatorisk —enligt argumentationen i den här artikeln— just på grund av att den kanske inte är så självklar *egentligen*, om folk får välja själva.

Arrangemanget med obligatorisk matematikutbildning kan jämföras med de villkor som råder inom politiken. I liberala demokratier är den politiska arenan tänkt att vara en neutral plats där människor med olika åsikter kan mötas och argumentera för sin ståndpunkt. I ett totalitärt samhälle däremot, är det politiska området så att säga 'fyllt' med en specifik doktrin som räknas som 'den rätta' och som därför är föreskriven av staten. Denna politiska doktrin betraktas i sådana samhällen som den enda rationella, såtillvida att avvikande uppfattningar kan förklaras med hänvisning till bristande kunskap och förståelse. Vi menar att matematiken är förknippad med en sådan doktrin i den liberala demokratin Sverige: *Vad man tänker om matematiken betraktas som en fråga om insikt, inte åsikt.* Detta kan illustreras med förslagen från den av regeringen tillsatta Matematikdelegation som var verksam i början av 2000-talet. Matematikdelegationens uppdrag var att ta fram förslag för hur man skulle kunna "stärka matematikämnet och matematikundervisningen i hela utbildningssystemet". Delegationen återvände sedan till regeringen med förslaget att man borde "utveckla aktiviteter som ökar intresset för och insikterna om matematikens värde, roll och betydelse i vardag, yrkesliv, vetenskap och samhälle" (Matematikdelegationen, 2004, s. 18). När regeringen tillsätter delegationen, vet den redan att matematikens ställning behöver stärkas. Delegationen föreslår sedan att man skall initiera aktiviteter som får fler att komma till denna insikt.

Även inom totalitära regimer går det emellertid att hitta avvikande uppfattningar rörande det politiska. Snarare än att alla medborgare i sådana samhällen tror, i själ och hjärta, på den offentliga berättelse som staten proklamerar, brukar det uppstå en splittring mellan hur man uppför sig offentligt —t.ex. då man deltar i 'demokratiska val' eller medverkar i obligatoriska offentliga demonstrationer— och vad man tycker, tänker och pratar om privat, på platser bortom den offentliga blickens räckvidd (jmf. Boltanski, 2011, s. 125). Vi menar att det är med denna situation som matematikens plats i liberala demokratier bör jämföras. På samma sätt som dissidenter diskuterade kommunismens brister vid middagsbordet, kan lärare och föräldrar hålla med varandra om matematikundervisningens meningslöshet, på lunchrasten och i korridoren. I båda fallen är det omöjligt för dessa avvikande uppfattningar att få fäste i det offentliga samtalet eftersom ett offentligt erkännande av dem skulle nödvändiggöra en radikal reform av samhället de är en del av.

Den motsägelse vi försöker fånga kan illustreras av framväxten av frågor där staten och medborgarna i allians börjar försöka vidmakthålla ett svar som är 'politiskt korrekt' (jmf. Gensing & Reisin, 2013). Det finns en tendens idag att vissa frågor —t.ex. rörande kön, hälsa, etnicitet och klimat— underordnas en 'offentlig berättelse' där avvikande uppfattningar betraktas som irrationella och farliga. Ståndpunkter rörande dessa frågor görs då till föremål för forskning och utbildning; regeringen kan då tillsätta delegationer och kommissioner som undersöker hur befolkningen kan ledas till insikt. Med en term lånad från Boltanski (2011) kan man kalla sådana delegationer och kommissioner för *polisiära* —eftersom de syftar till att upprätthålla lag och ordning i fråga om hur verkligheten officiellt anses vara beskaffad. Enligt vår analys innebär detta att frågorna förs in i en sfär av det moderna samhället som varit matematikens hem sedan länge.

Vårt syfte är emellertid inte att kritisera den totalitära aspekten av frågor där det officiellt sett inte betraktas som förnuftigt att inneha en avvikande uppfattning. Snarare kommer vi i det följande betrakta matematiken och skolmatematiken som ett intressant fall, som på ett särskilt tydligt sätt illustrerar en mer allmän problematik. Vi menar nämligen att den typ av tvetydighet som vi beskrivit ovan i relation till matematiken i någon mån förekommer i relationen till *varje* obligatorisk samhällsnorm. Som individ föds man in i ett kollektiv där praktiker som överensstämmer med sådana normer redan finns och tas för givna. Att bli ett subjekt innebär, utifrån det tänkesätt som vi föreslår här, att få en viss distans till dessa normer. Det finns inget samhälle där alla kan göra precis som de vill, och alla samhällen behöver därför någon form av symboliskt polisarbete för att kunna fortsätta existera. På handlingens plan avkrävs människor därför anpassning och underkastelse. Vår poäng är att denna anpassning normalt sett inte omfattar människorna i sin helhet. Enligt den teoritradition som följs här är inte människor ett med den roll de tilldelas av samhället, och de standardiserade handlingsmönster de tillgodogjort sig under sin uppväxt. Att vara människa innebär att vid sidan om sin anpassning bära på ståndpunkter, tankar, känslor och begär som sträcker sig bortom och skiljer sig från de normer som accepteras i praktiken.

Det hör därför enligt vår uppfattning till samhällets själva väsen, att innefatta en skillnad mellan två bilder av verkligheten som existerar sida vid sida, men på olika nivåer: en institutionaliserad sanning som samspelar med vad människor gör offentligt, och en mer flyktig uppsättning personliga uppfattningar, som människor kan hålla för sig själva eller ger uttryck för, så länge de hur som helst ändå oftast handlar som om de trodde på den 'offentliga berättelsen'. Det är mot detta handlande 'som om' som vi nu ska rikta blicken.

Handling 'som om'

Vad händer när människor hamnar i situationer där de förväntas göra saker och ha tankar, känslor och begär som de personligen inte tror på? Oftast handlar de *som om* de trodde, det vill säga: de håller skenet uppe. Boltanski (2011) kallar detta ett *pragmatiskt* sätt att förhålla sig till verkligheten. Vi går liksom på autopilot. Boltanski menar att sådant handlande fyller en central roll för att hålla ihop samhället. Att handla 'som om' —och inte protestera!— är att vara social och normal.

Handlande *som om* kan med utgångspunkt från det ovanstående förstås som en sköld som håller kulturella normer på avstånd. Genom att automatiskt anpassa oss till vad som förväntas av oss, utan att reflektera, utan att bekymras, upprättar vi en personlig sfär där vi kan tänka våra egna tankar och —som vi skall se— i viss mån också göra saker som motsäger de offentliga berättelser som hör till kulturen vi är en del av. För att fortsätta metaforen kan man säga att vi döljer våra tankar, ståndpunkter, känslor och begär under en skärm av ytligt välanpassat handlande.

Det är här titelns bönesnurra kommer in i bilden. Den syftar på en viss typ av religiösa artefakter som används i Tibet. Det rör sig om olika typer av 'snurror', som man antingen kan sätta snurr på själv, eller som drivs av vinden —det finns även moderna eldrivna varianter. I dessa snurror lägger de troende pappersremsor med heliga mantran eller böner. Remsorna kan ge uttryck för moraliska påbud eller ideal, de kan ge uttryck för förhoppningar om välgång, frälsning och evigt liv, de kan uttrycka vördnad för heliga väsen. Tanken som fyller det mekaniska snurrandet med mening är att det utgör ett sorts mekaniserat utsägande. Man skulle kunna säga att bönesnurrorna utför en meditativ ritual —de liksom hummar sina mantran, om och om igen. Man skulle också kunna säga att bönesnurrorna 'ber' det som står skrivet på de instoppade pappersremsorna.

Med Pfaller (2002) tolkar vi denna religiösa aktivitet i linje med resonemanget ovan, om att hålla obligatoriska kulturella påbud på avstånd: dels påbudet att be och meditera, dels de moraliska och religiösa påbud som säger hur man bör vara som människa. Arrangemanget med bönesnurror lyfter dessa påbuds krav från de troendes axlar. Snurrorna visar, enligt vår tolkning, för samhällsmedlemmarna, vilken typ av samhälle de är en del av, nämligen ett samhälle där det finns vissa saker som måste 'sägas' och vissa saker som måste 'göras' —men som har den märkliga egenskapen att snurrorna kan 'göra det', istället för människorna själva. Arrangemanget skapar förutsägbarhet och stabilitet, och bidrar till den sociala sammanhållningen. I vår tolkning är det viktigt att snurrorna bidrar till att producera och synliggöra påbudet att be, *samtidigt som de tillhandahåller ett praktiskt sätt att följa detta påbud.*

Även om det påbud snurrorna synliggör är högst reellt, och något man som samhällsmedlem i Tibet måste acceptera och underkasta sig, är det likväl knappast dolt för dessa samhällsmedlemmar att snurrorna är skapade av människor, och att de bara kan 'be' i en mycket speciell bemärkelse. Fram till en bit in på 1900-talet ville de flesta antropologer göra gällande att vad man då kallade 'primitiva folk', saknade förmåga att skilja mellan fiktion och verklighet. Man menade att de bar på helt orealistiska föreställningar om vad deras ritualer —som t.ex. en regndans— kunde åstadkomma. Det visade sig emellertid att detta knappast stämmer. Det normala är istället att det inom kulturen finns en insikt om det rituella handlandets särart, som gör att man inte förlitar sig på ritualer —om man verkligen vill åstadkomma en specifik effekt, och har möjlighet att göra det (Asad, 1993).

I vilken mån munkarna i Tibet 'tror' att deras bönesnurror verkligen ber, är en central fråga för det resonemang vi ska föra nedan, angående skolmatematiken. Även om vi med Pfaller (2002) och antropologisk teoribildning (Rappaport, 1999) vill göra gällande att munkarna inte tror helt och fullt på sina snurrors bön, är inte heller motsatsen sann: att de inte alls tror. Det vi vill ta med oss från det fenomen som bönesnurrorna utgör, är snarare att de utgör ett *underlättande ramverk*. Detta ramverk finns där, i kulturen, och det kan användas på många olika sätt. Någon känner kanske en innerlig värme när de sätter igång en snurra, och instämmer i bönen. Snurran kan då ses som ett komplement till det personliga (jmf. Sigurdson, 2019). Någon annan sätter fart på snurrorna tanklöst. De enskilda individernas tankar och känsloliv kan röra sig relativt fritt, tack vare den stabila ram som snurrorna upprätthåller. Och något motsvarande gäller även handlingsutrymmet: tack vare att snurrorna *kan* opereras med minimal ansträngning, möjliggör snurrorna att tid och energi frigörs till annat, utan att detta stör samhällsordningen. Även om snurran sätts igång tanklöst, påminner dess närvaro och rörelse om religionens centrala betydelse för samhällslivet; den gör samhällets värden och normer närvarande och bidrar därmed till att skapa samhörighet.

Låt oss gå vidare med ett exempel hämtat från vårt eget samhälle. Kristna tänder ofta ljus i samband med att de ber. Enligt den tolkningslinje som följs här, har dessa ljus mycket gemensamt med den tibetanska buddhismens bönesnurror. Det gemensamma ligger i hur tingens 'aktivitet' —snurrornas snurrande, ljusens brinnande— tar över, eller åtminstone ger stöd åt, en aktivitet som också utförs av de troende själva. Man tänder ljus i samband med bön, och den officiellt sanktionerade tolkningen är att ljusen på något sätt är delaktiga i bönen. Enligt vår tolkning kan ljusen även fylla funktionen av att *befria* kyrkobesökarna från kravet att själva hålla fokus på det som bönen handlar om. Oavsett var man lägger tonvikten —på delaktigheten eller befrielsen (jmf. Sigurdson, 2019)— kan man konstatera att ljusen tålmodigt står kvar i kyrkan och brinner stämningsfullt, långt efter det att alla besökare gått hem och flyttat fokus till vardagens bestyr.

I kristendomens fall aktualiseras frågan om vad tro —och trohet— egentligen innebär i konflikten mellan å ena sidan varianter av protestantism som betonar nödvändigheten av inre övertygelse, och å andra sidan mer formalistiskt orienterade typer av kristendom, där ljus och andra artefakter tillmäts en avgörande betydelse för människors relation till gud (t.ex. Gillespie, 2008). Utifrån ett protestantiskt perspektiv kan det framstå som att den gud som kräver av de troende att de ska utföra ritualer och konstruera rituella artefakter skulle vara strängare och mer krävande än den gud vilken likt protestantismens inte kräver annat än inre trohet. Vår bild är precis den motsatta. Den gud som accepterar ritualer, har överseende med människornas ytlighet och bristande engagemang —hen älskar dem ändå. Det är den gud som bara accepterar det människorna gör själva, och tar dem för vad de visar i sitt inre, som är den stränga, krävande. Kort sagt är ritualerna inte till för gud, utan för människorna; de innebär inte mer religiöst arbete, utan mindre.

Ordet *överlåtelse* är användbart för att tala om den problematik som det handlar om här. Bönesnurrorna och de kristnas ljus är objekt till vilka bönen —mer eller mindre— överlåts. Och mer allmänt kan man säga att de ritualer som de religiösa artefakterna är en del av, fungerar som en sorts *maskineri*, vilket i samhället hjälper till att uppfylla religiösa påbud. Man kan då säga att samhället överlåtit arbetet med att uppfylla religiösa påbud till detta maskineri, vilka i viss mån fungerar mekaniskt och automatiskt, samtidigt som deras funktion förutsätter att de 'drivs' eller 'opereras' av människor, vilka därmed blir delaktiga i religionens utövande och dess sammanhållande effekt. Låt oss nu förklara hur vi tänker oss att detta resonemang är relevant för skolmatematiken.

Skolmatematik som överlåtelse av ansvar för matematiken

Skolmatematiken som maskineri

Vår förklaring av hur det ovanstående resonemanget rörande handling 'som om' är tillämpligt på skolmatematiken fortskrider i flera steg. Vi börjar med att visa att skolmatematiken kan förstås som ett maskineri: Skolmatematiken begränsar i stor utsträckning handlingsutrymmet för såväl lärare som elever. Vad som ska ske inom skolmatematikens ram är föreskrivet av kursplaner, läromedel och nationella prov. Skolmatematiken är dessutom resultatet av en lång formandeprocess, genom vilka handlingsmönster, som idag är tämligen stabila, tagit form. Hit hör i synnerhet en typ av elevarbete som består i att de efter bästa förmåga producerar svar på en lång sekvens av fördefinierade frågor (Lundin, 2008; se även Pansell, 2022). Läraren har en tydlig fördefinierad roll i denna praktik, som aktiverande och strukturerande arbetsledare, som bedömare, och som stöd. Det är karaktäristiskt för skolmatematiken att den är geografiskt invariant, det vill säga att den utförs på ungefär samma sätt i ett stort geografiskt område. Till skolmatematikens maskin-natur hör även att den 'innehåller' en stabil och väl definierad uppsättning personer: barn tydligt indelade i ålderskategorier, där det är förutbestämt vad varje kategori av barn ska ägna sig åt. Det hör även till saken att skolmatematiken äger rum på bestämda platser, avskilda från resten av samhället (Lundin, 2017).

Det är den ovan beskrivna 'maskinen' skolmatematik, som i vår analogi motsvarar det religiösa arrangemanget med bönesnurror. Kanske kan man tänka sig varje skola, eller varje klassrum som en bönesnurra, eller varför inte att barnen sitter som brinnande ljus i klassrummet. Skolorna framstår i liknelsen som tempel, omgärdade av en enorm administrativ organisation. Att verksamheten är fruktansvärt dyr, vittnar om samhällets offervilja inför den sekulära religionens gudomliga påbud.

Den skolmatematiska aktivitetens budskap

Bönesnurrornas rotation har en speciell innebörd som till fullo förmodligen är svår att förstå för utomstående —men en ledtråd ges av de instoppade böneremsorna. Vad betyder den skolmatematiska verksamheten? Med den amerikanske antropologen Roy Rappaport (1999) kan man tala om denna fråga i termer av *ritualens budskap*. Frågan är vad det betyder —för samhället och för ritualens deltagare— att ritualen utförs, att bönesnurrorna snurrar och ljusen brinner, och att barnen sitter där vid sina bord och arbetar.

I kursplanen i matematik kan man läsa att matematikundervisningens främsta syfte är att eleverna "utvecklar kunskaper i matematik". Inspirerade av antropologi och ritualteori, läser vi detta som en idé om *produktion av matematik*. Genom skolmatematiken ska matematiken utvecklas, något man också kan förstå som att den ska frambringas, skapas, formas, bildas —av eleverna.[3] Det sätt på vilket man vanligtvis talar om detta är i termer av lärande.[4] Att elever lär sig matematik, innebär —även om detta inte nödvändigtvis uttrycks klart— att matematiken tar form inom dem, att den görs närvarande. Man talar om denna matematiska närvaro t.ex. i termer av matematiska begrepp, matematiska kunskaper, matematisk förståelse och matematisk kompetens.

Det kan tyckas främmande att tala om det som sker i skolan som skapandet av lokala kopior av matematiken inuti eleverna. Men detta är vår ritualteoretiska läsning av förloppet. Matematiken i egenskap av abstrakt vetenskap utgör originalet. Den finns 'där ute', i form av de naturlagar som fysiken upptäcker och beskriver; i form av modeller som

3 Vilka metaforer som vid olika tidpunkter använts inom pedagogiken har kartlagts av Alexandra Guski (2007). Hon visar att organiska metaforer som växande, formande och bildning blir centrala från och med slutet av 1700-talet.

4 En sökning på tidningar.kb.se visar att termen 'inlärning' introducerades till svenskan på 1960-talet, för att på 1990-talet allt oftare ersättas av 'lärande'. Båda termerna har sitt ursprung i amerikansk empirisk psykologi. Detta ursprung har analyserats av Kurt Danziger (1997). En populär nutida svenska lärobok i 'lärandeteori' är *Lärande – en introduktion till perspektiv och metaforer* (Säljö, 2015). Denna bok ger på ett paradigmatiskt sätt uttryck för lärande som produktion: i relation till Piaget som formande av mentala strukturer, i relation till Vygotskij som konstruktion av redskap.

används inom alla möjliga typer av yrken, från ingenjörskonst till finansmatematik; liksom i 'materialiserad' form, i teknik som är möjlig bara tack vare matematiken (jmf. Skovsmose, 1994). Enligt vår ritualteoretiska läsning utgör matematiken i denna bemärkelse ett slags kitt, som binder samman vår verklighet. Matematiken utgör en abstrakt närvaro, som genom hur vi talar om den framstår som en existerande entitet — även om det är oklart, och är föremål för en hel del filosofisk reflektion, mer exakt *hur* den existerar (jmf Wallin, Norén & Valero, 2022).

Givet denna förståelse av matematiken som existerande 'något där ute', är det kanske enklare att förstå idén om elevernas skapande av lokala kopior 'där inne', i vad som i det ritualteoretiska perspektivet skulle kunna kalla deras själar. Vi vill betona idén om att det rör sig om en produktionsprocess. Matematiken i egenskap av vetenskap utgör formen för det som ska produceras. Den kan förstås som en abstrakt design för det som ska produceras i elevernas inre. Skolmatematiken är sedan till sin natur reproduktiv, och eleverna har därmed en reproduktiv roll. Men rollen innefattar likväl skapande, som man ofta talar om i termer av kreativitet. Det är elevernas uppgift, att genom eget engagemang, skapa sina egna inre versioner av matematiken. Det är deras förmåga att utföra denna uppgift som bedöms och värderas i skolan.[5]

Skolmatematiken är alltså en maskin för produktion av matematik i en speciell bemärkelse, nämligen i form av kunskaper. Detta är en form hos matematiken som innebär att den kan bli buren, av enskilda individer. Skolmatematikens budskap kan därmed sägas vara att den producerar individer fyllda av, eller kanske uppfyllda av, eller varför inte besjälade av, matematiken. Kanske skulle man även kunna tala om skolmatematikens syfte i termer av delaktighet —att göra eleverna delaktiga i matematiken, genom att inom dem skapa en avbild av matematiken, en personligt buren avbild.

Matematiken som helig

Det passar här att säga något om Rappaports begrepp *det heliga*. Rappaport (1999, s. 371) förklarar att det heliga å ena sidan är allestädes

[5] Det bakomliggande tankesätt som vi presenterar här och som vi menar utgör skolmatematikens bakomliggande 'lärandemytologi', får ett paradigmatiskt uttryck i John Bowden och Ference Martons *The University of Learning. Beyond quality and competence* (2003). I denna bok förklaras att forskare står för en ursprunglig produktion av kunskaper, vilka sedan ska reproduceras av studenterna. Denna reproduktion kan bara komma till stånd genom att studenterna reproducerar forskarnas ursprungliga (konstruktiva, kreativa, produktiva) aktivitet. Denna studentaktivitet antas leda till ett inre formande av kunskaper.

närvarande, å andra sidan mäktigt. Detta passar med de föreställningar om matematiken som vi beskrev ovan. Matematiken antas finnas överallt 'där ute', såväl i naturen som i samhället —och i form av kunskaper utgör matematiken just därför den kraft genom vilken naturen och samhället kan bemästras. Besjälade av matematiken, uppfyllda av den, ska eleverna komma ut ur skolan med insikt i naturens och samhällets väsen, och med kraft att bemästra den.

Skolmatematikens budskap kan därför förstås som ett budskap om förbindelse, mellan manniskan, samhället och naturen, med matematiken som sammanlänkande kitt. Den bakomliggande myten —som t.ex. kommer till uttryck i Ole Skovsmoses (1994) matematikfilosofi— säger att matematiken på förhand finns där ute, i samhället och i naturen — *men inte där inne, i människan.* Skolmatematikens uppgift blir därför att upprätta, forma, bilda, utveckla, en inre motsvarighet till den matematik som finns där ute, för att på så sätt upprätta ett band, mellan människan och hennes värld.

Skolmatematik som gestaltande av matematiskt liv i en matematisk värld

På samma sätt som bönesnurrornas budskap får stöd av att remsor med nedtecknade böner rent faktiskt åker med i rotationen i bönesnurrornas inre, får skolmatematikens budskap stöd av hur den skolmatematiska praktiken rent faktiskt gestaltar sig. Det eleverna i stor utsträckning gör är att lösa matematiska problem som framställs som realistiska (Lave, 1992). Verkligheten framställs i dessa problem som matematisk, och livet framställs som om det bara kunde levas framgångsrikt i den mån man har kunskaper i matematik (se även Norén & Valero, 2022). Elevernas visar därmed, på samma sätt som bönesnurror i Tibet, genom vad de gör i klassrummet, i vilken mån de kan bemästra verkligheten. Detta är det sken som produceras av barnens aktivitet (Lundin, 2012).

Skolmatematiken utgör en konstruerad hinderbana, där framgång tolkas som orsakad av att eleven lyckats med det ovan nämnda skapande av en inre kopia av matematiken. De matematiska problemen kan ses som en sekvens av pusselbitar, vilka tillsammans målar upp en vision av såväl samhället som naturen, i en form som samtidigt visar hur denna verklighet kan bemästras med hjälp av den matematik som lärs ut. Genom att problemen tolkas som realistiska kopior av verkliga problem, och genom att prestationerna tolkas som orsakade av inre kopior av den matematik som finns 'där ute', tolkas elevernas aktivitet i klassrummet som en kopia av livet utanför skolan. Deras förmåga att förstå och bemästra klassrumslivet, förstås därigenom som ett tecken på deras kapacitet att förstå och bemästra samhället och naturen.

Det är med andra ord inte i första hand genom kursplanerna som den matematiska kosmologin förmedlas, utan genom elevernas handlande. Men kursplanerna ger —tillsammans med forskningsartiklar, rapporter, utredningar och andra liknande texter— vägledning till hur elevernas verksamhet ska tolkas.

Barnens och de vuxnas olika roller

De vuxna har, mer eller mindre, överlåtit sitt obligatoriska engagemang för matematik till det skolmatematiska maskineriet. I egenskap av operatörer, förstår de sig själva som matematikproduktionens subjekt, de solar sig i dess glans. Samtidigt innebär arrangemanget att de, likt Helle Thorning-Schmidt inte behöver ha några egna kunskaper i matematik, och likt Hannah Petterson inte behöver ha någon djupare insikt om varför och hur matematiska kunskaper faktiskt behövs.

Vad de vuxna gör är, menar vi, att 'köra'. De står vid sidan av, på ett sätt som motsvarar hur man står vid en roterande bönesnurra eller vid ett brinnande ljus. De flesta vuxna ger skolmatematiken sitt passiva stöd, och behöver ibland ge den en skjuts, kanske genom att skicka ett motsträvigt barn till skolan. Lärare utgör i detta sammanhang undantag —vi förstår dem som en sorts funktionärer i maskinens inre. De vandrar runt i templens korridorer. De är präster som håller ordning på den skolmatematiska ritualen. På ett helt annat sätt är det givetvis för barnen.

I vår tolkning ska barnen förstås som instrument som används av samhället för att fylla en viss symbolisk funktion. Barnen är därmed i en teknisk bemärkelse objektifierade —de behandlas, inom skolmatematikens ram, som föremål, liknande en bönesnurra eller ett ljus. Vi sätter barnen i rörelse, med ytterst lite spelrum för dem att omsätta egna tankar och känslor i självständigt handlande. Allt de gör måste ske på skolmatematikens premisser, och riktas mot skolmatematikens övergripande målsättning, som är produktion av matematik i form av kunskap, förståelse, begrepp, kompetens.

Vad barnen, utan att veta om det och utan att välja det gör, är att producera en viss bild av naturen och samhället som impregnerade av matematik —och i denna övergripande världsbild, placerar de genom sina skiftande prestationer även in sig själva. Skolmatematikens prov visar, utifrån skolmatematikens tolkningsram, hur mycket matematik varje enskild individ bär på. Själva maskinen bidrar sedan genom sin automatism att placera barnet på en plats i samhället, som svarar mot denna matematikmängd. Barnen tillmäts, kan man säga, förtroende utifrån sin uppvisade mängd inre matematik, och får en samhällsposition därefter. Väsentligt här är att skolmatematiken —förstådd som en budskapsproducerande ritual— inte syftar till att *maximera* den mängd matematik som den producerar. Det ligger istället i ritualens natur att fungera *strukturerande*, att producera och legitimera skillnader, som upprätthåller och reproducerar samhällets ordning.

Vi vill poängtera att detta inte innebär att vuxna i allmänhet har ett kallt och hänsynslöst förhållande till de barn som befinner sig i skolmatematiken. På samma sätt som ett brinnande ljus kan fungera stödjande för autentisk tro, kan föräldrar och lärare känna med de kämpande barnen. Och vad gäller barnens tillvaro, vittnar många lärare om att barn kan finna glädje i att tillfredsställa de vuxnas önskningar, genom att sättas att handla mekaniskt —särskilt såklart de barn som ofta lyckas leva upp till skolmatematikens krav, genom att svara rätt på många av dess frågor. Men vad lär sig då barnen, av att spela sina förutbestämda roller inom det skolmatematiska maskineriet?

Vad barnen lär sig

I vår ritualteoretiska tolkning är inte skolmatematikens främsta effekt att förändra barnen eller lära dem något —utan att visa något för de vuxna. När föräldrarna befattar sig med sina barns skolarbete ska de bli påminda om hur verkligheten fungerar.

Men även barnen lär sig såklart. Vi vill här skilja mellan tre nivåer av formande. På den första nivån ligger själva verkligheten, vars grundläggande struktur förmedlas av barnens praktiska verksamhet, till de vuxna, men också till barnen själva. Även barnen är så att säga publik till den ritual de själva utför. De lär sig att matematik är något viktigt, att verkligheten till sin natur är matematisk, att man behöver kunskaper i matematik för att klara sig, och så vidare. Rappaport (1999, s. 52) talar om denna nivå i termer av ritualens *kanoniska budskap*.

På den andra nivån lär de sig hur de själva står i förhållande till matematiken, hur mycket kunskaper de bär på, vad de kan, och därmed vad som är deras rättmätiga plats i samhället. Det är välkänt hur barns självbild påverkas av deras skolprestationer, inte minst i matematik. Man förstår att man är smart eller dum —och att detta är orsaken till hur det går för en, i skolan, och kanske även utanför skolan. Denna nivå talar Rappaport om i termer av ritualens *självrefererande budskap*, eftersom det handlar om de som utför ritualen.

Det är emellertid den tredje nivån som är den mest intressanta. Enligt den tolkning som föreslås här är det nämligen väsentligt att barnen genom skolmatematiken även lär sig att lägga distans till de budskap som de genom sin verksamhet bidrar till att producera. Den tredje nivån handlar om tvetydighet och ambivalens —om insikten att det är något lurt med den offentliga bild som målas upp i skolan, att den inte är allt, utan att där finns något annat också, som det inte talas så högt om på lektionerna, men som det likväl går att hitta stöd för bland kamrater, föräldrar och kanske till och med lärare — att de där matematiska kunskaperna egentligen inte är så viktiga, med allt som följer av detta konstaterande.

Överlåtande och ansvarstagande

Den fråga vi avslutningsvis vill diskutera, rör relationen mellan den typ av maskineriet som vi menar att bönesnurror, ljus och skolmatematiken är exempel på, och *ansvar* —i en bemärkelse som kommer att klargöras i det följande. Är den typ av överlåtelse som det innebär att hantera bön med hjälp av snurror, och matematik med hjälp av skolmatematik förenligt med vuxet ansvarstagande? Vi menar att det inte bara är förenligt, utan att den typ av apparater vi beskriver är oundgängliga för att ansvarstagande ens ska vara möjligt.

I *Wofür es sich zu leben lohnt* (2011) skriver den österrikiske filosofen Robert Pfaller, som vi hänvisat till ett flertal gånger i det ovanstående, om vad det innebär att vara vuxen. Hans idé är att riktig vuxenhet innefattar en sorts dubblering, eller överlagring. Pfaller förklarar nämligen att man bara kan vara verkligt vuxen när:

> man inte bara är förmögen att visa sig vuxen, utan framför allt också kan inta ett vuxet förhållningssätt till den egna vuxenheten – det vill säga: när man är förmögen att vara vuxen på ett vuxet sätt. Odubblerad, enkel vuxenhet, är ingen vuxenhet alls. (citerat från Lundin 2019, s. 36)

I den senare boken *Erwachsenensprache* (2017) illustrerar Pfaller ”odubblerad” med hänvisning till politisk korrekthet. Han förklarar att de odubblerat vuxna är uppfyllda av en tro på förnuftet som de saknar distans till. De kan t.ex. vara så uppfyllda av en tro på *hälsan* —vad det är förnuftigt att äta och förnuftigt att göra, för kroppens skull— att de helt slutar äta sådant de själva tycker är gott, och slutar unna sig att slappna av och ha det bra. De odubblerat vuxna låter en viss dominerande bild av en enskild fråga ta över det egna tänkandet och göra det enkelriktat.

En central aspekt av Pfallers resonemang är hur de politiskt korrekta drivs av en lust att framställa sig själva som förnuftiga och rättrådiga, och han kallar deras engagemang narcissistiskt. Denna term syftar på hur engagemanget drivs av uppblåsta bilder, inte bara av hur viktig 'frågan' är, utan även hur viktiga de själva är när de gör 'det rätta'. För var och en av de frågor som det kan röra sig om, finns det vid sidan om den offentliga bilden, en mångfald av andra bilder, som nyanserar frågan och gör det mindre självklart vilken typ av handlande som i själva verket är det rätta. Dessa bilder kan de politiskt korrekta engagerade inte ta ordentligt i beaktande.

De odubblerat vuxna tar ansvar för vad som i antropologiska termer kan förstås som det heliga, och i religiösa termer kan förstås som gud. De kan utifrån detta perspektiv förstås som fundamentalister.

Vi talade ovan om ritualer som kompromissbildningar, eftersom de verkar *för* de officiellt sanktionerade idealen, men samtidigt även *mot* dem. Bönesnurrornas rotation syftar till meditation och bön, och är i denna bemärkelse ett stöd för religion och moral. Men eftersom de befriar de troende från att be och meditera själva, berövar de så att säga gudarna en äkta tillbedjan. Bönen är blott skenbar —eftersom maskiner inte kan be— och därför verkar den *mot* religionen och moralen. På samma sätt är det med skolmatematiken. Skolmatematiken syftar till produktion av matematiska kunskaper, och är därför till *för* matematiken. Men i den mån skolmatematiken utgör ett objekt for överlåtelse av engagemang för matematiken, och den skolmatematiska verksamheten är mekanisk, och kunskapsproduktionen därför blott skenbar, verkar institutionen *mot* matematiken.

De personer som vi nu benämnt som odubblerat vuxna, de skolmatematiskt ortodoxa, matematikfundamentalisterna, vill inte veta av detta 'mot'. Utifrån deras perspektiv framstår det som rättrådigt att kräva äkthet, autencitet, verklig bön, verklig kunskapsproduktion. Detta krav grundar sig, menar vi, i en bristande förståelse för den funktion som ritualer likt bönesnurror, ljus och skolmatematik, fyller i samhället. Ritualer fyller funktionen av att hålla samhällets ideal, dess heliga, på armlängds avstånd, för att därmed skapa utrymme för självständigt tänkande, och självständigt handlande. Att ta ansvar, menar vi, måste innefatta att ta ansvar även för detta utrymme, som riskerar att kollapsa, i den mån ritualerna och deras skenverksamhet förstörs.

Detta utrymme förutsätter emellertid officiellt sanktionerade ideal, bilder och normer. Vi tror därför inte att dessa ritualer kan förkastas. I linje med filosofen Michel Freitags (2003) resonemang, menar vi att alla samhällen behöver en 'omgivning', som utifrån deras officiella självförståelse ligger bortom deras egen kontroll, men som likväl är deras egen skapelse. Bara *via* en sådan omgivning, kan samhället åstadkomma den nödvändiga stabiliteten, det nödvändiga fundamentet, för sina egna ideal, bilder och normer. Denna omgivning är vad vi ovan ibland kallat 'helig' och ibland 'verkligheten'. Det är denna omgivning som produceras genom ritualer, som i sitt mekaniska handlande ofta tar stöd i materiella objekt som bönesnurror, ljus och objektifierade barn. Särskildheten, den geografiska invariansen, stabiliteten, makten och kraften hos de budskap som ritualen producerar, är en effekt av ritualens geografiska invarians, dess stabilitet, de kraftfulla sanktioner —formella och informella— som garanterar att den utförs på rätt sätt. Känslan av att matematiken är absolut orubblig, att den bara helt enkelt finns där ute, som den konstanta grunden för allt som existerar, har sitt materiella ursprung i skolmatematikens trista och alldagliga mekanism.

Att ta ansvar måste därför, tänker vi, innefatta de ideal och den verklighet som samhället är en del av. Men tillgången, både till de officiellt sanktionerade bilderna, och deras motsatser, innebär även ett vetande som inte bara innefattar vari verkligheten består, och en förmåga att orientera sig i den, utan även en insikt om att denna verklighet inte är allt som finns där. Detta vetande skapar den vida horisont och den rika uppsättning handlingsmöjligheter, som är en förutsättning för vuxenhet och vuxet ansvarstagande.

Ritualer kan i bästa fall bibringa det uppväxande släktet denna typ av vetande, och den öppenhet det för med sig. Skolmatematiken kan emellertid utifrån detta perspektiv sägas vara förknippad med två problem.

För det första kan man genom skolmatematikens historia följa hur vuxna försökt rensa bort skolmatematikens rituella element, och göra den autentisk, levande, organisk —snarare än mekanisk och automatisk. Problemet med dessa försök är att de inte tar i beaktande att den verklighet de tar som utgångspunkt för sin anti-ritualism, redan från början är en rituellt skapad verklighet. De tror att matematiken är absolut given, som något yttre, och tror sig vara förnuftiga när de tänker detta —medan de i själva verket är begränsade av en verklighet som skapats av den ritual de vill förändra. Reformer av skolmatematik pekar i regel mot en idé om ett omedierat möte med matematiken, sådan den faktiskt är, vilket ska möjliggöra ett omedierat möte med verkligheten, sådan den faktiskt är, nämligen —föreställer man sig— i grund och botten matematisk. Och historien visar att denna strävan inte leder bort från ritualism, utan till förstärkt ritualism. När de vuxna inte tror på sin skolmatematik —i egenskap av ritual eller maskin, som ett ljus eller en bönesnurra—, får inte barnen mindre att göra, utan mer —snurrorna måste snurra på ett annat sätt, de måste snurra fortare och under längre tid, bonesnurrorna måste bli fler.

Det motsatta problemet är en följd av det första: när barnens arbete blir allt striktare reglerat, tiden de spenderar i skolmatematiken blir allt längre, och deras lärare i allt större utsträckning framträder som evidensbaserade undervisningsmaskiner, snarare än som det vi här kallar vuxna —dubblerat vuxna, verkligt vuxna—, riskerar barnen att helt inneslutas i vuxenvärldens fantasier som matematikens allmakt, och som en följd formas till att bli ortodoxa fundamentalister, som förmodligen kommer hata skolmatematiken, men älska matematiken (Lundin, 2012).

I linje med Pfallers analys av vuxenhet, menar vi att ansvarstagande måste innebära en balans mellan å ena sidan allt för stort mått av överlåtande, och å andra sidan ett allt för litet mått av överlåtande. I denna gråzon, mellan autencitet och ritualism, uppstår frågor som den enskilde individen måste besvara. Det är bara i den mån dessa frågor väcks, som ansvarstagande blir möjligt, som ett svar man tar fasta på, och omsätter i handling.

Referenser

Asad, T. (1993). *Genealogies of religion: Discipline and Reasons of Power in Christianity and Islam*. John Hopkins University Press.

Bagger, A. (2022). Provgivande med flerspråkiga provdeltagare – Styrningen av nationella prov i matematik. I P. Valero, L.B. Boistrup, I.M. Christiansen, & E. Norén (Red.), *Matematikundervisningens sociopolitiska utmaningar* (s. 101–128). Stockholm University Press. https://doi.org/10.16993/bcc.f

Boistrup, L.B. (2022). Sålla agnarna från vetet – Kritiska perspektiv på bedömning i matematik. I P. Valero, L.B. Boistrup, I.M. Christiansen, & E. Norén (Red.), *Matematikundervisningens sociopolitiska utmaningar* (s. 129–155). Stockholm University Press. https://doi.org/10.16993/bcc.g

Boltanski, L. (2011). *On critique: A sociology of emancipation* (G. Elliott, övers.). Polity.

Bowden, J. & Marton, F. (2003). *The University of Learning. Beyond quality and competence*. Routledge.

Danziger, K. (1997). *Naming the mind: How psychology found its language*. Sage.

Dowling, P. (1998). *The sociology of mathematics education: Mathematical myths/pedagogic texts*. Falmer.

Dowling, P. (2010). Abandoning mathematics and hard labour in schools. A new sociology of knowledge and curriculum reform. I C. Bergsten, E. Jablonka, & T. Wedege (Red.), *Mathematics and mathematics education: Cultural and social dimensions: Proceedings of MADIF 7* (s. 1–30). Svensk förening för matematikdidaktisk forskning (SMDF).

Freitag, M. (2003). De la terreur nazie au meilleur des mondes cybernétique. Réflexions sociologiques sur les tendances totalitaires de notre époque. *Argument, 1*(5).

Gensing, P. & Reisin, A. (2013). *Der Präventivstaat: Warum Gesundheits-, Kontroll- und Verbotswahn Freiheit und Demokratie gefährden*. Lingen Verlag.

Gillespie, M.A. (2008). *The theological origins of modernity*. University of Chicago Press.

Johansson, B. (2001). *Hög tid för matematik*. Nationellt centrum för matematikutbildning.

Kommittédirektiv till Matematikdelegationen, Dir 2003:8 (2003). Utbildningsdepartementet.

Lave, J. (1988). *Cognition in practice: Mind, mathematics and culture in everyday life*. Cambridge University Press.

Lave, J. (1992). Word problems: A microcosm of theories of learning. I P. Light & G. Butterworth (Red.), *Context and cognition: ways of learning and knowing*. L. Erlbaum Associates.

Lundin, S. (2008). *Skolans matematik: en kritisk analys av den svenska skolmatematikens förhistoria, uppkomst och utveckling*. [Doktorsavhandling, Uppsala universitet]. https://www.diva-portal.org/smash/record.jsf?pid=diva2%3A172874

Lundin, S. (2012). Hating school, loving mathematics. The ideological function of critique and reform in mathematics education. *Educational Studies in Mathematics, 80*(1), 73–85. https://doi.org/10.1007/s10649-011-9366-6

Lundin, S. (2017). How mathematics education became a ritual. I U. Kortenkamp & A. Kuzle (Red.), *Beiträge zum Mathematikunterricht*

2017. (51. Jahrestagung der Gesellschaft für Didaktik der Mathematik) (s. 19–26). WTM-Verlag.

Lundin, S. (2019a). Introduktion till Robert Pfallers filosofi. I S. Lundin & T. Wessely (Red.), *Den förnekade kunskapen: En introduktion till Robert Pfaller filosofi.* (s. 9–44). Tankekraft.

Lundin, S. (2019b). Pfaller med Rappaport som tolkningsramverk för det moderna samhället. I S. Lundin & T. Wessely (Red.), *Den förnekade kunskapen: En introduktion till Robert Pfallers filosofi* (s. 231–259). Tankekraft.

Lundin, S. & Christensen, G. (2017). Mathematics education as praying wheel: How adults avoid mathematics by pushing it onto children. I H. Straehler-Pohl, N. Bohlmann, & A. Pais (Red.), *The disorder of mathematics education. Challenging the sociopolitical dimensions of research* (s. 19–34). Springer. https://doi.org/10.1007/978-3-319-34006-7_2

Martin, D.B., Gholson, M.L., & Leonard, J. (2010). Mathematics as gatekeeper: Power and privilege in the production of knowledge. *Journal of Urban Mathematics Education, 3*(2), 12–24. https://doi.org/10.21423/jume-v3i2a95

Matematikdelegationen. (2004). *Att lyfta matematiken: Intresse, lärande, kompetens: Betänkande*. Matematikdelegationen.

Norén, E. & Valero, P. (2022). Att bilda goda, matematiska medborgare i Sverige. I P. Valero, L.B. Boistrup, I.M. Christiansen, & E. Norén (Red.), *Matematikundervisningens sociopolitiska utmaningar* (s. 157–180). Stockholm University Press. https://doi.org/10.16993/bcc.h

Pansell, A. (2022). Tabelltest på tid. I P. Valero, L.B. Boistrup, I.M. Christiansen, & E. Norén (Red.), *Matematikundervisningens sociopolitiska utmaningar* (s. 43–68). Stockholm University Press. https://doi.org/10.16993/bcc.d

Pfallers, R. (1997). *Althusser. Das Schweigen im Text. Epistemologie, Psychoanalyse und Nominalismus in Louis Althussers Theorie der Lektüre*. Wilhelm Fink Verlag.

Pfaller, R. (2002). *Die Illusionen der anderen. Über das Lustprinzip in der Kultur*. Suhrkamp.

Pfaller, R. (2011). *Wofür es sich zu leben lohnt: Elemente materialistischer Philosophie*. Fischer.

Pfaller, R. (2017). *Erwachsenensprache: Über ihr Verschwinden aus Politik und Kultur*. Fischer.

Rappaport, R. (1968). *Pigs for the ancestors. Ritual in the ecology of a New Guinea people*. Yale University.

Rappaport, R.A. (1999). *Ritual and religion in the making of humanity*. Cambridge University Press.

Sigurdson, O. (2019). Lyckoteknik, tro och kritik. En psykoteologisk kommentar till Robert Pfallers interpassivitetsbegrepp. I S. Lundin & T. Wessely (Red.), *Den förnekade kunskapen: En introduktion till Robert Pfaller filosofi*. (s. 209–222). Tankekraft.

Skovsmose, O. (1994). *Towards a philosophy of critical mathematics education*. Kluwer Academic Publishers.

Säljö, R. (2015). *Lärande – en introduktion till perspektiv och metaforer*. Studentlitteratur.

Walkerdine, V. (1988). *The mastery of reason: Cognitive development and the production of rationality*. Routledge.

Wallin, A., Norén, E., & Valero, P. (2022). Matematik på Solens fritidshem – Om att 'göra verkstad' av policy-dokument. I P. Valero, L.B. Boistrup, I.M. Christiansen, & E. Norén (Red.), *Matematikundervisningens sociopolitiska utmaningar* (s. 181–206). Stockholm University Press. https://doi.org/10.16993/bcc.i

11. De|matematisering i kapitalismens tidsålder – Att återerövra den kritiska distansen[1]

Hauke Straehler-Pohl
Freie universität Berlin

Sammanfattning

Detta kapitel utgår från ett etiskt dilemma som skapats av vår tids tekniska utveckling. Dilemmat handlar om den dialektiska rörelsen mellan att å ena sidan att se och förstå omvärldsproblem i matematiska termer, så kallad matematisering, och å andra sidan att matematiska processer blir osynliga, t.ex. i algoritmer som styr olika datorbaserade tjänster som bokningssystem eller datingsidor —så kallad dematematisering. Jag förstår denna rörelse som ett socialt fenomen och en utmaning för samhället. I kapitlet diskuteras denna dialektiska rörelse, de|matematisering, i relation till begrepp baserade på kritisk teori och som utvecklats inom matematikdidaktiken. En analys av media och reklamkampanjer, samt en sociologisk analys av dating-websidor, tyder på att en förskjutning ägt rum i fråga om de|matematisering och dess ideologiska inramning. Avsikten är att möjliggöra en ökad förståelse för samspelet mellan de|matematisering och senkapitalismens politiska ekonomi. Artikeln avslutas med att författaren ger ett förslag till hur artikelns slutsatser kan bidra till en vidareutveckling av matematikundervisningen som på ett kritiskt sätt speglar dess roll i samhället.

[1] Detta kapitel är en svensk översättning och omarbetad version av ett tidigare publicerat kapitel på engelska (Straehler-Pohl, 2017). Springer har gett tillstånd till publicering av denna svenska version.

Hur du refererar till det här kapitlet:
Straehler-Pohl, H. (2022). De|matematisering i kapitalismens tidsålder – Att återerövra den kritiska distansen. I P. Valero, L.B. Boistrup, I.M. Christiansen, & E. Norén (Red.), *Matematikundervisningens sociopolitiska utmaningar* (s. 257–279). Stockholm University Press. DOI: https://doi.org/10.16993/bcc.l.

Introduktion

> Antag att du sitter i en bil som styrs av en dator – en av de bilar som Google just nu utvecklar. Låt oss också anta att du kör denna bil på en väg med två filer i en storstad. Det är en cyklist till höger och en motorcyklist till vänster. Låt oss nu anta att en grupp barn plötsligt hamnat på vägen. Datorns mätinstrument drar en slutsats: det är för sent att bromsa. Vad borde datorn göra? Skall den köra över barnen? Eller svänga till vänster och köra in i motorcyklisten? Eller svänga höger, mot den trampande cyklisten? (Die ZEIT 33/2014)

Vilket beslut skulle du fatta? Det finns tre möjligheter, som alla tveklöst skulle skada människor. Säkert är att du inte skulle välja att köra över barnen. Men skulle du aktivt välja att riskera cyklisten eller motorcyklistens liv? Om det vore möjligt skulle vi säkert föredra att inte behöva fatta något sådant beslut alls. Detta korta utdrag från en tysk dagstidning reser ett etiskt dilemma i form av en situation där ett beslut måste fattas men där alla alternativ är dåliga. Vi kan lugna oss med att situationen bara är hypotetisk —eftersom det står ”låt oss anta”— och dessutom att det snarast rör sig om någon slags science fiction —eftersom det står: ”som Google just nu utvecklar”. Än mer betryggande verkar det vara, att även om detta hypotetiska scenario skulle bli verklighet i framtiden, så är det ändå inte vi som måste besluta vad som skall göras. Frågan blir då istället: Vad borde datorn göra? Det framstår som ironiskt att det är datorn som skall fatta ett beslut och att det är den som skall välja vem som skall skadas. Som vi mycket väl vet så handlar inte datorer utifrån ett eget förnuft, utan för att de har blivit programmerade på ett visst sätt. En följd är att människan inte är befriad från det etiska dilemmat eller från den skuld som skulle bli resultatet av att en oskyldig människa skadas. När —om detta var ett verkligt scenario— det vore dags för Googles bilar att komma ut på marknaden, skulle garanterat en grupp människor behöva utveckla en algoritm som avgör om det är barnen som skall bli överkörda, eller om det är motorcyklisten eller cyklisten som skall bli rammad från sidan. Den algoritmen skulle, i hög grad, baseras på matematik. Därmed är matematiken en del av etiska dilemman, som exempelvis beslut vilka fattas av algoritmer i en bils styrsystem.

I det här kapitlet kommer jag låta etiska dilemman, likt det ovan, fungera som utgångspunkt för att diskutera analyser, som utvecklats inom matematikdidaktiken fram till 2007, av hur matematiken 'tar över' en del processer i samhället (matematisering) och hur detta, samtidigt, gör att matematiken som sådan blir mer och mer osynlig (dematematisering). Jag kommer att relatera dessa analyser till rapporter i media, reklamkampanjer och dating-webbsidor, för att illustrera förskjutningar i relation till hur matematiseringar tar plats i samhället. Genom att relatera dessa förskjutningar till ett antal begrepp, kommer jag att kunna dra slutsatser kring hur en skolmatematik kan utvecklas, vilken kritiskt reflekterar över matematikens roll i samhället. För detta ändamål kommer begreppen ”visshetens ideologi” (Borba & Skovsmose, 1997) och ”evolutionism” (t.ex. Pais, Fernandes, Matos & Alves, 2012; Straehler-Pohl & Pais, 2014) att användas. Kapitlet artikulerar en kritisk distans, där det ibland kan vara klokt att inte alls stödja sig på matematiska modeller när problem ska lösas. Avslutningsvis presenteras förslag på hur denna distans i högre utsträckning skulle kunna leda till någon slags befrielse. I samband med detta argumenterar jag för att en tydlig förankring inom kritisk teori, samt självförtroende nog att göra motstånd mot matematikbaserad argumentation när så är relevant, är en nödvändig förutsättning för en verkligt kritisk matematisk kompetens.

Matematiseringens formativa kraft

Exemplet i inledningen är bara ett av många som illustrerar hur matematik i allt högre utsträckning genomsyrar olika aspekter av dagens värld. Matematik framstår ibland som det ultimata metaspråket, vilket beslutsfattare använder —exempelvis i form av tabeller, diagram eller prognoser— och förlitar sig på när de skall beskriva världen, förutse dess utveckling och argumentera för en ståndpunkt. Matematik är också en tydlig del av de algoritmer som reagerar på digitala spår, exempelvis i sociala medier (t.ex. Andersson, 2021). De digitala spåren lämnar individer lämnar efter sig och resultaten av detta syns exempelvis som reklam, vilken anpassas efter en persons sökningar. David och Hersh uppmärksammade en utveckling som denna redan 1986, när de skriver att ”The social and material worlds become more and more mathematised” (s. 17). David och Hersh lyfter fram att vi bör notera denna utveckling med kritisk blick, eftersom den riskerar att orsaka skada för oss alla. De grundar detta på att matematisering är allt annat ett oskyldigt redskap, användbart för att beskriva världen och utifrån en sådan beskrivning erbjuda användbara förutsägelser. Matematiseringen förändrar nämligen också våra livsbetingelser. Detta illustreras, t.ex. av Skovsmose (2014):

> Mathematization refers to the formatting of production, decision-making, economic management, means of communication, schemes for surveilling and control, war power, medical techniques, etc. by means of mathematical insight and techniques. (s. 442)

Användningen av ordet ”formatering” (formatting) visar på den genomgripande effekt som Skovsmose tillmäter matematiseringen. När en praktik är matematiserad påverkar detta inte bara vårt beteende på så sätt att vi har ytterligare en källa till information som vi kan förlita oss på när fattar beslut. Vad som också sker är att matematiseringen griper in i den grundläggande strukturen för den praktik vi är del av och till och med omorganiserar förutsättningarna för vårt handlande.[2]

Det kritiska perspektivet ovan som belyser matematikens formaterande kraft skiljer sig mycket från ett annat perspektiv i den matematikdidaktiska forskningslitteraturen: ”matematisering som en didaktisk praktik” (Jablonka & Gellert, 2007, s. 2). Inom det perspektivet används matematiken ofta som ett medel för att strukturera verkligheten på ett sådant sätt att problemställningar kan angripas med hjälp av matematisk modellering (t.ex. de Lang, Keitel, Hutley & Niss, 1993; Houston, Blum, Huntley & Neill, 1997). Inom ramen för detta perspektiv är matematiken åtskild från verkligheten istället för att vara en del av den. Det medför att resultat som genereras med hjälp av exempelvis matematisk modellering måste ’återföras’ till verkligheten för att det ska bli möjligt att värdera och ta ställning till resultaten. Ett exempel på detta är successiv approximation som är en metod där man efterhand snävar in och förfinar mätvärden genom att göra ’intelligenta gissningar’ som jämförs med verkligheten. Idén är att själva beskrivningen av verkligheten på så sätt kommer allt närmare det som är den beskrivna verkligheten. Om vi i stället tittar på modellering utifrån perspektivet med matematikens formaterande kraft, så framträder modellering som en artificiell dualism: genom introduktionen av den matematiska modellen, förändras i själva verket det problem som verkligheten utgör. Beskrivningen och det beskrivna närmar sig förvisso varandra, men båda sidorna förändras. Som vi såg i diskussionen av det inledande exemplet med ”Googles bil” kan en introduktion av självstyrande bilar inte förstås som ett enkelt tillägg till vår nutida föreställning om vad det innebär att ’köra bil’. Själva innebörden av denna praktik skulle förändras i grunden. Bilförare blir tvungna att befatta sig med nya handlingar, rutiner och tankemönster och de blir konfronterade med nya frågor. Ansvaret för en mängd problem förknippade med bilkörande skulle delegeras till aktörer som löser dem på långt avstånd från de platser där de

---

[2] Se Skovsmose (1994) eller Keitel m.fl. (1993) för en mer detaljerade redogörelse för matematikens matematiseringens ”formaterande kraft”.

uppstår och upplevs. Problemen blir lösta, inte av bilförare, utan av datavetare och matematiker.

I sin definition av matematisering (se citatet ovan) leder Skovsmose medvetet tankarna till den sortens sociala praktiker som i sig själva framstår som politiskt och ideologiskt laddade. Det är lätt att föreställa sig att personer i maktposition skulle ha intresse för att påverka de algoritmer som tas fram för beslutsfattande, ekonomisk förvaltning och liknande, på ett sätt som gynnar deras egna intressen. Davis och Hersh (1986) pekar dock på att matematikens formaterande kraft kan förstås mycket bredare, på ett sätt som även innefattar praktiker som ofta vid första anblicken framstår som icke-politiska och icke-ideologiska. Som exempel analyserar de ”kärlekens datorisering”. I sin text från 1986 visade de hur dating-tjänster tillhandahöll kategoriseringsverktyg som genererade ”en väldigt grov matematisk modell av den tilltänkte, med alla hans eller hennes behov och önskningar” (s. 125ff). Denna modell användes sedan för ett urval av potentiella kandidater. Även om vi kan förstå ett sådant urval som en sorts föreskrift, är vi fortfarande långt från den djupare innebörden av det strukturella ingrepp i kärlekens praktik som termen ”formatering” betecknar. Den matematiskt vägledda föreskriften kanske begränsade den i utgångsläget närmast oändliga mängden av potentiella kärlekspartners, på samma satt som ett urval baserat på jobb, hobby eller favoritmat gjorde redan tidigare. Den datoriserade modellen kunde tänkas ha ett —ganska godtyckligt— inflytande på *vem* människor älskar, men mindre på *hur* de älskar. I själva verket förklarade David och Hersh (1986) att ”from [hitherto] available statistics, we can conclude that the success of the computer is significantly lower than that of the traditional [broker] competitor: Despite that the traditional broker is on the pullback, while the computer is [...] on the advance” (s. 130). Slutsatsen man måste dra är att intresset, på 1980-talet, för ”kärlekens datorisering” snarare hängde samman med teknikens glänsande fernissa som försäljningsargument än att datortekniken faktiskt hade ett reellt inflytande på kärlekens praktik. ”Kärlekens datorisering” illustrerar, som Davis och Hersh noterar, den lyskraft som människor tillmätt —och kanske fortfarande tillmäter— matematiken. Vad gäller algoritmer som svarar på våra digitala aktiviteter, som sökningar på google eller hur vi agerar på sociala medier, har vi de senaste åren sett en formlig explosion (Andersson, 2021). Vi får se mer och mer av det vi redan sökt på, det vi redan 'gillat' och begreppet filterbubbla är nu etablerat, som ett begrepp för att vi får läsa det de skriver som redan tycker som vi. Vi har också sett flera exempel på hur algoritmer används medvetet för att styra människor i en viss riktning, som exempelvis digitalt konstruerade profiler på facebook som 'agerar' i diskussionstrådar för att styra i vissa —ofta populistiska— riktningar. Denna 'datorisering' av våra (digitala) liv illustrerar närvaron av en ideologi —ungefär 'dominerande synsätt'— som begränsar möjligheten att förstå matematikens verkliga kraft, då algoritmerna är svåra att nå. Det är en ideologi som bygger på ett irrationellt hopp, och som kan mobiliseras i konflikt med människors rationella intressen.

Visshetens ideologi

Matematiken betraktas ofta som neutral och objektiv, utan några egna intressen, och blind för all sorts ideologisk påverkan. Matematiken antas vara ett neutralt fundament, byggd på råa numeriska fakta, gentemot vilka argument kan värderas objektivt. Borba och Skovsmose (1997) ställer detta synsätt på huvudet och menar att matematiken själv tvärtom vilar på en "visshetens ideologi", karaktäriserad som "a view of mathematics as an 'above-all' referee, as a 'judge', one that is above humans, as a non-human device that can control human imperfection" (s. 17).

Visshetens ideologi visar sig på ett avgörande sätt i vad Jablonka och Gellert (2007) kallar "myten om den ofelbara tekniken". När flygplan kraschar eller kärnkraftverk drabbas av problem, anses detta oftast vara orsakat av den mänskliga faktorn. Detta kan illustreras av händelseförloppet kring "Ariane 5 flight 501" (Le Lann, 1997), en rymdraket som kraschade 1996 på sin jungfrufärd. Kraschen orsakades av ett avrundningsfel som i sin tur genererade en lavin av följdfel i raketens kontrollsystem. Kärnan i detta problem utgörs av det enkla faktum att, på grund av att datorer måste lagra tal med hjälp av ett begränsat antal bites, så kan de egentligen inte hantera reella tal, utan bara approximationer vars noggrannhet är bestämd av antalet bites.

Det faktum att beräkningsfel äger rum är därför en inneboende egenskap hos datoriserade beräkningssystem. Risken för att en rymdraket skall krascha är därför ett problem inneboende i tekniken, vilken bara kan kontrolleras och begränsas av människan till en viss punkt —aldrig fullständigt. Den offentliga rapporten från undersökningskommissionen drog inte desto mindre slutsatsen att "undermåliga principer vid mjukvarukonstruktion är kärnan" (Le Lann, 1997, s. 339), vilket innebär att kraschen ansågs vara orsakad av mänskliga brister. Le Lanns kritiska åter-analys visar dock att denna typ av problem faktiskt är oundvikliga. Eftersom matematiken är en mänsklig konstruktion, kan den inte kompensera för människans inneboende bristfällighet. Den kan inte undgå att vara en del av människans historia.

Den visshet och ofelbarhet som människor förväntar sig genom matematiseringen är med andra ord en illusion som hålls vid liv genom förnekandet av en skillnad som inte går att bortse ifrån; skillnaden mellan mänskligt handlande och matematisk beskrivning. I linje med detta kan därmed tanken att matematik på ett ofelbart sätt kan lösa verkliga problem ses som en fantasi. Med hjälp av Žižek (1992), kan vi förstå händelser som kraschen av Ariane 5 flight 501 som ett symptom på visshetens ideologi, där det som hände snarast är en oundviklig motsägelse. Hur kommer det sig då att vår relation till denna ideologi inte förändras av händelser (symptom) som dessa? Enligt Žižek är det ideologin själv som tillhandahåller det fantasimaterial som gör det möjligt för oss att undvika en konfrontation med symptomet, och därmed upplever vi alltid symptomet i förvriden form. Žižek (2008) kallar detta ”fetischistisk förnekelse”: ”Vi vet mycket väl att vi aldrig kommer att lösa alla våra problem med hjälp av matematik, men likväl... [försöker vi lösa alla våra problem med hjälp av matematik]” (s. 12). På detta sätt möjliggörs en så kallad fetischistisk förnekelse, vilken handlar om att vi i efterhand underkänner att vi faktiskt upplevt symptomet. Genom detta underkännande kan symptomet därmed fortsätta existera 'utanför radarn'. Samtidigt framträder vår verklighetsupplevelse i förvriden form.

De|matematiseringens dialektik

Visshetens ideologi, som diskuterades i föregående avsnitt, väcker också frågan om de mekanismer som möjliggör den förnekelse som ingår i ideologin. En sådan mekanism tycks vara inneboende i en process som Jablonka och Gellert (2007) kallar ”matematiseringens och dematematiseringens dialektik”. Även om teknologier leder till att allt större delar av våra liv matematiseras blir samtidigt användningen av matematik allt mindre synlig. Det blir helt enkelt vanligare att vi inte ser matematikens närvaro, och därför blir det enklare att förtränga dess symptom, dvs dess effekter. Dematematisering identifierades under sent 1980 tal av forskare som Keitel (1989) och Chevallard (1989, omtryckt 2007), som ett socialt fenomen, vilket äger rum parallellt med matematisering. Dessa författare gjorde kopplingar mellan dematematisering och ”implicit matematik”:

> Implicit mathematics are formerly explicit mathematics that have become ”embodied”, ”crystallized” or ”frozen” in its objects of all kinds—mathematical

> and non- mathematical, material and non-material –, for the production of which they have been used and ”consumed”. (Chevallard, 2007, s. 58).
>
> Implicit mathematics makes mathematics disappear from ordinary social practice (Keitel, 1989, s. 10)

Enligt Chevallard (2007, s. 58) integreras matematik i fysiska objekt rum genom att matematisk kunskap används i skapandet av objekten. Medan det kan krävas ett stort mått av matematisk kunskap för att designa ett objekt, kan detta objekt därefter (mass)produceras med en betydligt lägre inblandning av matematik. Detta är möjligt eftersom matematiska processer och procedurer som först behövde i skapandet inte längre behöver upprepas. Matematiken kan beskrivas som fortsättningsvis ’frusen’, eller ’kristalliserad’ i objektet. När ett sådant objekt har skapats, kan det användas som ett redskap för att designa —med hjälp av matematik— nya objekt. T.ex. kräver digital teknik för tidtagning utveckling av en algoritm och på samma sätt är det med teknik som mäter avstånd. Teknik för att mäta hastighet kan utgå från dessa två algoritmer som om de vore ’objekt’, istället för att återigen skapa den algoritm som behövdes från början. Detta leder enligt Chevallard till en ”oändlig regress”. Det leder därmed till att ’konsumtionen’ av matematik blir allt enklare. I sin implicita form blir matematik som tidigare varit komplicerad och exklusiv, tillgänglig och tillämpbar för konsumenter som saknar matematisk expertis. Därför argumenterar Chevallard (2007, s. 57, kursiv i original) att ”in contradistinction to societies as organised bodies, all but a few of their members can and do live a gentle and contended live *without any mathematics whatsoever*”. Själva matematiseringen leder till den bekväma friheten, för individen, att inte behöva kunna någon matematik.

Medan Chevallards analys visar hur matematisering bidrar till dematematisering, visar Keitels (1989) analys —med fokus på den mekaniska klockans historiska uppkomst— hur dematematisering bidrar till matematisering:

> Thus, the mechanical clock changed the relation between mankind and reality far beyond its original domain of application. It initiated the creation of a second nature totally reconstructing the first, exclusively admitting objective, mathematical laws, devaluing the authority of individual (subjective) experience or insight. (s. 9)

Innan den mekaniska klockan fanns ingen tydlig, mätbar, gemensam tid. I stället var tid något betydligt mer subjektivt än idag. Efter den mekaniska klockan framstår i stället varje försök att på allvar föreslå ett alternativ till en gemensam mätbar tid som underligt, om inte absurt —trots att detta tidigare var en självklar nödvändighet. Vad gäller såväl vetenskap och offentliga institutioner, som individer som helt enkelt lever sina liv, så har tid som mätbar och uppmätt entitet blivit den självklara, 'riktiga' uppfattningen av vad tid är för något. Om vi följer Keitel, så innebär detta att den mekaniska klockan förändrade människans relation till verkligheten på ett sätt som sträcker sig långt bortom klockans ursprungliga tillämpningsområde. Den ledde till skapandet av en andra natur, som fullständigt omstrukturerar den första, genom att bara tillåta objektiva, matematiska lagbundenheter, samtidigt som den nedvärderar individens (subjektiva) erfarenhet och insikt.

Även om det kanske är möjligt för oss att rationellt analysera och dekonstruera —ungefär plocka isär— vår uppfattning om tiden och då se den som resultatet av en historiskt tillfällig missbedömning —en kollektiv illusion— innebär inte detta att vi kan frigöra oss från tvånget att låta denna illusion styra våra handlingar. "The illusion is not on the side of knowledge, it is already on the side of reality itself, of what the people are doing" (Žižek, 2008, s. 29f.). Det är inte möjligt för oss att gå tillbaka till den uppfattning om tid som fanns innan klockan uppfanns, genom att skala av alla lager av illusion för att nå fram till vad vi antar är en ursprunglig och oskyldig 'första natur'. Matematiskt uttryckt kan man säga att den 'första' naturen snarare skall förstås som moment x och 'andra' som moment x+1. Som vi ser är det inte bara så att matematisering leder till dematematisering genom 'frysning' — dematematisering leder samtidigt till matematisering genom att något nytt (som klockan) blir något naturligt (naturaliserat). Fischer (1993) beskriver detta som en cirkularitet: "We have a circularity: The more mathematics is used to construct a new reality, the better it can be applied to describe and handle exactly this reality" (s. 118).

Trots att matematisering och dematematisering kan ses som motsatta fenomen, står de med andra ord i ett dialektiskt förhållande till varandra och kan betraktas som två sidor av samma mynt. Det är därför jag valt termen de|matematisering som beteckning både för matematisering och vad som framstår som dess motsats. Den cirkularitet som Fischer förknippar med de|matematisering beskriver på ett bra sätt relationen mellan de|matematisering och dess symptom. En ökande matematisering gör att erfarandet av effekterna (symptomen) skjuts framåt i tiden, genom ett löfte om någon sorts ostoppbar framstegsprocess i riktning mot ett perfekt sluttillstånd. Med Lacan (2008) kan ett sådant löfte beskrivas som "evolutionism": tron på något högsta gott som resultatet av att matematiseringen fullföljs till den slutpunkt som väglett processen från första början. Om vi bara fortsätter i de hjulspår där vi redan befinner oss, kommer allt att lösa sig, tids nog.

Att njuta av att vara en del av den evolutionistiska ideologin

Enligt Žižek (2008) verkar ideologier inte på medvetandets nivå, utan genom vårt handlande. Ideologier finns där, inte för att folk tror på dem, utan för att människor handlar som om det som ideologin 'säger' är sant, oavsett om de tror på det eller inte. Vad är det som får människor att handla utifrån den evolutionistiska ideologin, där det 'goda' med matematisering inte ifrågasätts? Žižeks generella svar är att de utvecklar sätt att njuta av att försjunka i ideologin. Vilken njutning är det i så fall som ett praktiskt anslutande till den evolutionistiska ideologin kan erbjuda, trots symptom som kraschen med "Ariane 5 flight 501"?

Så länge maskiner 'kan' den matematik en individ behöver —det vill säga: kan matematiken i hennes ställe— blir individen befriad från bördan att behöva kunna matematik:[3] "technology facilitates the use of mathematics in social or technical situations precisely by liberating the user from the details of the mathematics involved" (Jablonka & Gellert, 2007, s. 11). Berättelsen om en bekväm framtid gör det möjligt att undvika mötet med symptomen av visshetens ideologi. När matematiseringar "blir materialiserade, blir de en del av vår verklighet och för det mesta frågar vi oss inte varifrån de kommer och vad de är —det är inte nödvändigt att ställa sådana frågor" (Jablonka & Gellert, 2007, s. 7, vår översättning). Vi tycker det är mycket bekvämt att delegera det hårda matematiska 'arbetet' till verkligheten själv, och går därför med glädje in i ett beroendeförhållande till fantasin om att allt skall lösa sig, om bara tiden och matematiken får verka. Därför kan vi räkna bekvämlighet till en av de känslor som gör det möjligt att njuta av den evolutionistiska ideologin. En aktuell reklamfilm från en världsledande biltillverkare illustrerar fantasin om bekvämlighet på den individuella nivån (se tidslinjen i Tabell 1).[4]

---

[3] Se Lundin och Storck-Christensen (2022) för en annan mekanism som har utvecklats i den moderna kulturen för att delegera det direkta mötet med matematiken till någon annan.

[4] Se videon på http://www.youtube.com/watch?v=KqPGlr52xDw. Hämtad 2015.03.03.

Tabell 1. Tidslinje av reklam.

	En ung pojke med bindel för ögonen och en glass i handen går på trottoaren. Han går mot en stolpe, gör plötsligt en 90-graders sväng, varefter han går in i stolpen. Han går vidare, strax på väg mot nästa stolpe. Under tiden kommer en äldre pojke på cykel upp på vägen, och en bil svänger runt hörnet.
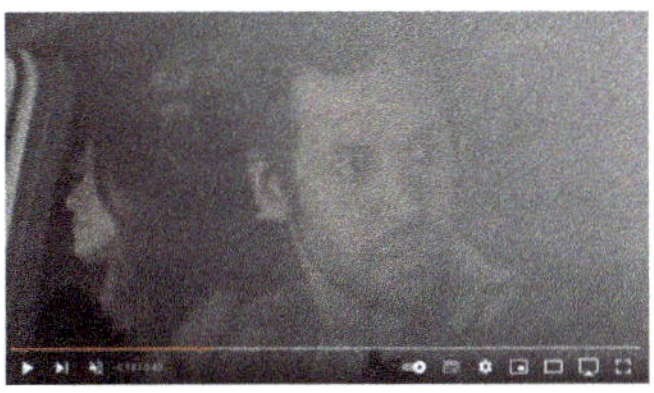	Medan bilens passagerare drömmande tittar ut genom fönstret, kan föraren inte låta bli att stirra på den yngre pojken, utan att se att den äldre pojken —utan synbar anledning— har stannat sin cykel mitt i vägen.
	Precis i rätt ögonblick signalerar den teknik som reklamfilmen handlar om, och en röd triangel visar sig i bilens kontrollpanel. Föraren tvärbromsar och bilen stannar precis framför den äldre pojken med cykeln. Den yngre pojken med bindel och glass, går in i nästa stolpe.
	Föraren och passageraren tar ett djupt andetag och ser på varandra med lättnad. Den äldre pojken lämnar övergångsstället. Den sista scenen visar bara bilen på vägen och texten ”Issues a warning before collisions. Stödjer bromsning. Den nya B-klassen, med COLLISION PREVENTION ASSIST”.

Själva tekniken, ”Collision prevention assist” (CPA), har möjliggjorts genom en otrolig mängd matematiskt arbete, som tidigare var explicit, genom vilket matematiker designat algoritmer vilka hanterar de numeriska data som detektorer samlar in i realtid. Dessa data, kan vi misstänka, måste relateras till ett tredimensionellt vektorrum, där de modellerar objekt och rörelser i närheten av bilen. För att förutse möjliga kollisioner och visa varningar måste dessa algoritmer generera förväntade rörelsebanor. Kvaliten hos CPA, får vi förmoda, beror till stor del på kvaliteten hos dessa modellerande algoritmer. Trots att den marknadsförda produkten är CPA, tematiseras inte på något sätt dessa matematiska kvaliteter som utgör innovationens kärna. CPA marknadsförs inte som ett instrument som gör det möjligt för en redan försiktig förare att köra ännu säkrare, utan tvärtom som en produkt som gör det möjligt att utan risk försjunka i drömmerier. Han kan köra med bindel för ögonen, som analogin med barnet antyder, han kunde äta glass när han kör, eftersom han i motsats till pojken har en teknologisk skyddande ängel som ser till att han inte skadar sig. Han kan, först och främst, helt enkelt lita på den matematik som är gömd i teknologins algoritmer —vilket Jablonka och Gellert (2007) beskriver som "a black box"—, luta sig tillbaka och ha det bra. Medan pojken med bindeln går in i sin stolpe, undgår föraren detta smärtsamma öde.

På samma gång är bekvämlighet ett misstänkt egoistiskt motiv, särskilt när det är förknippat med delegering av ansvar. Det är ett hån mot en upplyst och medveten person, för vilket delegering av ansvar för bekvämlighets skull snarare borde generera skuldkänslor. Det kan då tyckas oklart hur sådana känslor som skuld kan bidra till den njutning som här förknippas med evolutionism. Žižek (1992) påpekar emellertid att skuld genererar en lust att få den att försvinna. Förmodligen precis av denna anledning innehåller reklamfilmen även ett andra budskap, som handlar om *gemensam* säkerhet: CPA räddar livet på det oskyldiga barnet —den äldre pojken på cykeln. Uppfinningen gör det möjligt att njuta av en handling (köra bil) och samtidigt göra något för det gemensamma bästa —bidra till trafiksäkerheten. Att individen avsäger sig sitt personliga ansvar blir därmed en handling *för* det gemensamma bästa, istället för att utgöra en form av egoism. På så sätt skänker matematiseringen inte bara en behaglig frihet från ansvar —den får dessutom denna frihet att framstå som ett sätt att ta ansvar, som är bättre än att 'personligen' bära ansvaret. Matematiseringen erbjuder därför en kollektiv "befrielse från spänningar" (Fischer, 2007, s. 68) som i nästa steg möjliggör en kollektiv anslutning till "certain mechanisms without a common idea about its whole, and, as a consequence, without any responsibility for it" (s. 69). Denna föreställning om kollektivt ansvar genom överlåtelse till teknik är förstås en illusion. Men på så sätt kan individens förträngning av symptomet kopplas samman med en kollektiv förträngning som med Fischer kan kallas "samhällets omedvetna". Evolutionism innefattar på så sätt både egoism och altruism: den genererar en till synes motsägelsefull kombination av bekvämlighet, skuldkänslor och lättnad från precis dessa skuldkänslor —och blir därför en självreproducerande njutningsmaskin.

Vi ser att problemet med människors ideologiska bindning till delmatematisering inte har med information att göra, och inte heller med något falskt kollektivt medvetande rörande effekterna av delmatematisering —som Borba och Skovsmose (1997) föreslog med sitt begrepp om visshetens ideologi. Vid århundradets början framstod detta som ett naturligt antagande, eftersom media vid denna tidpunkt sällan "upplyste oss om det faktum att matematik formar en stor del av dagens liv och pekade ut var detta händer" (Davis, 2007, s. 195). Detta har emellertid förändrats dramatiskt under de senaste åren. Algoritmiseringen av samhällslivet har blivit ett ofta återkommande tema i seriös media.[5] Trots detta är företag vars själva idé är att dra nytta av delmatematiserings dialektik större och mäktigare idag än någonsin tidigare, både ekonomiskt och politiskt. Vi kan därför konstatera att det finns en stor klyfta mellan människors kritiska medvetenhet och deras praktiska handlande. Varför leder inte kritisk distans till kritisk handling?

Kritisk distans som del av evolutionismens lockelse

En analys av en annan bilreklam kan hjälpa oss att bättre förstå denna klyfta. Medan det på 1980-talet tycks ha varit användbart att knyta an till matematikens magiska stjärnglans (se citatet från Davis och Hersh i början av denna artikel, angående datoriseringen av kärlek), tycktes detta några årtionden senare inte längre vara fallet. Tvärtom: trots att kampanjen "fly kartan",[6] är från samma biltillverkare som marknadsförde CPA, riktade sig denna kampanj tydligt till alla de som känner sig alienerade av delmatematiseringens allt mer omfattande verkningar. "Fly kartan" var en interaktiv kampanj där konsumenter kunde delta via sociala medier och mobiltelefoner, i en lek som gick ut på att befria vackra Maria, som var fångad i Google Street View: "Dömd till ett ensamt liv innanför Streetview, behöver Marie din hjälp för att fly. Det är en märklig värd innanför Streetview, och dess effekter på det mänskliga förståndet är förvånande; det är en plats där livet är allt annat än alldagligt – en värld fyllt med buggar och digitala virvlar" (Mercedes Benz, 2011, vår översättning), förklarade kampanjens websida. I inledningen till den påkostade fyra minuter långa filmen kring vilken kampanjen är byggd, frågar Marie retoriskt: "Du vill inte sluta på det här sättet?" Bilen, som hjälper Marie att framgångsrikt fly ut ur den delmatematiserade världen, är —naturligtvis— den som filmen marknadsför. Istället

---

5 Ta som ett mer eller mindre slumpmässigt engelskspråkigt exempelpå artikeln *How algorithms rule the world*, som förekom i The Guardian och som frågar: "The NSA revelations highlight the role sophisticated algorithms play in sifting through masses of data. But more surprising is their widespread use in our everyday lives. So should we be more wary of their power?" (https://www.theguardian.com /science/2013/jul/01/how-algorithms-rule-world-nsa).

6 Se kampanjen video https://www.youtube.com/watch?v=Z8rLyYYzEOo. Hämtad 2015.03.03.

för att marknadsföra den rika uppsättning teknik som bilen trots allt är utrustad med, framställer berättelsen tekniken som ett vapen i kampen mot alienering i en allt mer främmande, delmatematiserad värld. Det verkar som om ideologin å ena sidan ansluter sig till evolutionismen genom att sälja matematiskt sofistikerad teknik, men å andra sidan kritiserar precis denna teknikanvändning. Enligt Žižeks beskrivning av hur ideologier fungerar är detta ingen tillfällighet, och det vore naivt att tro att dessa två sidor är oberoende av varandra. Enligt Žižek (2008, s. 137), är ett visst mått av genomskådande och kritisk distans en nödvändig och inbyggd aspekt av ideologins uttryck, och relaterar detta till vårt förhållande till våra medmänniskor (den andre):

> So it is precisely this lack in the Other which enables the subject to achieve a kind of 'dealienation' caned by Lacan separation: not in the sense that the subject experiences that now he is separated for ever from the object by the barrier of language, but that the object is separated from the Other itself, that the Other itself 'hasn't got it', hasn't got the final answer—that is to say, is in itself blocked, desiring; that there is also a desire of the Other. This lack in the Other gives the subject—so to speak—a breathing space, it enables him to avoid the total alienation in the signifier not by filling out his lack but by allowing him to identify himself, his own lack, with the lack in the Other.

En fullständig, total identifikation med visshetens ideologi är en förolämpning mot det autonoma, självmedvetna och rationella subjektet. Det skulle innebära att matematiken *faktiskt* kunde lösa alla de dilemman som mänskligheten är dömd att brottas med. Det skulle innebära den 'optimala' relationen mellan människan och tekniken: att det vore bättre att överlåta människans välbefinnande till tekniken än att låta det vila i mänsklighetens egna händer. Slutligen skulle detta leda till en fyrkantig determinism och slutet för det unika mänskliga subjektet.

Som Žižek förklarar är det inte nödvändigt att helt och hållet avfärda den evolutionistiska ideologin för att undvika de obehagliga konsekvenser som beskrivs ovan. En annan möjlighet är att istället anta att matematiken inte har det slutgiltiga svaret. I stället måste vissheten själv brottas med tvivel. Detta antagande skapar ett andningsrum, främst genom att det utgör ett ifrågasättande av visshetens ideologi, medan det samtidigt lämnar evolutionismen intakt. Därmed kan detta inkluderande av kritisk distans till visshetens ideologi, inom evolutionismens ramar, förstås som en försvarsmekanism. Det är denna kritiska distans som möjliggör vår fetishistiska förnekelse: ”Jag vet mycket väl att jag känner mig alienerad, men trots det... (så köper jag matematiserade produkter)”. Genom att dölja motsägelsen mellan medvetande och handling, gör den kritiska distansen det möjligt att njuta än mer fullständigt av den ständigt pågående rörelsen av bekvämlighet, skuld och lättnad.

För att behålla sitt grepp är det till och med helt nödvändigt att människor inte tror helt och fullt på de sociala fantasier som kommer till uttryck i deras handlande. ”The notion of social fantasy is therefore a necessary counterpart to the concept of antagonism: fantasy is precisely the way the antagonistic fi ssure is masked. Fantasy is a means for an ideology to take its own failure into account in advance” (Žižek, 2008, s. 142). Att förstå kritisk distans som en inneboende egenskap hos den evolutionistiska ideologin hjälper oss att se varför kritisk distans inte nödvändigtvis bidrar till att bryta rörelsen av del-matematisering: denna rörelse har redan tagit detta misslyckande med i beräkningen, och gjort det till en del av sitt sätt att fungera. Det är till och med så att den kritiska distansen bidrar till den evolutionistiska ideologins lockelse.

Vad är felet med kritisk distans?

Det ovanstående resonemanget pekar mot att det, inom samtidsmedia, är mer träffande att tala om en evolutionistisk ideologi än om en visshetens ideologi. Den evolutionistiska ideologin har till och med gjort den kritiska distansen —osäkerheten— till en del av sitt sätt att fungera. På så sätt lyckas visshetens ideologi att göra sig själv immun mot sitt eget misslyckande, mot sina symptom. Evolutionismen uppmuntrar sina subjekt att tolka misslyckanden som empiriska hinder, som marginella, tekniska problem inom ramen för ett i övrigt gott system (jfr. Pais m.fl., 2012, s. 29).

Nu kanske den kritiska läsaren undrar vad som egentligen är felet med kritisk distans. Det vore möjligt att argumentera för att, när människor frivilligt bidrar till de|matematisering genom sitt handlande, trots en medvetenhet om dess negativa konsekvenser, så måste de förvänta sig tillräckligt många positiva effekter för att det positiva skall överväga det negativa. Vad som står på spel är här hur vi värderar kritiken. När ska vi vara mer än bara misstänksamma, och fundera över motstånd? När skall vi bejaka osäkerhet som en öppenhet inför den framtid som rör sig mot oss?

I sin omfattande forskning om dating-websidor har den amerikanska sociologen Eva Illouz (2007) föreslagit en modell för kritik som undviker fällan av både positiv och negativ evolutionism:

> I suggest to call this approach to social practice an 'impure' critique, a type of critique that seeks to stroll on a fine line between those practices that serve the subjects' wishes and needs —no matter how crude they may appear to us—, and those practices that clearly prevent subjects from reaching their aims. (s. 142)

Detta leder till insikten att en kritik av fetischistisk förnekelse på formen "jag vet mycket väl att jag känner mig alienerad av denna matematiska värld, men likväl... (köper jag matematiserade produkter)" måste ta praktikernas eget perspektiv på allvar. Som Pfaller (2002, s. 165, vår översättning) uttrycker det: "Nyckeln ligger i den hållning som praktikerna själva intar när de följer sina begär". I sin bok *Gefühle in Zeiten des Kapitalismus* [Känslor i kapitalismens tidsålder] genomför Illouz en analys av dating-websidor som visar hur genomgripande "datoriseringen" av kärlek har förändrats sedan David och Hersh (1986, s. 126) gjorde sina observationer på 1980-talet. Då följde matematiseringen en ganska statisk lista av kvantifierbar information: "income, height, smoker/non-smoker, education, preferred hobbies favourite music ... It [the computer] does not ask whether you are patient or not, considerate or brutal, tolerant or narrow-minded, impulsive or cautious". Den tillät inte vad Illouz (2007) kallar en "ontologisk presentation av jaget", vilken var vanlig när hon genomförde sin forskning. Denna typ av presentation förutsätter en rörelse som pekar mot en (förmodad) solid inre kärna, vilken handlar om vem personen 'egentligen' är och vad personen vill. Internet formaliserar sökandet efter en partner i analogi med en ekonomisk transaktion, "[Internet] gör jaget till en förpaketerad produkt som tävlar med andra på en öppen marknad, utan andra regler än tillgång och efterfrågan" (s. 132, vår översättning).

Genom den tekniska utvecklingen av Internet har sökandet efter en partner blivit sammanvävt med frågan om effektivitet (ibid.), där deltagare uppmuntras att utveckla "självtransformerande tekniker" som ökar deras bytesvärde. Detta, misstänker Illouz (2007, s. 134f, vår översättning), innebär en radikal förändring av kärlekens väsen, vilken —i den så kallade västvärlden— tidigare karaktäriserats av att vara: a) oförutsägbar, irrationell och oförklarlig och, b) en unik fysiologisk erfarenhet som skakar om vår kroppsliga trygghet, c) ett icke-instrumentellt värde, och d) ett uttryck för kärleksobjektets unika särart. Vi kan med andra ord dra slutsatsen att, i motsats till vad som var fallet 1986, har matematiseringen nu på ett genomgripande sätt börjat formatera kärlekens sociala praktiker. ”Internet tycks ha lyft processen av rationalisering av kärlek till en nivå som inte ens den kritiska teorin kunde drömma om” (s. 136, vår översättning). Illouz menar inte att det fanns en tidsålder före Internet då det (transcendentala) romantiska kärleksidealet faktiskt motsvarade hur kärlek kom till uttryck i socialt handlande. Sociala kärlekspraktiker har alltid varit sammanvävda med ekonomiska överväganden. Man skulle kunna argumentera för att detta var fallet än mer före Kulturrevolutionen på det sena 60-talet. Kärlekens sociala praktiker har med andra ord alltid krävt någon form av fetishistisk förnekelse på formen ”Jag vet mycket väl att jag väljer min partner på grund av sociala och ekonomiska omständigheter, men trots det... (Inbillar jag mig att jag älskar honom/henne romantiskt)”. För deltagarna i Illouz’ studie tycks emellertid sådan förnekelse spela en mycket mindre roll för subjektens önskningar och behov, än vad den spelar för deltagare i kärlekspraktiker som inte är matematiserade, off-line. Illouz (2007, s. 168, vår översättning) antar att anledningen till detta ligger i en ideologisk förskjutning som ägt rum inom senkapitalismen:

Om ideologi är det som gör det möjligt för oss att upprätthålla inre sammanhang trots att livet är fyllt av motsägelser, är jag inte säker på att den kapitalistiska ideologin längre kan erbjuda detta. Det är möjligt att den kapitalistiska kulturen har kommit till ett nytt stadium: medan den industriella och till och med den avancerade kapitalismen samtidigt krävde och möjliggjorde ett splittrat jag, som kunde glida mellan strategiskt handlande och känslostyrd interaktion, från det ekonomiska till det emotionella, från det egoistiska till det kollektivistiska, så fungerar vår tids kapitalism annorlunda. Det är inte bara så att vi idag använder ’cost-benefit’-analyser inom nästan alla privata och vardagliga områden; det verkar också ha blivit svårare att röra sig från en handlingsdomän —t.ex. den romantiska— till en annan —t.ex. den ekonomiska.

Medan senkapitalismen såklart inte kan befria oss från de motsägelser som är konstitutiva för subjektiviteten, det vill säga ’ett splittrat jag’, så har den slutat tillhandahålla strategier som gör det möjligt för oss att leva ett gott liv, med denna splittring.

Att återerövra den kritiska distansen

Denna utflykt till den matematiserade kärlekens domäner har hjälpt oss att bättre förstå när kritisk distans gentemot matematisering å ena sidan har en befriande verkan, eller å andra sidan tvärtom bidrar till att förstärka den rådande ordningen. Senkapitalismens evolutionistiska ordning underminerar i själva verket den kritiska distansens frigörande potential. När det inte ges utrymme för ett splittrat jag blir konsekvensen att den kritiska distansen snarare blir ett påträngande krav att tolka all friktion mellan motstridiga principer som empiriska hinder. Detta gäller i synnerhet i dessa tider av "Internet of everything", där varje social praktik —inklusive önskningar och begär— har matematiserats och inkluderats i ett sammanhängande nätverk där allting har förtingligats och tilldelats ett bytesvärde. Utifrån det Illouz skriver om att en förskjutning i den kapitalistiska ideologin idag minimerar utrymmet för ett splittrat jag, kombinerat med Žižeks (2004, s. 3) antagande, att medan "[senkapitalismen] fortsätter att vara en partikulär formation, så bestämmer den över alla andra formationer, inklusive livets icke-ekonomiska domäner" återstår en fråga: Finns det någon möjlighet för matematikutbildning att erbjuda en plats där kritisk distans skapar möjligheter snarare än stänger dem? Är det så att kritisk matematikutbildning, inom senkapitalismens ramar, är dömd att "tillhandahålla vad Freire (1998, s. 508) kallar 'ytlig förändring', utformad för att hindra snarare än en grundläggande förändring av hur skolan fungerar" (Pais m.fl. 2012, s. 32)? Är det så att vi är "tvungna att bekänna oss till matematikutbildningens nödvändighet och vikten av sådant vi inte begriper oss på" som Lundin (2012, s. 32) föreslår i sin analys av kritikens och reformarbetets ideologiska funktion inom matematikutbildningen?

Avslutningsvis vill jag, mot bakgrund av resonemanget så här långt, utveckla hur jag ser på de möjligheter som matematik och matematikutbildning trots allt kan inrymma. Först vill jag dock lyfta fram att jag håller med Pais och Valero (2012, s. 20) när de kommenterar matematikens roll för samhället. De argumenterar att "om syftet är de höga idealen hos demokrati, social rättvisa och jämlikhet", då skall vi inte förvänta oss någon lösning varken från matematikutbildning eller från matematikdidaktik. Samtidigt menar jag att vi inte heller ska underskatta värdet av den "relativa autonomi" som skolan trots allt erbjuder (Apple, 2002, Bernstein, 1990)[7], dvs att det inom skolan finns ett visst

[7] Även om ett sådant begrepp kan te sig märkligt inom ramen för en Žižeksk ideologiteori, tycks det inte motsäga den.

friutrymme[8]. Jag menar därför att skolan —på grund av, och inte trots, sin artificiella karaktär, där verkligheten är simulerad snarare än verklig (Lundin, 2012)— åtminstone har en liten potential att kompensera för kapitalismens misslyckande. Relativ autonomi innebär förvisso att skolan inte på egen hand kan erbjuda lösningen till senkapitalismens dilemman. På grund av sin karaktär av att fungera som simulerat 'spel' kan den dock erbjuda en plats för ett splittrat jag i matematikklassrummet. Detta skulle åtminstone skapa möjlighet att se kapitalismen som en ideologi bland många andra, snarare än att missta den för verkligheten själv. I vår tids ideologiska klimat framstår redan detta som ett ambitiöst och viktigt projekt (Fisher, 2009).

Ett sådant projekt förutsätter emellertid en tydligare brytning med den evolutionistiska de|matematiseringsideologin än den som föreslagits av företrädare för kritisk matematikutbildning. Ett första nödvändigt steg är en dialogisk utveckling av vad Keitel, Kotzmann och Skovsmose (1993, s. 272) kallar "reflekterat kunnande". Reflekterat kunnande i matematik uppstår genom att dess egen status som kunskap ställs i fokus. På så sätt kan matematisk kunskap uppfattas som en mänsklig skapelse bland andra, med sitt eget värdesystem. Sådant reflekterat kunnande innefattar kritisk distans till kunnandets egen status. Som jag argumenterat för i det här kapitlet är det dock nödvändigt för skolmatematiken —om den skall befria snarare än fånga in— att erbjuda en plats där matematiken inte bara hypotetiskt uppfattas som ett alternativ bland många andra, för att sedan snabbt sjunka tillbaka ner i visshetens dunkel. Detta skulle snarare få "matematikutbildningens etiska system att framstå som nödvändigt, oberoende av hur misskrediterat och destruktivt detta system för tillfället ter sig" (Lundin, 2012, s. 82) än att få det att framstå som möjligt att förändra.

Jag menar därför att ett nödvändigt andra steg är att matematikundervisningen erbjuder studenter möjligheter att helt ta avstånd från kravet att lösa 'realistiska' problem med hjälp av matematik. En sådan möjlighet skulle skapa utrymme för ett reflekterat och emanciperande splittrat jag, bortom den evolutionistiska ideologins räckvidd —snarare än en falsk avalienering inom dess räckvidd (se ovan). Kanske vill man protestera mot ett matematikklassrum där problem inte längre löses med hjälp av matematik och hävda att det inte längre är ett

---

[8] Som jag beskrivit i ett annat sammanhang (Straehler-Pohl & Gellert, 2015), hänger skolans relativa autonomi samman med omöjligheten för skolan att helt och hållet reproducera sitt funktionssätt (pedagogic device), på ett sätt som liknar hur Žižek beskriver symptomet.

matematikklassrum —utan en plats för politisk uppfostran eller övning i etik, för att ta två möjliga exempel. Om vi låter skolmatematiken definieras genom sin egen praktik —vilket är möjligt utifrån ett antropologiskt perspektiv (jfr. Brown, 2010; Lundin 2012)—, borde varje praktik som tematiserar den matematiska kunskapens status räknas som skolmatematik. Slutligen menar jag att inte bara inneboende egenskaper hos matematisering, som "etisk filtrering" (Skovsmose, 2008; de Freitas, 2008), borde tas upp inom skolmatematiken, utan att de dilemman som delmatematisering idag för med sig på ett explicit sätt skall göras till föremål för diskussion i matematikklassrummen.

Referenser

Apple, M.W. (2002). Does education have independent power? Bernstein and the question of relative autonomy. *British Journal of Sociology of Education, 23*(4), 607–616. https://doi.org/10.1080/0142569022000038459

Andersson, C.H. (2021). A critical gaze on new digital technology: Answers from mathematics education? I D. Kollosche (Red.), *Exploring new ways to connect: Proceedings of the Eleventh International Mathematics Education and Society Conference* (s. 129–132). Tredition. https://doi.org/10.5281/zenodo.5387474

Bernstein, B. (1990). *The structuring of pedagogic discourse: Class, codes and control.* Routledge.

Borba, M.C. & Skovsmose, O. (1997). The ideology of certainty in mathematics education. *For the Learning of Mathematics, 17*(3), 17–23. https://www.jstor.org/stable/40248248

Brown, T. (2010). Truth and the renewal of knowledge: The case of mathematics education. *Educational Studies in Mathematics, 75*(3), 329–343. https://doi.org/10.1007/s10649-010-9259-0

Chevallard, Y. (2007). Implicit mathematics. I U. Gellert & E. Jablonka (Red.), *Mathematisation and demathematisation: Social, philosophical and educational ramifications* (s. 57–66). Sense.

Davis, P.J. (2007). The media and mathematics look at each other. I U. Gellert & E. Jablonka (Red.), *Mathematisation and demathematisation: Social, philosophical and educational ramifications* (s. 187–196). Sense.

Davis, P.J. & Hersh, R. (1986). *Descartes' dream: The world according to mathematics.* Harcourt Brace Jovanovich.

Fischer, R. (1993). Mathematics as a means and as a system. I S. Restivo, J.P. van Bendegem, & R. Fischer (Red.), *Math worlds: Philosophical and social studies of mathematics and mathematics education* (s. 113–133). SUNY Press.

Fischer, R. (2007). Technology, mathematics and consciousness of society. I U. Gellert & E. Jablonka (Red.), *Mathematisation and demathematisation: Social, philosophical and educational ramifications* (s. 67–80). Sense.

Fisher, M. (2009). *Capitalist realism. Is there no alternative?* John Hunt Publishing.

Freire, P. (1998). Cultural action for freedom. *Harvard Educational Review, 68*(4), 471–521.

de Freitas, L. (2008). Critical mathematics education: Recognizing the ethical dimension of problem solving. *International Electronic Journal of Mathematics Education, 3*(2), 79–95. https://www.jstor.org/stable/pdf/42980104.pdf

Houston, S.K., Blum, W., Huntley, I., & Neill, N. (Red.) (1997). *Teaching and learning mathematical modelling: Innovation, investigation and applications*. Albion.

Illouz, E. (2007). *Gefühle in Zeiten des Kapitalismus*. Suhrkamp.

Jablonka, E. & Gellert, U. (2007). Mathematisation—Demathematisation. I U. Gellert & E. Jablonka (Red.), *Mathematisation and demathematisation: Social, philosophical and educational ramifications* (s. 1–18). Sense.

Keitel, C. (1989). Mathematics education and technology. *For the Learning of Mathematics, 9*(1), 103–120. https://www.jstor.org/stable/40247939

Keitel, C., Kotzmann, E., & Skovsmose, O. (1993). Beyond the tunnel vision: Analysing the relationship between mathematics, society and technology. I C. Keitel & K. Ruthven (Red.), *Learning from computers: Mathematics education and technology* (s. 243–279). Springer.

Lacan, J. (2008). *The ethics of psychoanalysis: The seminar of Jacques Lacan: Book VII*. Taylor and Francis.

de Lange, J., Keitel, C., Hutley, I., & Niss, M. (Red.) (1993). *Innovation in maths education by modelling and applications*. Ellis Horwood.

Le Lann, G. (1997). An analysis of the Ariane 5 flight 501 failure—A system engineering perspective. I *Proceedings of the 1997 Workshop on Engineering of Computer-Based Systems* (s. 339–346). IEEE.

Lundin, S. (2012). Hating school, loving mathematics. The ideological function of critique and reform in mathematics education. *Educational Studies in Mathematics, 80*(1), 73–85. https://doi.org/10.1007/s10649-011-9366-6

Lundin, S. & Storck-Christensen, D. (2022). Skolmatematiken är en bönesnurra – En ritualteoretisk tolkning av skolmatematikens samhällsfunktion. I P. Valero, L.B. Boistrup, I.M. Christiansen, & E. Norén (Red.), *Matematikundervisningens sociopolitiska utmaningar* (s. 235–256). Stockholm University Press. https://doi.org/10.16993/bcc.k

Mercedes Benz. (2011). Escape the map with Marie and Mercedes Benz. http://news.mercedes-benz.co.uk/innovations/escape-the-map-with-marie-and-mercedesbenz.html. Hämtad 2015.03.03

Pais, A. (2012). A critical approach to equity in mathematics education. I B. Greer & O. Skovsmose (Red.), *Opening the cage: Critique and politics of mathematics education* (s. 49–93). Sense.

Pais, A., Fernandes, E., Matos, J.F., & Alves, A.S. (2012). Recovering the meaning of "critique" in critical mathematics education. *For the Learning of Mathematics, 32*(1), 28–33. https://www.jstor.org/stable/23391949

Pais, A. & Valero, P. (2012). Researching research: Mathematics education in the political. *Educational Studies in Mathematics, 80*(1–2), 9–24. https://doi.org/10.1007/s10649-012-9399-5

Pfaller, R. (2002). *Die Illusionen der anderen. Über das Lustprinzip in der Kultur*. Suhrkamp.

Skovsmose, O. (2008). Mathematics education in a knowledge market: Developing functional and critical competencies. I E. de Freitas & K. Nolan (Red.), *Opening the research text: Insights and in(ter)ventions into mathematics education* (s. 159–188). Springer. https://doi.org/10.1007/978-0-387-75464-2_7

Skovsmose, O. (2014). Mathematization as social process. I S. Lerman (Red.), *Encyclopedia of mathematics education* (s. 441–445). Springer. https://doi.org/10.1007/978-94-007-4978-8_112

Straehler-Pohl, H. (2017a). Delmathematization and ideology in times of capitalism: Recovering critical distance. I H. Straehler-Pohl, N. Bohlmann, & A. Pais (Red.), *The disorder of mathematics education. Challenging the sociopolitical dimensions of research* (s. 35–52). Springer. https://doi.org/10.1007/978-3-319-34006-7_3

Straehler-Pohl, H. & Pais, A. (2014). Learning to fail and learning from failure: Ideology at work in a mathematics classroom. *Pedagogy, Culture and Society*, 22(1), 79–96. https://doi.org/10.1080/14681366.2013.877207

ZEIT. (2014, August 23). Zu kurz gesprungen. Was tun selbst fahrende Autos, wenn sie beim Ausweichen wählen müssen: Hinein ins Motorrad oder in die Fußgängergruppe? (Av Adrian Lobe). http://www.zeit.de/2014/33/autonomes-fahrenauto-strassenverkehr. Hämtad 2014.11.20

Žižek, S. (1992). *Enjoy your symptom. Jacques Lacan in Hollywood and out.* Routledge.

Žižek, S. (2004). *Organs without bodies: Deleuze and consequences.* Routledge.

Žižek, S. (2008). *The sublime object of ideology.* Verso.

12. Planera för inkluderande matematikundervisning i ett stormigt landskap

Helena Grundén och Helena Roos***

*Högskolan Dalarna och **Malmö universitet

Sammanfattning

I detta kapitel diskuteras hur olika sociopolitiska vindar som blåser runt matematikundervisning påverkar förutsättningarna för både lärare och elever på olika nivåer. Fokus ligger på planering för en inkluderande matematikundervisning under dessa förutsättningar. Detta belyses utifrån de tidigare kapitlens 'vindriktningar' samt vår egen forskning som fokuserar planering och inkludering i matematikundervisning. Utifrån de sociopolitiska beskrivningar som finns av mötet mellan elever, lärare och matematik kan vi se att det dels finns skillnader som uppträder över tid —förändringar som går från något mot något annat, men också förändringar som visar återkommande företeelser. För att synliggöra frågor om inkludering och planering inom ramen för dessa förändringar behövs en ständigt pågående debatt men det behövs också samverkan mellan forskare och lärare för att tillsammans kunna möta sociopolitiska utmaningar som uppstår när vi arbetar för en mer likvärdig och rättvis matematikundervisning. Det behövs även stöd och utrymme för lärare så att de kan tolka och navigera och genom ett informerat handlande planera för en inkluderande matematikundervisning.

Introduktion

I de tidigare kapitlen i denna antologi blir det tydligt att det blåser kraftiga vindar i och omkring matematikundervisning och mitt i stormen finns de aktörer som har huvudrollerna i matematikundervisningen — elever och lärare. I detta kapitel kommer vi utifrån dessa aktörer att dels ta fasta på delar av det som våra kollegor skrivit i tidigare kapitel, dels relatera till vår egen forskning som för Helena Roos handlar om

Hur du refererar till det här kapitlet:
Grundén, H. & Roos, H. 2022. Planera för inkluderande matematikundervisning i ett stormigt landskap. I P. Valero, L.B. Boistrup, I.M. Christiansen, & E. Norén (Red.), *Matematikundervisningens sociopolitiska utmaningar* (s. 281–298). Stockholm University Press. DOI: https://doi.org/10.16993/bcc.m.

inkludering i matematikundervisning, och för Helena Grundén handlar om planering för matematikundervisning.

Kapitlet är upplagt så att vi först beskriver de vindar som vi ser blåser runt matematikundervisning, elever och lärare utifrån tidigare kapitel och vår forskning. Därefter för vi en diskussion om vad vi ser för möjliga konsekvenser av dessa vindar för planering av en inkluderande matematikundervisning ur både ett elev- och ett lärarperspektiv. Kapitlet avslutas med våra tankar kring hur en medvetenhet om vindar som blåser kan bidra till att utveckla matematikundervisningen. Genom hela kapitlet finns en sociopolitisk ansats vilket för oss innebär att de resultat och argument vi för fram syftar till att lyfta fram frågor om likvärdighet och makt. Enligt Gutiérrez (2013) är syftet med sociopolitisk forskning inte bara att förstå matematikundervisning utan också att omvandla den så att den blir mer likvärdig och rättvis, något vi hoppas kunna vara en del av med de frågor vi lyfter.

Matematikundervisning i ett stormigt landskap

Matematikundervisning kan beskrivas som ett möte mellan tre parter: elev(er), lärare och matematik. Hur detta möte blir till och vilka möjligheter till lärande som uppstår påverkas av en rad faktorer, t.ex. hur lärare, elever och andra ser på var och en av de tre parterna samt hur man ser på mötet mellan dem. Vi har i de tidigare kapitlen sett hur synen på undervisningen —mötet mellan lärare, elever och matematik— kan vara olika både vad gäller innehåll och utförande. Detta kan exempelvis ses i Wallin, Norén och Valero (2022) som visar att undervisningen i fritidshemmet kan se olika ut och kategoriseras utifrån hur formell den är. I kapitlet ges exempel på hur ett samverkansprojekt mellan fritidshemmet och skolan innebar ett möte mellan olika traditioner och hur detta möjliggjorde för elever att utvecklas och visa kunskaper på olika sätt. Ett annat exempel är hämtat från de Ron (2022). Hon beskriver hur idéer om matematikundervisning som en kreativ och utforskande verksamhet där elever inbjuds att resonera fördes fram redan för drygt 150 år sedan. De Ron beskriver hur synen på matematikundervisning och problemlösning pendlat över tid, men det blir tydligt att formuleringar som knyter an till problemlösning funnits i styrdokument långt tillbaka i tiden. Trots detta förs ofta problemlösning fram som något nytt, något som skiljer sig från traditionell matematikundervisning. Detta kan kopplas till Grundéns (2020) forskning om planering där lärare pratar om traditionella respektive nya sätt att undervisa matematik.

Där innebär traditionell matematikundervisning att läraren har genomgångar och att eleverna arbetar individuellt i matematikböcker. Nya sätt innebär en mer varierad undervisning där elever ges möjlighet att utveckla fler förmågor, t.ex. problemlösningsförmågan. Det är intressant att fundera över varför de idéer som funnits i skrivningar om matematikundervisning i över 150 år betraktas som nya. Vad kan det bero på att dessa idéer inte fått genomslag och hur pass mycket styr egentligen styrdokument är frågor som vi ställer oss.

Det finns en intention att läroplaner ska styra den undervisning som lärare utför och elever möter. Genom förändringar i läroplanen är tanken att undervisningen ska förändras och läraren ses ofta som den som ska implementera och se till att de beslutade förändringarna blir verklighet (Remillard, 2005). Det finns dock studier som visar att vägen till förändrad undervisning inte är så enkel (t.ex. Goodyear, Casey & Kirk, 2017) eller att fullständig kontroll av undervisningen genom styrdokument inte är möjlig (Macedo, 2013). Vem läraren är, vilka värderingar den har och vilka erfarenheter den har gjort påverkar hur läroplanen omsätts i undervisningen, något som Remillard (2005) beskriver som att läraren interagerar med läroplanen. Lärare kommer att interagera på olika sätt vilket betyder att i vilken mån idéer som finns uttryckta i läroplanen kommer till uttryck i undervisningen kommer att variera i olika klassrum. Resultat från Grundéns (2020) studie om planering för matematikundervisning tyder på att styrning av undervisning är än mer komplext. Lärare som i planeringsprocessen fattar beslut om sin undervisning i matematik påverkas av en mängd faktorer, och det framkommer att makt är ständigt närvarande i planeringsprocessen. Något som kommer fram är att vad som verkar vara en allmän idé i samhället om vad matematikundervisning är och hur den bör bedrivas spelar roll för hur undervisningen blir. I intervjuer och samtal med lärare om planering framkom vid ett flertal tillfällen att lärare hänvisar till denna allmänna idé och hur den påverkar beslut som fattas (Grundén, 2020). En lärare kan t.ex. säga ”Så här ska man ju inte göra egentligen” när hon berättar om att hon under en period haft ”traditionell” undervisning, och en annan lärare säger att om hon gjorde en förändring i sin undervisning —en förändring som hon trodde skulle gynna alla elevers lärande— skulle föräldrar, kollegor och skolledare ha synpunkter och hon skulle tvingas argumentera för sina val. Läraren beskriver hur hon visserligen har argument för förändringen, men ändå drar sig för att genomföra den då hon inte vet om hon har energi nog att ta diskussionen. I dessa exempel finns en underliggande idé om hur matematikundervisning borde vara och den underliggande idéen påverkar läraren när hon fattar beslut om vad som ska göras i undervisningen.

Denna underliggande idé kan också prägla hur elever ser på och pratar om matematikundervisning och vad det är. I Roos (2019a) forskning pratar eleverna som intervjuas om matematik som något relativt statiskt som finns i en bok och om att det som ofta beskrivs som traditionell undervisning —ensidigt arbete i ett läromedel eller långa genomgångar— är tråkigt och påverkar deras deltagande i undervisningen negativt. Något som eleverna pratar om som roligt är det som ovan beskrivs som nya sätt att undervisa i matematik, t.ex. matematik i utomhusmiljö eller användandet av små whiteboardtavlor att skriva svar på i stället för traditionella skrivhäften. I sitt kapitel om matematik i fritidshemmet skriver Wallin m.fl. om fyra riktningar, sätt att se på matematik, som hon har identifierat: helinformell, halvinformell, halvformell och helformell. Om man skulle applicera dessa riktningar också på grundskolans matematik så tror vi att den helformella riktningen dominerar. Kanske är det naturligt att graden av formalitet ökar i skolan, men enligt Roos (2019a) forskning kan det vara denna riktning som gör att eleverna upplever matematiken tråkig vilket påverkar elevernas inkludering negativt. Att elevers negativa upplevelse av matematik påverkar deltagandet i undervisningen negativt kan även ses i annan matematikdidaktisk forskning (Andersson, Valero, & Meaney, 2015; Lewis, 2013; Murray, 2011). Dessa resultat tyder på att lärare, för att öka elevers deltagande, behöver ta elevers inställning i beaktande och sträva efter en undervisning som främjar elevers positiva upplevelser av matematik. Skolan kunde kanske inspireras av att arbeta mer dynamiskt och reflektera över ”*hur* den matematik som uppstår tas tillvara, förvaltas och utvecklas” (Wallin m.fl. 2022, s. 202) för att bidra till att elevernas syn på matematik förändras. I Roos studie talades det om kunnande i matematik i termer av betygssteg (A, C, E), inte utifrån det faktiska matematikinnehållet. Detta speglar hur handlingsutrymmet som skapats för att se på kunskap i matematik starkt präglas av Lgr11 med fokus på prestationsnivåer.

En del av mötet mellan elev(er), lärare och matematik handlar om bedömning. I denna antologi finns flera kapitel som lyfter frågor om bedömning och de vindar som blåser kring denna del av undervisningen blir synliga på olika sätt. T.ex. problematiserar Bagger (2022) begreppet likvärdighet i relation till genomförandet av nationella prov och lyfter frågan om det ska vara likvärdighet i genomförandet eller likvärdighet i elevers möjlighet att visa sina kunskaper. Ett annat exempel är Boistrup (2022) som beskriver hur bedömningspraktiker antingen kan bidra till elevers lärande och engagemang eller inte. Även Pansell (2022) presenterar olika vindar som blåser i relation till bedömning när hon beskriver grundläggande antaganden som antingen kan motivera valet att ha aktiviteter som tabelltest på tid i sin undervisning eller att inte ha dem då de kan leda till stress och negativa känslor hos eleverna. I ovan nämnda kapitel visas att lärare behöver förhålla sig till beslut, tankar och åsikter från andra aktörer när de fattar beslut om bedömning sin undervisning.

Bedömning som en del av matematikundervisning blir synligt i den studie av hur matematikundervisning skrivs fram i svensk nyhetsmedia under perioden 1992–2017 som Grundén gjort tillsammans med Jenny Isberg (Grundén, 2020). I studien framkom att det över tid framträdde ett allt större fokus på mätningar, resultat och jämförelser i media samtidigt som matematikundervisning skrevs fram som en alltmer varierad företeelse där olika aktiviteter ska bidra till att utveckla olika förmågor hos eleverna. Under de senare åren ser vi att det är vanligare att lärare uttrycker att de vill att deras undervisning ska väcka positiva känslor hos eleverna samtidigt som de få elevröster som hörs vittnar om stress och negativa känslor. Om vi ser på dessa resultat i ljuset av de olika vindarna kring bedömning som beskrivs i denna bok skulle en möjlig förklaring kunna vara att undervisningen visserligen är mer varierad och kanske bättre svarar mot elevers olika behov. Den bedömning som sedan sker är dock i linje med vad som ovan beskrivits som likvärdighet i genomförandet, en bedömningspraktik som inte bidrar till lärande och engagemang och grundläggande värderingar, och den testpraxeologi som beskrivs av Pansell (2022). Det skulle innebära att den undervisning eleverna möter och de kunskaper de därigenom förhoppningsvis utvecklar inte är vad som i slutänden bedöms. Även i Roos (2019a) forskning pratar eleverna om hur bedömningen har negativ påverkan på deras deltagande i matematikundervisningen. Här beskrivs bedömningssituationer som stressande och pressande och som situationer då man ska lösa uppgifter på ett givet sätt —inte hur man tänker utan hur ”lärarna vill ha det”. Det blir här tydligt hur det övergripande sättet att använda bedömning i matematik har en negativ påverkan på elevers lärande, och på deras syn på vad matematik är och kan användas till. Bedömningssituationer och dess negativa inflytande för likvärdighet och lärande i matematik är något som synliggörs och problematiseras i relation till forskning om exempelvis nationella prov (t.ex. Bagger, 2017). Vilka kunskaper som värderas och bedöms i matematikundervisningen speglar —eller borde spegla— vilket kunnande i matematik som lärare har för ögonen när de planerar sin undervisning. Som lärare har man läroplanen att förhålla sig till och i kursplanen anges vilka kunskaper och förmågor i matematik som elever ska ges möjlighet att utveckla. De budskap som finns i kursplanen när det gäller vad kunskap i matematik är och vad undervisningen ska bygga på är inte alltid helt lättförståeliga och behöver förstås i ljuset av de övergripande delarna i läroplanen och ur ett historiskt perspektiv (Roos, 2021). I sitt kapitel belyser Norén och Valero (2022) hur budskapen i läroplaner förändras över tid. Denna förändring kan ses i hur man har gått från en övergripande beskrivning av syftet med undervisningen i Lgr69 där "identifiering av ämnet matematik som central kunskap för skolning av barnets intellekt som är nödvändig för deltagande i ett kollektivt demokratiskt liv" (s. 286) mot en detaljerad beskrivning i Lgr11 av "elevers prestationsnivåer i visade matematiska kunskaper och förmågor för att i framtiden bli en initiativtagande individ i ett demokratiskt samhälle" (s. 286). Det vill säga synen på vad kunnande i matematik är och hur skolan formar goda matematiska medborgare i Sverige har förändrats över tid och skapar ett handlingsutrymme för lärare och elever i hur man kan och bör vara och agera i skolmatematik.

Ett annat budskap som framträder i nuvarande styrdokument är alla elevers rätt till en likvärdig utbildning. Roos (2021) visar i sin forskning hur likvärdighet och möjligheter för deltagande och tillgång i matematik regleras i skollag och Lgr11. Det finns tydliga kopplingar till inkludering —även om det ordet inte används— i de styrande dokumenten, t.ex. i skrivningar om demokrati och medborgarskap. I styrdokumenten skrivs framför allt ideologiska aspekter fram, och det finns inte någon stark koppling till hur lärare faktiskt kan jobba med inkludering i klassrummet. Det vill säga, lärare är reglerade i *vad* som ska genomföras, men inte *hur* man skapar ett inkluderande matematikklassrum. Denna lucka mellan *vad* och *hur* är något som är viktigt att beakta i matematikundervisningen både på organisations- grupp- och individnivå. I styrdokumenten finns också vissa motstridiga budskap om inkludering, vilket gör det ännu svårare för lärare att faktiskt arbeta aktivt med inkludering av alla elever i matematikundervisningen (Roos, 2021). Även i forskning finns olika budskap om inkludering. Det finns en hel del forskning som är på en övergripande ideologisk nivå (t.ex. Valero, 2017; Chronaki, 2018) och en hel del forskning om hur man kan göra inkludering i klassrummet, (t.ex. Hart Barnett & Cleary, 2015;

Scherer m.fl., 2016). Dock finns begränsat med forskning som täcker in både ideologiska aspekter och klassrumsaspekter samtidigt, vilket gör att de två olika sätten att se på inkludering oftast inte möts. Det kan få som följd att visionen om inkludering som finns på ideologisk nivå inte diskuterar hur man kan arbeta med inkludering i klassrummet, och i arbetet med inkludering klassrummet kanske ideologiska värden aldrig synliggörs. Det betyder att i forskning och praktik behöver vi koppla samman både ideologiska och klassrumsaspekter gällande inkludering (Roos, 2019b).

Elever i ett stormigt landskap

Som synliggjorts i tidigare text så styrs och påverkas den undervisning elever möter och det lärande som därigenom blir möjligt av en mängd olika faktorer. För att eleverna ska kunna utvecklas optimalt i sitt matematiklärande behöver undervisningen beakta elevens förutsättningar och villkor för lärande, vilken matematik som ska fokuseras samt den omgivning och undervisning som finns runt eleven (Magne, 2006). I sin studie av instruktioner till genomförande av nationella prov visar Bagger att elever med annat modersmål än svenska skrivs fram som missgynnade provdeltagare vilket får effekten att eleven ”riskerar att stå utanför kunskapsbedömningen” (Bagger, 2022, s. 101). Det betyder att provinstruktionerna reglerar lärares möjlighet att bedöma elevers kunskap och därmed också möjligheterna att jobba mot en likvärdig bedömning. Det innebär att det kan finnas elever som blir exkluderade redan innan kunskapsbedömning görs och eleverna ges därmed inte möjlighet att utvecklas optimalt utifrån sina förutsättningar.

Synen på elever belyses även av de Ron (2022). Hon beskriver hur spänningen mellan ett matematiskt innehåll som problemlösning och hur undervisningen utformas positionerar eleven och skapar olika — och ibland motsägelsefulla— bilder av en önskvärd elev. Även i Pansells forskning kan vi se en spänning mellan det matematiska innehållet —i detta fall automatisering av tabellkunskaper— och hur man ser på eleven i relation till undervisningen av innehållet. Bilden som målas upp är att vissa lärare inte tar elevers negativa upplevelse av tabelltest på tid i beaktande utan prioriterar vad de anser vara en gynnsam undervisningsaktivitet för att lära ett specifikt matematiskt innehåll. Lärarnas argument för prioriteringen grundar sig inte i vetenskapliga resultat och det är här ”det ligger en outnyttjad kraft” (Pansell, 2022, s. 63). Genom att förena teoretiska och ideologiska principer om matematik och elever med de metoder som används kan undervisningen utvecklas. Om vi tittar på den outnyttjade kraften som finns i dessa prioriteringar ur ett inkluderingsperspektiv kan vi se att det inte räcker att veta hur och varför, det behövs också reflektion kring ideologiska frågor och kunskap om de elever man har framför sig för att inkludera varje elev (Roos, 2019a). I denna reflektion bör även elevens röst vara närvarande så att man som lärare ställer sig frågan: Vad vill eleven själv få i undervisningen för att uppleva sig inkluderad och för att optimera sitt lärande i matematik? (Roos, 2019a). Denna fråga har undersökts av Roos i en studie som handlar om elevers mening av inkludering i matematikundervisningen. Eleverna som har deltagit i forskningen är högstadieelever som av sina lärare uppfattas att vara i särskilda utbildningsbehov i matematik (SUM), antingen eftersom de kämpar för att få tillgång till det matematikinnehåll som presenteras i klassrummet för att nå lärande, eller att de redan kan det matematikinnehåll som presenteras i klassrummet och behöver något annat för att nå lärande. I studien beskriver SUM-eleverna hur deras inkludering påverkas negativt av hur matematikundervisningen är uppbyggd i form av statiskt användande av matematikböcker och anteckningsböcker. Eleverna som kämpade för att få tillgång till matematikinnehållet beskrev hur möjligheten att ibland få vara i en liten grupp utanför klassrummet skapade en känsla av trygghet och gav dem möjlighet att våga prata i lugn och ro och få en extra förklaring. Genom detta ökades elevernas inkludering eftersom deras deltagande ökade. Det verkade här som att elevernas möjlighet att själva välja var och hur de ville delta i undervisningen —i helklass eller liten grupp med en speciallärare i matematik— var nyckeln till att den lilla gruppen ökade deras känsla av inkludering. Det vill säga lärarnas syn på eleverna var att de var kompetenta att själva avgöra vilket stöd de behövde och när, och lärarna respekterade elevernas val även om de var med eleverna som stöd och vägledare i avgörandena.

I flera kapitel i denna antologi beskrivs hur det i styrdokument finns olika syn på elever. I de Rons genomgång beskrivs elever antingen som tänkande, bildade och moraliska eller som praktiskt handlande, och i kapitlet av Norén och Valero framkommer att styrningen i läroplaner inte bara handlar om innehåll och pedagogik utan också om vem eleven ska bli genom undervisningen i matematik. I Lgr69 ses eleven som en aktiv aktör vars intellekt ska utvecklas så att eleven kan bli en aktiv medborgare, medan signalerna i Lgr11 är att eleven är ett objekt och att läraren och skolan ska agera så att eleven utvecklar ökat eget ansvar. Genom förskjutningen av ansvar från skolans mot elevens och synen på eleven från en aktiv aktör mot ett objekt kan vi se en neoliberalistisk syn på eleven, som en kunskapsprodukt som ska nyttjas av samhället i stället för en värdefull individ i samhället oavsett vilka kunskaper och förmågor eleven har.

Lärare i ett stormigt landskap

En central aktör i matematikundervisningen är matematikläraren. Hur läraren tolkar sitt uppdrag har betydelse för vilken undervisning som sker, men att tolka sitt uppdrag är inte helt enkelt och påverkas bland annat av hur lärarutbildningen är styrd och uppbyggd. I Österling (2022) problematiseras det faktum det i den senaste lärarutbildningsutredningen målas upp olika bilder av den goda matematikläraren och att det finns en spänning mellan bilderna som målas upp, hur lärarutbildningen ser ut och vilka studenter som finns på utbildningen. Denna spänning synliggör en problematik som innebär att vissa lärarstudenter görs osynliga i bilden av den gode matematikläraren. Detta osynliggörande skulle kunna få konsekvenser för mångfalden i lärarutbildningen —kanske finns det grupper och individer som inte identifierar sig med de bilder som förmedlas och därmed inte söker sig till läraryrket. En sådan brist på representation får i sin tur konsekvenser för hur väl vi kan möta alla elever i undervisningen. Det vill säga synen i den granskade lärarutbildningsutredningen har en smal blick på vem som kan bli matematiklärare och vad som är viktig kunskap för en lärare. En relevant fråga i sammanhanget är vem som har den reella makten över vad en matematiklärare är och över den undervisning hon ska bedriva.

Ett av de uppdrag en larare har är att bedöma sina elever, men det finns olika syn på vad bedömning är och hur den kan och bör utföras. I sitt kapitel presenterar Boistrup (2022) en helhetsbild av bedömning genom att beskriva det nätverk för styrning som finns i relation till bedömning —bedömningsdispositivet. I bedömningsdispositivet finns styrning mot två olika bedömningspraktiker i vilka eleverna antingen erbjuds att lära och engagera sig i matematik eller inte. Läraren finns i en praktik där den måste förhålla sig till styrningen i de olika riktningarna och resultaten i de studier Boistrup har gjort visar att lärare ibland fattar beslut om bedömning som går i riktning mot den praktik där eleverna inte ges möjlighet att lära och engagera sig i matematik. Bedömningspraktiken kan således verka både positivt och negativt för elevers inkludering i matematik beroende på lärarens syn på bedömning, vad den kan användas till och hur den genomförs. Dock behöver vi beakta att huruvida en bedömningspraktik bidrar till lärande och engagemang eller inte avgörs till viss del av beslut och administrativa åtgärder som är utanför lärarens kontroll. I bedömningsdispositivet finns alltså olika element som påverkar bedömningen och som därmed också påverkar elevers möjligheter att genom bedömningen få stöd i sitt matematiklärande. De element som finns i bedömningsdispositivet påverkar också lärares arbete med bedömning. Paralleller kan dras till Grundéns (2020) forskning som visar att lärares planering för matematikundervisning är en social praktik som påverkas av många olika aktörer. Detta sätt att se på planering som en social praktik skiljer sig från mycket av den forskning som finns i det matematikdidaktiska fältet där planering ofta beskrivs som en linjär process i vilken lärare fattar beslut baserat på sina kunskaper och erfarenheter (t.ex. Kilpatrick, Swafford & Findell, 2001; Superfine, 2008; Zazkis, Liljedahl & Sinclair, 2009). I synen på planering som en social praktik —liksom i bedömningsdispositivet— påverkas planeringen av beslut som fattas av aktörer med formell makt såsom t.ex. skolledare och politiker. Exempel på sådana beslut som påverkar såväl bedömning som planering är beslut om betygsystem och beslut om mallar som ska användas vid bedömning respektive planering. I studien om planering (Grundén, 2020) framkom att lärare på vissa skolor är ålagda att planera i speciella mallar som är gjorda efter den i forskningen vanligt förekommande linjära idéen om planering där man först identifierar mål och syfte, sedan väljer ett innehåll och därefter formulerar konkreta mål. Dessa konkreta mål ligger till grund för aktiviteter. Slutligen planerar man utifrån mål och innehåll hur bedömningen ska ske. Bland de lärare i studien som är ålagda att planera i dessa mallar verkar det vanligt att planeringen ska publiceras på en lärplattform och där vara tillgänglig för rektorer och föräldrar. En av lärarna i studien uttryckte hur denna mall förändrat hennes planering:

> Jag har haft precis det här innehållet men det har liksom inte varit så formellt… Just att den där formaliteten Det ska se lika ut. Det gör att man blir lite låst eller man blir inte lika fri i tanken eller… 1, 2, 3, 4 Det ska komma först, sen det, sen det… Men egentligen så … Det är ju upp till mig också… Jag kan ju börja fundera på punkt 4…

I citatet ovan beskriver läraren hur planeringen i en mall fick negativa konsekvenser för lusten och kreativiteten i arbetet med planering. Men läraren ger också uttryck för ett möjligt motstånd genom att säga att momenten i planeringen inte behöver göras i den ordning som blanketten anger. Genom att reflektera kring något i sin praktik som läraren upplevde som problematiskt kunde läraren se alternativ.

Ett sådant motstånd uppmanar Boistrup (2022) när hon skriver om ett "motståndsarbete" i skolans värld där insikt i de aspekter som styr verksamheten kan bidra positivt till att utmana de förgivettaganden som finns —speciellt de som bidrar negativt till elevers möjligheter att lära och utvecklas— och därigenom utveckla undervisningen så att den blir mer likvärdig och jämlik.

För att undervisningen ska vara likvärdig behöver lärare vara uppmärksamma på att de inte endast identifierar elever i behov av stöd för att de inte når målen, utan också synliggör och värderar de elever som är i behov av stöd för att komma vidare i sitt lärande även om de gott och väl når målen (Roos, 2019a). Vikten av detta synliggörs genom ett exempel ur Roos forskning där en elev i årskurs 8 —Edward som var identifierad av lärarna som en elev som redan kunde den matematik som presenterades i klassrummet— behövde stöd i undervisningen för att få tillgång till lärande i matematik Han gav själv uttryck för att han kände sig osynlig i klassrummet och inte var värderad som en elev som behövde stöd. Detta kan relateras till Grundéns forskning om planering där flertalet lärare berättade hur de planerar för de elever som finns "i mitten", men samtidigt är medvetna om att det finns elever som egentligen behövde en annan typ av undervisning (Grundén, 2020). I lärarnas berättelser framkom att de gjorde anpassningar för de elever som, för att använda Roos termer, kämpade med att få tillgång till matematiken, men anpassningar för de elever som hade tillgång men behövde stöd för att komma vidare i sitt lärande verkade inte vara lika vanligt.

Ovan beskrivs hur lärare finns i en praktik också påverkas av andra aktörer. I Lundin och Storck-Christensen (2022) beskrivs detta i termer av att lärare är funktionärer i maskineriet "skolmatematik". Enligt författarna anger kursplaner, läromedel och nationella prov till stor del vad som ska ske i apparaten skolmatematik och det finns stabila handlingsmönster där elever och lärare har bestämda roller. Lundin och Storck-Christensen beskriver hur människor ibland förväntas att handla på sätt som strider mot deras tankar, känslor och övertygelser i dessa handlingsmönster och enligt författarna löser många detta dilemma genom att handla *som om* de tänker såsom det förväntas av dem.

Även Pansell (2022) beskriver hur stabila handlingsmönster påverkar lärares beslut om undervisning. Hon visar med exemplet "Tabelltest på tid" hur olika lärare kan argumentera för eller emot en aktivitet. I hennes exempel framförs idéer om att talfakta och automatisering är viktigt som argument för "Tabelltest på tid" trots att det finns elever som mår dåligt av det. Pansell menar att de lärare hon studerat rör sig mellan vad hon kallar ”testpraxeologin” och det hon kallar ”inkluderingspraxeologin” och att de argument som hör hemma i textpraxeologin är starkast och ligger till grund för lärarnas beslut att genomföra aktiviteten trots att det i styrdokument finns uttalat att skolan ska vara en skola för alla. Den lärare som i Pansells studie hänvisar till elevers mående och vill välja bort aktiviteten faller till slut till föga och accepterar argumenten för aktiviteten. Här blir de långvariga traditionerna, som kan ses som stabila handlingsmönster, för starka för att kunna göra motstånd. Enligt Pansell krävs också mod av en lärare för att välja bort en traditionstyngd aktivitet som ”tabelltest på tid”. Detta dilemma som lärare kan ställas inför när de ska planera sin undervisning beskrivs väl av en av lärarna i Grundéns (2020) planeringsstudie. Läraren hade funderingar på att ändra sin undervisning och använda sig av strategier från det specialpedagogiska fältet som hon menade skulle gynna alla elevers lärande. Läraren berättade om sina funderingar och de frågor hon ställde sig inför beslutet: Vågar jag? Orkar jag? Bakom de frågorna låg farhågor om att vissa föräldrar och kollegor skulle ifrågasätta den förändrade undervisningen. Läraren sa sig ha goda argument men visste inte om hon orkade ta diskussionen. Vid en första anblick kan denna berättelse avfärdas med att det var en svag lärare som valde den lätta vägen trots att hon inte trodde att det var det bästa för hennes elever. I intervjun gav dock läraren intryck av att vara mycket engagerad och kunnig, och det framkom tydligt att det inte var en lärare som lättvindigt valde något som inte gynnade hennes elever. Denna situation och den situation Pansell beskriver i ”tabelltest på tid” kanske bättre kan förstås om de tolkas i ljuset av hur långvariga traditioner och stabila handlingsmönster påverkar lärares beslut.

Konsekvenser för planering av inkluderande matematikundervisning

I de sociopolitiska beskrivningar av mötet mellan elever, lärare och matematik som finns i denna antologi kan vi se att det dels finns skillnader som uppträder över tid —förändringar som går från något mot något annat—, dels förändringar som visar återkommande företeelser. Det finns också exempel där undervisning, elever, lärare och matematik beskrivs på olika sätt under samma tidsperiod. Oavsett om det är vindar som visar förändringar över tid eller om det är vindar som blåser åt olika håll under samma tid får dessa olika vindriktningar konsekvenser för lärare som planerar, genomför och utvärderar undervisning och för elever som deltar i undervisning och därigenom ska lära sig matematik.

Vi menar att läraren som planerar är en produkt av både tidigare och nuvarande vindar. En lärare som själv gått i skola, utbildat sig och kanske arbetat i skolan då synen på eleven, läraren, matematiken och mötet mellan dessa varit annan än idag bär dessa erfarenheter med sig. Vi tror inte att någon lärare från en dag till en annan anammar en syn som är framskriven av andra t.ex. i styrdokument och forskning. Detta innebär att du som lärare behöver få syn på dina tidigare erfarenheter och dina egna antaganden i relation till forskning och praktik för att kunna identifiera vad som påverkar din planering för en inkluderande undervisning i matematik. Ett sätt att göra detta är att i diskussioner med kollegor syna de egna föreställningarna och vilka antaganden som ligger bakom dessa. I mötet med andras reflektioner kan nya tankar uppstå och de skrivningar som finns i styrdokument och i den allmänna debatten kan tolkas och förstås på ett medvetet plan. Samtidigt behöver lärare som läser och vill dra nytta av forskning veta att inte heller forskningen är neutral. Christensen och Skog lyfter i sitt kapitel fram vikten av att lärare —som en del i att fatta medvetna beslut i sin praktik— beaktar de olika kunskapsintressen som forskningen kan spegla även om det kan vara krävande. I dessa medvetna beslut kan läraren utnyttja den grad av professionell frihet som enligt förarbetena till Lgr11 ska finns för lärare i Sverige (Utbildningsdepartementet, 2009). Därigenom kan läraren ta ansvar för, och makt över, sin undervisning för att inkludera varje elev. Ett sätt att ta makten över matematikundervisningen är att genom kritiska diskussioner och kollektivt lärande finna styrka i kollegor och på så sätt utveckla matematikundervisningen. På engelska finns ett ord —empowerment— som beskriver hur man får ökade möjligheter att ta makten över sin situation. Begreppet empowerment beskriver hur vi ser på den förändring som kan ske när lärare reflekterar medvetet och använder varandra som resurser. Roos och Gadler (2018) poängterar vikten av kollegor eftersom en person inte kan besitta all kunskap själv. Styrkan finns i stället i kollektivet och dess gemensamma handlande. På så sätt kan lärares gemensamma medvetenhet och förmåga att överväga och reflektera över de underliggande idéer, förgivettaganden, ideologiska och politiska strömningar som finns bidra till en utveckling av matematikundervisning. Det vill säga, en konsekvens för planering av inkluderande matematikundervisning utifrån den sociopolitiska forskningen som finns i Sverige är att lärare behöver skapa ett kollektivt medvetande och lärande för att ta makten över undervisningen. Ett kollektivt medvetande och en gemensam riktning krävs för att läraren ska kunna använda sin fulla potential i planering och genomförande av undervisning för att eleverna i sin tur ska vara inkluderade i undervisningen och utveckla sin fulla potential i matematiklärandet.

En annan konsekvens för planering av en inkluderande matematikundervisning som blir tydlig i svensk sociopolitisk forskning är glappet mellan *vad* och *hur* i nationella styrdokument. Glappet medför att elever inte alltid möter den undervisning de har rätt till och lärare inte alltid undervisar på de sätt de tror är bäst. Det finns här krafter i samhället som påverkar synen på elever, lärare, matematik och matematikundervisning. Denna syn från aktörer utanför skolan och klassrummet påverkar lärares beslut i planeringsprocessen och agerande i klassrummet. Detta innebär att det även påverkar elevens möjligheter att känna sig inkluderad och också elevens lärande i matematik. Ett exempel på hur aktörer utanför skolan styr är den testdiskurs som finns i samhället i dag och som präglar och styr matematikundervisningen, vilket ibland får negativa konsekvenser för inkludering och likvärdighet (t.ex. Bagger, 2022; Boistrup, 2022; Pansell, 2022). En av de sociopolitiska utmaningar vi ser är vad som krävs för att lärare ska kunna stå stabilt i inkluderingsdiskursen och hålla emot trycket från testdiskursen, och hur lärare utnyttjar den faktiska frihet som finns i att omsätta och tolka styrdokument i matematikundervisningen för att kunna planera för en inkluderande matematikundervisning. Här behövs kritisk granskning av bland annat styrdokument och organisation och en medvetenhet om elevernas perspektiv och de ramar som styr vilket handlingsutrymme lärare har för att planera en inkluderande matematikundervisning. Genom denna kritiska granskning synliggörs och prövas antaganden och olika perspektiv. Därigenom kan man komma till det som Brookfield (2012) kallar "ett informerat handlande".

Denna text har fokuserat hur planering av matematikundervisning är starkt sammankopplat med frågor kring vem som blir inkluderad och vem som inte blir det. Så, vad är då vår vision? En vindstilla framtid där lärare och elever arbetar ifred eller en stormig framtid där det ständigt pågår en debatt om matematikundervisning? Hur ska lärare (och elever) kunna navigera i detta stormiga landskap? För att synliggöra frågor om inkludering i planering av matematikundervisning anser vi att det behövs en ständigt pågående debatt kring matematikundervisning och vad som påverkar denna, vilket gör att olika vindar behöver fortsätta blåsa. Något som behövs för att lärare ska kunna navigera, och ibland kunna surfa i vinden, är samverkan mellan forskning och praktik. Vi behöver tillsammans möta de sociopolitiska utmaningar som uppstår när vi arbetar för en mer likvärdig och rättvis matematikundervisning. Vi forskare behöver samarbeta med lärare och vi behöver ta del i debatten och vara en aktiv röst för att synliggöra de dispositiv, spänningsfält, bilder, bönesnurror, praxeologier, diskurser, sociala praktiker, sociala epistemologier etcetera som påverkar de beslut som lärare fattar i planeringsprocessen och som därmed formar den matematikundervisning som eleverna möter i klassrummet. Det behövs även stod och utrymme för lärare så att de kan tolka och navigera och genom ett informerat handlande planera för en inkluderande matematikundervisning.

Referenser

Andersson, A., Valero, P., & Meaney, T. (2015). "I am [not always] a maths hater": Shifting students identity narratives in context. *Educational Studies in Mathematics, 90*(2), 143–161. https://doi.org/10.1007/s10649-015-9617-z

Bagger, A. (2017). Quality and equity in the era of national testing: the case of Sweden. I J. Allan & A.J. Artiles (Red.), *World Yearbook of Education 2017: Assessment inequalities* (ss. 68–88). Routledge. https://doi.org/10.4324/9781315517377

Bagger, A. (2022). Provgivande med flerspråkiga provdeltagare – Styrningen av nationella prov i matematik. I P. Valero, L.B. Boistrup, I.M. Christiansen, & E. Norén (Red.), *Matematikundervisningens sociopolitiska utmaningar* (s. 101–128). Stockholm University Press. https://doi.org/10.16993/bcc.f

Boistrup, L.B. (2022). Sålla agnarna från vetet – Kritiska perspektiv på bedömning i matematik. I P. Valero, L.B. Boistrup, I.M. Christiansen, & E. Norén (Red.), *Matematikundervisningens sociopolitiska utmaningar* (s. 129–155). Stockholm University Press. https://doi.org/10.16993/bcc.g

Brookfield, S.D. (2012). *Teaching for critical thinking: Tools and techniques to help students question their assumptions*. Jossey-Bass.

Christiansen, I.M. & Skog, K. (2022). Ett tvärsnitt av svensk matematikdidaktisk forskning. I P. Valero, L.B. Boistrup, I.M. Christiansen, & E. Norén (Red.), *Matematikundervisningens sociopolitiska utmaningar* (s. 15–42). Stockholm University Press. https://doi.org/10.16993/bcc.c

Chronaki, A. (2018). The unbearable lightness of disappearing mathematics: Or, life and reason for the citizen at times of crisis. *The Mathematics Enthusiast, 15*(1), 8–35. https://doi.org/10.54870/1551-3440.1415

de Ron, A. (2022). Problem i matematiken – Diskursiva sanningar om matematikundervisningens varför och hur? I P. Valero, L.B. Boistrup, I.M. Christiansen, & E. Norén (Red.), *Matematikundervisningens sociopolitiska utmaningar* (s. 69–99). Stockholm University Press. https://doi.org/10.16993/bcc.e

Goodyear, V.A., Casey, A., & Kirk, D. (2017). Practice architectures and sustainable curriculum renewal. *Journal of Curriculum Studies, 49*(2), 235–254. https://doi.org/10.54870/1551-3440.1415

Grundén, H. (2020). *Mathematics teaching through the lens of planning – actors, structures, and power.* [Doktorsavhandling, Linnéuniversitetet]. https://www.diva-portal.org/smash/record.jsf?pid=diva2%3A1461050

Gutiérrez, R. (2013). The sociopolitical turn in mathematics education. *Journal for Research in Mathematics Education, 44*(1), 37–68. https://doi.org/10.5951/jresematheduc.44.1.0037

Hart Barnett, J.E. & Cleary, S. (2015). Review of evidence-based mathematics interventions for students with autism spectrum disorder. *Education and Training in Autism and Developmental Disabilities, 50*(2), 172–185.

Kilpatrick, J., Swafford, J., & Findell, B. (Red.). *Adding it up: Helping children learn mathematics*. National Research Council. https://doi.org/10.17226/9822

Lewis, G. (2013). Emotion and disaffection with school mathematics. *Research in Mathematics Education, 15*(1), 70–86. https://doi.org/10.1080/14794802.2012.756636

Lundin, S. & Storck-Christensen, D. (2022). Skolmatematiken är en bönesnurra – En ritualteoretisk tolkning av skolmatematikens samhällsfunktion. I P. Valero, L.B. Boistrup, I.M. Christiansen, & E. Norén (Red.), *Matematikundervisningens sociopolitiska utmaningar* (s. 235–256). Stockholm University Press. https://doi.org/10.16993/bcc.k

Macedo, E. (2013). Equity and difference in centralized policy: *Journal of Curriculum Studies, 45*(1), 28–38. https://doi.org/10.1080/00220272.2012.754947

Magne, O. (2006). Historical aspects on special education in mathematics. *Nordic Studies in Mathematics Education, 11*(4), 7–34.

Murray, S. (2011). Declining participation in post-compulsory secondary school mathematics: students' views of and solutions to the problem. *Research in Mathematics Education, 13*(3), 269–285. https://doi.org/10.1080/14794802.2011.624731

Norén, E. & Valero, P. (2022). Att bilda goda, matematiska medborgare i Sverige. I P. Valero, L.B. Boistrup, I.M. Christiansen, & E. Norén (Red.), *Matematikundervisningens sociopolitiska utmaningar* (s. 157–180). Stockholm University Press. https://doi.org/10.16993/bcc.h

Pansell, A. (2022). Tabelltest på tid. I P. Valero, L.B. Boistrup, I.M. Christiansen, & E. Norén (Red.), *Matematikundervisningens sociopolitiska utmaningar* (s. 43–68). Stockholm University Press. https://doi.org/10.16993/bcc.d

Remillard, J. (2005). Examining key concepts in research on teachers' use of mathematics curricula. *Review of Educational Research, 75*(2), 211–246. https://doi.org/10.3102/00346543075002211

Roos, H. (2019a). *The meaning of inclusion in student talk: Inclusion as a topic when students talk about learning and teaching in mathematics.* [Doktorsavhandling, Linnéuniversitetet]. http://lnu.diva-portal.org/smash/record.jsf?pid=diva2%3A1313227

Roos, H. (2019b). Inclusion in mathematics education: An ideology, a way of teaching, or both? *Educational Studies in Mathematics Education, 100*(1), 25–41. http://doi.org/10.1007/s10649-018-9854-z

Roos, H. (2021). The governing of inclusion: Policy in Swedish school regulations and mathematics education. *Utbildning & Demokrati, 30*(1), 75–96. http://doi.org/10.48059/uod.v30i1.1552

Roos, H. & Gadler, U. (2018). Kompetensens betydelse i det didaktiska mötet – en modell för analys av möjligheter att erbjuda varje elev likvärdig utbildning enligt skolans uppdrag. *Pedagogisk forskning i Sverige,* 23(3–4), 290–307.

Scherer, P., Beswick, K., DeBlois, L., Healy, L., & Moser Opotiz, E. (2016). Assistance of students with mathematical learning difficulties, how can research support practice? *ZDM,* 48(5), 633–649. https://doi.org/10.1007/s11858-016-0800-1

Superfine, A.C. (2008). Planning for mathematics instruction: A model of experienced teachers' planning process in the context of a reform mathematics curriculum. *The Mathematics Educator, 18*(2), 11–22.

Utbildningsdepartementet (2009). *Uppdrag att utarbeta nya kursplaner och kunskapskrav för grundskolan och motsvarande skolformer m.m.* (diarienummer U2009/312/S). https://www.regeringen.se/regeringsuppdrag/2009/01/u2009312s/

Valero, P. (2017). Mathematics for all, economic growth, and the making of the citizen-worker. I T.S. Popkewitz, J. Diaz & C. Kirchgasler (Red.), *A political sociology of educational knowledge: Studies of exclusions and difference* (ss. 117–132). Routledge. https://doi.org/10.4324/9781315528533-8

Wallin, A., Norén, E., & Valero, P. (2022). Matematik på Solens fritidshem – Om att 'göra verkstad' av policy-dokument. I P. Valero, L.B. Boistrup, I.M. Christiansen, & E. Norén (Red.), *Matematikundervisningens sociopolitiska utmaningar* (s. 181–206). Stockholm University Press. https://doi.org/10.16993/bcc.i

Zazkis, R., Liljedahl, P., & Sinclair, N. (2009). Lesson plays: Planning teaching versus teaching planning. *For the Learning of Mathematics, 29*(1), 40–47. https://www.jstor.org/stable/40248639

Österling, L. (2022). Bilder med makt över matematiklärarutbildningen. I P. Valero, L.B. Boistrup, I.M. Christiansen, & E. Norén (Red.), *Matematikundervisningens sociopolitiska utmaningar* (s. 207–233). Stockholm University Press. https://doi.org/10.16993/bcc.j

13. 'Vi' och 'dom' – Sociopolitiska dimensioner av matematikutbildning där olika språk och kulturer möts

Huda Alhadi Alhasani, Petra S. Källberg, Ulrika Ryan och Sundus Zaki
Malmö universitet

Sammanfattning

Bokens kapitel utgör viktiga bidrag i en kritisk granskning av svensk matematikutbildning utifrån sociopolitiska samhällsperspektiv. Mot bakgrund av bokens olika kapitel belyser vi upplevelser och konsekvenser av att konstrueras som den andre i svensk matematikutbildning. Med hjälp av begreppet andrafiering synliggör vi författare till detta kapitel tillsammans 'dom andra' och deras erfarenheter i relation till migration och matematikutbildning. Vi som författat detta kapitel, två nyutexaminerade lärare och två forskare, har därför ingått en så kallad allians. Vårt kapitel visar hur matematikutbildning bidrar till processer av andrafiering och skapandet av den andra och hur dessa processer påverkar flerspråkiga elevers och lärarstudenters identitetsskapande och därmed även deras möjligheter att lära matematik. Flerspråkighet behöver synliggöras och normaliseras. Alla elevers och lärarstudenters språk och kulturer måste få ta plats, inte som exotiska inslag av kulturella uttryck utan som en del av den ordinarie matematikutbildningen.

Inledning

Vi lever i en allt mer globaliserad värld som kännetecknas av en ökad mobilitet mellan länder och regioner (Meissner & Vertovec, 2015). Den ökade globaliseringen och den globala mobiliteten innebär att människor som tidigare varit geografiskt skilda åt numer möts exempelvis i matematikklassrummet (Barwell, 2016). Trots att globaliseringen

Hur du refererar till det här kapitlet:
Alhasani, H.A., Källberg, P.S., Ryan, U., & Zaki, S. (2022). 'Vi' och 'dom' – Sociopolitiska dimensioner av matematikutbildning där olika språk och kulturer möts. I P. Valero, L.B. Boistrup, I.M. Christiansen, & E. Norén (Red.), *Matematikundervisningens sociopolitiska utmaningar* (s. 299–321). Stockholm University Press. DOI: https://doi.org/10.16993/bcc.n.

medfört ett allt med diversifierat samhälle med avseende på människors språk, kultur, etnicitet och så vidare, är det de västerländska idealen som sätter agendan (Dyer, 2005) och på så sätt definierar majoritetssamhället. Det får till följd att det i svenska matematikklassrum sker möten mellan 'vi', det vill säga det svenska majoritetssamhället och 'dom' som konstrueras som 'dom andra', vilka inte anses vara en del av detta majoritetssamhälle. Det vill säga dom som inte (enbart) har tillgång till majoritetsgruppens språk och kultur. Den process i vilken den andra skapas benämns *andrafiering* (Staszak, 2009). I detta kapitel ämnar vi utifrån sociala, politiska och kulturella perspektiv belysa och undersöka konsekvenser av andrafiering.

De olika kapitlen i den här boken är grundade i sociala, politiska och kulturella perspektiv. Enligt vår tolkning av bokens kapitel grundas valen av perspektiv i att matematikutbildning inte kan förstås enbart som en isolerad företeelse utan måste även förstås utifrån större kulturella, historiska, politiska och sociala ramar. Därför består många av analyserna i bokens kapitel av att på olika sätt blottlägga och avtäcka förgivettaganden och 'sanningar' i relation till matematikutbildning. Bokens kapitel undersöker även hur och vilka (icke)önskvärda subjekt som konstrueras som en följd av dessa 'sanningar'. Därmed utgör bokens kapitel viktiga bidrag i en kritisk granskning av svensk matematikutbildning utifrån sociopolitiska samhällsperspektiv.

Genom vår läsning av bokens kapitel uppfattar vi i första hand att de har sina utgångspunkter i motsättningar och konflikter som de som kan anses tillhöra majoritetssamhället kan ställas inför och uppleva i relation till matematikutbildning. Således får vi genom bokens olika bidrag kunskap om hur och vem som utgör 'vi' och 'dom', eller konstrueras som dom andra. I mindre omfattning belyses upplevelser och konsekvenser av andrafiering utifrån ett 'dom'-perspektiv. Detta har motiverat oss författare att i detta kapitel synliggöra 'dom andra' och deras erfarenheter och perspektiv av *andrafiering* (Staszak, 2009) i relation till matematikutbildning. Eftersom vi som författat detta kapitel är intresserade av matematikundervisning i relation till flerspråkighet och migration blir det naturligt för oss att relatera frågor om andrafiering i matematikundervisning till flerspråkighet och kultur. Därför utforskar vi några möten mellan den svenska skolan och lärarutbildningen och *dom andra* (Staszak, 2009) med rötter i Mellanöstern.

Att konstrueras som den andra och/eller att identifiera sig som den andra i matematikklassrummet är för oss en socio-politisk fråga som lärare ställs inför att hantera i den vardagliga undervisningen (Chronaki, 2011). Upprätthållandet och skapandet av den andra i matematikundervisningen i Sverige behöver därför synliggöras, utmanas och problematiseras. Således har vi som författat detta kapitel tillsammans bildat en allians (se Hand & Masters Goffney, 2013) för att utforska vad det kan betyda för elever och lärarstudenter att konstrueras som den andra i matematikklassrum där olika kulturer, språk och kunskaper möts. Vårt utforskande kretsar kring olika samhälleliga berättelser om språk, kultur och matematik. Samhälleliga berättelser kan vara djupt förankrade och på ett kraftfullt sätt påverka individers och gruppers möjligheter i samhället. Trots djup förankring kan de förändras genom att de problematiseras och genom att ge utrymme för andra berättelser (Wagner, 2019). Därför blir det viktigt att sätta vårt utforskande i relation till samhälleliga berättelser om språk, kultur och matematik.

Nedan presenterar vi författare oss. Därefter behandlas de teoretiska begreppen *den andra* och *andrafiering* (Dyer, 2005; Staszak, 2009) som vi använder i vårt utforskande. Därpå belyses samhälleliga berättelser om språk, kultur och matematik följt av ett avsnitt som Huda och Sundus skrivit där de delar med sig av sina egna erfarenheter samt av några resultat från deras examensarbete (Alhadi Alhasani & Zaki, 2021). Därefter diskuteras Huda och Sundus erfarenheter med utgångspunkt i andrafiering i skenet av samhälleliga berättelser om språk, kultur och matematik. Kapitlet avslutas med en uppmaning till förändring i matematikklassrummet och på lärarutbildningen.

Presentation av författarna – författaralliansen

Vi som skrivit detta kapitel är två nyutexaminerade lärare och två forskare. För att synliggöra den andras perspektiv har vi i vårt arbete med kapitlet ingått en så kallad allians inspirerad av Hand och Masters Goffney (2013). Ett alliansarbete innebär de som åtnjuter den maktposition som det betyder att tillhöra majoritetssamhället, använder denna maktposition i solidaritet med personer från marginaliserade grupper så att de får möjlighet att föra fram sina perspektiv och röster. Att verka inom en allians innebär inte att göra anspråk på att fullt ut kunna sätta sig in i och förstå den andres perspektiv. Ett alliansarbete betyder att marginaliserade gruppers perspektiv och röster tar utrymme t.ex. i diskussioner om matematikutbildningens sociopolitiska utmaningar. Mot bakgrund av detta har vi ingått en författarallians.

Huda och Sundus: Vi är nyblivna lärare som har olika bakgrunder och kunskaper. En av oss är född utomlands och har kommit till Sverige i vuxen åldern, medan den andra är född i Sverige. Den minsta gemensamma nämnaren som förenar oss två är att vi har gått lärarutbildningen och skrivit både det självständiga arbetet på grundnivå och examensarbetet gemensamt. Utöver det har vi båda arabiska som modersmål vilket är vårt starkaste språk och som vi är stolta över. Med fokus på matematik har vi skrivit om språkliga skillnader och vilka betydelser dessa har för arabisktalande elever (Alhadi Alhasani & Zaki, 2021).

Petra och Ulrika: Vi har båda arbetat som matematiklärare i grundskolan innan vi utbildade oss till forskare i matematikdidaktik. Förutom att bedriva forskning så undervisar vi på lärarutbildningen. Vi är båda födda och uppvuxna i Sverige och har svenska som modersmål. Det som förenar oss är framför allt vårt forskningsintresse för språk, kultur och matematik. Med fokus på matematikdidaktik har vi publicerat forskning bland annat inom det sociopolitiska fältet som rör frågor om social rättvisa.

Vi fyra lärde känna varandra när Huda och Sundus genomförde sitt examensarbete vid Malmö universitet. Tillsammans insåg vi betydelsen av att matematiklärare och lärarutbildare får tillgång till kunskaper om och erfarenheter av vad det kan innebära att konstrueras som den andra som följd av migration. Därför beslöt vi oss för att skriva detta kapitel gemensamt.

Den andra och andrafiering

Idén om den andra utgår ifrån tankar om vem som är 'vi' och vem som är 'dom'. Varje påstående om vad 'vi' är innehåller samtidigt ett implicit uttalande om vad 'vi' inte är. På så sätt skapas en avgränsning och ett avstånd mellan 'vi' och 'dom' som konstruerar tillhörighet och utanförskap (Popkewitz, 2013; Staszak, 2009). Skillnader mellan 'vi' och 'dom' upprätthålls t.ex. med hjälp av olika normer, sociala praktiker, attribut, språk och kunskapssyn (Haslanger, 2018). I några av bokens kapitel framträder olika upprätthållanden av skillnader mellan 'vi' och 'dom'. T.ex. visar de Ron (2022) hur texter från olika tidsepoker framställer önskvärda bilder av den problemlösande eleven och hens egenskaper. Därigenom blir också 'dom' andra som saknar dessa egenskaper och inte kan positioneras inom den önskvärda kategorin definierade och skillnader uppstår. På liknande sätt visar Bagger (2022) hur provlösande elever med annat modersmål än svenska konstrueras som den avvikande andra. Norén och Valero (2022) visar hur den kompetente medborgaren bör vara, Österling (2022) visar hur den önskvärde matematikläraren framträder i olika lärarutbildningsutredningar och slutligen visar Boistrup (2022) hur bedömning i matematik kan bidra till att sålla bort vissa elever, varvid det blir möjligt att upprätthålla skillnader mellan 'vi' och 'dom' i matematikklassrummet. Den andra är således den vars egenskaper uppfattas på ett nedvärderande sätt som avvikande från det som majoritetssamhället anser vara det önskvärda eller med andra ord normen. Genom majoritetssamhällets nedvärderande av vissa grupper av människor som avvikande, så kallad *andrafiering* (othering), konstitueras på stigmatiserande sätt så kallade minoritetsgrupper (Staszak, 2009).

Västvärldens kulturella normer och kunskapstraditioner är dominanta i Sverige och på många andra platser i världen. Grupper som avviker från dessa kulturella normer och kunskapstraditioner, alltså de andra som i vårt fall saknar 'svenskhet', konstrueras utifrån ett bristperspektiv som underlägsna och i behov av utveckling och utbildning (Dahlstedt, 2009; Eliassi, 2014). Ett sätt för individer från så kallade minoritetsgrupper att hantera detta i matematikutbildning skulle kunna vara att utveckla resiliens. Att agera resilient betyder att personer med bakgrunder som skiljer sig från de västerländska vad gäller t.ex. språk, kultur och kunskapstraditioner —de som saknar 'svenskhet'— anpassar sig och formar sina sociala och kulturella resurser till att harmonisera med det efterfrågade (Hernandez-Martinez & Williams, 2013). Individers förmåga att visa resiliens kan sagas handla om deras förmåga att anpassa sig och klara av påfrestningar samt återhämta sig från dessa. Det betyder att resiliens erbjuder en slags möjlighet att avbryta och göra motstånd mot processer av andrafiering genom att foga sig i majoritetssamhällets ideal. Detta sker dock till priset av att ge upp delar av den egna elevidentiteten genom att bara framträda med delar av den i matematikklassrummet (Källberg, 2018a) vilket kan få förödande konsekvenser för grupper som konstrueras som minoriteter (Tuck, 2009).

Begreppen den andra och andrafiering hjälper oss att undersöka hur processer i och utanför matematikklassrummet och lärarutbildningen på ett stigmatiserande sätt upprätthåller skillnader mellan 'vi' och 'dom'. De processer vi fokuserar på i detta kapitel relaterar till samhälleliga berättelser om språk, kultur och matematik.

Samhälleliga berättelser om språk, kultur och matematik samt andrafiering

I bokens kapitel framträder och behandlas olika samhälleliga berättelser. Här använder vi uttrycket samhälleliga berättelser som ett samlingsbegrepp och avser t.ex. det förgivettagna (Christiansen & Skog, 2022), diskursiva sanningar (de Ron, 2022), dispositiv (Boistrup, 2022) och diskurs (Lundin & Storck-Christensen, 2022; Wallin, Norén & Valero, 2022). Vi avser helt enkelt berättelser som på olika sätt finns närvarande och cirkulerar i samhället och som vi tolkar och förstår oss själva, andra, händelser och företeelser etcetera utifrån och därmed också agerar utifrån. Samhälleliga berättelser spelar roll i stigmatiserande processer av andrafiering och influerar således individers identitetsskapande. Flera av bokens kapitel blottlägger och problematiserar samhälleliga berättelser om matematikutbildning som neutral och frikopplad från sociopolitiska dimensioner av exempelvis språk, kultur, klass, teknik, tid och rum. På samma sätt undersöker vi i detta kapitel en samhällelig berättelse som säger att *matematik är språkligt och kulturellt neutral och att matematik ett universellt språk* (t.ex. Andersson m.fl., 2022). Det betyder att det bara kan finnas en matematik som ses som den 'riktiga'. Med den 'riktiga' matematiken avses här den formella matematiken som t.ex. bygger på logiskt resonemang där precisa definitioner av begrepp används för att genom deduktion dra transparenta slutsatser som inte kan motsägas (Skovsmose, 2005). I skolan definieras den 'riktiga' matematiken i läro- och kursplaner varvid en viss typ av matematikkunnande premieras, vilket till syvende och sist är en fråga om makt (Norén & Valero, 2022). Majoritetssamhället i allmänhet och även kursplaner i matematik beskriver ofta denna matematik som en matematik med rötter i den västerländska kunskapstraditionen (Høyrup, 2005). De andras matematiker konstrueras således som kulturella uttryck och som främmande och avvikande från den 'riktiga' matematiken, medan 'vår' matematik konstrueras som kulturellt neutral. Distinktionen mellan 'vår riktiga' neutrala matematik och de andras matematiker som ett slags kulturellt uttryck möjliggör att de andras matematiker kan uppfattas exempelvis som exotiska och med ett kulturellt värde. Däremot har de andras matematiker enligt detta synsätt underordnad betydelse då det handlar om att utrusta individer och samhället med matematisk kunskap för att kunna konkurrera på arbetsmarknaden och på den globala marknaden (Jablonka, 2003).

En annan samhällelig berättelse säger att *majoritetens språk och kultur är nyckeln till att lära och kunna matematik* (t.ex. Andersson m.fl.,

2022). Enlig den berättelsen är det avgörande att grupper som konstrueras som minoriteter tillägnar sig majoritetsgruppens språk och kultur för att lära sig matematik och bli framgångsrika i skolan och därmed i majoritetssamhället. Bagger (2022) belyser exempelvis hur elever framträder som missgynnade provdeltagare beroende på brister i bedömningsspråket. Detta är i linje med den inom den svenska skolan rådande enspråksnormen. T.ex. har Lundberg (2019) visat att det finns en skillnad mellan den språkpolicy som främjar mer pluralistiska tillvägagångssätt så som t.ex. flerspråkig undervisning där elevers förstaspråk ses som en resurs (Planas & Setati-Phakeng, 2014; Ryan, Källberg & Boistrup, 2021; Ryan & Parra, 2019) och lärares pedagogiska beslutsfattande i klassrummen. Denna skillnad hävdar Lundberg (2019) är ett resultat av att lärarnas övertygelser har sina rötter i enspråkiga och traditionella ideologier. I linje med enspråksnormen görs i dagens skola åtskilliga insatser för att elever med annat modersmål ska lära sig att behärska det svenska språket. Det kan handla om språkintroduktion för nyanlända (Skolverket, 2016) och att undervisningen ska vara språkutvecklande (Hajer & Meestringa, 2014). Att elever behärskar det svenska språket för att kunna tillägna sig exempelvis matematikkunskaper är nödvändigt bland annat eftersom den svenska språklagen (SFS, 2009:600) slår fast att svenska är det officiella huvudspråket och därmed att undervisning i allt väsentligt ska bedrivas på svenska. I förlängningen medför det att vara matematiskt kompetent likställs med att behärska svenska (Bagger, 2022; Ryan m.fl., 2021).

Genom den samhälleliga berättelsen som säger att *majoritetens språk och kultur är nyckeln till att lära och kunna matematik* konstrueras på en och samma gång 'vi' som besitter de språkliga och kulturella nycklarna till att lära och kunna matematik och 'dom' andra som saknar eller är i brist av dessa nycklar. Flerspråkiga elever konstrueras utifrån majoritetssamhällets normer och värderingar vad gäller t.ex. språk och kultur som avvikande från dessa normer och kan därmed konstrueras som elever med brister i svenska språket och den svenska kulturen (Källberg, 2018b; Norén, 2010; Runfors, 2003). Att kategoriseras som en elev med brister i det svenska språket och kulturen och därmed i avsaknad av 'svenskhet' innebär inte per automatik att individen identifierar sig på detta sätt. Popkewitz (2013) har visat hur kategoriseringar av människor har förmågan att slingra sig in i de berörda människornas medvetande och bli ett sätt för dem att definiera sig själva, vilket kan skapa känslor av utanförskap eller innanförskap. Att kunna den önskvärda matematiken blir därför likställt med 'vi' som en del av 'svenskhet' medan att inte kunna den önskvärda matematiken blir likställt med 'dom' främmande och avvikande andra.

Att ingå en allians

Vi har gemensamt författat detta kapitel. Att föra samman våra olika perspektiv har varit både lärorikt och viktigt för oss, men samtidigt komplext och utmanande. Särskilt eftersom vi representerar sociala, språkliga, och kulturella skillnader, vilket medför att asymmetriska maktrelationer som utgörs av olika aspekter och som inte går att ignorera aktualiseras i våra relationer. Exempelvis har Huda och Sundus varit Petra och Ulrikas studenter, vilket påverkar våra relationer. Petra och Ulrika har försökt att inte agera lärare, utan strävat efter en mer jämbördig relation genom att betrakta våra olika kunskaper som resurser som bidrar till detta kapitel.

Utöver den asymmetriska maktrelationen som följer med lärar- och studentrollerna, tillkommer maktrelationer som skapas utifrån majoritetssamhällets normer och värderingar vad gäller t.ex. språk och kultur. Det finns alltså risk att Huda och Sundus med bakgrund i Mellanöstern kategoriseras som studenter med brister i svenskhet och det svenska språket och därmed konstrueras och tillskrivs identiteter som de normativt avvikande medan Petra och Ulrika konstrueras som tillhörande den dominerande sociala gruppen det vill säga majoriteten.

Vi är medvetna om denna problematik, men för att skapa kunskap om matematikundervisning och lärarutbildning måste erfarenheter av andrafiering synliggöras och tas på allvar. Frågan blir hur vi författare tillsammans kan göra detta på ett respektfullt sätt som inbegriper de etiska utmaningar vi beskrivit ovan.

Vi kan sägas ingå i en allians med det gemensamma syftet att synliggöra erfarenheter av andrafiering, i detta fall Huda och Sundus erfarenheter av vad det innebär att konstrueras som den andra i matematikundervisningen och lärarutbildningen i Sverige. När Petra och Ulrika, som kan ses som 'vi', personer från majoriteten, ingår i en allians med de som kan konstrueras som de andra, Huda och Sundus, är det för oss en slags solidaritetshandling. Det vill säga Petra och Ulrika har i kraft av att tillhöra majoritetssamhället möjlighet att visa solidaritet med de som konstrueras som 'dom' andra och med goda intentioner belysa deras erfarenheter och bidra till att deras röster hörs. Med referens till Freire (1970) gör dock Hand och Masters Goffney (2013) oss medvetna om att finns en inneboende spänning i att 'stå på någons sida' och tala för den andra eftersom det indirekt innebär att de som är ’vi’ förstår och kan sätta sig in i den andras perspektiv och förmedla det. Detta är en effekt av de privilegier som ’vi’ fått genom dominerande maktstrukturer, vilket kan ha oavsiktliga destruktiva konsekvenser (Hand & Masters Goffney, 2013). En konsekvens skulle kunna vara att vi genom vårt sätt att uttrycka oss i denna text förstärker avståndet mellan ’vi’ och ’dom’ i stället för att gå bortom det. För att försöka hantera denna problematik startade Huda och Sundus skrivprocessen. Detta för att deras röster tydligt skulle komma fram och sätta agendan för kapitlet och inte begränsas av Petra och Ulrikas tankar om innehållet i kapitlet. Petra och Ulrika utgick sedan från Huda och Sundus text när de tillförde ett vetenskapligt perspektiv, bland annat genom att teoretisera den andra och andrafiering. Vid en noggrann läsning av Huda och Sundus texter framträdde flera aspekter som Petra och Ulrika kunde härleda till samhälleliga berättelser om språk, kultur och matematik. Därför föreslog Petra och Ulrika att texten skulle fokusera en diskussion om vad det kan betyda för elever och lärarstudenter att konstrueras som den andra i matematikklassrum där olika kulturer, språk och kunskaper möts utifrån samhälleliga berättelser om språk, kultur och matematik. Allra sist läste vi alla texten och lämnade synpunkter och förslag på ändringar, vilka vi sedan gemensamt beslutade om.

Som vi redogjort för ovan har vi försökt att förhålla oss till och motverka asymmetriska maktrelationer, men då dessa inte helt går att bortse från måste detta kapitel därför läsas som ett resultat av dessa maktrelationer.

Det nedanstående avsnittet har författats av Huda och Sundus. För att deras röster och erfarenheter ska bli framträdande valde Petra och Ulrika att stå tillbaka i detta avsnitt. Vår allians innebär dock att samtliga författare står bakom allt som framförs i hela kapitlet.

Huda och Sundus erfarenheter av matematikundervisning/utbildning

Utbildningssystemet skiljer sig markant mellan Sverige och Mellanöstern. T.ex. ställs högre krav inom matematik på att eleverna måste komma ihåg alla formler och matematiska regler utantill i Mellanöstern. När en kommer till Sverige med sin matematiska bakgrund från hemlandet upplever en den svenska matematikundervisningen nästan som fusk, eftersom en får tillgång till alla formler samt miniräknare på proven. Detta hänger ihop med vilken kunskapssyn som finns i de olika länderna. Detta kan samtidigt leda till att eleverna i Mellanöstern får starkare matematikkunskaper inom vissa områden på grund av de högre kraven och förväntningarna som ställs på dem.

Resan från att vara en nyanländ i Sverige till att bli en färdigutbildad lärare tog naturligtvis lång tid. Att vara en elev i Mellanöstern har sina fördelar och jag (Huda) kan inte vara mer än tacksam för det, då det har format mig till den person jag är idag. Det som jag kommer ihåg från min skoltid i Mellanöstern är den behavioristiska kunskapssynen som präglade hela min skolgång. T.ex. fokuserade möbleringen, med bänkar vända mot tavlan, på läraren som kunskapsbärare och elever som mottagare av kunskaper. Andra aspekter som satte sina spår i mig utifrån min skolgång i Mellanöstern var hur lärande var nära kopplat med ordning och reda. Jag minns hur rädda vi var för våra lärare och hur vi varje dag på morgonen och som avslut den sista veckodagen stod på en rät linje och sjöng nationalsången. Med rena kläder som hade tydliga och raka pressveck på skoluniformen som doftade gott av tvättmedel, började första veckodagen i skolan med att läraren även kontrollerade att vi hade klippta naglar. Skolans uppfostrande uppdrag var tydligt i skolan i Mellanöstern. Läraren där är inte bara en kunskapsbärare utan även en viktig symbol som förtjänar mycket respekt och uppskattning och som eleverna både måste se upp till och resa sig upp för när hen kommer in i klassrummet.

En stor del av min (Hudas) fritid som elev i Mellanöstern gick åt till att jobba med läxor. Läxorna som knappt får en plats i det svenska skolsystemet var oändliga under min skoltid. Detta var definitivt jobbigt, men det var socialt accepterat och inget som en kunde ifrågasätta. Fördelarna med den omfattande läxläsningen var att jag fick en god studieteknik och självdisciplin som är användbar och viktig för min framgång än idag. Proven med den summativa bedömningen var en naturlig del i undervisningen, där vi hade ett test efter varje kapitel i matematikboken. I slutet av varje termin hade vi ett större och avgörande prov som räknades in i betygen. Detta ledde till att jag behövde studera mycket på egen hand för att memorera det som skulle vara med på provet, men efter genomförandet av provet var det inte så viktigt hur mycket en kunde. När jag reflekterar över detta arbetssätt och undervisning, kan jag ändå hitta fördelar då jag inte kan komma ihåg saker utan att sätta in dem i en kontext och förstå innebörden av dem. På så sätt skapades en grund för en relationell förståelse även om det skedde genom mitt enskilda arbete. När jag reflekterar över undervisningen i matematikämnet så utgick den på samma sätt ifrån enskilt arbete. Läraren gick igenom grunderna till de matematiska reglerna och varför dessa fanns med ett syfte för att skapa en relationell förståelse. Därefter presenterades även enkla minnesregler som vi kunde använda oss av. Dessa regler var hjälpsamma även om det utgick från en instrumentell förståelse.

Att memorera tillhör inte bara skolan i Mellanöstern, utan även i skolan i Sverige, då en behövde komma ihåg multiplikationstabellen. När jag (Sundus) gick i fyran hade vi ett test varje vecka där läraren hade skrivit ner olika multiplikationer på ett A4-papper i tre spalter. Läraren tog tiden på oss när vi fyllde i svaret det snabbaste vi kunde för att lyckas få minst antal minuter och sekunder samt en stjärna på pappret. Här gällde det att memorera multiplikationstabellen korrekt och effektivt.

Under vår lärarutbildning har vi varit intresserade av språkliga och kulturella skillnader och hur det påverkar lärandet i matematik. För att undersöka saken vidare valde vi när det var dags för att genomföra examensarbetet att intervjua några mellanstadieelever som har arabiska som modersmål om deras tankar och erfarenheter av att använda sitt modersmål i samband med matematiklärande (Alhadi Alhasani & Zaki, 2021). Ur intervjuerna i vårt examensarbete framkom bland annat hur skolans förhållningssätt vad galler språk och kultur påverkar elevernas identitetsskapande. Efter att vi genomfört examensarbetet diskuterade jag (Sundus) detta med en sjuttonårig släkting. Hon var av liknande uppfattning och menar att skolans förhållningssätt vad gäller språk och kultur påverkar elevernas attityder gentemot sig själva, då hon uttryckte att trots mångfalden i den svenska skolan idag, bör en ändå hålla sig till det svenska språket i undervisningen. Hon sa: "Vi lever i Sverige och vi måste prata svenska vi får anpassa oss och utgå från det som finns här". Vi har erfarenheter av att tilldelas och ha olika identiteter eftersom en som andragenerationsinvandrare tilldelas en identitet som kan upplevas på olika sätt. Även om jag (Sundus) är född och uppvuxen i Sverige och känner mig svensk, upplever jag min identitet annorlunda bland etniska svenskar, då känslan ändras beroende på hur andra runt omkring mig upplever den, vilket oftast är som utländsk. Identitetsskapandet har präglats och formats utifrån omgivningen, där barndomen och min skolgång satt stora spår. Oftast är det uttryck jag hör eller andras beteenden som omedvetet skapar denna identitet. Åker jag till Mellanöstern upplevs jag inte som arabisk heller, utan där framhävs den svenska identiteten istället. Med detta sagt kan en fundera över hur elevernas identiteter formas beroende på omgivningens syn, och inte minst när matematikundervisningen som upptar en central del av skolans undervisningstid genomsyras av det svenska språket. Att alltid få höra att en inte får prata arabiska i skolan, att arabiska pratar du hemma, att här är det svenska som gäller, får en att känna att det är förbjudet att framträda med sin ursprungliga bakgrund i skolan, vilket jag fick erfara genom hela min skolgång.

För att illustrera hur språk, identitet och matematik samverkar vi en delvis omarbetad version av ett parti i vårt examensarbete (Alhadi Alhasani & Zaki, 2021, s. 33–39) som handlar om hur eleverna talade om språk och identitet.

Då vi i våra intervjuer frågade eleverna om det arabiska språket, framträdde några aspekter som kan kopplas till deras identiteter. Till exempel förknippade eleverna 1A och 2A sitt modersmål och hemland med stolthet och känslor av att språket och hemlandet är något fint och vackert (Tabell 1, rad 4 och 5). En annan elev (5A) framförde att när det arabiska språket användes fick man en känsla av att känna sig hemma (Tabell 1, rad 7). Eleven 3A upplevde osäkerhet kring att använda det arabiska språket i klassrummet eftersom hen menade att det fanns en risk att bli utpekad och utskrattad av de andra (Tabell 1, rad 6).

Elev 1A och 3A, där elev 1A menade att det inte går att separera språken från varandra, eftersom båda språken tillhör ens egen identitet. لأنني عراقية و اسكن في السويد، ولذلك لا أستطيع ان اختار واحدة، يجب ان تكون الاثنتين سويا. *"För att jag är irakisk och bor i Sverige, så jag kan inte välja EN, det måste vara båda två!"* Elev 3A menar att båda språken är uppskattade men att de inte går att kombinera dem med varandra, särskilt inte inom matematik, då det kan skapa svårigheter: "För att jag tycker om, jag tycker om svenska och jag tycker om arabiskan, man kan inte blanda de när jag kör matte, t.ex. men nu jag kunde blanda de, så det kändes lättare."

Ur intervjuerna framkom även att skolans förhållningssätt var avgörande för hur modersmålsanvändningen ser ut på skolan. Eleverna som vi intervjuade får antingen inte använda arabiska utan tillåtelse eller så får de inte alls använda arabiska. För citat som visar detta se Tabell 2. Detta relateras till elevernas identitet eftersom modersmålet är en del av den.

När eleverna tillfrågades om varför de inte fick tala arabiska, svarade elev 1A att det berodde på att läraren inte förstår arabiska. Eleven 7B menade att det var förbjudet att tala modersmålet utan tillåtelse eftersom klasskamraterna och läraren då kunde tro att de talade om annat än skolarbetet:

Tabell 1. Olika citat från ett samtal, samt från olika intervjuer.

Rad	Talare	Original svenska och arabiska	Svensk översättning
1	Huda	Vad är det bästa med att använda modersmålet när ni löser matematiska uppgifter?	
2	2A	لا اعرف، هو هكذا جميل، ان الشخص يستطيع استخدام لغته! العربية.	Jag vet inte, det är så här fint, man kan använda sitt språk! Arabiskan.
3	Huda	كيف تحس....؟	Hur känns…?
4	2A	شيئ حلو وجميل	Något fint, vackert.
5	1A	Stolt.	
6	3A	أنا لا اريد لأنني إذا قلت شيئا خاطئا فستضحك كل الأرض.	Jag vill inte för att om jag säger fel hela jorden kommer skratta
7	5A	أنا متعود/ة ان أتكلم ما اسمها، العربية منذ ولدت، انا أعنى انني عندما أتكلم العربية أعنى انني أحس نفسي بالبيت.	Jag är van att prata vad heter det arabiska sedan jag föddes, jag menar att när jag pratar arabiska jag menar att jag känner mig hemma.

Tabell 2. Tar upp olika citat från olika intervjuer.

Rad	Talare	Original svenska och arabiska	Svensk översättning
1	2A	لا يحق لنا استخدام ولا كلمة عربية واحدة ولا حتى حرف عربي واحد!	Vi får inte använda ett enda arabiskt ord inte heller en arabisk bokstav!
2	7B	Man får inte snacka på arabiska men om personen fattar inte i svenska då jag brukar fråga fröken om man får översätta till arabiska	
3	10D	Ja vi måste fråga för att annars kanske de tror att vi pratar om något annat.	

”När man använder sitt modersmål då eleverna tror eller klasskompisarna tror att vi snackar något helt annat. Kanske min vän eller någon fröken och då kan man hamna i problem”. Elev 10D motiverade detta på följande sätt: ”Ja vi måste fråga för att annars kanske de tror att vi pratar om något annat”. Elev 3A uttryckte glädje över att få använda alla sina språkliga resurser på matematiklektioner, vilket läraren som också talade arabiska tillät och uppmuntrade. Se Tabell 3.

Eleverna 2A, 4A, 9C och 10D menade att det faktum att undervisningsspråket är svenska medför att det svenska språket dominerar då de löser matematiska uppgifter särskilt då det handlar om tal och begrepp. Elev 9C förmedlade detta: ”För att man brukar inte säga det mycket på arabiska, för att vi är i skolan mest. Asså vi är i skolan och vi använder svenska språket.” På liknande sätt uttryckte elev 10D: ”Jag tycker också att jag har alltid gått igenom matematik på svenska, så därför jag känner mig mer bekväm att prata matte på svenska än på arabiska.” Eleverna uttryckte även att svenskan används på grund av att de är vana vid det. Elev 3A och 6A uttryckte att det var naturligt att använda det svenska språket och att de inte tänker på att modersmålet skulle kunna vara ett alternativ. Elev 6A sa: ”För att typ, jag vet inte, jag bara kände att jag vill snacka svenska, jag tänkte inte, att bara: varför ska jag snacka arabiska? Så det är därför!”. Elev 1A synliggjorde att det faktum att arabisktalande elever uttrycker tal på svenska beror på att modersmålsundervisningen inte ger dem möjlighet att utveckla kunskap om tal på arabiska (se Tabell 4).

Utifrån resultatet från vårt examensarbete kunde vi konkludera att eleverna hindras från att utveckla sina identiteter som flerspråkiga elever, då de tvingas att dölja en del av identiteten för att passa in i det svenska matematikklassrummet och i majoritetssamhället. Beroende på kontexten tvingas alltså flerspråkiga elever —och studenter— att framträda med två olika identiteter, där den svenska identiteten dominerar i skolan för att passa in. Att utveckla två olika identiteter får fäste hos flerspråkiga elevers identiteter och biter sig fast så att då även Sundus släkting som är född och uppvuxen i Sverige menar att det är nödvändigt att dölja sin arabiska identitet för att lyckas i skolan och i majoritetssamhället. Därmed har synen på flerspråkighet och användningen av modersmålet fått samma roll hos flerspråkiga elever som den attityd gentemot flerspråkighet som de har fått uppleva i skolan och hos omgivningen.

Tabell 3. En arabisktalande elev uttrycker glädje över att få använda alla sina språkliga resurser på matematiklektioner.

Rad	Talare	Original svenska och arabiska	Svensk översättning
1	3A	För att i, اقصد نتكلم العربية في الحصل, انا ال lektion vi säger, så här för att vår lärare är arabisk så han låter oss skratta på arabiska mycket och vi skrattar och vi blandar العربية و هكذا.	För att i *lekti, jag menar vi pratar arabiska i* lektion*en* vi säger, så här för att vår lärare är arabisk så han låter oss skratta på arabiska mycket och vi skrattar och vi blandar *arabiska och så*

Tabell 4. Citat ur en intervju

Rad	Talare	Original svenska och arabiska	Svensk översättning
1	1A	حتى عند (اسم معلمة العربي) هي لا تعلمنا الأرقام بالعربي.	Även hos (namn på modersmålsläraren) hon lär oss inte talen på arabiska

Att konstrueras som den andra i matematikutbildning

I den lärarutbildning som Huda och Sundus tagit del av premieras matematikkunskap som är relationell framför den instrumentella med utgångspunkt i en artikel av Skemp (1976). Lärarstudenterna utbildas i att undervisa i matematik på ett sådant sätt att elever får möjlighet att föra och följa resonemang i samtal med andra för att på så sätt uttrycka hur olika matematiska begrepp står i relation till varandra och därigenom utveckla en relationell matematisk förståelse. Vi kopplar detta kunskapsideal till den samhälleliga berättelsen *matematik är språkligt och kulturellt neutralt* (Andersson m.fl., 2022) där den 'riktiga' och därmed eftersträvansvärda relationella matematiska kunskapen t.ex. bygger på att begreppsliga relationer görs explicita genom logiskt resonemang. Den vars kunskaper och kunskapsideal avviker från detta konstrueras som den andra. Därmed sammanfaller 'svenskhet' med det relationella kunskapsidealet. Genom att oreflekterat framhålla relationell kunskap som det önskvärda kan det bidra till processer av andrafiering av dem som har erfarenheter av andra kunskapsideal och därmed bidra med känslor av utanförskap.

Huda och Sundus beskriver undervisningen i Mellanöstern som instrumentell samtidigt som den ger förutsättningar för goda matematikkunskaper som kan leda till den önskvärda relationella matematiska kunskapen. Alltså har idén om det relationella matematiska kunskapsidealet precis som Popkewitz (2013) beskriver, slingrat sig in i deras medvetande och bidrar till att definiera deras erfarenheter av matematiklärande och skolgång med den svenska lärarutbildningens kultur som referensram. I någon mån kan Huda och Sundus text läsas som ett motstånd mot processer av andrafiering och mot att konstrueras som den andra.

Texten uttrycker glädje och stolthet över skolgången i Mellanöstern som resulterat bland annat i goda matematikkunskaper vilka legat till grund för deras resa mot läraryrket. Huda och Sundus text synliggör även en paradox. Samtidigt som instrumentell kunskap konstrueras som 'osvenskt' är det just det som Sundus mött under sin skolgång i Sverige i termer av utantillärande av multiplikationstabeller. Pansell (2022) och även Skog och Christiansen (2022) synliggör att konflikten mellan instrumentell och relationell kunskap är aktuell även utanför lärarutbildningen och kan lokaliseras till svenska skolor. Petra och Ulrika kan bara ana vidden av de stigmatiserande känslor som kan uppstå när en som nyutexaminerad lärare å ena sidan förväntas delta i diskussioner kring tabelltestets varande eller icke varande och å andra sidan upplever hur en själv och andra som delar samma erfarenheter, konstrueras som den andra på just dessa grunder.

I Huda och Sundus text som är hämtad från deras examensarbete står elevers identitetsskapande i fokus. Lärande och identitet konstituerar varandra (Chronaki, 2011). Det betyder att när en elev konstrueras som den andra som inte behärskar den önskvärda 'riktiga' matematiken på grund av bristande färdigheter i svenska, får det konsekvenser för hens möjligheter att lära matematik. Det vill säga konstruerandet av den andra får konsekvenser för vilken väg individens lärande kommer att ta. Det faktum att lärande och identitet konstituerar varandra visar att möjligheten att lära och kunna matematik påverkar elevers möjligheter att föreställa sig positioner bortom andrafiering och agera utifrån dessa. Möjligheten att få känna stolthet över, och använda sitt arabiska modersmål öppnar positioner som inte nödvändigtvis innebär att de elever Huda och Sundus intervjuat konstrueras som de andra i matematikklassrummet. En sådan möjlighet påverkar såväl elevernas matematiklärande som deras identitetsskapande (Chronaki, 2011). Denna möjlighet framträder dock inte i Hudas och Sundus text. Istället visar texten att flerspråkiga elever, i detta fall elever med arabiska som modersmål, hindras från att utveckla flerspråkiga identiteter eftersom de tvingas att dölja en del av sin identitet för att passa in i det svenska matematikklassrummet. Att dölja en del av identiteten, den som i detta fall relaterar till språkliga och kulturella bakgrunder, framstår som ett försök att frigöra sig från processer av andrafiering och från att bli konstruerad som den andra och därigenom bli framgångsrik i matematikundervisningen och i förlängningen även i majoritetssamhället. Lösningen för att nå framgång blir att framträda med en svensk identitet och på så sätt försöka bli en del av 'vi'. De intervjuade eleverna säger å ena sidan att de känner sig hemma då arabiska används i matematiklärandet, vilket kan tolkas som att det stärker deras arabiska identitet. Å andra sidan säger en elev att hen inte vill använda arabiska för att riskera att bli skrattad åt om hen säger fel på arabiska. Detta belyser ett viktigt dilemma. Att bli konstruerad som den andra i matematikklassrummet betyder att jag som elev inte tillhör 'vi' och om jag inte heller 'klarar' att uttrycka mig korrekt på mitt modersmål så riskerar jag att inte heller få tillhöra de andra och vara vi med de andra. Den arabiska identitet kan helt enkelt bli ifrågasatt.

För att passa in och undvika att bli utsatt för processer av andrafiering och att konstrueras som den andra försöker flerspråkiga elever framträda med olika identiteter vad gäller språk och kultur i och utanför skolan. Detta kan sägas vara en effekt av det sociopolitiska sammanhang som dessa elever befinner sig i. När elever inte erbjuds eller rent av förbjuds att använda sitt modersmål i matematikundervisningen måste de lära matematik enbart på svenska och därmed framträda med en identitet anpassad till majoritetssamhället. Förmågan att kunna anpassa sig i skolsammanhang ses ofta som en förutsättning för lärande (se Piaget, 2013). Utifrån ett migrationspespektiv kan krav på anpassningsförmåga kopplas samman med assimilering, det vill säga att foga sig i majoritetssamhällets ideal och bli som 'vi' i majoritetssamhället. Att undvika att konstrueras som 'den andra' och hela tiden behöva vara den som ska anpassa sig för att hantera förflyttningar mellan olika språkliga och kulturella sammanhang för att passa in och för att på så sätt prestera bättre i 'den riktiga önskvärda' matematiken har ett pris (t.ex.Tuck, 2009). I detta fall betalas kostnaden genom att ge upp den flerspråkiga identiteten.

En uppmaning till förändring

Den här boken utgör viktiga bidrag i en kritisk granskning av svensk matematikutbildning utifrån sociopolitiska samhällsperspektiv. Bokens kapitel synliggör att matematikutbildning inte kan förstås enbart som en isolerad företeelse utan måste även förstås utifrån större kulturella, historiska, politiska och sociala ramar.

Vårt kapitel visar hur matematikutbildning bidrar till processer av andrafiering och skapandet av den andra och hur dessa processer påverkar flerspråkiga elevers och studenters identitetsskapande och därmed även deras möjligheter att lära matematik. Vi menar att de samhälleliga berättelserna som vi fokuserat i detta kapitel behöver problematiseras, utmanas och förändras. Flerspråkighet behöver synliggöras och normaliseras. Det vill säga flerspråkighet behöver bli normen. Alla elevers språk och kulturer måste få ta plats, inte som exotiska inslag av kulturella uttryck utan som en del av den ordinarie matematikutbildningen (Chronaki, 2011).

För att synliggöra flerspråkighet i matematikklassrummet kan elevers språkliga repertoarer kartläggas med hjälp av exempelvis språkstegar och språkidentifikation (se Svensson, 2017, s. 60–61 för beskrivning). Resultaten från språkidentifikationer och språkstegar kan utgöra underlag för transspråkande pedagogik (García & Wei, 2014), det vill säga pedagogisk design som möjliggör att elever i matematiklärandet kan använda hela sin språkliga repertoar (alla sina språk). Transspråkande pedagogik skapar möjligheter för flerspråkiga elever att vara och känna sig delaktiga i matematikundervisningen och att framstå som matematiskt kunniga (Ryan m.fl., 2021), vilket i sin tur påverkar deras identitetsskapande (Chronaki, 2011). I lärarutbildningen behöver blivande lärare komma i kontakt med och själva få möjlighet att uppleva processer av andrafiering i relation till matematik för att på så sätt bli känsliga för vad andrafiering kan innebära (Guillemette, 2017). Som ett exempel på detta beskriver Guillemette (2017) hur lärarstudenter upplevde processer av andrafiering då de mötte historiska matematiska texter om Fermats divioner med noll.

För att synliggöra matematiken som en kulturell produkt kan undervisningen utgå från aktiviteter som uppmärksammar och jämför hur tal anges och benämns (Chronaki, Mountzouri, Zaharaki & Planas, 2016) eller hur algoritmer används inom olika språk och kulturer. Sådana aktiviteter erbjuder möjligheter för alla elever att arbeta med och fördjupa sin begreppsliga förståelse (Planas, 2014; Ryan & Parra, 2019). För att relevansgöra matematikundervisning för alla elever har t.ex. projektet ”Show me your math” i Kanada (se Borden, Wagner & Johnson, 2019) på ett framgångsrikt sätt visat betydelsen av att elevers språkliga och kulturella erfarenheter av matematik utanför skolan uppmärksammas.

Modersmålslärare och studiehandledare besitter ofta stor kunskap om att lära och kunna matematik såväl i sitt hemland som i den svenska skolan. De kan därmed vara en tillgång i utformandet och genomförandet av matematikundervisning som tar till vara och bekräftar alla elevers språkliga och kulturella resurser.

Utifrån ovanstående kan vi konstatera att det inte råder brist på möjligheter att designa matematikutbildning som synliggör och tar till vara alla elevers och studenters språkliga och kulturella resurser. Trots det är det inte nödvändigtvis en enkel sak för den enskilde läraren att utforma sin undervisning på detta sätt, eftersom det innebär brott mot bland annat de högljudda samhälleliga berättelserna som säger att majoritetsgruppens språk och kultur är nyckeln till att lära och kunna matematik och att (västerländsk) matematik är universell och neutral (Andersson m.fl., 2022).

Vi anlade ett socio-politiskt perspektiv och därmed synliggjorde orättvisor som matematikutbildning i Sverige kan bidra till. Genom att ingå i en allians (Hand & Masters Goffney, 2013) skaffade vi oss en gemensam röst som delger erfarenheter av socio-politiska orättvisor. Perspektiv både inom matematikdidaktisk forskning samt inom matematikutbildning och matematikklassrum, som enbart fokuserar på skillnader mellan ’vi’ och ’dom’, exempelvis i termer av prestationer i matematik (Gutiérrez, 2008), riskerar att på ett stigmatiserande sätt reproducera den andra ur ett bristperspektiv (Tuck, 2009). Att ingå i allianser öppnar möjligheter för att gå bortom ’vi’ och ’dom’ perspektiv. Istället för att ’vi’ försöker hjälpa ’dom’ som är orättvist behandlade, flyttas initiativet mot ’dom’ och deras önskemål, förhoppningar, viljor, glädje och stolthet.

Referenser

Alhadi Alhasani, H. & Zaki, S. (2021). *Arabisktalande elevers användning av språkliga resurser i matematikämnet.* [Examensarbete, Malmö universitet]. https://www.diva-portal.org/smash/get/diva2:1543240/FULLTEXT02

Andersson, A., Ryan, U., Herbel-Eisenmann, B. m.fl. (2022). Storylines in public news media about mathematics education and minoritized students.

Educational Studies in Mathematics, 111, 323–343. https://doi.org/10.1007/s10649-022-10161-5.

Bagger, A. (2022). Provgivande med flerspråkiga provdeltagare – Styrningen av nationella prov i matematik. I P. Valero, L.B. Boistrup, I.M. Christiansen, & E. Norén (Red.), *Matematikundervisningens sociopolitiska utmaningar* (s. 101–128). Stockholm University Press. https://doi.org/10.16993/bcc.f

Barwell, R. (2016). Mathematics education, language and superdiversity. I A. Halai & P. Clarkson, (Red.), *Teaching and learning mathematics in multilingual classrooms: Issues for policy, practice and teacher education* (s. 25–39). Sense. https://doi.org/10.1007/978-94-6300-229-5_3

Boistrup, L.B. (2022). Sålla agnarna från vetet – Kritiska perspektiv på bedömning i matematik. I P. Valero, L.B. Boistrup, I.M. Christiansen, & E. Norén (Red.), *Matematikundervisningens sociopolitiska utmaningar* (s. 129–155). Stockholm University Press. https://doi.org/10.16993/bcc.g

Borden, L.L., Wagner, D., & Johnson, N. (2019). Show me your math: Mi'kmaw community members explore mathematics. I C. Nicol, J.-a. Archibald Q'um Q'um Xiiem, F. Glanfield, & A.J.S. Dawson (2019). *Living culturally responsive mathematics education with/in Indigenous communities* (s. 91–112). Brill Sense. https://doi.org/10.1163/9789004415768_005

Christiansen, I.M. & Skog, K. (2022). Ett tvärsnitt av svensk matematikdidaktisk forskning. I P. Valero, L.B. Boistrup, I.M. Christiansen, & E. Norén (Red.), *Matematikundervisningens sociopolitiska utmaningar* (s. 15–42). Stockholm University Press. https://doi.org/10.16993/bcc.c

Chronaki, A. (2011). "Troubling" essentialist identities: Performative mathematics and the politics of possibility. I M. Kontopodis, C. Wulf, & B. Fitchner (Red.), *Children, development and education: Cultural, historical, anthropological perspectives* (s. 207–226). Springer. https://doi.org/10.1007/978-94-007-0243-1_13

Chronaki, A., Mountzouri, G., Zaharaki, M., & Planas, N. (2016). Number words in 'her' language, dialogism and identity-work: the case of little Mariah. *Intercultural Education, 27*(4), 352–362. https://doi.org/10.1080/14675986.2015.1078527

Dahlstedt, M. (2009). Parental governmentality: Involving 'immigrant parents' in Swedish schools. *British Journal of Sociology of Education, 30*(2), 193–205. https://doi.org/10.1080/01425690802700289

Dyer, R. (2005). The matter of whiteness. I P.S. Rothenberg (Red.), *White privilege: Essential readings on the other side of racism* (s. 9–14). Worth Publishers.

de Ron, A. (2022). Problem i matematiken – Diskursiva sanningar om matematikundervisningens varför och hur? I P. Valero, L.B. Boistrup, I.M. Christiansen, & E. Norén (Red.), *Matematikundervisningens sociopolitiska utmaningar* (s. 69–99). Stockholm University Press. https://doi.org/10.16993/bcc.e

Eliassi, B. (2014). Constructing cultural Otherness within the Swedish welfare state: The cases of social workers in Sweden. *Qualitative Social Work*. https://doi.org/10.1177/1473325014559091

Freire, P. (1970). *Pedagogy of the oppressed*. Herder and Herder.

García, O. & Wei, L. (2014). *Translanguaging: Language, bilingualism and education*. Palgrave Pivot.

Guillemette, D. (2017). History of mathematics in secondary school teachers’ training: towards a nonviolent mathematics education. *Educational Studies in Mathematics, 96*(3), 349–365. https://doi.org/10.1007/s10649-017-9774-3

Gutiérrez, R. (2008). A ”gap-gazing” fetish in mathematics education? Problematizing research on the achievement gap. *Journal for Research in Mathematics Education, 39*(4), 357–364. https://doi.org/10.5951/jresematheduc.39.4.0357

Hajer, M. & Meestringa, T. (2014). *Språkinriktad undervisning: En handbok* (2. Uppl.). Hallgren & Fallgren.

Hand, V. & Masters Goffney, I. (2013). ”All for one and one for all”: Negotiating solidarity around power and oppression in mathematics education. *Journal of Urban Mathematics Education, 6*(1), 28–34. https://doi.org/10.21423/jume-v6i1a206

Haslanger, S. (2018). What is a social practice? *Royal Institute of Philosophy Supplements, 82*, 231–247. https://doi.org/10.1017/S1358246118000085

Høyrup, J. (2005). Tertium non datur, or, on reasoning styles in early mathematics. I P. Mancosu, K.F. Jorgensen, S.A. Pedersen, & G. Hanna (Red.), *Visualization, explanation, and reasoning styles in mathematics* (s. 91–121). Springer. https://doi.org/10.1007/1-4020-3335-4_6

Jablonka, E. (2003). Mathematical literacy. I J. Bishop, M.A. Clements. C. Keitel, J. Kilpatrick, & F.K.S. Leung (Red.), *Second international handbook of mathematics education* (s. 75–102). Kluwer. https://doi.org/10.1007/978 94-010-0273-8_4

Källberg, P.S. (2018a). Identity formations as mathematical learners in the context of transition. *Nordic Studies in Mathematics Education, 23* (3–4), 39–59.

Källberg, P.S. (2018b). *Immigrant students’ opportunities to learn mathematics: In(ex)clusion in mathematics education*. [Doktorsavhandling, Stockholms universitet]. http://www.diva-portal.org/smash/record.jsf?pid=diva2%3A1177002

Lundberg, A. (2019). Teachers' beliefs about multilingualism: findings from Q method research, *Current Issues in Language Planning, 20*(3), 266–283. https://doi.org/10.1080/14664208.2018.1495373

Lundin, S. & Storck-Christensen, D. (2022). Skolmatematiken är en bönesnurra – En ritualteoretisk tolkning av skolmatematikens samhällsfunktion. I P. Valero, L.B. Boistrup, I.M. Christiansen, & E. Norén (Red.), *Matematikundervisningens sociopolitiska utmaningar* (s. 235–256). Stockholm University Press. https://doi.org/10.16993/bcc.k

Norén, E. (2010). *Flerspråkiga matematikklassrum. Diskurser i grundskolans matematikundervisning.* [Doktorsavhandling, Stockholms universitet]. http://su.diva-portal.org/smash/record.jsf?pid=diva2%3A357471

Norén, E. & Valero, P. (2022). Att bilda goda, matematiska medborgare i Sverige. I P. Valero, L.B. Boistrup, I.M. Christiansen, & E. Norén (Red.), *Matematikundervisningens sociopolitiska utmaningar* (s. 157–180). Stockholm University Press. https://doi.org/10.16993/bcc.h

Pansell, A. (2022). Tabelltest på tid. I P. Valero, L.B. Boistrup, I.M. Christiansen, & E. Norén (Red.), *Matematikundervisningens sociopolitiska utmaningar* (s. 43–68). Stockholm University Press. https://doi.org/10.16993/bcc.d

Piaget, J. (1954). *The construction of reality in the child.* Basic Books. https://doi.org/10.1037/11168-000

Planas, N. (2014). One speaker, two languages: Learning opportunities in the mathematics classroom. *Educational Studies in Mathematics, 87*(1), 51–66. https://doi.org/10.1007/s10649-014-9553-3

Planas, N. & Setati-Phakeng, M. (2014). On the process of gaining language as a resource in mathematics education. *ZDM, 46*(6), 883–893. https://doi-org.proxy.mau.se/10.1007/s11858-014-0610-2

Popkewitz, T.S. (2013). The sociology of education as the history of the present: Fabrication, difference and abjection. *Discourse: Studies in the Cultural Politics of Education, 34*(3), 439–456. https://doi.org/10.1080/01596306.2012.717195

Radford, L. (2012). Commentary on the chapter by Richard Barwell, "Heteroglossia in Multilingual Mathematics Classrooms." I H. Forgasz & F. Rivera (Red.), *Towards equity in mathematics education. Advances in mathematics education* (s. 339–342). Springer-Verlag. https://doi.org/10.1007/978-3-642-27702-3_30

Runfors, A. (2003). *Mångfald, motsägelser och marginaliseringar. En studie av hur invandrarskap formas i skolan.* Prisma.

Ryan, U. & Parra, A. (2019). Epistemological aspects of multilingualism in mathematics education: An inferentialist approach. *Research in Mathematics Education, 21*(2), 152–167. https://doi.org/10.1080/14794802.2019.1608290

Ryan, U., Källberg, P.S., & Boistrup, L.B. (2021). 'Language as resource' in multilingual mathematics activities – an epistemological framework. *For the Learning of Mathematics, 41*(2), 8–13. https://flm-journal.org/Articles/1E1A8EA7E55F2D3A0C1858A4C0177E.pdf

Skemp, R.R. (1976). Relational understanding and instrumental understanding. *Mathematics teaching, 77*(1), 20–26.

SFS. (2009:600). *Språklag*. Kulturdepartementet.

Skog, K. & Christiansen, I.M. (2022). Prolog: Matematiklärarens frälsning. I P. Valero, L.B. Boistrup, I.M. Christiansen, & E. Norén (Red.), *Matematikundervisningens sociopolitiska utmaningar* (s. xiii–xxii). Stockholm University Press. https://doi.org/10.16993/bcc.a

Skolverket. (2016). *Allmänna råd för utbildning av nyanlända*. Skolverket.

Skovsmose, O. (2005). *Travelling through education: Uncertainty, mathematics, responsibility*. Sense.

Staszak, J.F. (2009). Other/otherness. I R. Kitchin & N. Thrift (Red.), *International encyclopedia of human geography*, (s. 43 –). Elsevier. file:///C:/Users/lupesv/Downloads/unige_77582_attachment01%20(2).pdf

Svensson, G. (2017). *Transspråkande i teori och praktik*. Natur och Kultur Akademisk.

Tuck, E. (2009). Suspending damage: A letter to communities. *Harvard Educational Review, 79*(3), 409–428. https://doi.org/10.17763/haer.79.3.n0016675661t3n15

Wagner, D. (2019). Changing storylines in public perceptions of mathematics education. *Canadian Journal of Science, Mathematics and Technology Education, 19*(1), 61–72. https://doi.org/10.1007/s42330-018-00039-1

Wallin, A., Norén, E., & Valero, P. (2022). Matematik på Solens fritidshem – Om att 'göra verkstad' av policy-dokument. I P. Valero, L.B. Boistrup, I.M. Christiansen, & E. Norén (Red.), *Matematikundervisningens sociopolitiska utmaningar* (s. 181–206). Stockholm University Press. https://doi.org/10.16993/bcc.i

Österling, L. (2022). Bilder med makt över matematiklärarutbildningen. I P. Valero, L.B. Boistrup, I.M. Christiansen, & E. Norén (Red.), *Matematikundervisningens sociopolitiska utmaningar* (s. 207–233). Stockholm University Press. https://doi.org/10.16993/bcc.j

Författarlista

Anette Bagger, https://orcid.org/0000-0001-7182-5649, Institutionen för humaniora, utbildnings- och samhällsvetenskap, Örebro universitet, anette.bagger@oru.se

Anette Bagger är docent i specialpedagogik. Bagger agerar där forskningsledare för forskningsgruppen ”Specialpedagogik, utveckling och lärande”. Hon har i huvudsak undervisat på speciallärar —specialpedagog— och grundlärarprogrammen om lärande, undervisning och kunskapsbedömning för elever i behov av stöd. Bagger är särskilt intresserad av hur förutsättningar för likvärdighet blir till i skolsystemet och hur detta tar sig uttryck på individ-, grupp- och organisationsnivå. Baggers forskning fokuserar i huvudsak sociopolitiska aspekter av bedömning och vad bedömning i matematik gör mer än att utvärdera kunskaper. Baggers forskningsintressen består framför allt av kun skapsbedömning i matematik av och med elever i behov av stödinsatser och samarbetar framför allt med forskare i USA, Nederländerna, Tyskland, Italien, Finland och Sverige.

Anette de Ron, https://orcid.org/0000-0001-8079-4178, Institutionen för ämnesdidaktik, Stockholms universitet, anette.de.ron@su.se

Anette de Ron är adjunkt och doktorand i matematikdidaktik. Hon har en bakgrund som grundskollärare där hon har arbetat som klasslärare i år F–3 och ämneslärare i matematik och naturvetenskap i år 6–9 i grundskolan. Sedan några år tillbaka har hon en tjänst som adjunkt där hon undervisar främst lärarstudenter i grundlärarprogrammet F–3. I sitt doktorandprojekt rör det övergripande forskningsintresset problemlösning i matematik och lärarutbildning. Närmare bestämt hur begreppet problemlösning kan ha olika syften, förstås och beskrivas på olika sätt, samt ha olika roller i lärarutbildningen. Hon intresserar sig för den kunskapsproduktion som skapas om problemlösning i lärarutbildning och ser den som sammanvävd med andra idéer om matematik, exempelvis objektivitet, sanning, förnuft och rationalitet. Denna relation har konsekvenser t.ex. för hur studenter positioneras.

Anna Pansell, https://orcid.org/0000-0003-2896-0890, Institutionen för ämnesdidaktik, Stockholms universitet, anna.pansell@su.se

Anna Pansell är lektor i matematikdidaktik. Innan hon började arbeta på lärarutbildningen var hon lärare i grundskolan, mest av allt på mellanstadiet. Annas forskningsintresse rör matematiklärare och de sammanhang som lärare är en del av som t.ex. läroplan och lärarkollegor. Det handlar om att förstå lärares arbete och hur olika sammanhang samverkar till att skapa möjligheter och hinder för en lärare att bedriva matematikundervisning. Idéer som frodas i samhället i stort, t.ex. i den allmänna debatten kan påverka enkla undervisningsbeslut i matematiklärares klassrum. Genom att förstå sammanhangen som en helhet och inbördes relationer mellan sammanhangen kan lärare få möjlighet att göra motstånd mot de hinder som de vill överkomma.

Anna Wallin, https://orcid.org/0000-0003-0313-2431, Institutionen för ämnesdidaktik, Stockholms universitet, anna.wallin@su.se

Anna Wallin är kommunlektor. Maj 2022 disputerade hon vid Stockholms universitet i matematikdidaktik med avhandlingen ”Fritidshemmets matematik: Möten som räknas”. Annas forskningsintresse rör fritidshemmets matematik, vilka konsekvenser policydokument kan få för praktiken samt barns möjlighet att möta matematik i olika miljöer och sammanhang. Annas fortsatta forskning synliggör matematik som händelser —att matematik-*a*. Här undersöks lek tillsammans med aktiviteter, relationer och materiellt engagemang.

Ditte Storck-Christensen, https://orcid.org/0000-0002-4260-5732, Institutionen för pedagogik och specialpedagogik, Göteborgs universitet, dittestorck@gmail.com

Ditte Storck-Christensen är doktorand i pedagogik. Med en bakgrund inom pedagogisk filosofi från Danmarks pedagogiska universitet (DPU), arbetar hon för närvarande med en avhandling om svensk hemundervisning. Storck-Christensen har kartlagt de nätverk av hemundervisande familjer som tog form i Sverige mot slutet av 1990-talet och följt deras utveckling fram till 2011. Utöver att delta i familjeträffar för hemundervisare, intervjuar hon vuxna hemundervisade barn samt föräldrar som valt att flytta från Sverige till Åland för att kunna hemundervisa sina barn. Storck-Christensens avhandling syftar till att nyansera bilden av hemundervisning genom att beskriva den mångfald av omständigheter som leder till att familjer väljer att hemundervisa, liksom den mångfald av sätt som livet med hemundervisning kan gestalta sig på.

Eva Norén, https://orcid.org/0000-0002-6099-7426, Institutionen för ämnesdidaktik, Stockholms universitet, eva.noren@su.se

Eva Norén är idag docent i matematikdidaktik. Hon började sitt yrkesliv som lärare i grundskolans tidigare år och arbetade där fram till 2002. År 2003 anställdes hon som adjunkt i matematikdidaktik på Lärarhögskolan i Stockholm. Några år före samgåendet med SU antogs hon som doktorand och disputerade i matematikämnets didaktik 2010. Hennes avhandling handlade om tvåspråkig matematikundervisning. Idag fokuserar hennes forskning fortfarande flerspråkiga elever i matematikundervisningen, men också programmering i matematik. Ytterligare ett forskningsområde är genus och undervisning och lärande i matematik. Teoretisk rör hon sig främst inom kritiska och sociopolitiska perspektiv, inspirerad av en kritisk matematikdidaktisk nordisk forskningstradition.

Hauke Straehler-Pohl, https://orcid.org/0000-0002-1430-7607, Fachbereich Erziehungswissenschaft und Psychologie, Freie Universität Berlin, h.straehler-pohl@fu-berlin.de

Hauke Straehler-Pohl bor och arbetar i Berlin som forskare och lärarutbildare. Tidigare har hans forskning handlat om matematikundervisning i relation till elever som inte förväntas ha akademisk framgång i sina studier. Här handlade forskningen främst om en ideologisk kritik av skolmatematik som akademisk miljö och också av hur matematik används i vardagsliv och samhälle. För närvarande tar han sitt ämnesinriktade forskningsintresse vidare när han arbetar med den kontextspecifika professionalismen hos lärare i så kallade "skolor i utsatta områden". Här fokuserar Hauke på de problem som lärare uppfattar, deras tolkningar, förklaringar och bedömningar, samt hur lärare relaterar dessa problemområden till de många och konfliktfyllda idéerna om rättvisa. Haukes undervisning har för närvarande ett fokus på att undersöka hur det går att etablera strukturer för matematikklassrum, vilka "de-individualiserar" undervisningen för att i första hand skapa möjligheter till individuell utveckling.

Helena Grundén, https://orcid.org/0000-0003-3087-7447, Avdelningen för matematikens, naturvetenskapernas och teknikens didaktik, Högskolan Dalarna, hgn@du.se

Helena Grundén är lektor i matematikdidaktik. Hon har tidigare undervisat i grundskolan, främst på högstadiet, men arbetar sedan 2011 med lärarutbildning, lärarfortbildning och skolutveckling vid

Högskolan Dalarna. Hun disputerade 2020 med en avhandling som fokuserade på planering för matematikundervisning som en social praktik. Helenas forskningsintresse är hur aktörer och strukturer är involverade i, påverkar och påverkas av matematikundervisning.

Helena Roos, https://orcid.org/0000-0002-4429-988X, Institutionen för naturvetenskap, matematik och samhälle, Malmö universitet, helena.roos@mau.se

Helena Roos är biträdande lektor i matematikdidaktik. Hennes forskningsintresse fokuserar särskilda utbildningsbehov i matematik, inkludering och tidiga insatser i matematikundervisning för att förhindra att elever hamnar i matematiksvårigheter. Helenas forskning tar sin utgångspunkt i elevers perspektiv på undervisning och lärande i matematik, samt i sociopolitiska perspektiv i matematikdidaktik.

Huda Alhadi Alhasani är grundskollärare med inriktning mot årskurs 4–6 och arbetar för närvarande som klasslärare på Rosengårdsskolan i Malmö. Som flerspråkig lärare är det viktigt för henne att planera och bedriva undervisningen med utgångspunkt i styrdokumentet samt att ta hänsyn till elevernas bakgrund och språkliga resurser. Under hennes lärarutbildning läste hon matematik som fördjupningsämne och blev speciellt intresserad av språkliga skillnader mellan det svenska och det arabiska språket i matematikämnet, samt hur det kan påverka flerspråkiga elevers möjligheter att lära sig matematik. I hennes klassrum använder eleverna sig av translanguaging och kodväxling för att föra matematiska resonemang och utvecklar ett matematiskt tänkande genom att fokusera på det matematiska innehållet oavsett vilket modersmål eleverna har.

Iben M. Christiansen, https://orcid.org/0000-0003-4317-7335, Institutionen för ämnesdidaktik, Stockholms universitet, iben.christiansen @su.se

Iben Christiansen är professor i matematikdidaktik. Hon har undervisat från årskurs 4 till kurser för universitetslärare, i matematik, ämnesdidaktik, forskningsmetodik och handledning. Främst har hon undervisat och handlett på doktorand- och masterutbildningar i matematikdidaktik och på matematiklärarutbildningar. Detta har gett anledning till hennes nuvarande forskningsfokus, matematiklärarutbildning och matematiklärares lärande. Hon vill förstå bättre hur lärare utvecklar sin förmåga att göra professionella val i och omkring undervisningen, och hur lärarutbildningen kan stödja denna process på bäst möjliga sätt. Hon är starkt påverkad av sina många år i Sydafrika, där hennes barn är födda, men älskar Sverige, utan att ha glömt sin danska rättframhet.

Kicki Skog, https://orcid.org/0000-0001-5555-3719, Institutionen för ämnesdidaktik, Stockholms universitet, kicki.skog@su.se

Kicki Skog är lektor i matematikdidaktik. Hon har undervisat i matematik i åk 6–9 i 10 år och undervisat blivande matematiklärare sedan 2002. Hon undervisar i nuläget blivande lärare för åk F–6 och handleder självständiga arbeten, masterstudenter och doktorander. Hon disputerade 2014 med en avhandling som fokuserar möjligheter och möjliga utmaningar under lärarutbildningen för blivande matematiklärare. Detta har bidragit till ett fördjupat intresse för inkludering och tillgängliggörande i matematiklärarutbildningen och det är bland annat med detta fokus som hon i sin forskning följer nya lärare under de första åren i yrket.

Lisa Björklund Boistrup, https://orcid.org/0000-0001-5671-6428, Institutionen för naturvetenskap, matematik och samhälle, Malmö universitet, lisa.bjorklund.boistrup@mau.se

Lisa Björklund Boistrup är professor i matematikdidaktik. När denna bok började planeras arbetade Lisa vid Stockholms universitet. Generellt är Lisa intresserad av att utforska hur skolans matematikundervisning kan erbjuda alla elever möjligheter till engagemang och lärande i matematik. På så sätt vill Lisa vara med och utmana skolans sorterande funktion. I sitt arbete har Lisa framst två forskningsområden. Ett är matematik i relation till andra kunskapsområden, där hon sedan en tid forskar om matematik i relation till yrkesämnen på gymnasiet. I denna forskning utmanar Lisa tillsammans med lärare en syn på matematik som det teoretiska ämnet, vilket tillämpas i yrkespraktiken. Lisas andra forskningsområde handlar om återkoppling och bedömning, där bedömning förstås som något som kan vara på gott, men också på ont. Detta hänger samman med in- och exkludering av elever i matematikundervisning. Lisa bedriver normalt sin forskning tillsammans med lärare och elever.

Lisa Österling, https://orcid.org/0000-0002-6311-7148, Institutionen för ämnesdidaktik, Stockholms universitet, lisa.österling@su.se

Lisa Österling är lektor i matematikdidaktik. Hon har tidigare arbetat som gymnasielärare i matematik. Hennes forskning handlar om lärarutbildningen. En del handlar om hur olika bilder av den gode läraren verkar inkluderande eller exkluderande, en annan om hur principer för matematikundervisning kan göras synliga och därmed tillgängliga för blivande matematiklärare. Lisa deltar i olika forskningssamarbeten, både lokalt men också med kollegor i Sydafrika och Chile.

Paola Valero, https://orcid.org/0000-0002-5736-7562, Institutionen för amnesdidaktik, Stockholms universitet, paola.valero@su.se

Paola Valero är professor i matematikdidaktik. Hon har bedrivit empirisk och teoretisk forskning om frågan om varför och hur matematikutbildning anses vara maktfull i moderna samhällen. För närvarande undersöker hon betydelsen av matematikutbildning som ett område där maktrelationer aktualiseras för att producera subjektiviteter i och med matematik, samt generera inkludering/exkludering av olika typer av elever. Hon samarbetar med forskare och lärare från olika länder, särskilt Sydamerika. Hennes publikationer är främst på engelska, spanska och några få på danska och portugisiska. Hon undervisar doktorander och tycker mycket om arbetet under de första åren av lärarutbildningen där forskning görs relevant för det intellektuella och reflekterande arbetet hos framtida matematiklärare.

Petra Svensson Källberg, https://orcid.org/0000-0002-8012-6310, Institutionen för naturvetenskap, matematik och samhälle, Malmö universitet, petra.svensson@mau.se

Petra Svensson Källberg är lektor i matematikdidaktik. Innan Petra började med forskarstudier arbetade hon som lärare och undervisade flerspråkiga elever på högstadiet i matematik och NO-ämnena. Hennes forskning fokuserar i huvudsak flerspråkighet i och runt matematikutbildning samt flerspråkiga elevers möjligheter att lära matematik, utifrån en omsorg för social rättvisa för dessa elever. Hon är bland annat intresserad av elevperspektiv och praktiknära forskningsprojekt där hon gärna arbetar tillsammans med lärare och elever för att fördjupa kunskaperna om flerspråkighet i relation till matematikutbildning. I sin forskning bedriver Petra både empirisk och teoretisk forskning från främst kritiska och socio-politiska perspektiv. I sitt arbete med blivande matematiklärare vill Petra bidra med kunskap och diskussioner som tar sin utgångspunkt i socio-politiska perspektiv och därmed adresserar hur ”sanningar” om matematikämnet och vem som är matematiskt kunnig kommer till stånd samt hur dessa sanningar om matematik och olika elevgrupper kan utmanas.

Sundus Zaki är grundskollärare med inriktning mot årskurs 4–6 med matematik som fördjupningsämne. För Sundus är det av yttersta vikt att i sitt arbete främja elevernas lärande och utveckling i matematik genom att ge dem möjligheten att använda sig av alla sina förutsättningar. Som en flerspråkig lärare som är född och uppvuxen i Sverige, är Sundus medveten om hur användningen av förstaspråket kan påverka identitetsskapandet hos eleverna. Utifrån resultatet av hennes examensarbete synliggjordes det även hur användningen av det arabiska språket kan vara ett stöd vid lösandet av matematikuppgifter. Detta menar Sundus ökar behovet av att inkludera elevernas bakgrund och språkliga erfarenheter i undervisningen.

Sverker Lundin, https://orcid.org/0000-0001-7234-3983, Institutionen för pedagogik och specialpedagogik, Göteborgs universitet, sverker.lundin@gmail.com

Sverker Lundin är lektor i pedagogik och arbetar med undervisning inom pedagogik, vetenskapsteori och matematikdidaktik. Efter en grundutbildning inom matematik, datavetenskap, pedagogik och sociologi, disputerade han 2008 på en avhandling om den svenska skolmatematikens sociologi och historia. Ett intresse för den österrikiske filosofen Robert Pfallers psykoanalytiskt och antropologiskt inspirerade filosofi och kulturteori resulterade nyligen i antologin *Den förnekade kunskapen: En introduktion till Robert Pfallers filosofi* (Tankekraft, 2019, redigerad tillsammans med Tobias Wessely). Han arbetar för närvarande tillsammans med idéhistorikern Susanne Dodillet med ett forskningsprojekt om den svenska högskolepedagogikens historia.

Ulrika Ryan, https://orcid.org/0000-0002-9610-3682, Institutionen för naturvetenskap, matematik och samhälle, Malmö universitet, ulrika.ryan@mau.se

Ulrika Ryan är lektor i matematikdidaktik. Ulrika har under 20 år arbetat som lärare i matematik och i de naturorienterande ämnena framförallt på mellanstadiet. Hon han även erfarenhet av att undervisa lärarstudenter och av fortbildning för verksamma lärare. Ulrika har flera olika intresseområden inom matematikutbildning. Hon har intresserat sig för hur digitala verktyg kan användas i matematikundervisning. Ulrika är också intresserad av och forskar kring flerspråkighet och migration i relation till matematikutbildning. Hennes forskning anlägger såväl empiriska, teoretiska, filosofiska och sociopolitiska perspektiv. Särskilt intresserad är Ulrika av epistemologiska frågeställningar som rör kunskap och vem som räknas som matematiskt kunnig i olika sammanhang. Hur språk och kunskap värderas är en fråga om makt. Ulrika vill verka för att blivande matematiklärare genom sin utbildning blir väl rustade för att kunna utmana förgivettagna antaganden om vad som är matematiskt kunnande och hur kunnande kommer till uttryck för att på så sätt skapa en mänskligare och mer rättvis matematikundervisning.

CPSIA information can be obtained
at www.ICGtesting.com
Printed in the USA
LVHW081339221222
735718LV00007B/434

9 789176 351987